Cubierta:
Igreja de San Pedro, pormenor dos pequenos torreões da abside, Teruel.

Itinerários-Exposição Museum With No Frontiers

A ARTE ISLÂMICA NO MEDITERRÂNEO | **ESPANHA**

A arte mudéjar

A estética islmâmica na arte cristã

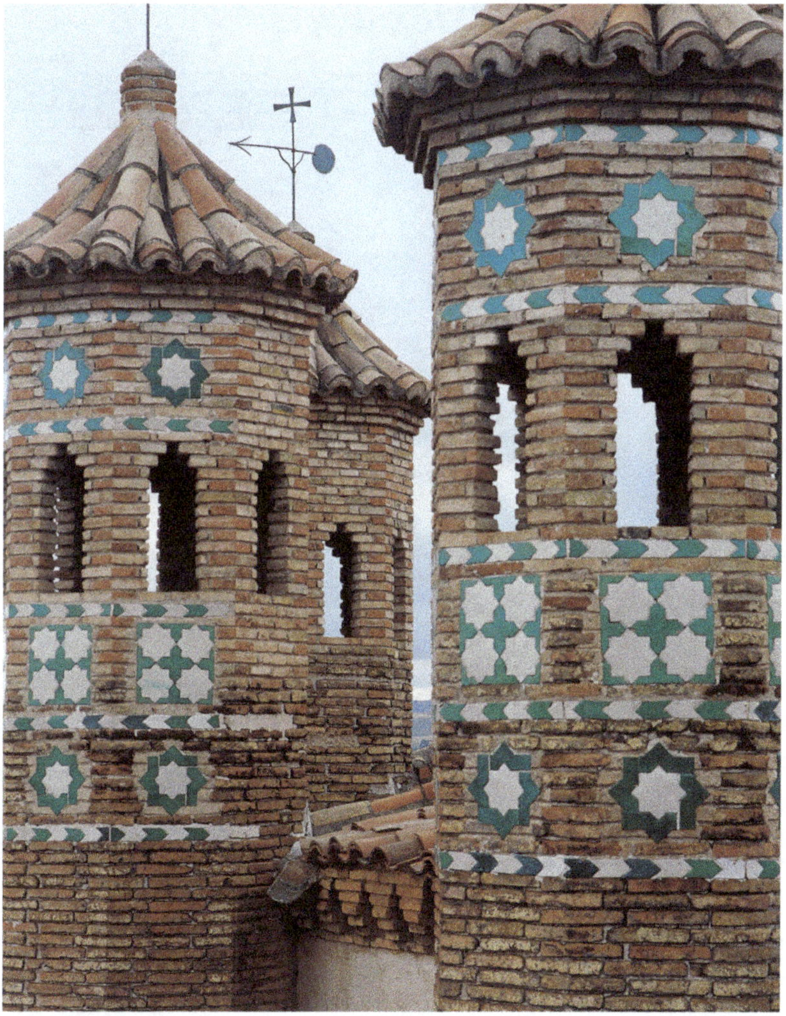

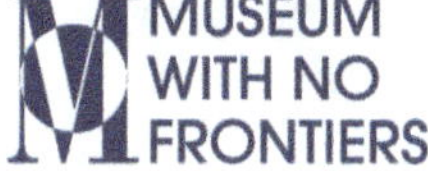

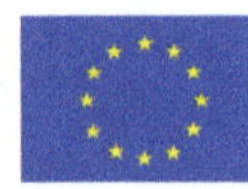

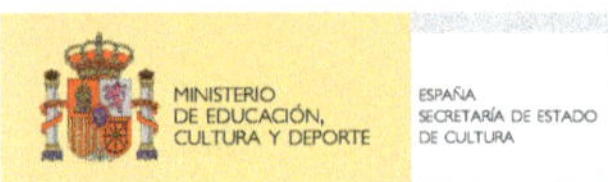

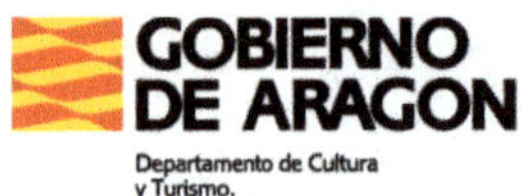

O Itinerario-Exposição A ARTE MUDÉJAR. A estética islâmica na arte cristã forma parte do ciclo internacional "A Arte Islâmica no Mediterrâneo".

A sua realização nas Comunidades Autónomas da Andaluzia e da Estremadura insere-se no âmbito do projecto "Uma Entrada para o Mediterrâneo", co-financiado pela União Europeia através da Acção Piloto de Cooperação Espanha-Portugal-Marrocos, art.10 FEDER.
Por outro lado, contou com a ajuda económica das Direcções Gerais de Belas Artes e Bens Culturais, e de Cooperação e Comunicação Cultural, do Ministério da Educação, Cultura e Desporto

Com o apoio do Museu Arqueológico Nacional

Colaboraram neste projecto:

Cortes de Aragão
Deputação Geral de Aragão
Junta da Andaluzia
Junta de Castela-La Mancha
Junta de Castela-Leão
Junta da Estremadura
Deputação de Granada
Deputação de Sevilha
Deputação de Saragoça
Câmara Municipal de Alagón
Câmara Municipal de Alcalá de Henares
Câmara Municipal de Amusco
Câmara Municipal de Aniñón
Câmara Municipal de Arévalo
Câmara Municipal de Astudillo
Câmara Municipal de Aznalcázar
Câmara Municipal de Aznalcóllar
Câmara Municipal de Becerril de Campos
Câmara Municipal de Belmonte de Gracián
Câmara Municipal de Benacazón
Câmara Municipal de Calatayud
Câmara Municipal de Calera de León
Câmara Municipal de Carrión de los Condes
Câmara Municipal de Cervera de la Cañada
Câmara Municipal de Cisneros
Câmara Municipal de Coca
Câmara Municipal de Daroca
Câmara Municipal de Fuentes de Nava
Câmara Municipal de Gerena
Câmara Municipal de Granada
Câmara Municipal de Guadalajara
Câmara Municipal de Guadalupe
Câmara Municipal de Guadix
Câmara Municipal de Jerez del Marquesado
Câmara Municipal de La Calahorra
Câmara Municipal de Lanteira
Câmara Municipal de Llerena
Câmara Municipal de Madrigal de las Altas Torres
Câmara Municipal de Maluenda
Câmara Municipal de Mayorga de Campos
Câmara Municipal de Medina del Campo
Câmara Municipal de Morata de Jiloca
Câmara Municipal de Olmedo
Câmara Municipal de Palença
Câmara Municipal de Sahagún
Câmara Municipal de San Pedro de las Dueñas
Câmara Municipal de Sanlúcarla Mayor
Câmara Municipal de Santervás de Campos
Câmara Municipal de Santoyo
Câmara Municipal de Sevilha
Câmara Municipal de Támara de Campos
Câmara Municipal de Tobed
Câmara Municipal de Toledo
Câmara Municipal de Tordesilhas
Câmara Municipal de Toro
Câmara Municipal de Torralba de Ribota
Câmara Municipal de Utebo
Câmara Municipal de Villalón de Campos
Câmara Municipal de Villalpando
Câmara Municipal de Villamuera de la Cueza
Câmara Municipal de Zafra
Câmara Municipal de Saragoça

Primeira edição

Segunda edição

ISBN: 978-3-902966-08-7 (eBook)
978-3-902966-07-0 (Livro de bolso)

Ideia e Concepção Geral do Programa
Museum With No Frontiers (MWNF)
Eva Schubert

Direção do projeto
M.ª Ángeles Gutiérrez Fraile
M.ª Rosa García Brage
Consuelo Luca de Tena

Design e Maquetação
Agustina Fernández, Madrid
Electa España, Madrid
Christian Eckart,
Museum With No Frontiers, Vienna
(segunda ediçao)

Comité Científico
Gonzalo M. Borrás Gualís, Saragoça
Pedro Lavado Paradinas, Madrid
Rafael López Guzmán, Granada
M.ª Pilar Mogollón Cano-Cortés, Badajoz
Alfredo Morales Martínez, Sevilha
M.ª Teresa Pérez Higuera, Madrid

Museu Sem Fronteiras Espanha

Direcção
M.ª Ángeles Gutiérrez Fraile
M.ª Rosa García Brage
Consuelo Luca de Tena
Javier Muñiz
Gerardo Barros
Eva Schubert

Catálogo

Introdução à Exposição
Gonzalo M. Borrás Gualís

Apresentação dos Circuitos
Comité Científico

Com a Colaboração de
Alfonso Pleguezuelo Hernández, Sevilha
Miguel Angel Sorroche Cuerva, Granada

Textos Técnicos
Sandra Stuyck Fernández-Arche, Madrid

Jamila Binous, Tunes
Introdução Geral "A Arte Islâmica no Mediterrâneo"
Mahmoud Hawari, Jerusalém-Este
Manuela Marín, Madrid
Gönül Öney, Esmirna

Tradução
Margarida Amado Acosta

Revisão dos Textos
Elena Oltra Pinto-Coelho

Fotografia
Guillermo Maestro Casado, Madrid
Miguel Rodríguez Moreno, Granada

Mapa Geral
José Antonio Dávila Buitrón, Madrid

Esquemas
Sergio Viguera, Madrid

Planos
Şakir Çakmak, Esmirna
Ertan Das, Esmirna
Yekta Demiralp, Esmirna

Design e Maquetação
Agustina Fernández, Madrid

Coordenação Técnica

Directora de Produção
Sandra Stuyck Fernández-Arche, Madrid

Ajudante de Produção
Mónica González, Madrid

Coordenação Internacional

Coordenação Geral
Eva Schubert

Coordenação dos Comités Científicos, Traduções, Revisões dos Textos e Produção de Catálogos
Sakina Missoum, Madrid

Arquivo Fotográfico
María Jesús Rubio, Madrid

Agradecimentos

Museum With No Frontiers agradece a colaboração e o apoio prestados aos proprietários e aos responsáveis por todos os monumentos incluídos na exposição, bem como a todas as instituições públicas e privadas que facilitaram a realização deste proyeto.

Arcebispado de Granada
Arcebispado de Sevilha
Arcebispado de Toledo
Associação para o Desenvolvimento Rural "Rota do Mudéjar", Olmedo
Câmara Municipal de Alagón
Câmara Municipal de Alcalá de Henares
Câmara Municipal de Daroca
Câmara Municipal de Guadix
Câmara Municipal de Llerena
Câmara Municipal de Olmedo
Câmara Municipal de Zafra
Cabido da Catedral de Gerona
Cabido Metropolitano de Saragoça
Convento de Santa Clara, Astudillo
Convento de Santa Clara, Carrión de los Condes
Convento de Santa Clara, Zafra
Cortes de Aragão
Fundação Casa Ducal de Medinaceli, Sevilha
Fundação Euro-árabe, Granada
Fundação Nossa Senhora do Pilar, Granada
Hotel Palácio de Santa Inês, Granada
Instituto de Estudos Turolenses
Instituto de Valencia de Don Juan, Madrid
Junta da Andaluzia, Serviços Culturais
Junta de Castela-Leão
Junta da Estremadura, Serviços Culturais e do Património
Mosteiro das Madres Beneditinas, San Pedro de Dueñas
Mosteiro de Santa Isabel la Real, Granada
Museu Arqueológico Nacional
Museu da Santa Cruz, Toledo
Museu Sefardita de Toledo, Ministério da Educação, Cultura e Desporto
Diocese de Guadix - Baza
Diocese de Palença
Diocese de Tarazona
Diocese de Teruel e Albarracín
Diocese de Zamora
Paradores de Turismo (Pousadas Nacionais)
Pároco de San Félix, Torralba de Ribota
Pároco de Santervás
Pároco de Santiago Apóstolo, Guadalajara
Párocos de San Miguel, Villalón
Património Nacional
Patronato do Real Alcázar, Sevilha
Plano de Dinamização de Zafra
Real Mosteiro de Nossa Senhora de Guadalupe
Senado
Universidade de Alcalá de Henares
Universidade de Granada

Também expressa o seu agradecimento às seguintes pessoas, cujo *contributo foi imprescindível para a realização da do projeto:*

Abigail Pereta, Técnica de Museus, Saragoça
Clara Gómez, Geógrafa, Madrid
Cristina Julard, Medievalista, Madrid
Manuela Marín, Departamento de Estudos Árabes, CSIC, Madrid
Mercedes García Arenal, Departamento de Estudos Árabes, CSIC, Madrid

Museum With No Frontiers agradece ainda

Ao Ministério dos Negócios Estrangeiros espanhol, por ter manifestado o seu apoio ao projecto "A Arte Islâmica no Mediterrâneo" desde o início, através da Agência Espanhola de Cooperação Internacional (AECI) e das Embaixadas da Espanha nos países mediterrânicos participantes; também agradece ao Governo da Região do Tirol (Áustria) — onde seinstalou o projecto piloto Museum With No Frontiers— por ter facilitado a formação dos Directores de Produção responsáveis pela coordenação técnica das Exposições nos países participantes no ciclo "A Arte Islâmica no Mediterrâneo".

Referências fotográficas

Ver página 5 e
Biblioteca Nacional, página 76 (*Monumentos Arquitectónicos de Espanha*, 1881).
© Cabido da Catedral de Gerona, página 99 ("Tresor de la Catedral de Girona").
© Património Nacional, página 152 e 155 (Palácio de Tordesilhas).
Arquivo fotográfico do Museu Arqueológico Nacional, página 172 (D. Pedro I).
Património Histórico-Artístico do Senado, página 237 (reprodução de Oronoz).
Torcuato Fandila, página 285 (Igreja de San Miguel, Guadix).

Introdução Geral "A Arte Islâmica no Mediterrâneo"
Ann & Peter Jousiffe (Londres), página 20 (Alepo).
Arquivos Oronoz Fotógrafos (Madrid), página 23 (Alhambra, Granada).

Referências dos planos

Franco, L., Penan M., e Estúdio Camaleón, página 88 (Palácio da Aljafería, Saragoça).
García Guereta, R., página 105 (Torre do Salvador, Teruel).
Borrás, G., (*Arte Mudéjar Aragonés*, 1985), página 122 (Igreja de la Virgen, Tobed).
Lampérez, V., página 145 (Castelo de Coca, Segóvia), página 147 (Capela de la Mejorada, Olmedo), página 156 (Balneário do Palácio do rei D. Pedro, Tordesilhas).
Monumentos Arquitectónicos de España, 1879, páginas 208 e 209 (Igreja de Santiago del Arrabal, Toledo).
Mogollón, Mª.P., (*Mudéjar en Extremadura*, 1987), página 216 (Real Mosteiro de Nossa Senhora de Guadalupe).
Gómez Ramos, R., (*Colección Arte Hispalense*, 1993), página 241 (Igreja de Santa Marina, Sevilha).
Duclos Bautista, G., (*Carpintería de lo blanco*, 1993), página 242 (Igreja de Santa Marina, Sevilha), página 248 (Igreja de Santa Catalina, Sevilha).
M.ª Luisa Marín Martín, páginas 267 e 268 (Ermida de Castilleja de Talhara, Benacazón), página 271 (Ermida de Gelo, Benacazón).
Moreno Felipe J., página 269 (Igreja de San Pablo, Aznalcazar). José Luis Ramos Arcas e Juan Ramón Altozano Pérez, página 282 (Igreja de Jerez del Marquesado, Granada).

Introdução Geral "A Arte Islâmica no Mediterrâneo"
Ettinghaussen, R. e Grabar, O. (Madrid, I, 1997), página 26 (Mesquita de Damasco).
Sönmez Z. (Ankara, 1995), página 27 (Mesquitas de Divrigi e Istambul) e página 28 (Mesquita de Sivas).
Viguera, S. (Madrid), página 28 (Tipologia de minaretes).
Ettinghaussen, R. e Grabar, O. (Madrid, II, 1999), página 29 (Mesquita e madraçal Sultão Hassam).
Ettinghaussen, R. e Grabar, O. (Madrid, I, 1997), página 30 (Qasr al-Jayr al-Charqi).
Kuran, A. (Istanbul, 1986), página 31 (Jan Sultão Aksaray).

Realizado no âmbito do programa de cooperação euro-mediterrânica da União Europeia.

Indicações práticas

A exposição "A Arte Mudéjar. A estética islâmica na arte cristã" compõe-se de treze itinerários ou circuitos de duração variável. Os circuitos, que abrangem seis Comunidades Autónomas, são independentes e podem ser visitados na ordem que se desejar.

Todos os elementos da exposição estão claramente assinalados, de modo a facilitar a sua identificação, mas é recomendável o uso de um mapa das estradas e de planos das cidades.

Os textos referentes aos monumentos aparecem precedidos de informações de carácter técnico (localização, horários, condições de acesso, etc.), em vigor no momento da redacção do catálogo. O percurso proposto nem sempre é o mais curto, mas é sem dúvida o mais simples. Os parágrafos apresentados sobre um fundo cinzento correspondem a opções de tipo paisagístico, seleccionadas devido à sua beleza e interesse cultural.

Nalgumas igrejas não são permitidas visitas durante o serviço religioso. Nos casos em que não haja nenhum impedimento, durante os horários destinados ao culto deverá adoptar-se uma postura discreta e respeitosa.

As palavras em itálico, excepto aquelas a que se seguem explicações entre parênteses, fazem parte do glossário. A ortografia dos nomes dos mestres-de-obras muçulmanos foi determinada pelos autores e responde à ortografia da época.

Museum With No Frontiers | Museum Ohne Grenzen não se responsabiliza por eventuais incidentes de percurso que possam produzir-se durante avisita à exposição.

Para mais informações, por favor visite nosso portal www.museumwnf.org.

Sandra Stuyck
Directora de Produção

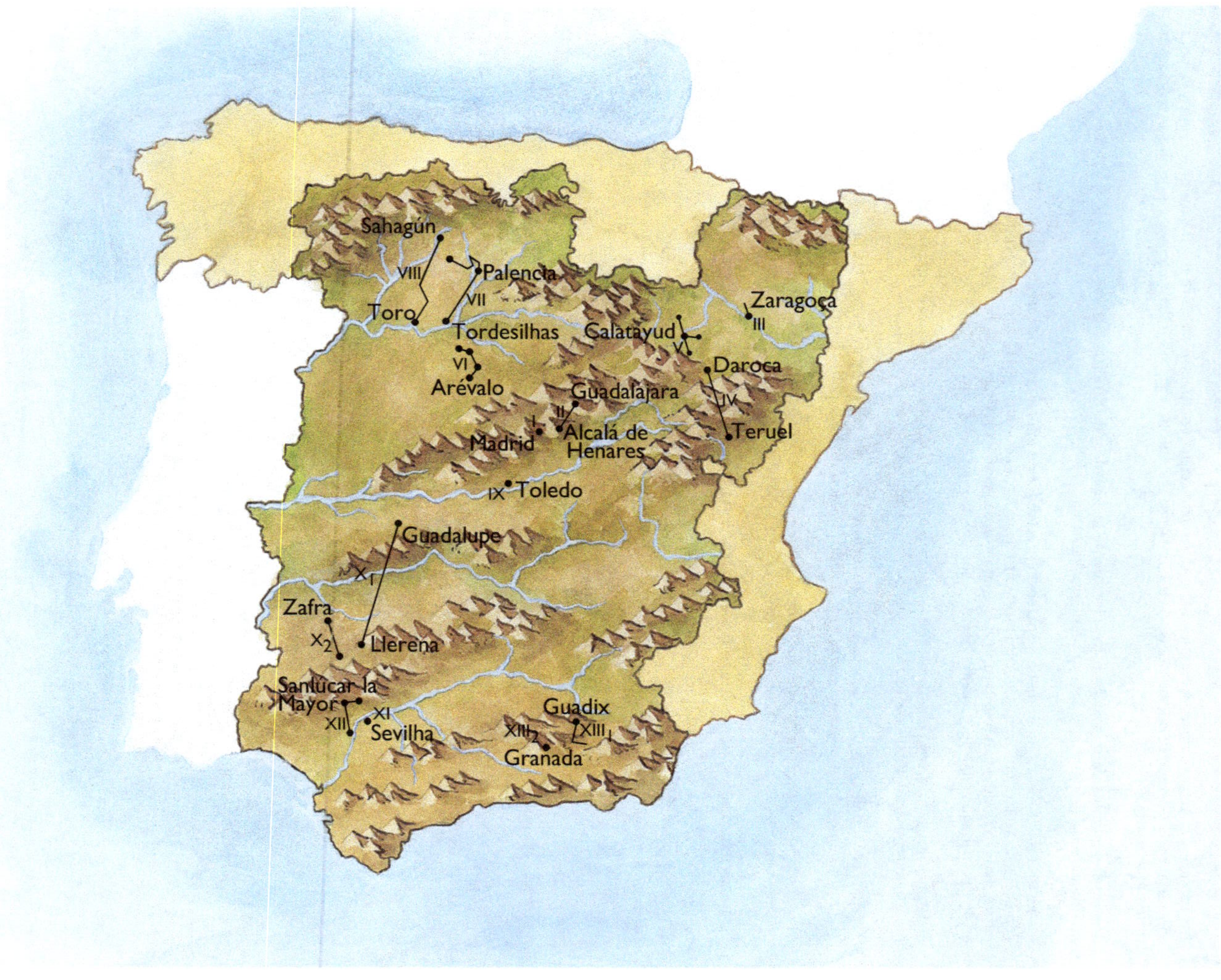
Sahagún
VIII
Palencia
VII
Toro
Tordesilhas
VI
Arévalo
Zaragoça
III
Calatayud
V
Daroca
IV
Teruel
Guadalajara
II
I
Madrid
Alcalá de Henares
IX
Toledo
Guadalupe
X_1
Zafra
X_2
Llerena
Sanlúcar la Mayor
XII
XI
Sevilha
Guadix
XIII_1
XIII_2
Granada

SUMÁRIO

LAS DINASTÍAS ISLÁMICAS EN EL MEDITERRÁNEO

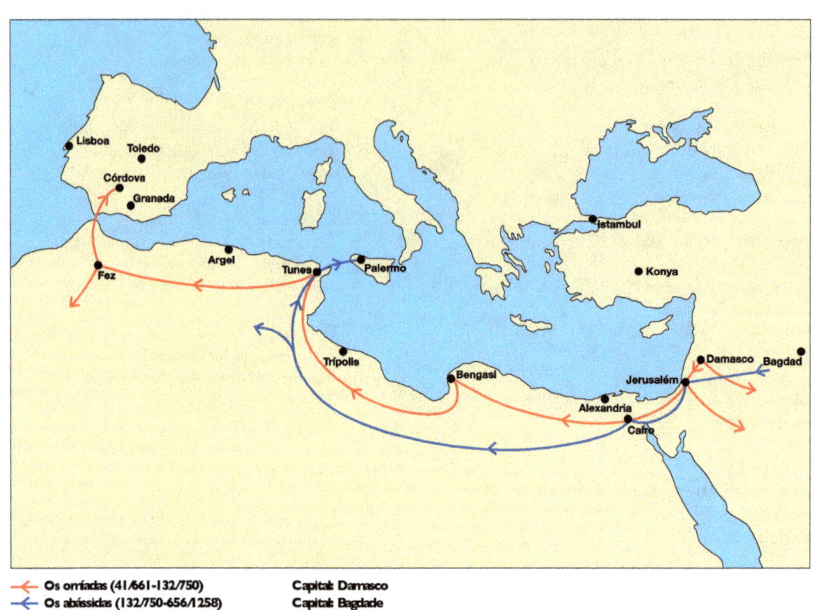

Os omíadas (41/661-132/750) Capital: Damasco
Os abássidas (132/750-656/1258) Capital: Bagdade

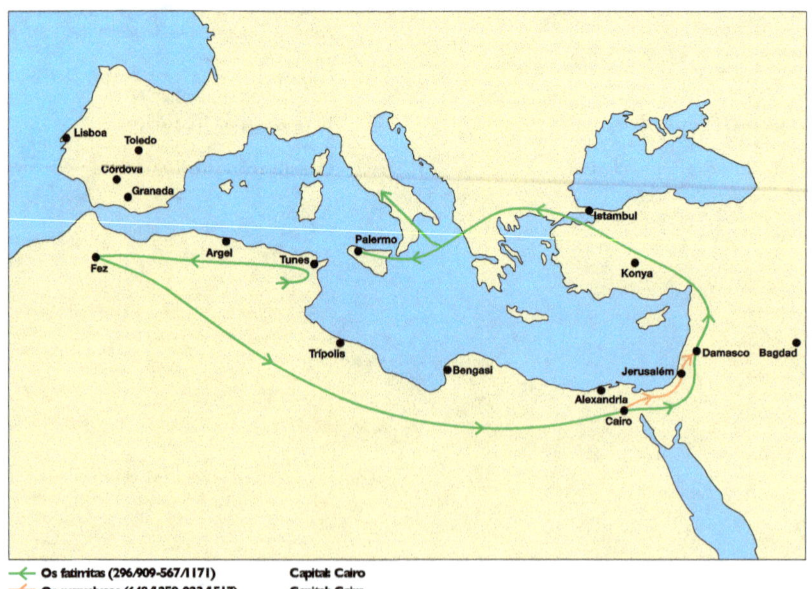

Os fatimitas (296/909-567/1171) Capital: Cairo
Os mamelucos (648/1250-923/1517) Capital: Cairo

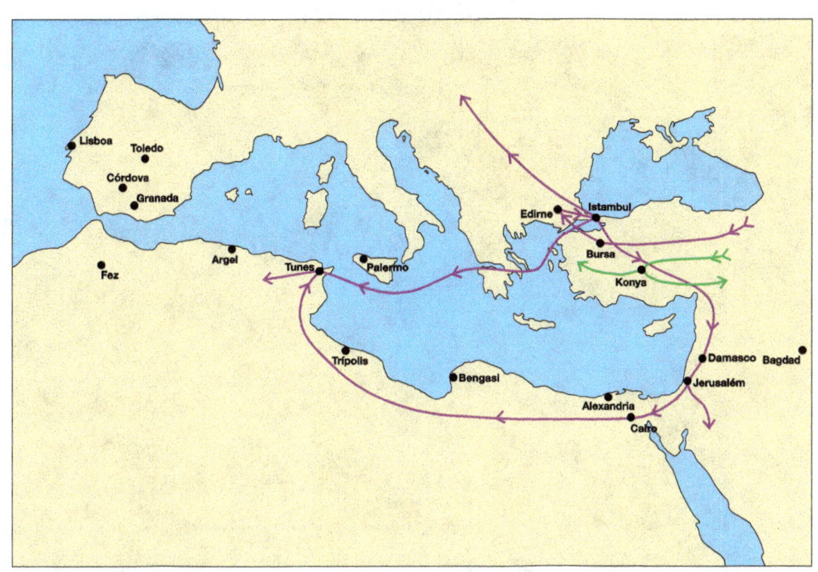

Os selyukids (571/1075-718/1318) Capital: Konya
Os otomanos (699/1299-1340/1922) Capital: Istambul

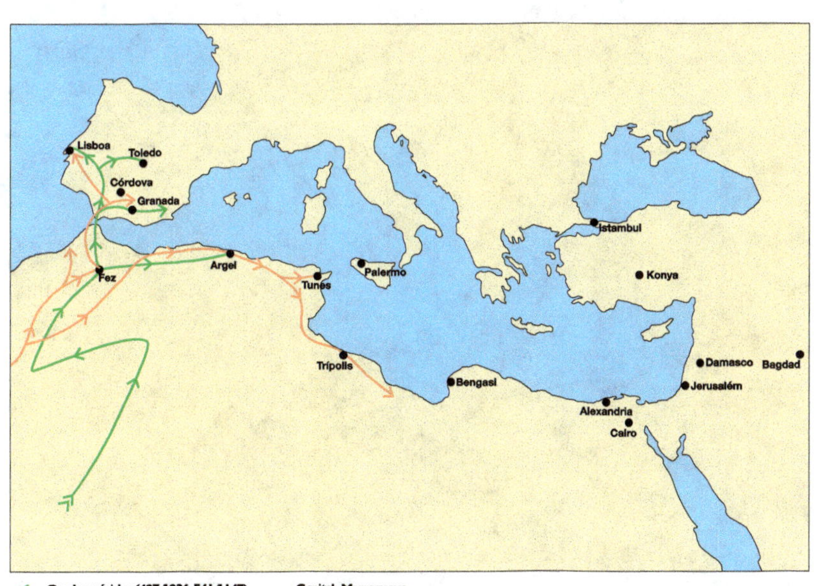

Os almorávidas (427/1036-541/1147) Capital: Marraquexe
Os almóadas (515/1121-667/1269) Capital: Marraquexe

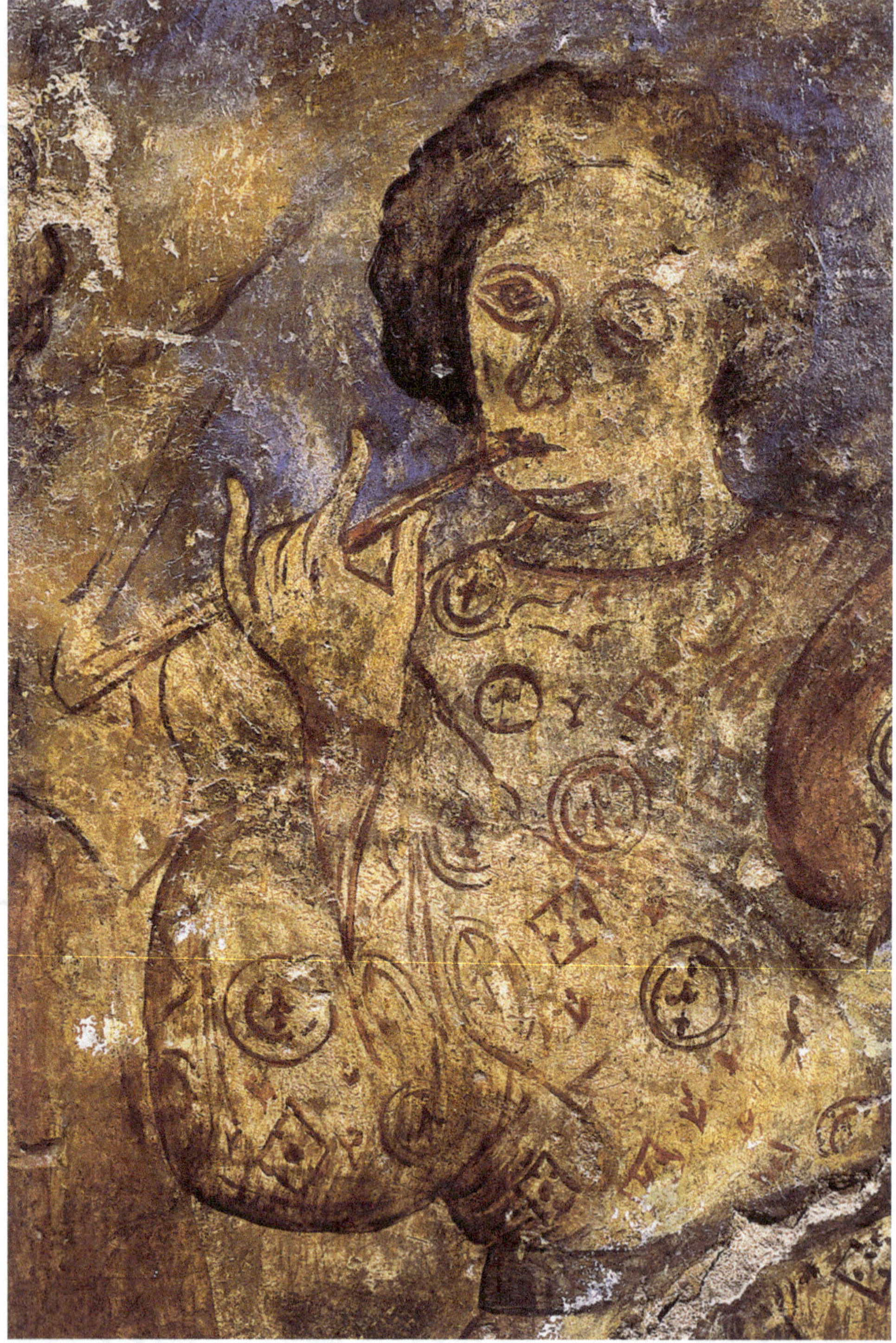

A ARTE ISLÂMICA NO MEDITERRÂNEO

Jamila Binous
Mahmoud Hawari
Manuela Marín
Gönül Öney

O legado islâmico no Mediterrâneo

A história da Bacia Mediterrânica, desde o século I/VII, é a história de duas culturas —o Islão e o Ocidente cristão—, que nela deixaram a sua marca em idênticas proporções. Esta longa sucessão de conflitos e de contactos gerou uma mitologia amplamente difundida pelo imaginário colectivo, baseada na imagem do Outro como o inimigo implacável, estranho, diferente, e, como tal, incompreensível. As batalhas salpicaram os séculos transcorridos desde que os muçulmanos saíram da Península Árabe e se espalharam pelo Crescente Fértil e pelo Egipto, e mais, tarde, pelo Norte de África, Sicília e a Península Ibérica, entrando pela Europa Ocidental e chegando mesmo até ao Sul de França. Nos começos do século II/VIII, o Islão dominava o Mediterrâneo.

Este impulso expansivo, de intensidade pouco comum na história, levou-se a cabo em nome de uma religião que se considerava a si mesma herdeira, simultaneamente, de duas predecessoras: o judaísmo e o cristianismo. No entanto, pecam de imprudência as tentativas simplistas de explicar a expansão islâmica em termos puramente religiosos. Existe uma imagem muito difundida no Ocidente que apresenta o Islão como uma religião de dogmas simples adaptados às necessidades das pessoas comuns, associada aos rudes guerreiros do deserto que brandiam o Corão nas pontas das suas espadas. Esta imagem tosca ignora a complexidade intelectual de uma mensagem religiosa que, desde o momento do seu surgimento, transformou o mundo. Identificou-se esta imagem com uma ameaça militar, justificando-se uma resposta nos mesmos termos. Finalmente, reduziu-se uma cultura inteira a um só dos seus elementos, a religião, privando-a do seu potencial de evolução e mudança.

Os países mediterrânicos que se foram incorporando, pouco a pouco, ao mundo muçulmano, iniciaram as suas respectivas trajectórias a partir de pontos muito diferentes. Por conseguinte, os estilos de vida islâmico que se desenvolveram em cada um deles foram, como é lógico, muito variados, embora dentro da unidade resultante da sua comum adesão ao novo dogma religioso. A capacidade de assimilação de elementos de culturas preexistentes (helénica, romana, etc.) é, precisamente, umas das características distintivas das sociedades islâmicas. Uma análise de como se processou o controle da área geográfica do Mediterrâneo, por exemplo, culturalmente muito heterogénea no momento em que é dominada pelo Islão, depressa nos revela que no início não se deu nenhum tipo de ruptura com o passado. Assim, é erróneo imaginar um

Qusayr Amra, pintura mural da Sala de Audiência, Badiya de Jordânia.

mundo islâmico imutável e monolítico, seguidor cego de uma mensagem religiosa inalterável.
Se há alguma coisa que sobressaia como *leitmotiv* presente em toda a área do Mediterrâneo, é a diversidade da expressão combinada com a harmonia de um sentimento mais cultural do que religioso. Na Península Ibérica —começando pelo perímetro ocidental do Mediterrâneo—, a presença do Islão, imposta numa primeira fase pela conquista militar, produziu uma sociedade muito diferente da cristã, mas em permanente contacto com ela. A importância da expressão cultural desta sociedade islâmica foi entendida como tal mesmo depois de ter deixado de existir, dando lugar àquele que é, provavelmente, um dos componentes mais originais da cultura hispânica: a arte mudéjar. Portugal, ao longo do período islâmico, manteve fortes tradições moçárabes, cuja marca é bem visível hoje em dia. O legado andalusí em Marrocos e na Tunísia foi absorvido pelas formas locais e ainda é evidente. O Mediterrâneo ocidental produziu formas originais de expressão que reflectiam a sua evolução histórica conflituosa e plural.
O Mar Mediterrâneo, encaixado entre o Oriente e o Ocidente, está dotado de pontos estratégicos como a Sicília, que correspondem a lugares-chave históricos com séculos de antiguidade. Conquistada pelos árabes que estavam instalados na Tunísia, a Sicília continuou a perpetuar a memória histórica e cultural do Islão muito depois de os muçulmanos terem saído da ilha. A presença das formas estéticas normandas conservadas nos seus edifícios demonstram claramente que a história destas regiões não pode ser explicada sem uma análise da diversidade das experiências sociais, económicas e culturais que floresceram no seu solo.
Assim, a imagem inamovível a que fazíamos alusão há pouco contrasta vivamente com a verdadeira história do Islão mediterrânico, caracterizada por uma surpreendente diversidade e formada por uma mistura de gentes, traços étnicos, desertos e terras férteis. Embora a religião majoritária desde o princípio da Idade Média fosse a do Islão, é igualmente certo que as minorias religiosas conservaram uma certa expressão. A língua do Corão, o árabe clássico, coexistiu em circunstâncias de igualdade com outras línguas e outros dialectos do próprio árabe. Num panorama de inegável unidade (religião muçulmana, língua e cultura árabes), cada sociedade evoluiu e reagiu aos desafios da história à sua maneira.

Surgimento e desenvolvimento da arte islâmica

Nos fins do século II/VIII, foi surgindo, nestes países dotados de civilizações diversas e antigas, uma nova arte impregnada de imagens da fé islâmica, que acabou por se impor em menos de cem anos. Esta arte originou todo o tipo de criações e inovações baseadas na unificação das fórmulas e dos processos decorativos e arquitectónicos dessas regiões, inspirando-se, ao mesmo tempo, nas tradições artísticas sassânidas, greco-romanas, bizantinas, visigóticas e berberes.

O primeiro objectivo da arte islâmica foi servir as necessidades da religião e os vários aspectos da vida socio-económica. Foi assim que surgiram novos edifícios destinados a fins religiosos, como as mesquitas e os santuários, e é por isso que a arquitectura desempenhou um papel central na arte islâmica, pois muitas das outras artes dependiam dela. No entanto, à margem da arquitectura, desenvolveu-se um leque de artes menores que encontraram a sua expressão artística numa vasta gama de materiais, tais como a madeira, a cerâmica, os metais ou o vidro, entre muitos outros. No caso da olaria, foram várias as técnicas utilizadas, destacando as peças policromas e as peças polidas. Também se fabricavam peças em vidro muito belas, e o nível dos trabalhos em ouro e em esmalte de cores brilhantes era excelente. Quanto ao artesanato em metal, a técnica mais sofisticada era o trabalho em bronze com incrustações de prata e cobre. Por outro lado, confeccionavam-se tecidos e tapetes de elevada qualidade, com desenhos à base de figuras geométricas, animais e humanas. Os manuscritos ilustrados com iluminuras representam um avanço espectacular nas artes do livro. Toda esta diversidade nas manifestações menores reflecte o esplendor alcançado pela arte islâmica.

No entanto, a arte figurativa foi excluída do âmbito litúrgico do Islão, ou seja, foi marginada em relação ao núcleo central da civilização islâmica e apenas foi tolerada na sua periferia. Os relevos são pouco frequentes na decoração dos monumentos e as esculturas são praticamente planas. Esta ausência foi compensada pela grande riqueza ornamental dos revestimentos em gesso talhado, dos painéis em madeira esculpida e dos mosaicos de cerâmica vidrada, além dos frisos de *muqarnas* ou estalactites. Os elementos decorativos inspirados na natureza —folhas, flores, ramos— foram estilizados até ao limite, sendo tão complicados que é praticamente impossível reconhecer neles os seus modelos. O entrelaçamento e a combinação de motivos geométricos, tais como rombos ou polígonos, formam um reticulado que forra totalmente as superfícies, conhecido habitualmente como arabescos. A introdução de elementos epigráficos na ornamentação dos monumentos, do mobiliário e de todo o tipo de objectos, foi uma inovação no repertório decorativo. Os artesãos muçulmanos souberam aproveitar a beleza da caligrafia árabe e da língua do Corão, o livro sagrado, não só transcrevendo os versos corânicos, mas, também, usando-a como elemento decorativo das superfícies e dos contornos dos painéis de estuque usados como revestimento.

A arte estava, igualmente, ao serviço dos soberanos. Para eles, os

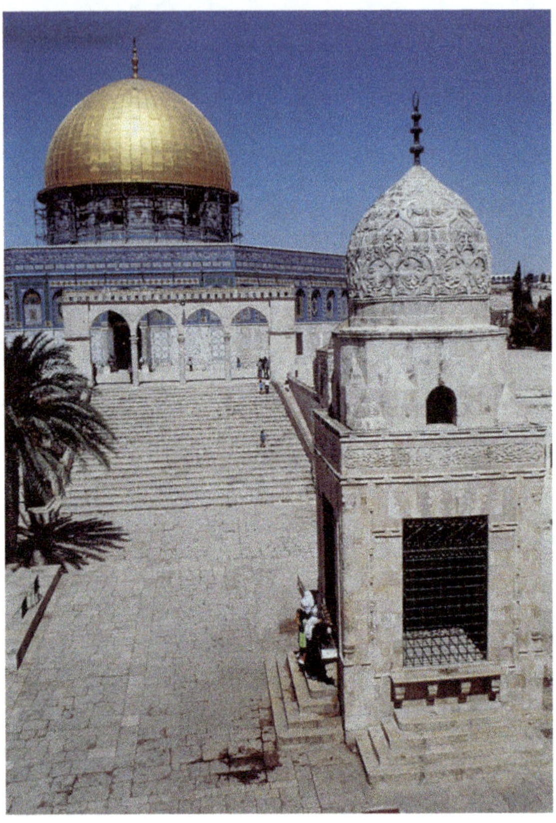

Cúpula da Rocha, Jerusalém.

arquitectos conceberam palácios, mesquitas, escolas, balneários, *caravanserais* e mausoléus que muitas vezes eram baptizados com os nomes dos monarcas que os patrocinaram. A arte islâmica é, sobretudo, uma arte dinástica. Sempre que chegava ao poder um soberano diferente, apareciam novas tendências que contribuíam para a renovação parcial ou total das formas estilísticas, de acordo com a conjuntura do momento, a prosperidade de cada reino e as tradições do seu povo. Apesar da relativa unidade da arte islâmica, houve lugar para uma diversidade propícia ao surgimento de estilos variados, identificados com as sucessivas dinastias.

A dinastia omíada (41/661-132/750), que trasladou a capital do califado a Damasco, representa uma vitória sem par na história do Islão. Absorveu e incorporou o legado helénico e bizantino, refundindo a tradição clássica do Mediterrâneo num molde diferente e inovador. Por conseguinte, a arte islâmica formou-se na Síria, e a arquitectura, inconfundivelmente islâmica devido à personalidade dos seus fundadores, nunca perdeu a sua relação com a arte cristã e bizantina. Os monumentos omíadas mais importantes são a Cúpula da Rocha, em Jerusalém, o exemplo mais antigo de santuário islâmico monumental; a Mesquita-mor de Damasco, que serviu de modelo paras as mesquitas posteriores; e os palácios do deserto da Síria, da Jordânia e da Palestina.

Quando o califado abássida (132/750-656/1258) substituiu os omíadas, o centro político do Islão foi transferido do Mediterrâneo para Bagdade, na Mesopotâmia. Este factor influenciará o desenvolvimento da civilização islâmica de tal maneira, que o vasto leque de manifestações culturais e artísticas ficará marcado por esta mudança. A arte e a arquitectura abássidas inspiravam-se em três grandes tradições: a sassânida, a asiática central e a selyuquita. A influência da Ásia Central estava presente na arquitectura sassânida, mas em Samarra esta influência reflectia-se na maneira como se trabalhava o estuque com ornamentações de arabescos que depressa se espalhariam por todo o mundo islâmico. A influência dos monumentos abássidas pode apreciar-se nos monumentos construídos durante este período noutras regiões do império, especialmente no Egipto e em Ifriqiya. A mesquita de Ibn Tulum (262/876-265/879), no Cairo, é uma obra prima notável devido à sua planta e unidade. Inspirou-se no modelo da Mesquita-mor abássida de Samarra, sobretudo no minarete em espiral. Em Cairuão, capital da Ifriqiya, os vassalos dos califas abássidas, os aglabitas (184/800-296/909) ampliaram a Mesquita-mor, uma das mais veneráveis mesquitas *aljamas* do Magreb, cujo *mihrab* estava forrado com azulejos de cerâmica da Mesopotâmia.

O reinado dos fatimitas (296/909-567/1171) foi um período notável na história dos países islâmicos do Mediterrâneo, formados pelo Norte de África, a Sicília, o Egipto e a Síria. Ainda se conservam alguns exemplos de edifícios daquela época, que testemunham a sua glória passada, como as ruínas da Qal'a dos Bani Hammad e a mesquita de al-Mahdiya no Magreb Central; em Sicília, a Cuba (Qubba) e a Ziza (al-'Aziza), em Palermo, construídos por artesãos fatimitas durante o reinado do rei normando Guilherme II; a mesquita de al-Azhar, no Cairo, é o exemplo mais importante da arquitectura fatimita egípcia.

Os ayubitas (567/1171-648/1250), que derrocaram a dinastia fatimita do Cairo, foram importantes mecenas da arquitectura. Estabeleceram instituições religiosas (*madraçais*, *janqas*)

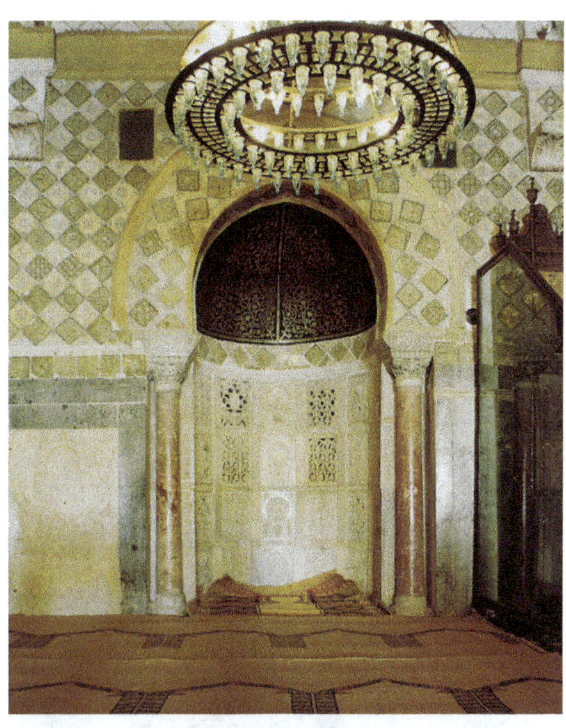

Mezquita de Kairuán, mihrab, Túnez.

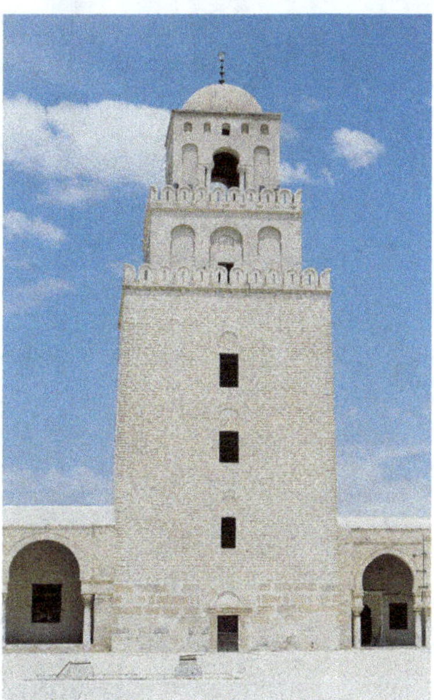

Mezquita de Kairuán, alminar, Túnez.

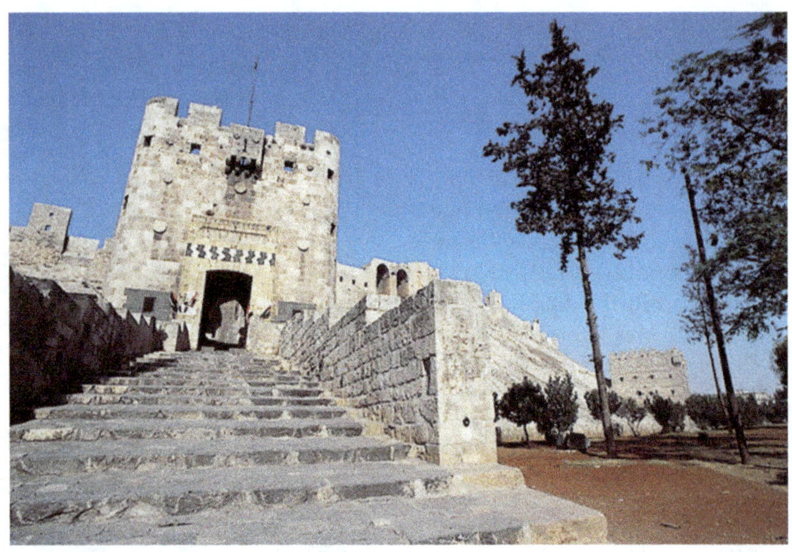

Cudadela da Alepo, vista da entrada, Síria.

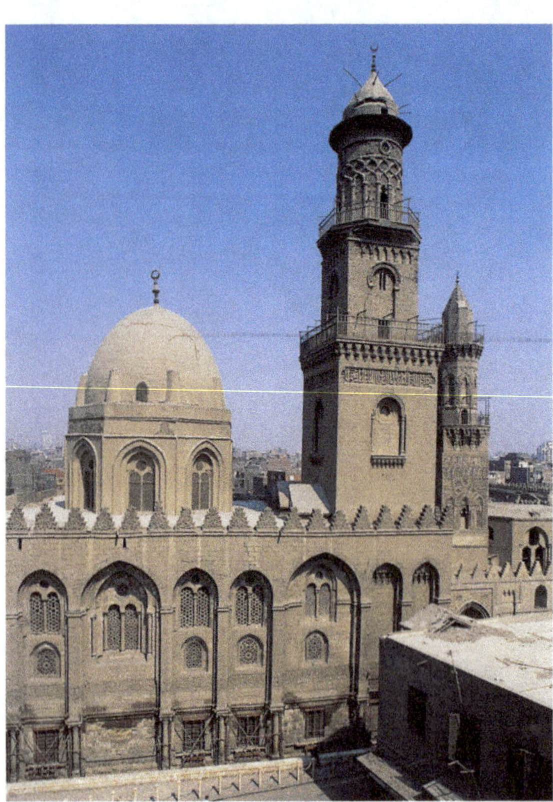

Complexo de Qalawun, Cairo, Egipto.

para favorecer a propagação do Islão sunita, além de mausoléus e projectos sociais, para não falar das imponentes fortalezas erguidas para combater os cruzados. A Cidadela síria de Alepo é uma amostra notável da sua arquitectura militar.

Os mamelucos (648/1250-923/1517), sucessores dos ayubitas que resistiram com êxito aos cruzados e aos mongóis, alcançaram a unidade da Síria e do Egipto construindo um império formidável. A riqueza e o luxo que reinavam na corte do sultão mameluco do Cairo levaram a que se desenvolvesse um estilo arquitectónico de extraordinária elegância. Para o mundo islâmico, o período mameluco marca um momento de renovação e de renascimento. O entusiasmo dos mamelucos pela fundação de instituições religiosas e pela reconstrução dos monumentos existentes coloca-os entre os maiores impulsionadores da arte e da arquitectura de toda a história do Islão. Um exemplo típico deste período é a Mesquita de Hassan (757/1356), uma mesquita funerária de planta cruciforme na qual os quatro braços da cruz estão constituídos por quatro *iwans* que circundam um pátio central.

A Anatólia foi o berço de duas grandes dinastias islâmicas: os selyuquitas (571/1075-718/1318), responsáveis pela introdução do Islão na região, e os otomanos (699/1299-1340/1922), que puseram um ponto final ao império bizantino após a conquista de Constantinopla, consolidando a sua hegemonia em toda a região.

A arte e a arquitectura selyuquitas deram lugar a um florescente estilo próprio, resultado da fusão das influências provenientes da Ásia Central, do Irão, da Mesopotâmia e da Síria, com elementos derivados do património da Anatólia cristã e da antiguidade. Kónia, a nova capital da Anatólia Central, tal como outras cidades, foi enfeitada com numerosos edifícios construídos no característico estilo selyuquita. Muitas destas mesquitas, *madraçais*, *turbes* e *caravanserais* sobreviveram até aos nossos dias, luxuosamente decorados com trabalhos em estuque e azulejos com diversas representações figurativas.

À medida que os emirados selyuquitas se desintegravam e Bizâncio entrava em decadência, os otomanos foram ganhando rapidamente terreno, mudando a capital de Iznik para Bursa, e, mais tarde, para Edirne. A conquista de Constantinopla, em 858/1453, pelo sultão Mehmed II, era o impulso que faltava para a transição de um estado emergente a um grande império, uma superpotência cujas fronteiras chegavam até Viena, incluindo os Balcãs, a Oeste, e o Irão, a Leste, bem como o Norte de África, do Egipto até à Argélia. Assim, o Mediterrâneo converteu-se num mar otomano. A corrida pela superação do esplendor das igrejas bizantinas herdadas, cujo máximo expoente era Santa Sofia, culminou com a construção das grandes mesquitas de Istambul. A mais significativa é a

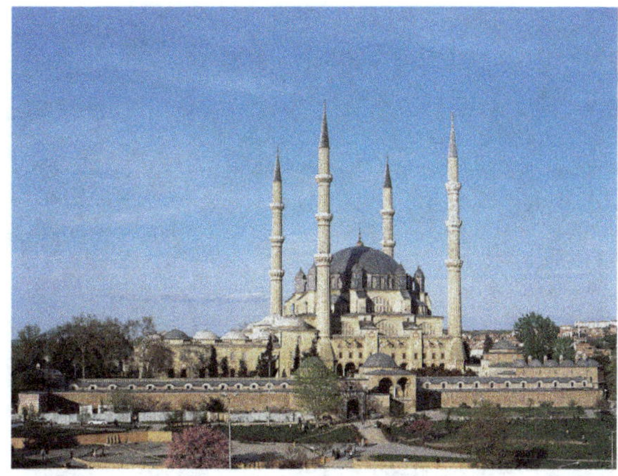

Mesquita Selimiye, vista geral, Edirne, Turquia.

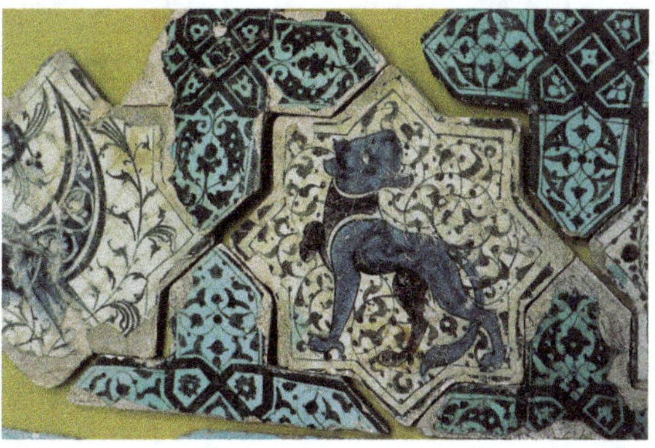

Cerâmica do palácio Kubadabad, museu Karatay, Konya, Turquia.

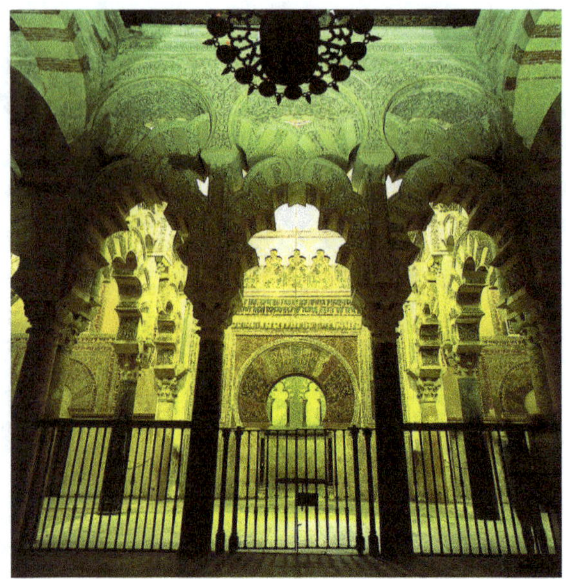

Mesquita-mor de Córdova, mihrab, Espanha.

Madina al-Zahra, Dar al-Yund, Espanha.

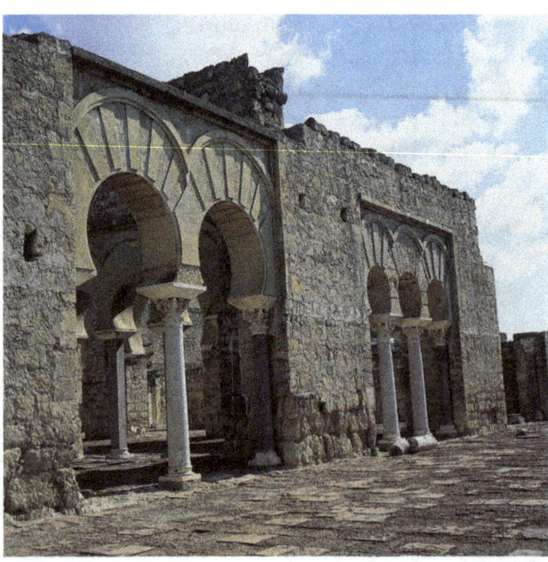

Mesquita Süleymaniye, concebida no século X/XVI pelo famoso arquitecto otomano Sinam, encarnação da harmonia arquitectónica num edifício com cúpula. A maior parte das grandes mesquitas otomanas fazia parte de vastos conjuntos edificados conhecidos como *külliye*, que incluíam vários *madraçais*, uma escola corânica, uma biblioteca, um hospital (*darüssifa*), uma pousada (*tabjan*), uma cozinha pública, um *caravanserail* e vários mausoléus. Desde começos do século XII/XVIII, durante o chamado Período da Túlipa, o estilo arquitectónico e decorativo otomano acusou a influência do Barroco e do Rococó franceses, anunciando, desta feita, a ocidentalização das artes e da arquitectura islâmicas.

Situada no sector ocidental do mundo islâmico, al-Ândalus converteu-se no berço de uma forma de expressão artística e cultural de enorme esplendor. Abd al-Rahman I estabeleceu um califado omíada independente (138/750-422/1031), cuja capital era Córdova. A Mesquita-mor de Córdova tornar-se-ia na predecessora das tendências artísticas mais inovadoras da região, com os seu arcos sobrepostos bicolores e os painéis decorados com motivos vegetais, que passariam a fazer parte do repertório das formas artísticas de al-Ândalus.

No século V/XI, o Califado de Córdova fragmentou-se numa série de principados incapazes de fazer frente ao progressivo avanço da Reconquista iniciada pelos estados cristãos do Noroeste da Península Ibérica. Estes reis menores, ou Reis de Taifas, valeram-se dos almorávidas, em 479/ 1086, e dos almóadas, em 540/1145, para combater os cristãos e restabelecer parcialmente a unidade de al-Ândalus.

Após a sua intervenção na Península

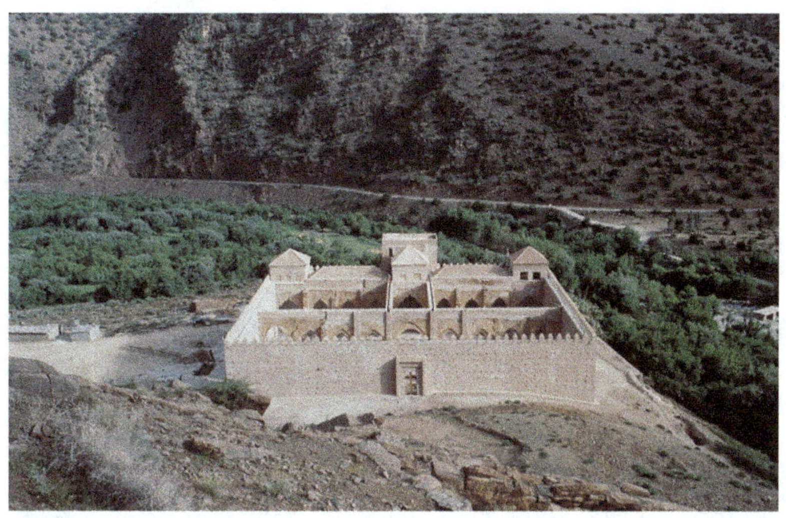

Mesquita de Tinmal, vista aérea, Marrocos.

Ibérica, os almorávidas (427/1036-541/1147) entraram em contacto com uma nova civilização. O refinamento da arte andalusí cativou-os de imediato, como se pode ver na sua capital, Marraquexe, onde se construiu uma grandiosa mesquita, além de vários palácios. A influência da arquitectura de Córdova e de outras capitais, como Sevilha, fez-se sentir em todos os monumentos almorávidas, de Tlemcem à Argélia, passando por Fez.

No período do domínio almóada (515/1121-667/1269), que alargou a sua hegemonia até à Tunísia, a arte islâmica ocidental alcançou o seu máximo apogeu. Durante a sua época, renovou-se a criatividade artística iniciada com os almorávidas e criaram-se novas obras primas da arte islâmica. Entre os exemplos mais notáveis contam-se a Mesquita-mor de Sevilha, com o minarete conhecido como Giralda; a Kutubiya de Marraquexe; a Mesquita de Hassan, em Rabat; e a Mesquita de Tinmal, situada no alto das Montanhas do Atlas marroquino.

Logo após a dissolução do império almóada, a dinastia nazari (629/1232-897/1492) instalou-se em Granada, alcançando o seu esplendor no século VIII/XIV. A civilização de Granada converter-se-á num modelo cultural durante os séculos seguintes em toda a Espanha (a arte mudéjar) e, sobretudo, em

Torre das Damas e jardins, Alhambra, Granada, Espanha.

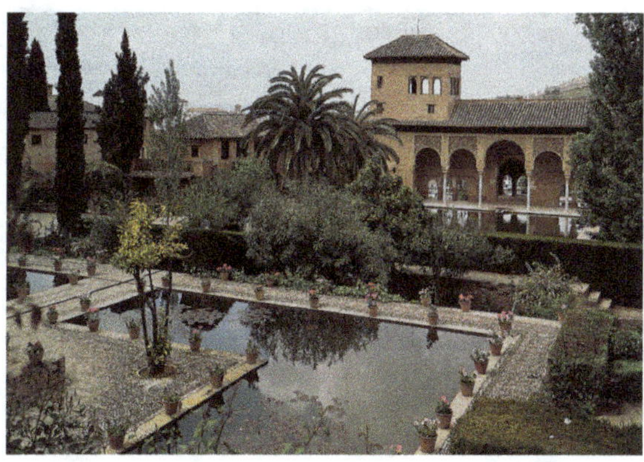

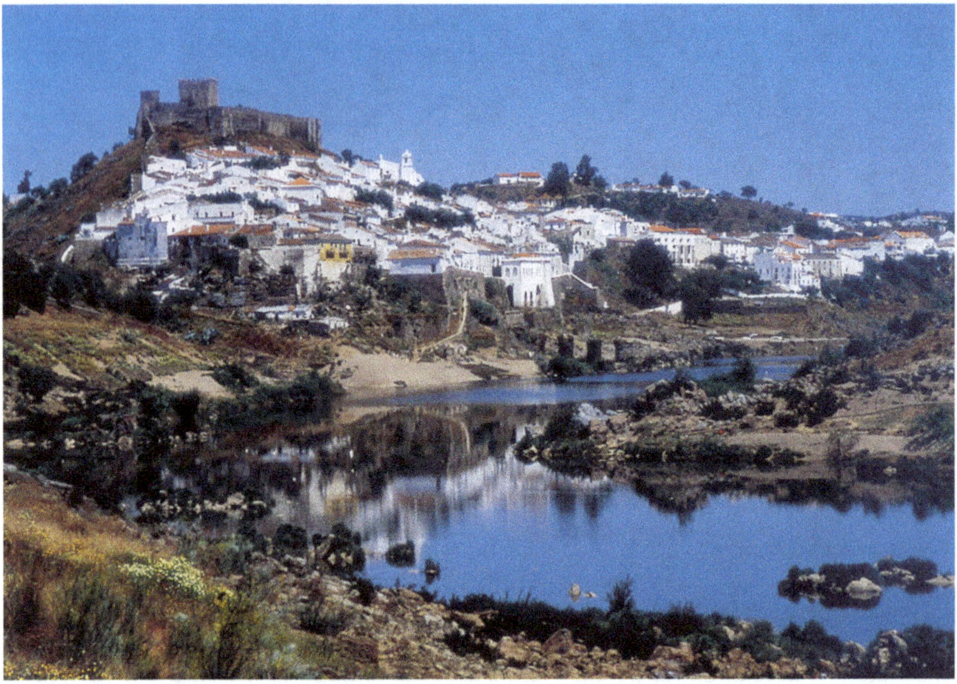

Mértola, vista geral, Portugal.

Marrocos, onde esta tradição artística gozou de grande popularidade e se conservou até aos nossos dias na arquitectura, na decoração, na música e na cozinha. O famoso palácio e forte vermelho de *al-Hamra'* (a Alhambra), em Granada, assinala um momento culminante da arte andalusí, encerrando em si mesma todos os elementos do seu repertório artístico.

Em Marrocos, os merinitas (641/1243-876/1471) substituíram, na mesma época, os almóadas, enquanto que, na Argélia, reinavam os Abd al-Wadid (633/1235-922/1516), e, na Tunísia, os hafssidas (625/1228-941/1534). Os merinitas perpetuaram a arte andalusí, enriquecendo-a com novos elementos. Embelezaram a capital, Fez, com imensas mesquitas, palácios e *madraçais*, e todos estes edifícios, com os seus mosaicos de cerâmica e os seus painéis de *zelish* a decorar as paredes, foram considerados os exemplos mais perfeitos

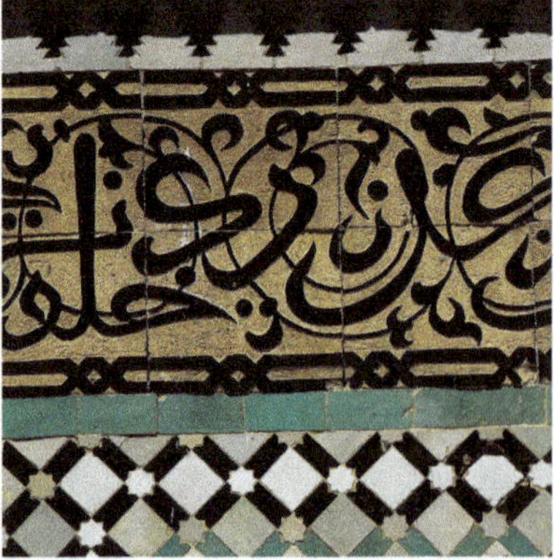

Friso epigráfico com caracteres cursivos sobre azulejos, Madraçal Buinaniya, Mequinez, Marrocos.

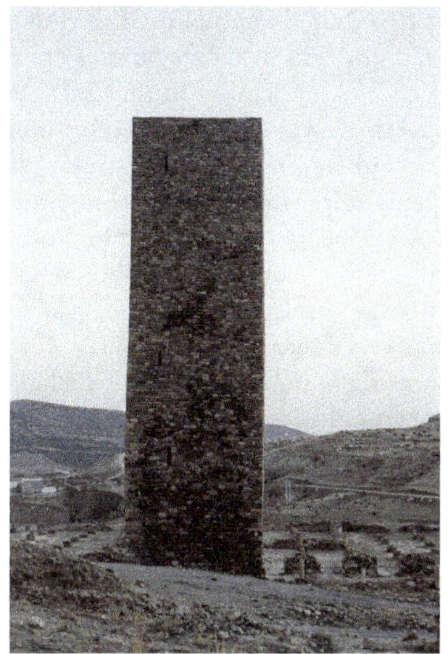

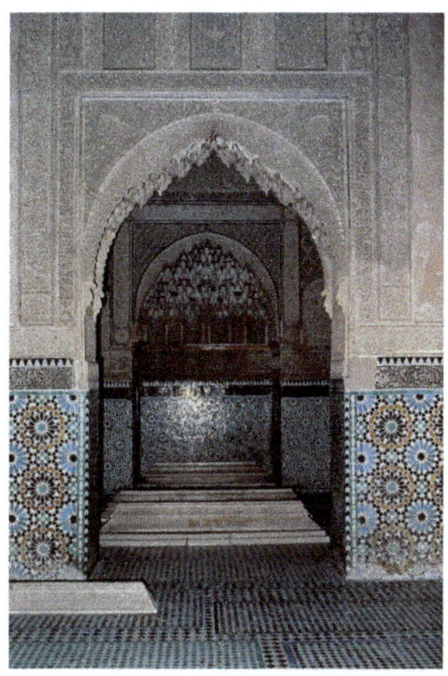

Qal'a dos Bani Hammad, minarete, Argélia.

Túmulo dos Saaditas, Marraquexe, Marrocos.

da arte islâmica. As últimas dinastias marroquinas, a dos saaditas (933/1527-1070/1659) e a dos alauitas (1070/1659, até hoje), continuaram a tradição artística de al-Ândalus através dos seus exilados, obrigados a sair da sua terra natal em 897/1492. Na construção e na decoração dos seus monumentos, estas dinastias seguiram as mesmas fórmulas e os mesmos motivos decorativos das dinastias precedentes, acrescentando matizes inovadores próprios do seu génio criativo. Nos começos do século XI/XVII, os emigrantes de al-Ândalus (os mouriscos), que fixaram as suas residências nas cidades do Norte de Marrocos, levaram com eles muitos dos elementos da arte do seu país. Actualmente, Marrocos é uma das poucas nações que soube manter vivas as tradições de al-Ândalus na sua arquitectura e mobiliário, embora modernizadas através da incorporação das técnicas e dos estilos arquitectónicos do século XV/XX.

A ARQUITECTURA ISLÂMICA

Em traços gerais, a arquitectura islâmica pode ser classificada em duas categorias: religiosa, como é o caso das mesquitas e dos mausoléus, e secular, como no caso dos palácios, dos *caravanserais* e das fortalezas.

Arquitectura religiosa

Mesquitas

Como é óbvio, a mesquita ocupa o lugar central na arquitectura islâmica. Trata-se de um símbolo adequado da fé ao serviço da qual foi concebida. Este papel simbólico foi, desde muito cedo, compreendido pelos muçulmanos, desempenhando um papel fulcral na criação dos signos adequados visíveis para o edifício: o minarete, a cúpula, o *mihrab* ou o *mimbar*.

A primeira mesquita do Islão foi o pátio da casa do Profeta, em Medina, desprovida de qualquer tipo de refinamento arquitectónico. As primeiras mesquitas construídas pelos muçulmanos à medida que o seu império se ia expandindo eram de uma enorme simplicidade. A partir destes edifícios mais antigos surgiu a *aljama* ou mesquita da sexta-feira (*yama'*), cujos elementos essenciais permaneceram inalterados durante quase 1.400 anos. A sua planta geral consiste num grande pátio rodeado por galerias com arcos, em número superior no lado orientado para a Meca (*qibla*), que nos outros lados. A Mesquita-mor omíada de Damasco, cuja planta se inspirou na mesquita do Profeta, converteu-se no protótipo de muitas das mesquitas construídas em vários pontos do mundo islâmico.

Na Anatólia e, mais tarde, noutros pontos do império otomano, desenvolveram-se outros tipos de mesquitas; a mesquita basilical e a mesquita com cúpula. A primeira tipologia consiste numa simples basílica ou salas com colunas inspirada nas tradições romana tardia e bizantina síria, introduzida, embora sofrendo ligeiras alterações, durante o século V/XI. Na segunda tipologia, desenvolvida durante o período otomano, o espaço interior organiza-se sob uma única cúpula. Os arquitectos otomanos criaram, nas grandes mesquitas imperiais, um novo estilo de construção com cúpula, fruto da fusão entre a tradição da mesquita islâmica com a edificação coberta com cúpulas muito frequente na Anatólia. A cúpula principal descansa sobre uma estrutura de apoio de planta hexagonal, enquanto que as zonas laterais estão cobertas por cúpulas mais

Mesquita omíada de Damasco, Síria.

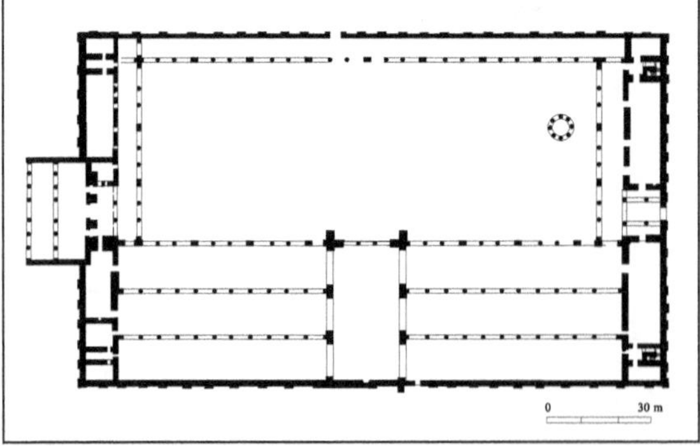

pequenas. Esta insistência na criação de um espaço interior dominado por uma única cúpula, converteu-se no ponto de partida para um estilo muito em voga no século X/XVI. Durante este período, as mesquitas converteram-se em conjuntos sociais multifuncionais, formados por uma *zawiya*, um *madraçal*, uma cozinha pública, umas termas, um *caravanserail* e um mausoléu dedicado ao fundador das mesmas. O monumento mais importante desta tipologia é a Mesquita Süleymaniye, em Istambul, construída em 965/1557 pelo grande arquitecto Sinam.

O minarete, do alto do qual o *almuadem* ou *muezzin* chama os crentes para a oração, é o símbolo mais destacado da mesquita. Na Síria, o minarete tradicional consiste numa torre de planta quadrada construída em pedra. Os minaretes do Egipto mameluco dividem-se em três partes: uma torre de planta quadrada na parte inferior, uma secção intermédia de planta octogonal e uma parte superior cilíndrica, rematada por uma pequena cúpula. O seu corpo central está ricamente decorado, e a zona de transição entre as secções está coberta com uma franja decorativa de *estalactites*. Os *minaretes* do Norte de África e de Espanha, que partilham com os da Síria o facto de possuírem uma torre quadrada, estão decorados com painéis de motivos ornamentais dispostos em redor de janelas geminadas. Durante o período otomano, as torres quadradas foram substituídas por *minaretes* octogonais e cilíndricos. Costumam ser *minaretes* pontiagudos muito altos, e, embora nas mesquitas apenas costume haver um, nas cidades mais importantes podemos encontrar dois, quatro ou mesmo seis

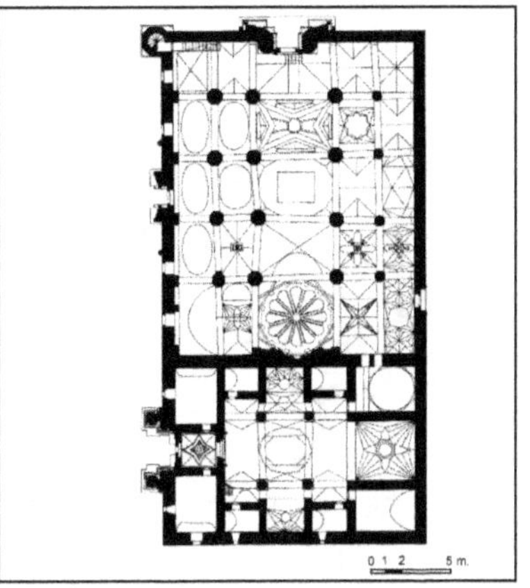

Mesquita-mor de Divriği, Turquia.

Madraçais

Tudo leva a crer que foram os selyuquitas os primeiros a construir os primeiros *madraçais*, na Pérsia, em começos do século V/XI, numa altura em que se tratavam de pequenos edifícios formados por uma sala central coberta com cúpula e dois *iwans* laterais. Mais tarde, desenvolveu-se

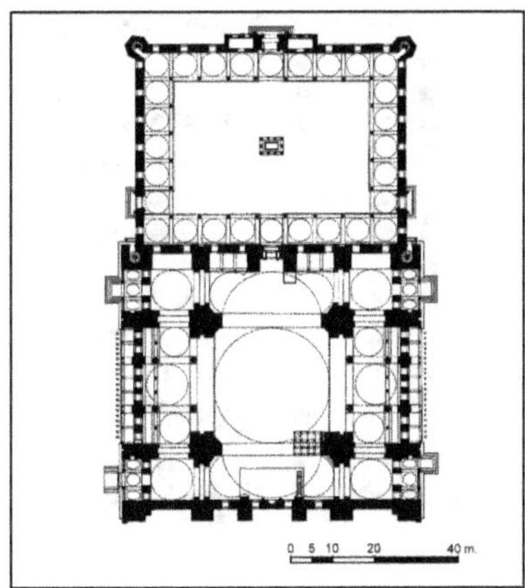

Mesquita Süleymaniye, Istambul, Turquia.

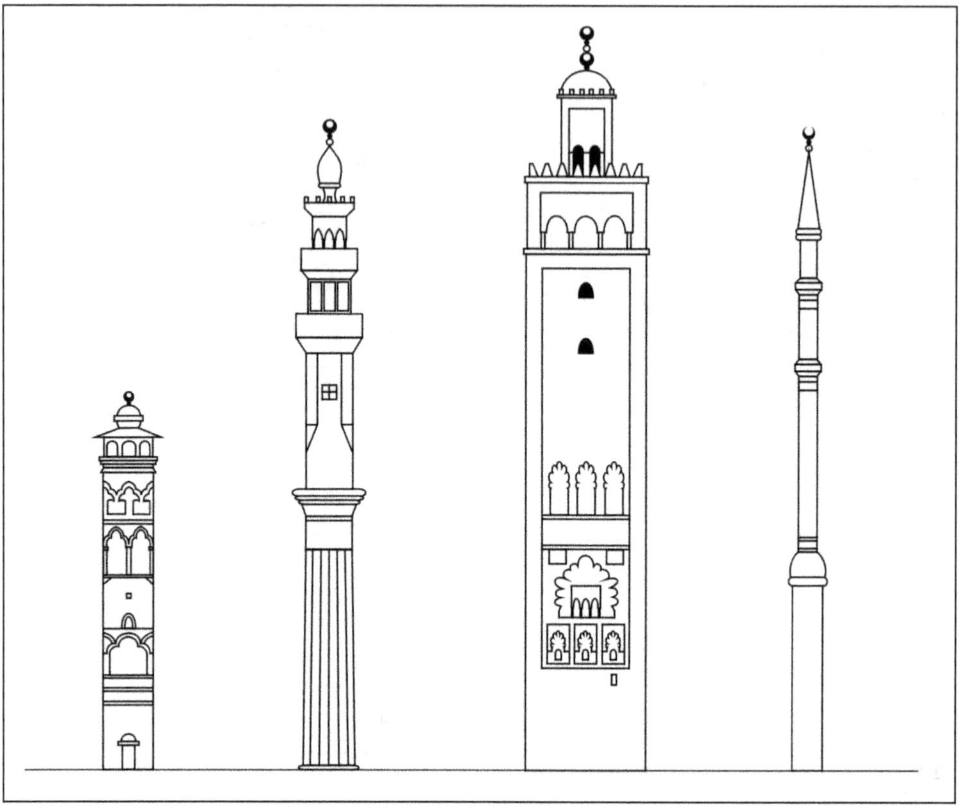

Tipologia de minaretes.

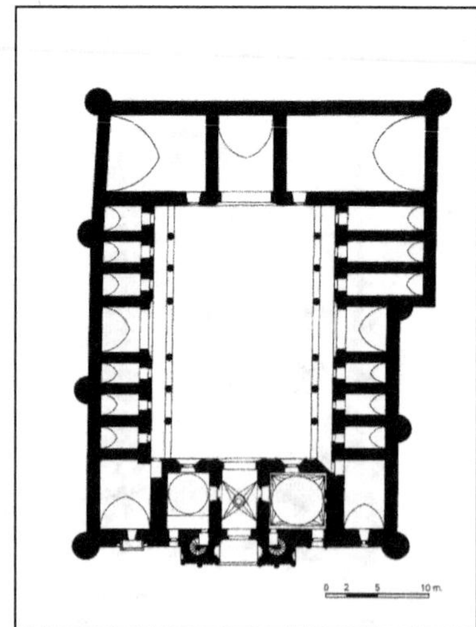

Madraçal de Sivas Gök, Turquia.

uma tipologia com um pátio aberto e um *iwan* central rodeados por galerias. Na Anatólia, durante o século VI/XII, o *madraçal* transformou-se num edifício multifuncional que servia de escola médica, hospital psiquiátrico, hospício com refeitórios públicos (*imaret*) e mausoléu.

A difusão do Islão ortodoxo sunita alcançou um novo momento álgido na Síria e no Egipto, na época do reinado dos zenyitas e dos ayubitas (séculos VI/XII-p.VII/XIII). Este facto levou à criação do *madraçal* fundado por um dirigente cívico ou político, em prol do desenvolvimento da jurisprudência muçulmana. A fundação era, normalmente, seguida da concessão de uma dotação financeira com carácter perpétuo (*waqf*), e que geralmente consistia nas rendas de terras ou de propriedades, como pomares, postos de venda nalgum mercado (*suq*) ou termas (*hammam*). Tradicionalmente, o *madraçal* possuía uma planta cruciforme com um pátio central rodeado de quatro *iwans*. Este tipo de edificação depressa se converteu na forma arquitectónica dominante, a partir da qual as mesquitas adoptaram a planta de quatro *iwans*. Mais tarde, foi perdendo a sua exclusiva função religiosa e política, como instrumento de propaganda que era, começando a assumir funções cívicas mais vastas, como mesquita *aljama* ou mausoléu em honra do seu benfeitor.

A construção de *madraçais* no Egipto, e especialmente no Cairo, ganhou nova vida com a chegada dos mamelucos ao país. O típico *madraçal* do Cairo desta época consistia num gigantesco edifício com quatro *iwans*, um fabuloso portal de estalactites (*muqarnas*) e esplendorosas fachadas. Com a chegada ao poder dos otomanos, no século X/XVI, as fundações conjuntas (as típicas mesquitas-*madraçal*) difundiram-se sob a forma de extensos conjuntos que gozavam do patrocínio imperial. Pouco a pouco, o *iwan* foi desaparecendo, sendo substituído pela sala com cúpula dominante. A principal característica dos *madraçais* otomanos é o aumento substancial do número de celas cobertas com cúpulas para os estudantes.

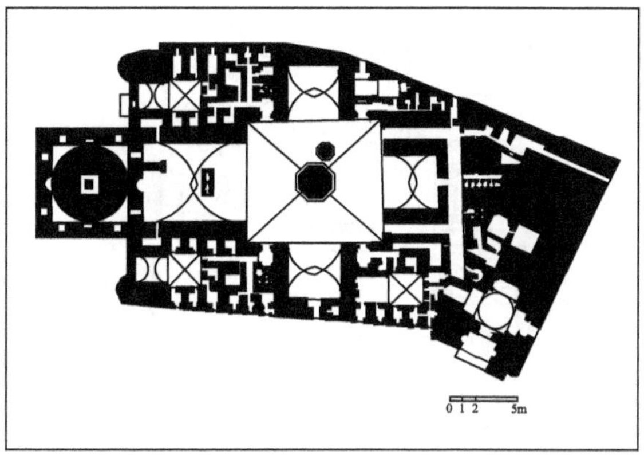

Mesquita e Madraçal Sultão Hassan, Cairo, Egipto.

Uma das muitas tipologias de edifício que se pode relacionar com o *madraçal*, tanto pela sua função, como pela sua forma, é a *janqa*. Este termo refere-se, mais do que a um tipo concreto de edifício, a uma instituição que alberga os membros de uma ordem mística muçulmana. Os historiadores também utilizaram os seguintes termos como sinónimos de *janqa*: no Magreb, *zawiya*; no mundo otomano, *tekke*; e, em geral, *ribat*. O sufismo dominou para sempre o uso da *janqa*, oriundo da Pérsia do século IV/X. Na sua forma mais simples, a *janqa*, era uma casa onde um grupo de discípulos se reunia em redor de um mestre (*chayj*), e estava equipada com instalações para a celebração de reuniões, para a oração e para a vida comunitária. A fundação de *janqas* floresceu na época do domínio selyuquita, nos séculos V/XI e VI/XII, beneficiando-se da estreita associação entre o sufismo e o *madhab* (doutrina) *shafi'i*, favorecida pela elite dominante.

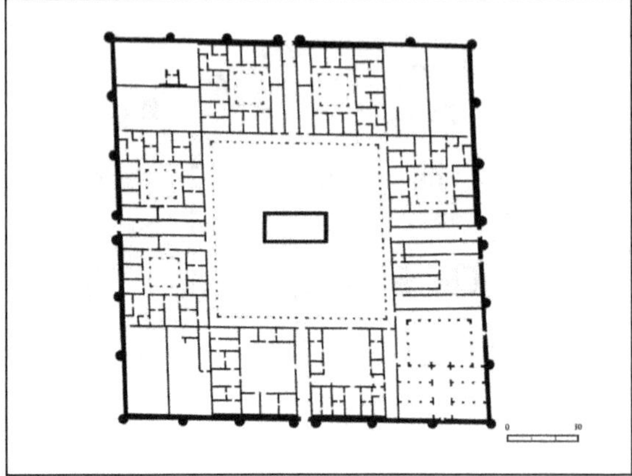

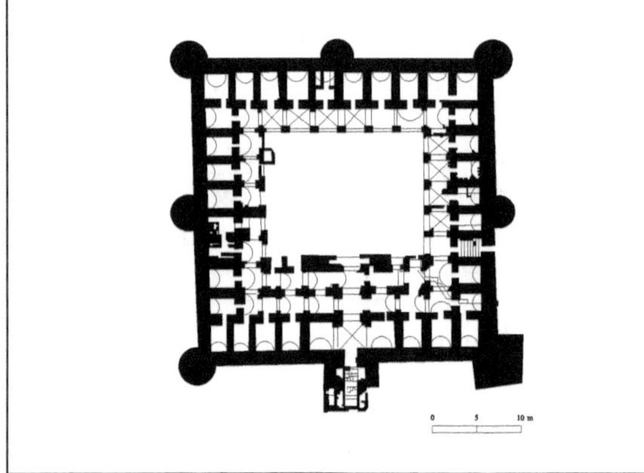

Qasr al-Jayr al-Charqi, Síria.

Ribat de Susa, Tunes.

Mausoléus

A terminologia usada pelas fontes islâmicas para se referir aos mausoléus é muito variada. O termo descritivo corrente *turbe* faz alusão à função do edifício como sepulcro. Outro termo, *qubba*, põe a tónica no seu elemento mais notório, a cúpula, e muitas vezes também designa uma estrutura onde se comemoram os profetas bíblicos, os companheiros do Profeta Maomé ou personagens religiosos ou militares importantes. A função do mausoléu não se limita, única e exclusivamente, a servir de sepulcro e de lugar de comemoração, desempenhando, também, um importante papel na religião "popular". Estes monumentos são venerados como túmulos dos santos locais, e foram convertidos em lugares de peregrinação. Costumam estar decorados com citações do Corão e, muitas vezes, possuem, no interior, um *mihrab* que os converte em espaço de oração. Nalguns casos, o mausoléu passou a fazer parte de alguma edificação contígua. As formas dos mausoléus islâmicos medievais são muito variadas, mas os mais típicos possuem uma planta quadrada e estão rematados com um cúpula.

Arquitectura secular

Palácios

O período omíada caracteriza-se pelos seus palácios e balneários situados em remotas paragens desérticas. A sua planta básica provém dos modelos militares romanos. Embora a decoração destes edifícios seja ecléctica, tratam-se dos melhores exemplos do incipiente estilo decorativo islâmico. Entre os meios utilizados para levar a cabo esta notável diversidade de motivos decorativos, contam-se os mosaicos, as pinturas murais e as esculturas em pedra ou estuque. Os palácios abássidas do Iraque, tais como os de Samarra e de Ujaydir, respondem ao mesmo esquema em planta que os dos seus predecessores omíadas, mas distinguem-se deles por serem maiores, pelo uso de um grande *iwan*, uma cúpula e um pátio, bem como pelo recurso generalizado às decorações em estuque. Os palácios do período islâmico tardio desenvolvem um estilo característico diferente, mais decorativo e menos monumental. O exemplo mais notável de palácio real ou principesco é a Alhambra. A vasta superfície do palácio é quebrada por uma série de unidades independentes: jardins, pavilhões e pátios. No entanto, a característica mais importante da Alhambra é, talvez, a decoração, que brinda uma atmosfera extraordinária ao interior do edifício.

Caravanserais

O termo *caravanserail* costuma designar um grande edifício que oferece alojamento a viajantes e comerciantes. Geralmente, é de planta quadrada ou rectangular, e possui uma única entrada monumental saliente e torres coladas aos muros exteriores. Em redor de um grande espaço central rodeado por galerias, organizam-se os quartos para os hóspedes, os armazéns de mercadorias e os estábulos.
Esta tipologia responde a uma vasta gama de funções, tal como se pode constatar pelas suas múltiplas designações: *jan*, *han*, *funduq* ou *ribat*. Em alguns casos, estes termos assinalam diferenças nos vocabulários regionais, e não diversos tipos de funções ou de tipologias. As fontes arquitectónicas dos diversos tipos de *caravanserais* são difíceis de identificar. Algumas derivam, talvez, do *castrum* ou acampamento militar romano, com o qual estão relacionados os palácios omíadas do deserto. Outras tipologias, como as que são frequentes na Mesopotâmia ou na Pérsia, associam-se mais à arquitectura doméstica.

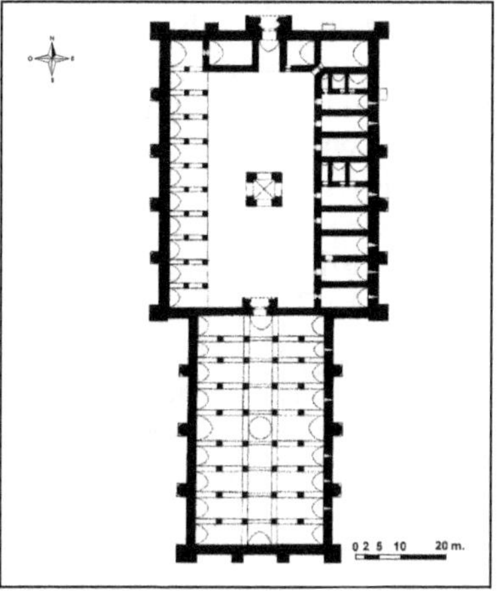

Jan Sultão Aksaray, Turquia.

Organização urbana

Desde o século III/IX, aproximadamente, qualquer cidade de certa importância contava com torres e muros fortificados, luxuosas portas urbanas e uma proeminente cidadela (*qal'a* ou *qasba*), concebida como sede do poder. Estas últimas são construções rotundas realizadas com materiais característicos da região circundante: na Síria, pedra; na Palestina e no Egipto, o tijolo; a pedra e a terra batida, na Península

Ibérica e no Norte de África. Um exemplo singular de arquitectura militar é o *ribat*. Do ponto de vista técnico, consistia num palácio fortificado destinado aos guerreiros islâmicos que se consagravam, de maneira provisória ou permanente, à defesa das fronteiras. O *Ribat* de Sousse, na Tunísia, faz lembrar os primeiros palácios islâmicos, mas difere deles na distribuição do interior, feita à base de grandes salões, e também pela sua mesquita com minarete.

A divisão em bairros da maior parte das cidades islâmicas baseia-se na afinidade étnica e religiosa, constituindo, por outro lado um sistema de organização urbana que facilita a administração cívica. Em cada bairro há sempre uma mesquita. No interior, ou nas suas imediações, há, também, um balneário, uma fonte, um forno e um conjunto de tendas. A sua estrutura está formada por um labirinto de ruas e becos, e por um conjunto de casas. Conforme a região e o período, as casas assumem características diferentes, relacionadas com as suas tradições históricas e culturais, o clima ou os materiais de construção disponíveis. O mercado (*suq*), centro nevrálgico dos negócios locais, é, de facto, o elemento característico mais relevante das cidades islâmicas. A distância do mercado em relação à mesquita determina a sua organização espacial por grémios especializados. Por exemplo, as profissões consideradas limpas e honradas (livreiros, perfumistas e alfaiates), situam-se muito perto da mesquita. Pelo contrário, os ofícios associados ao barulho e aos maus cheiros (ferreiros, curtidores, tintureiros), situam-se progressivamente mais afastados dela. Esta distribuição topográfica responde a imperativos baseados, estritamente, em critérios técnicos.

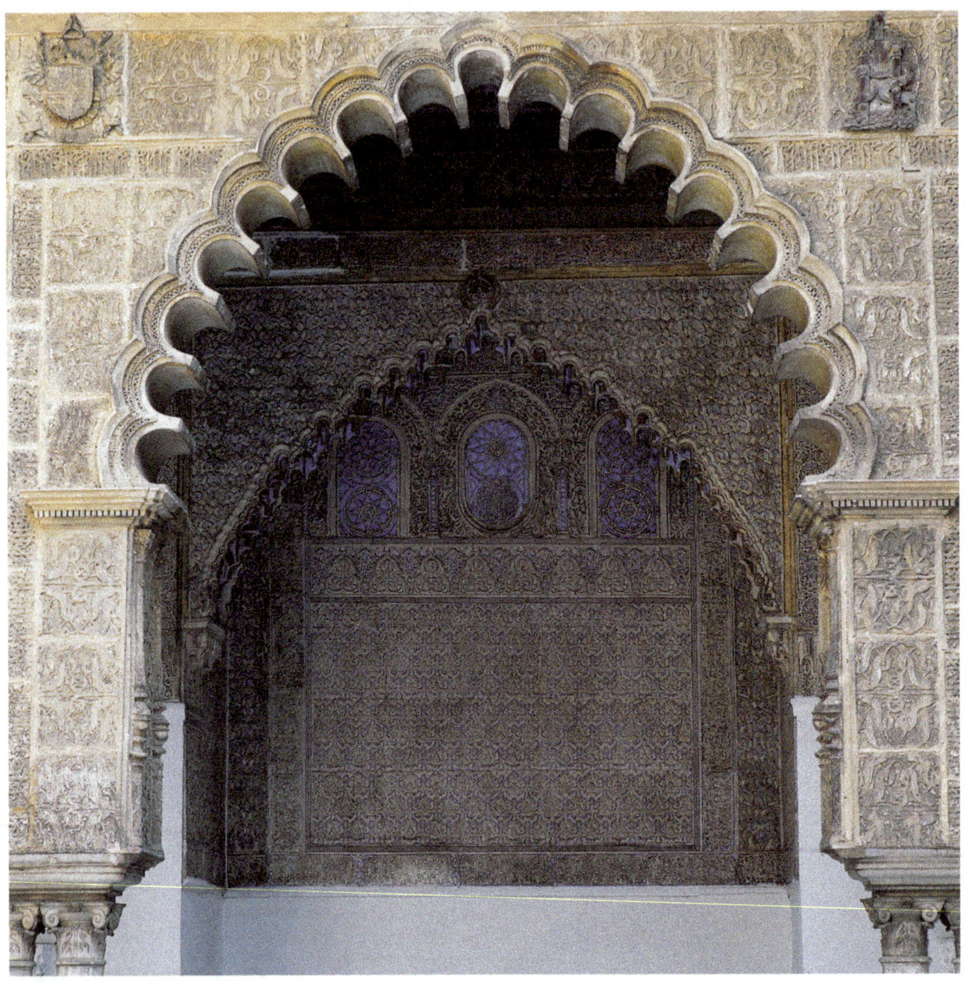

Real Alcázar, pormenor do Pátio das Donzelas, Sevilha.

INTRODUÇÃO HISTÓRICA E ARTÍSTICA

Gonzalo M. Borrás Gualís

A escolha da arte *mudéjar* como parte do ciclo **A Arte Islâmica no Mediterrâneo** prende-se com o seu carácter singular e único, que sobressai entre as ricas manifestações da arte islâmica em Espanha. Manifestação artística sem par no resto da cultura islâmica, é o fruto de uma série de circunstâncias históricas especiais que determinaram a Espanha na Idade Média e que não se repetiram em nenhum outro território dominado pelo Islão.
Não é possível compreender a arte mudéjar sem analisar estas circunstâncias.

Breve história do Islão em Espanha

A presença do Islão em território espanhol abrange oito séculos, de 711, ano da invasão muçulmana da Península Ibérica pelas tropas de Tarik e Muça, emissárias do califado omíada de Damasco, até 1492, ano da conquista de Granada pelos Reis Católicos e, por conseguinte, do fim do último sultanado nazari.
Estes oito séculos de domínio islâmico marcaram tão profundamente a cultura espanhola, que o historiador Ramón Menéndez Pidal chegou a definir o papel de Espanha como o "elo de ligação entre a Cristandade e o Islão".
Mais recentemente, o escritor Juan Goytisolo sublinhou que "a cultura espanhola se distingue das outras culturas da actual Europa Comunitária pela sua ocidentalidade matizada". Este matiz espanhol radica, precisamente, numa série de componentes e características que são a consequência directa da presença do Islão na sua história.
A própria história de al-Ândalus, nome atribuído pelos cronistas árabes às terras da Península Ibérica dominadas pelo Islão, sofre uma viragem fulcral quando, em 756, o omíada Abd al-Rahman I, sobrevivente da matança dos abássidas, se instala na cidade de Córdova, proclamando-se emir independente do califado oriental de Bagdade. O desejo de converter Córdova na nova Damasco do Ocidente imprimiu à cultura de al-Ândalus as suas peculiares características. Durante cerca de trezentos anos, do século VIII ao século X, Córdova foi, além de capital dos omíadas do Ocidente, um foco criador e difusor de arte. O seu período de maior esplendor coincidiu com a proclamação de Abd al-Rahman III como

Igreja de San José, janela da torre-minarete com arco em ferradura, Granada.

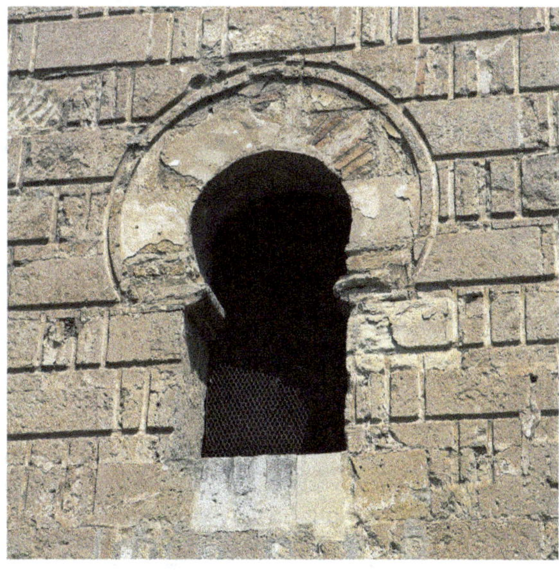

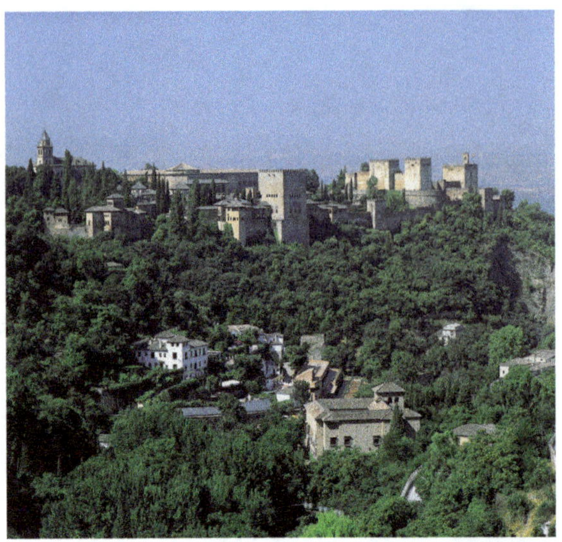

A Alhambra, vista desde o Sacromonte, Granada.

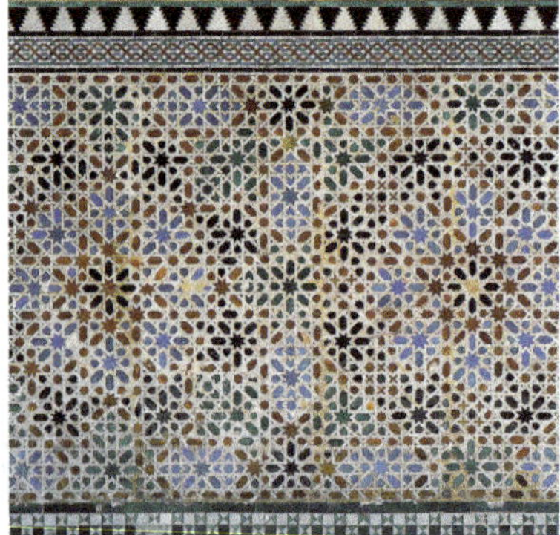

Real Alcázar, alicatado do lambrim do Pátio das Donzelas, Sevilha.

califa, em 929. A mesquita maior ou *aljama* de Córdova (786-990) e os restos arqueológicos de Medina al-Zahra (936-976), cidade dos califados de Abd al-Rahman III e de al-Hakam II, são os monumentos mais singulares do período cordovês.

A queda do califado provocada pelas guerras civis de começos do século XI pôs cobro aos esforços unificadores da dinastia omíada em al-Ândalus, dando lugar ao período de fragmentação política conhecido como "Reinos de Taifas". Surgiram então algumas dinastias locais, como os hudis em Saragoça, os Du-l Nunis em Toledo, os abádidas em Sevilha e os ziris em Granada. Em todas elas conviveram a fragilidade política e o esplendor cultural e artístico, sendo um dos seus melhores legados o palácio hudi da Aljafería, em Saragoça.

No fim do século XI, a balança política desequilibra-se claramente a favor dos reinos cristãos do Norte. O facto mais marcante desta mudança acontece em 1085, quando a cidade de Toledo, antiga capital do reino visigótico e posterior capital islâmica da Marca Média e da taifa Du-l nuni, passa para as mãos de D. Afonso VI de Castela. A capitulação de Toledo assinala um ponto de viragem decisivo na história medieval espanhola, tanto para os muçulmanos como para os cristãos. Conscientes da sua fragilidade política, as taifas pediram ajuda ao império almorávida de Yusuf Ibn Tasufin, que prontamente respondeu à chamada. Chegou à Península em 1086, derrotando os cristãos na batalha de Zalaca, e, embora esse não fosse o seu propósito inicial, unificou todo o território de al-Ândalus sob o seu domínio a partir de 1090.

Foi assim que surgiu o período dos dois impérios berberes, o almorávida e o almóada, que governaram ambos os lados do estreito de Gibraltar, tanto al-Ândalus como o Maghreb.

Durante o domínio almorávida, a tradição artística andalusí estendeu-se até ao Norte de África, onde recebeu novas influências orientais. A fusão destas características pode apreciar-se na grande mesquita de Tlemcem ou na dos Cairuanitas de Fez.

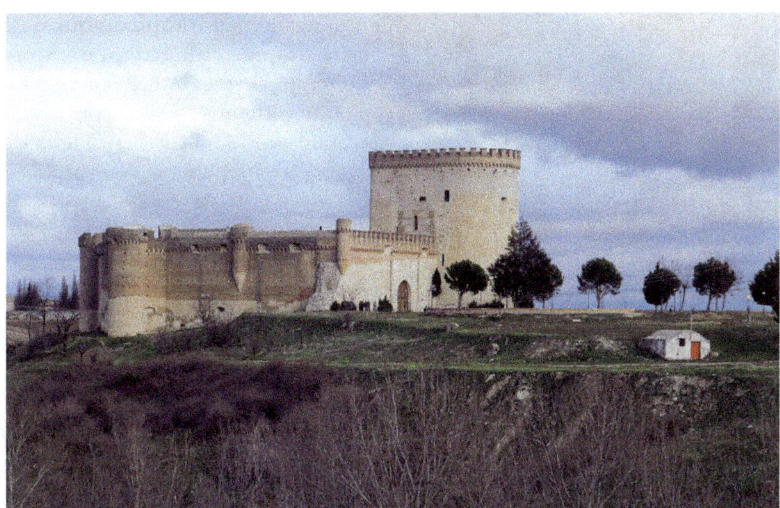

Castelo, vista do conjunto, Arévalo.

O período almóada deixou em Sevilha, cidade onde residiam os califas desde 1171, uma mesquita *aljama*, da qual se conservam, ainda que com ligeiras alterações, o Patio de los Naranjos e o *minarete*, conhecido hoje em dia como Giralda. Desse mesmo período também nos chegaram importantes palácios urbanos, como a Buhaira e o Real Alcázar.

No entanto, o domínio de al-Ândalus pelos impérios almorávida e almóada não foi capaz de travar o avanço territorial dos cristãos. Em 1118, o rei de Aragão, D. Afonso I, o "Batalhador", conquistou a cidade de Saragoça, na altura capital da Marca Superior. Seguiram-se as conquistas de Tudela e de Tarazona, em 1119, e as de Calatayud e Daroca, em 1120. Outra das conquistas cristãs importantes foi a ocupação de todo o vale médio do rio Ebro.

O domínio almóada cedeu definitivamente perante o avanço cristão, sobretudo depois da batalha de Navas de Tolosa, em 1212. Esse enfraquecimento facilitou a reconquista do lado oriental da Península, levada a cabo por D. Jaime I de Aragão, o "Conquistador", que tomou Valência em 1238, enquanto D. Fernando III, rei de Leão e Castela, tomava o vale do Guadalquivir, com as subsequentes conquistas de Córdova (1236) e de Sevilha (1248).

A história de al-Ândalus, ao longo dos seus oito séculos de existência, foi uma sucessão de períodos de concentração do poder político — os já referidos períodos cordovês, almorávida e almóada—, seguidos de outras tantas etapas de fragmentação ou taifas. Após a derradeira quebra de poder almóada, só uma dinastia ficou de pé, a nazari (1232-1492), graças a uma série de pactos com o rei castelhano. Em 1237, os nazaris elegeram Granada como capital e edificaram uma nova cidade palatina na colina de al-Sabika — de onde podiam dominar as terras da alta Andaluzia—, a que chamaram Alhambra. Este conjunto

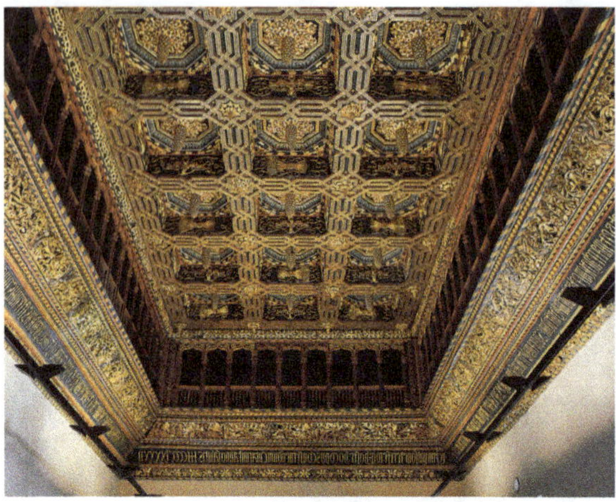

A Aljafería, tecto do Palácio dos Reis Católicos, Saragoça.

monumental e os jardins do Generalife são a expressão máxima da arte andalusí. Granada representa, simultaneamente, o auge e o termo da história de al-Ândalus e da arte islâmica em Espanha.

Durante oito séculos, a Espanha medieval dividiu-se de forma desigual e oscilante entre a Cristandade e o Islão, duas culturas rivais política e religiosamente. A história dos factos militares encobriu e ocultou quase sempre outra história mais rica em ensinamentos, a dos contactos culturais. Uma das consequências culturais desses contactos é a arte mudéjar.

O Mudéjar, entre o Islão e a Cristandade

À luz deste contexto de intercâmbios culturais, tanto a capitulação de Toledo, em 1085, levada a cabo pelo rei D. Afonso VI de Castela, como a conquista de Saragoça, em 1118, liderada por D. Afonso I, o "Batalhador", revestem-se de um significado mais profundo que o de uma simples inflexão no domínio do território peninsular por cristãos e muçulmanos. Pelo contrário, tratam-se de factos históricos de grande transcendência cultural.

Na verdade, as reconquistas de Toledo e de Saragoça inauguram uma situação original para os cristãos: a ocupação de grandes núcleos urbanos e dos seus respectivos territórios, para os quais não dispunham de um potencial humano repovoador. Esta prática repovoadora foi decisiva na configuração da nova estrutura social da Espanha cristã medieval.

Os reinos cristãos do Norte da Península, diante da difícil tarefa de repovoamento dos vastos territórios conquistados, tomaram uma decisão política de consequências duradouras para a cultura medieval espanhola: autorizaram a povoação muçulmana derrotada a permanecer sob o domínio cristão nos territórios conquistados, permitindo que conservassem a religião islâmica, a língua árabe e uma organização jurídica própria. Foi assim que entraram em cena na sociedade os mudéjares, isto é, os muçulmanos com autorização para permanecerem na Espanha cristã em troca de um tributo.

No período em que a Península Ibérica vivia sob o domínio muçulmano, tanto as comunidades cristãs, chamadas *moçárabes*, como as judaicas, sobreviveram pagando tributos ao invasor. Inclusivamente, foi grande o número de cristãos que se converteram ao Islão, tornando-se conhecidos como *muladis*. Quando a balança se inclinou para o lado cristão, entre os séculos XI e XII, após a capitulação de Toledo e de

Saragoça, foi a vez de os muçulmanos vencidos, os mudéjares, e novamente os judeus, se converterem em tributários dos reis cristãos.
Foi neste momento crucial da história do território hispânico medieval que muitos muçulmanos atravessaram a fronteira política de al-Ândalus, rumo ao solo cristão. Se os muçulmanos vencidos, os mudéjares, foram assimilados culturalmente, é igualmente certo que os cristãos se sentiram fascinados pelos monumentos islâmicos das cidades conquistadas. Os alcáceres muçulmanos transformaram-se em palácios de reis cristãos, e as mesquitas *aljamas* purificaram-se e consagraram-se como catedrais e igrejas.
Por outro lado, os reinos cristãos travaram estreitas relações culturais com os territórios de al-Ândalus que ainda não tinham sido conquistados, especialmente com o reino nazari.
Todos estes factores permitem explicar a criação e as vias de desenvolvimento da arte mudéjar na Espanha cristã.
Assim, a arte mudéjar é o resultado da confluência de duas tradições artísticas: a islâmica e a cristã. Este feliz encontro deu lugar a uma expressão artística nova e diferente de cada um dos elementos que a integram.
Culturalmente, a arte mudéjar situa-se na fronteira entre a arte islâmica e a arte cristã. É por isso que o Mudéjar representa a manifestação artística mais genuína da Espanha cristã medieval, autêntico cadinho em que se fundem três culturas, como expressão plástica do pensamento de uma sociedade em que conviviam cristãos, mudéjares e judeus. Por conseguinte, a atinada apreciação que Marcelino Menéndez Pelayo faz da arte mudéjar, ao considerar que "é o único tipo de construção peculiarmente espanhol de que nos podemos gabar", não deve ser encarada como mera exaltação castiça ou nacionalista, nela radicando o fundamento para que este estilo artístico tenha sido escolhido para o ciclo internacional **A Arte Islâmica no Mediterrâneo**.
Apesar do carácter único da arte mudéjar, e talvez precisamente por causa dele, o Mudéjar é a manifestação artística espanhola que foi interpretada e avaliada de maneira mais contraditória pelos historiadores, em cujos estudos são variadíssimas as proporções atribuídas aos elementos islâmicos e cristãos.
Por um lado, há quem defina culturalmente o Mudéjar como um brilhante epílogo da história da arte hispano-muçulmana ou andalusí, como o último capítulo da sobrevivência da arte islâmica em território cristão. No entanto, esta atitude

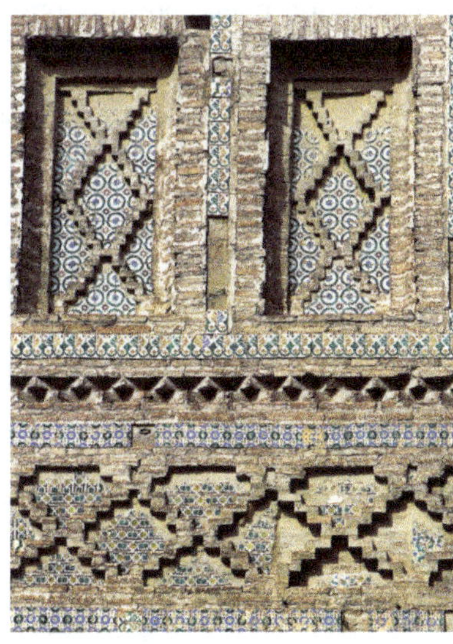

Igreja Paroquial, pormenor da torre, Utebo.

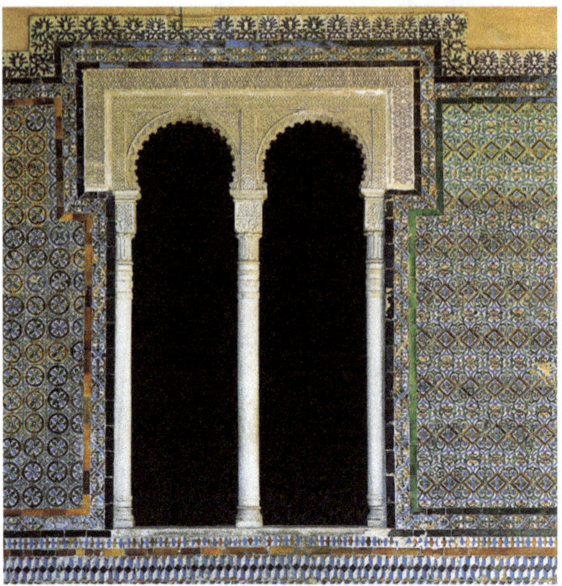

Casa de Pilatos, janela do pátio principal, Sevilha.

historiográfica esquece a importante circunstância de que a arte mudéjar não se desenvolveu sob o domínio muçulmano. O limite entre a arte muçulmana e o Mudéjar é definido pelo facto histórico da reconquista cristã. Na arte mudéjar, que surge numa época de domínio cristão, desapareceu aquilo que constituía, precisamente, o suporte cultural da arte muçulmana, isto é, a submissão ao domínio político do Islão. Falando com propriedade, a arte mudéjar não pode ser definida como arte islâmica.

No lado oposto, há quem interprete o Mudéjar como uma manifestação artística do Ocidente cristão, relegando-a para o lugar de mero apontamento ornamental de tradição islâmica acrescentado aos estilos ocidentais românicos ou góticos. Para este segundo grupo de historiadores, os monumentos mudéjares pertencem claramente à arte ocidental europeia, embora possuindo algumas características ou influências da arte islâmica. Foi este tipo de estudiosos que fabricou expressões como "românico-mudéjar" ou "gótico-mudéjar" para designar aquelas manifestações artísticas nas quais tudo o que é estrutural e principal tem sempre a ver com a arte ocidental, limitando as influências islâmicas ao aspectos secundários e ornamentais. Como se verá mais adiante, esta corrente historiográfica inflacionou as contribuições cristãs e desvalorizou o papel dos elementos islâmicos que integram a arte mudéjar, pois estes últimos nem são única e exclusivamente ornamentais, nem os ornamentos, na arte mudéjar, cumprem a mesma função que na arte ocidental europeia.

O Mudéjar, em sentido estrito, nem corresponde à história da arte muçulmana, nem à da arte ocidental cristã. É, sim, um elo de ligação entre ambas as culturas. É um fenómeno singular da história da arte espanhola. Foram as análises isoladas dos elementos artísticos muçulmanos e cristãos que integram o Mudéjar, e as suas diversas valorizações, que conduziram a estas atitudes contrapostas e igualmente afastadas, muito provavelmente, da realidade cultural e social que o tornou possível. Há já alguns anos, Fernando Chueca denunciou com clarividência estas análises desagregadoras do Mudéjar, afirmando que "apenas servem para eludir o problema, pois, seja com que elementos for, estamos perante um povo que se manifestou de uma determinada maneira e com grande unanimidade".

Resumindo, estas interpretações extremistas do Mudéjar esquecem algo que é fundamental: que a arte, antes de mais nada, é a expressão de uma sociedade. O mudéjar é a expressão artística da sociedade medieval espanhola, na qual conviviam cristãos, muçulmanos e judeus. Esta sociedade resultou do pragmatismo político e da tolerância religiosa da repovoação. Para bem da ortodoxia, nem os cristãos deveriam ter autorizado a permanência dos muçulmanos nos seus territórios, nem os muçulmanos deveriam ter ficado. Trata-se, sem dúvida, de uma anomalia cultural. O Mudéjar, de certa maneira, também o é.

É preciso sublinhar que o Mudéjar é uma expressão artística nova, diferente dos elementos muçulmanos e cristãos que o compõem. Na verdade, pertence "pro indiviso" à cultura muçulmana e à cristã, como uma grande parte da história medieval espanhola.

Caracterização artística do Mudéjar

Se todas as manifestações artísticas utilizam uma linguagem formal, caracterizada com precisão antes de se adscrever qualquer obra a uma época e a um estilo determinados, no caso do Mudéjar as discrepâncias referidas dificultaram a sua caracterização artística, sendo muito forte a controvérsia sobre o carácter mudéjar de determinados monumentos. Relativamente aos conteúdos da arte mudéjar, há tantos excessos como defeitos. Por excesso, classificaram-se como mudéjares algumas obras cristãs nas quais, de maneira meramente isolada e esporádica, se constataram certos traços formais ou influências islâmicas. Aquilo a que se poderia chamar "afã de mudejarismo" causou enormes danos na precisão dos conteúdos da arte mudéjar.

Por defeito, negou-se o reconhecimento de mudéjar a monumentos que o são. Muitas vezes, esta negativa fundamenta-se no facto de aparentarem tantas características islâmicas, que se classificaram como tal, embora fossem monumentos realizados na Espanha cristã. Um exemplo deste despropósito histórico é a sinagoga de Santa María la Blanca, em Toledo, que Torres Balbás rotulou como arte almóada.

Noutros casos, a recusa em reconhecer o carácter mudéjar de determinados monumentos deveu-se a uma alegada insuficiência de elementos islâmicos. Talvez o exemplo mais flagrante e conhecido seja o foco mudéjar de Castela-Leão dos séculos XII e XIII, cujos monumentos foram classificados por alguns estudiosos pura e simplesmente como "românico de tijolo" ou "arquitectura de tijolo".

O Mudéjar deve caracterizar-se, do ponto de vista formal, pela conjunção de elementos artísticos cristãos e

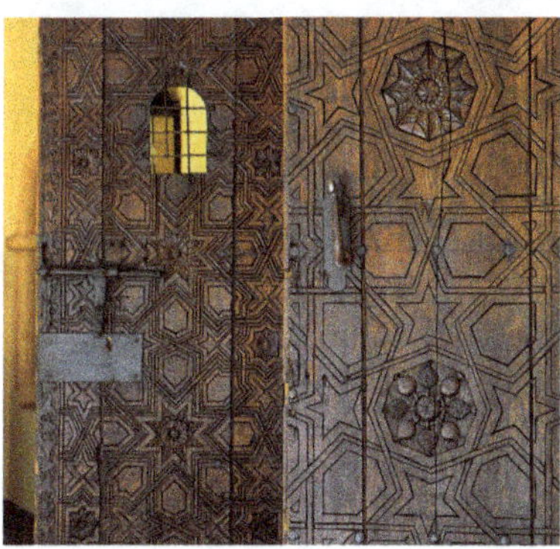

Granja de Mirabel, folhas da porta da Capela da Magdalena, Guadalupe.

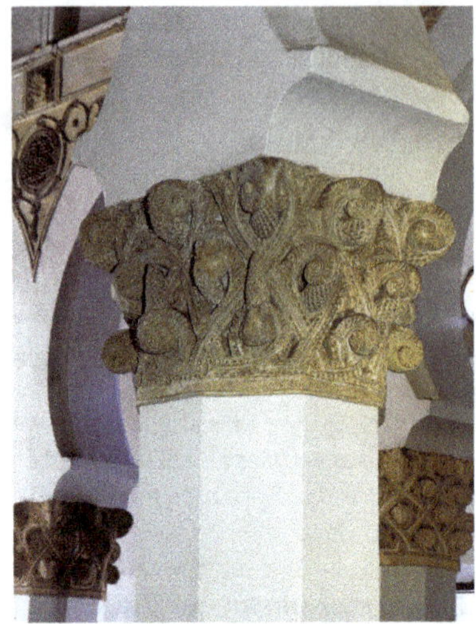

Sinagoga de Santa María la Blanca, pormenor de um capitel, Toledo.

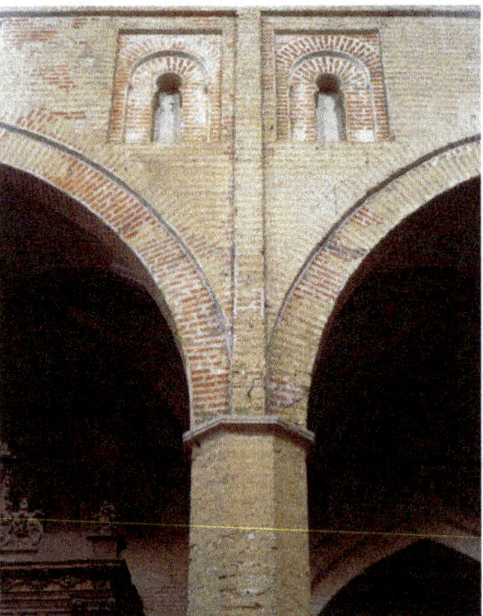

Igreja de San Miguel, pormenor de um pilar de tijolo, Villalón de Campos.

islâmicos. É o que faz Amador de los Ríos no discurso fundacional de 1859, valendo-se de expressões tão brilhantes como "maridagem entre a arquitectura cristã e a arábica", "singular consórcio", "prodigiosa fusão entre a arte do Oriente e a arte do Ocidente", entre outras similares. Mas após Amador de los Ríos os estudiosos dedicaram-se a analisar como se faz num laboratório, para assim quantificar e avaliar estes elementos artísticos separadamente, em vez de insistirem no carácter de síntese entre aspectos cristãos e muçulmanos que dá lugar a uma expressão artística original. Esta postura analítica e desagregadora prejudicou profundamente a compreensão da arte mudéjar. É preciso que o historiador não separe o que a arte soube unir.

As análises dos elementos formais das manifestações artísticas podem ser aborrecidas, e de bom grado as evitaríamos aqui, se uma leitura incorrecta do texto de Amador de los Ríos, que as desvirtuou completamente, não tivesse levado a uma hiper-valorização dos elementos formais. Segundo Amador de los Ríos, a arte mudéjar utiliza, às vezes, "como formas principais as da arte ogival florescente na época, e como ornamentos os da arte maometana", acrescentando logo a seguir que, noutras ocasiões, utiliza "o sistema oposto", isto é, precisamente o contrário.

Vicente Lampérez, mestre inquestionável de grande parte dos historiadores posteriores a Amador de los Ríos, é o responsável pelo esquecimento quase absoluto deste "sistema oposto", ao generalizar a ideia de que o Mudéjar utiliza sempre estruturas cristãs e ornamentos islâmicos. Nesta distorção essencial subjaze o preconceito estético ocidental que consiste em considerar os elementos estruturais como principais, secundarizando-se os ornamentais. É aqui que radica a grande confusão que paira na interpretação da arte mudéjar.

Desta feita, qualquer análise actual dos elementos formais da arte mudéjar deve ter em conta duas observações: em primeiro lugar, que a ornamentação não é um elemento secundário na arte mudéjar, pois, tal como na arte islâmica, é um elemento primordial; e em segundo lugar, que a arte islâmica também deu um contributo muito importante no tocante a elementos estruturais de grande relevância na formação e desenvolvimento da arte mudéjar.

No que diz respeito à ornamentação, é desnecessário insistir na ideia de que é o princípio essencial de todas as manifestações artísticas do Islão. Tanto a arquitectura, como os mais diversos objectos islâmicos eram revestidos de decoração, fosse qual fosse a escala ou o material utilizado. Não é, pois, de estranhar que, na arte mudéjar, tenha sobrevivido o factor mais essencial da arte islâmica: a decoração.

No entanto, na análise da ornamentação mudéjar não devemos ficar só pelo registo dos motivos formais de tradição islâmica, tais como os elementos vegetais estilizados —*arabescos*—, os elementos geométricos —os laços e as estrelas—, e os elementos epigráficos árabes —cúficos ou nasjis—. Tão ou mais importante que este registo é não esquecer os princípios compositivos da ornamentação islâmica, tais como os ritmos repetitivos, a tendência para o revestimento total das superfícies ou o desenho que utiliza padrões sem limites espaciais.

Foi precisamente a grande versatilidade da arte mudéjar, aliada a uma notável capacidade de assimilação formal, devidas ambas à atitude criativa da arte islâmica, que possibilitou a incorporação de uma rica variedade de motivos procedentes da arte cristã, como, por exemplo, toda a flora naturalista gótica. Estes motivos ornamentais de tradição cristã são tratados e compostos pela expressão artística mudéjar de acordo com o sistema rítmico da tradição islâmica.

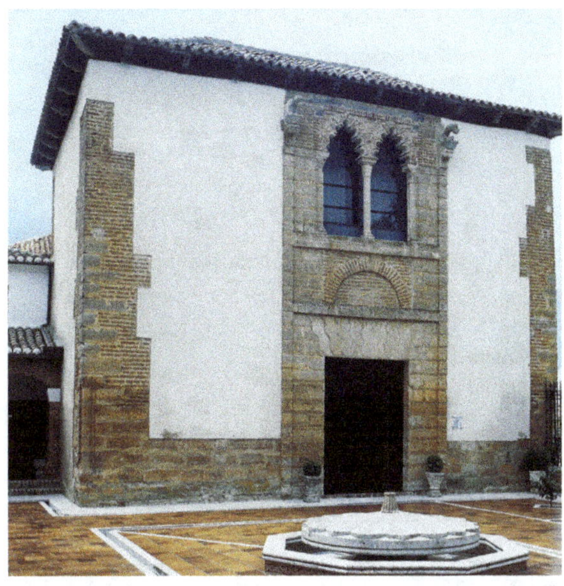

Palácio de D. Pedro I, fachada, Astudillo.

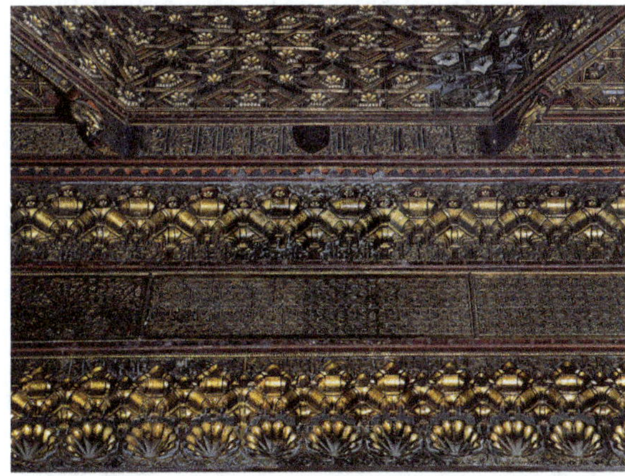

A Sé-Catedral de San Salvador, pormenor do tecto da Parroquieta, Saragoça.

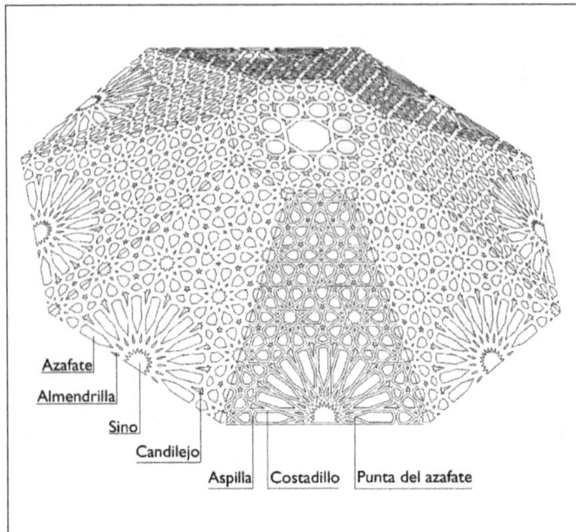

Amostra de laço misto de dez e vinte.

A influência do Islão na ornamentação mudéjar não se esgota no repertório ornamental. Afecta a todo o sistema compositivo, quaisquer que sejam os motivos utilizados. Mas também não é correcto reduzir o contributo islâmico aos aspectos ornamentais, pois afecta consideravelmente os elementos estruturais, isto é, aquilo a que Amador de los Ríos designou como "sistema oposto".

Analisemos dois exemplos fundamentais de estruturas arquitectónicas mudéjares que procedem da tradição muçulmana.

Primeiro, recordemos a estrutura de inúmeras torres-campanário, formadas por dois corpos: o *minarete* (corpo inferior) e o campanário (corpo superior). Nenhuma outra estrutura mudéjar reflecte de maneira tão diáfana a estrutura da sociedade da época que a criou. Neste sentido, destaca o foco mudéjar aragonês, cujas torres-campanário, tanto as de planta quadrada como as de planta octogonal, se compõem de duas torres —uma envolvendo a outra—, com o vão das escadas entre ambas e a torre interna dividida em aposentos sobrepostos como os da Giralda de Sevilha, rematados na parte mais alta do edifício por um campanário de tipologia cristã.

Outro exemplo de elemento estrutural de raiz islâmica, básico no sistema da arquitectura mudéjar é o madeiramento, tanto o de *par y nudillo* como o de *limas*. Este tipo de madeiramento, apesar de ser mais facilmente incendiável, é leve e distribui a carga por igual sobre os muros. Por conseguinte, permite uma construção mural menos preocupada com a estrutura e muito menos articulada que a da arquitectura gótica contemporânea. Fernando Chueca observou com muito acerto que o madeiramento dos tectos é um dos achados estruturais mais felizes da arte mudéjar. Talvez por essa razão sejam tão numerosos em todos os focos mudéjares, tendo prevalecido com grande êxito na idade moderna, tanto na arquitectura hispânica, como na hispano-americana.

Quanto aos elementos cristãos da arte mudéjar, frequentemente sobrevalorizados na historiografia tradicional, é preciso ter em conta que a maioria dos contratadores da arte mudéjar são cristãos. Como tal, é lógico que tanto as funções arquitectónicas como as tipologias subsequentes sejam também elas cristãs. Assim, existe um predomínio da arquitectura religiosa cristã na arte mudéjar, sem contar, como já foi referido, com as magníficas excepções das sinagogas e das mesquitas mudéjares.

A história da arte islâmica sempre se caracterizou por uma espantosa capacidade de assimilação das formas artísticas dos povos dominados e pela incorporação, na arquitectura, de numerosas tipologias de outras culturas. Não é de estranhar que, estando sob o domínio político cristão, o seu poder de adaptação se incrementasse mais ainda. Agora, em vez de adaptar tipologias arquitectónicas de outras culturas aos fins do Islão, pôs o seu sistema de trabalho ao serviço de necessidades e contratadores cristãos.
O fruto deste trabalho não se traduz em arte ocidental cristã, mas, sim, em arte mudéjar, numa nova expressão artística que sintetiza os elementos artísticos muçulmanos e cristãos numa nova unidade estética, como defendeu Guillermo Guastavino. Nenhuma análise pormenorizada dos elementos artísticos de raiz islâmica ou cristã na arte mudéjar deve perder de vista este contexto global.

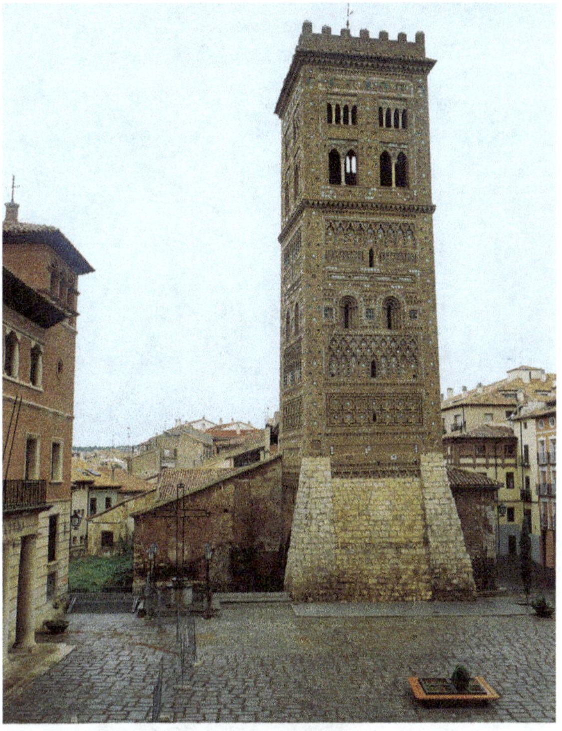

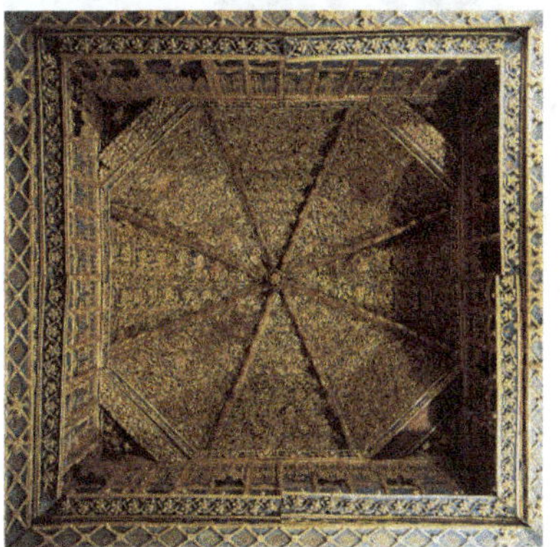

Alcáçar, abóbada da capela do presbitério, Zafra.

Torre de San Martín, Teruel.

O sistema de trabalho mudéjar

O critério mais acertado para a caracterização da arte mudéjar é o da avaliação conjunta dos materiais utilizados, das técnicas de trabalho e das formas artísticas que veiculam. Na arte mudéjar, a unidade dos materiais, das técnicas e das formas artísticas é tanta que, apesar de, teoricamente, ser possível analisar e avaliar por separado todos estes elementos, na realidade estética do seu sistema de trabalho não é possível separá-los. É um erro isolar o estudo dos materiais básicos utilizados, como o tijolo, o gesso, a madeira e a cerâmica, ou das técnicas de trabalho mudéjares, desvinculando-os do resultado estético final, tanto estrutural como ornamental, onde cobram vida artística e se convertem em obra de arte.

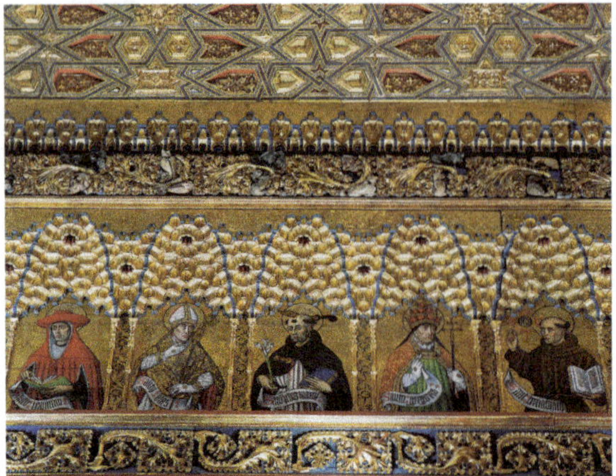

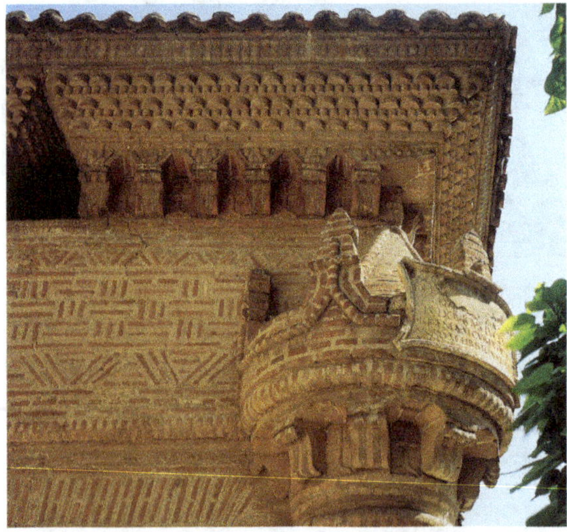

Palácio de D. Pedro I, pormenor do friso do tecto do Altar-Mor, Tordesilhas.

Capela de Luis de Lucena, Guadalajara.

Tanto na arte islâmica como na arte mudéjar, os materiais, as técnicas e as formas artísticas fundem-se perfeitamente na obra acabada, e são muitas as provas de que foram concebidos esteticamente de modo unitário. Basta mencionar um exemplo de cada manifestação artística.

Observemos um poema de Ibn al-Yayyab inscrito nos muros da torre conhecida como Torre de la Cautiva, situada dentro do recinto fortificado da Alhambra. Traduzido e estudado por María Jesús Rubiera, reza assim:

> "É um palácio no qual o
> esplendor está repartido
> entre o tecto, o chão e as
> quatro paredes;
> no estuque e nos azulejos
> há maravilhas, mas
> as madeiras lavradas do seu
> tecto são ainda mais
> extraordinárias".

Nenhuma outra passagem sintetiza de maneira tão acertada e concisa a estética islâmica: a noção de espaço e da sua delimitação pelas superfícies ornamentais, e o conceito unitário e global de todos os materiais empregues, neste caso o estuque, a madeira e a cerâmica decorada. Os materiais formam uma unidade artística perfeita, actuando como suporte formal do esplendor e das maravilhas sobre eles lavradas ao sabor de técnicas bem determinadas. Estes mesmos materiais, no começo, e devido à sua própria natureza e técnicas de trabalho, condicionaram o desenho formal islâmico; mas, após um demorado processo de integração no sistema, converteram-se em veículo adequado para que os elementos formais deslizassem sobre eles até se multiplicarem ao infinito. Os materiais são suportes para os adornos, que podem ser intercambiados para outros materiais e outras escalas. Foi tudo concebido unitariamente com o fim de se alcançar um resultado estético final, um sistema de representação.

Corroborando esta unidade, os documentos existentes mencionam a palavra "manobra", que alude a tudo aquilo que é necessário para a realização de uma obra mudéjar. Assim, no século XV, o mestre mudéjar Muça Domalich contratou a fábrica de uma sala capitular para o claustro do convento de San Pedro Mártir de Calatayud, constando nas capitulações "que el dicho maestre Muça aya de posar todas las dichas cosas que serán necessarias, assí de fusta, clavazón, algez, pintar e otra qualquiere manobra, que menester será para la dicha obra, et qualquiere expensas". O termo "manobra" alude não só aos materiais, considerados de maneira global nos contratos, mas também, em geral, a tudo aquilo que fosse necessário para a concretização de uma obra, como, por exemplo, o trabalho dos mesmos.

A única maneira de se evitarem caracterizações incorrectas dos materiais, das técnicas e das formas artísticas mudéjares é encarar o fenómeno como um todo, isto é, como sistema de trabalho. Não se deve confundir "arquitectura de tijolo" com arquitectura mudéjar, nem pode fazer-se o mesmo com o resto dos materiais empregues. O uso de um determinado material, técnica ou forma artística, por si só, não constitui um critério fiável para caracterizar a arte mudéjar. É preciso não esquecer nunca que se trata de um sistema.

Factores sociais e económicos da arte mudéjar

Muitas foram as causas apontadas para explicar o sucesso da arte mudéjar, que se expandiu

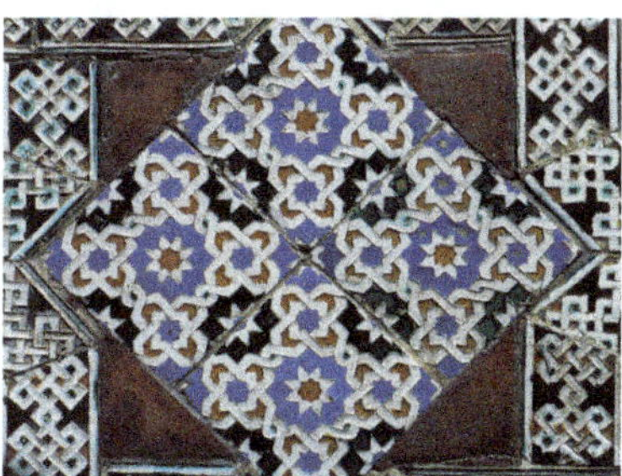

Universidade, azulejo do chão do Paraninfo, Alcalá de Henares.

enormemente durante a Baixa Idade Média, salpicando profusamente de monumentos quase todo o território espanhol. Foram referidas as limitações geográficas para a expansão da arquitectura românica e gótica, cujo elemento principal era a pedra silhar, difícil de encontrar em muitos lugares da Península Ibérica; a crise e a recessão económica, que obrigou ao recurso a um sistema de construção considerado mais barato; e,

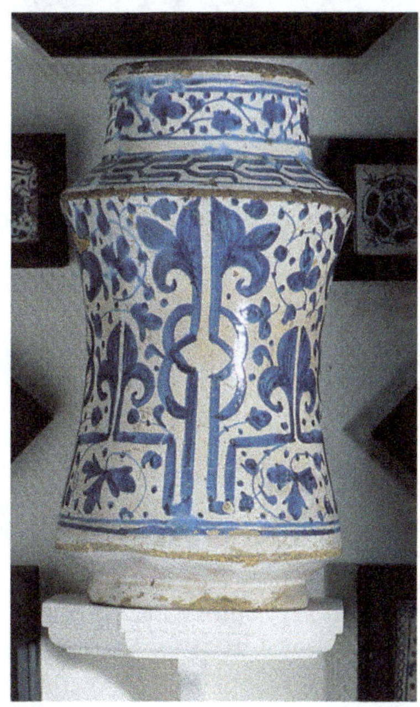

Frasco de farmácia, "pot" de cerâmica de Paterna ou de Manises, Instituto Valencia de Don Juan (1425), Madrid.

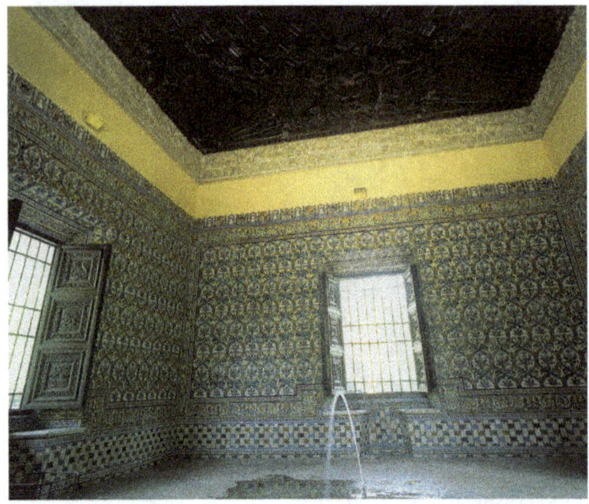

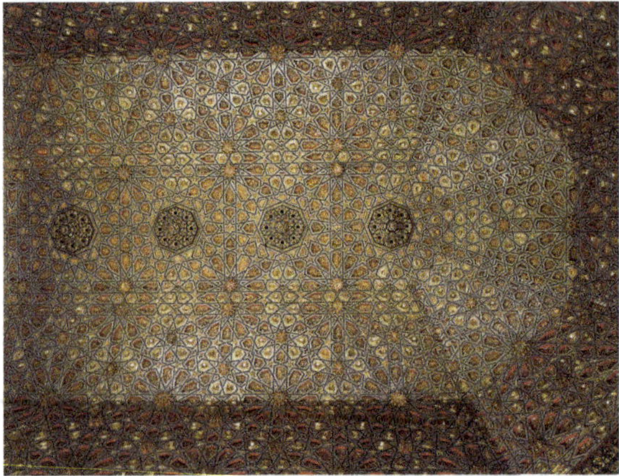

Real Alcázar, interior do Pavilhão de D. Carlos V, Sevilha.

Palácio de D.Pedro I, tecto do Altar-Mor, Tordesilhas.

também, a existência de uma mão-de-obra barata, rápida e eficaz (a dos mudéjares).

Outras tentativas de explicação do êxito da arte mudéjar, de pendor culturalista, puseram a tónica no declínio da influência francesa na arquitectura espanhola. Esta influência, determinante ao longo dos séculos XI, XII e XIII, bem patente nos monumentos românicos, nos mosteiros cistercienses e nas catedrais góticas castelhanas do período clássico, sofre, a partir do século XIII, uma recessão, tendo sido substituída pela arquitectura mudéjar em todo o seu esplendor.

O que é certo é que todas estas abordagens de carácter socio-económico ainda não foram afinadas de acordo com as investigações mais recentes, talvez por carecerem de fontes documentais suficientes para a sua correcta avaliação. Segundo Manuel Gómez-Moreno o que aconteceu realmente foi o choque entre dois sistemas de trabalho: o de cantaria, utilizado na arquitectura românica e gótica, com técnicas e mão-de-obra fortemente influenciadas pela escola francesa, e o Mudéjar, com materiais, técnicas e mão-de-obra fortemente vinculados à tradição islâmica. Ovidio Cuella deu a conhecer um importante caderno de encargos das obras realizadas na desaparecida igreja mudéjar de San Pedro Mártir de Calatayud (Saragoça), construída entre 1411 e 1414. O seu interesse reside em ser uma amostra muito importante para avaliar a competência entre os sistemas de trabalho mudéjar e de cantaria, além de servir para rectificar alguns dos tópicos mencionados anteriormente. Graças às fontes documentais aragonesas, estamos em condições de afirmar que o sistema de trabalho mudéjar oferecia, nos começos do século XV, uma forte especialização que obrigava ao deslocamento do pessoal que trabalhava nas diversas etapas básicas da obra mudéjar: alicerces, obra grosseira de tijolo, obra de revestimento e acabamento em gesso ou estuque. A incrível especialização e qualificação profissional da mão-de-obra permite atingir níveis de produção aceitáveis, competitivos não só dentro do próprio sistema de trabalho mudéjar, mas, também, em comparação com o trabalho de cantaria.

Por outro lado, esta variada qualificação profissional traduziu-se numa profusa diversificação salarial da mão-de-obra, desde o mestre de obras (Mahoma Rami, o mestre do caso que estamos a analisar, ganhava 5 salários diários mais 2 de alojamento), até ao ajudante, passando pelo vasto leque salarial escalonado dos restantes mestres e oficiais. A mão-de-obra era quase exclusivamente mudéjar. Em comparação, o número de trabalhadores cristãos e judeus é irrelevante, embora seja de referir que as remunerações não se baseavam em critérios de discriminação social, mas, sim, de qualificação profissional.

Apesar de não dispormos de documentos suficientes que avaliem comparativamente os custos globais de ambos os sistemas de trabalho, é sabido que os custos do sistema mudéjar variavam consideravelmente, fosse qual fosse o procedimento adoptado: administração, contrato ou concurso. Todas estas circunstâncias influenciaram, sem dúvida, a qualidade da obra acabada.

De uma maneira geral, pode dizer-se que este sistema de trabalho é sumamente eficaz, a avaliar pelo que conseguia produzir numa só campanha anual, entre a Primavera e o Outono. Segundo esta referência de produção, calcula-se que cada uma das torres mudéjares das igrejas de Teruel podia ter sido construída numa única campanha anual.

No entanto, o mesmo não se poderá afirmar em relação à abundância da mão-de-obra e ao seu custo. A documentação da chancelaria real aragonesa demonstra, de maneira contundente, a sua precariedade, embora a procura fosse muita e os reis instassem os seus administradores a arranjá-la a todo o custo. O papel que a mão-de-obra mudéjar desempenhou, apesar da sua escassez, é fundamental, e ainda se conservam bastantes documentos que dão fé dos honorários dos mestres aragoneses dos séculos XIV, XV e XVI, que mostram bem que não havia diferenças salariais provocadas por discriminações sociais.

A questão da distribuição selectiva de trabalhos artísticos entre os dois sistemas é igualmente interessante, constatável pelo menos em relação ao século XV, e baseia-se mais na tipologia e funcionalidade da obra, que em eventuais condicionamentos económicos. Apesar de não haver documentos que o confirmem, é de supor que acontecesse de igual maneira nos séculos anteriores.

Porta de sacrário de Jaén, Museu Arqueológico Nacional (57833), Madrid.

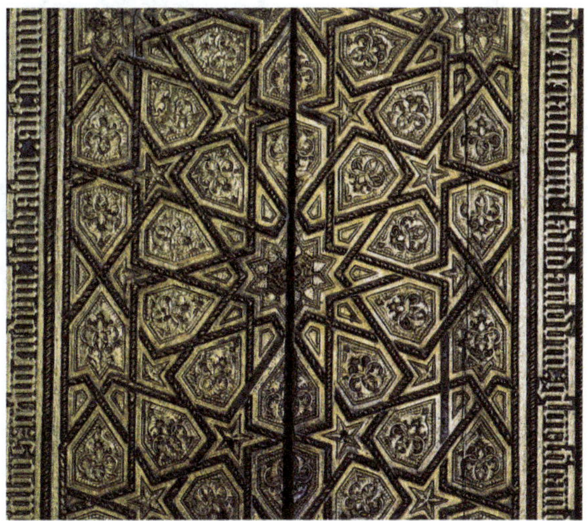

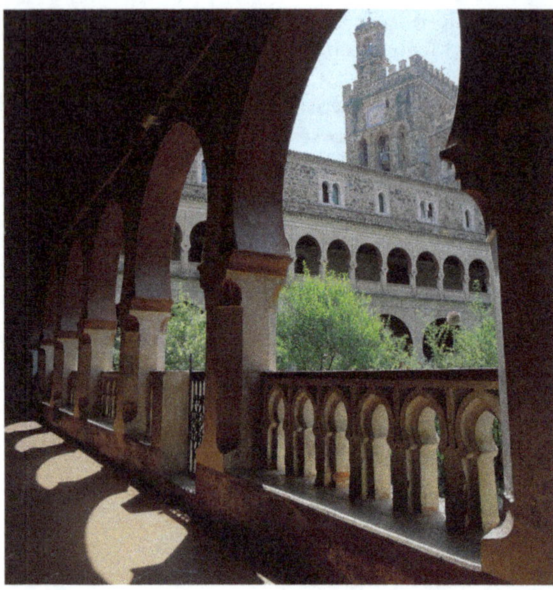

Mosteiro de Nossa Senhora de Guadalupe, claustro mudéjar ou dos milagres, Guadalupe.

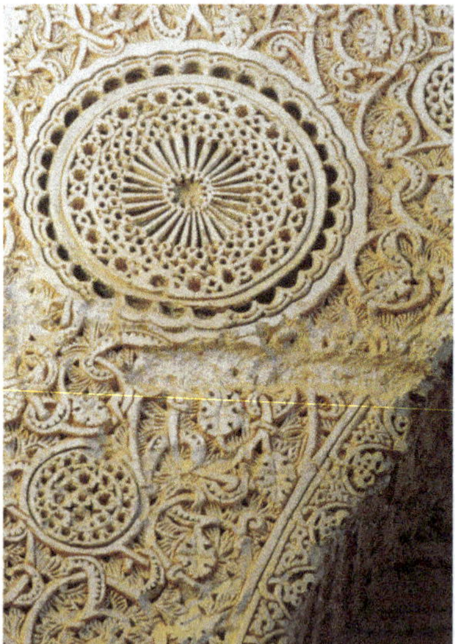

Igreja da Peregrina, pormenor dos lavores em gesso, Sahagún.

Outro aspecto importante prende-se com os condicionamentos de tipo geográfico, encarados como obstáculos para o sistema de cantaria e favoráveis ao sistema mudéjar. É preciso avaliar estes argumentos com cautela, se não quisermos embarcar em teses radicais e deterministas sobre a influência do meio geográfico na criação artística. A vontade criadora soube superar, em muitas ocasiões, os impedimentos geográficos, e a arte espanhola possui bastantes exemplos disso. No entanto, se o sistema de cantaria conseguiu fazer frente inúmeras vezes a um meio adverso, é bem verdade que a arte mudéjar foi muito além daquele que se poderia considerar o seu espaço natural, em virtude dos materiais básicos que utilizou. É imperioso interpretar todo e qualquer fenómeno artístico à luz de razões históricas. Como escreveu muito justamente José María Azcárate a propósito da arte mudéjar, os factores económicos "contribuíram para o seu assentamento e difusão", mas "não justificam por si sós a criação de um estilo".

Factores históricos da arte mudéjar

A via mais fecunda para a interpretação da arte é o esforço de compreensão do pensamento e da estrutura da sociedade que a criou, isto é, a perspectiva histórica. Assim, no caso do fenómeno singular da arte espanhola que é o Mudéjar, só se obterão resultados fecundos se o considerarmos no seu processo histórico de formação e desenvolvimento.
O primeiro factor que possibilitou o nascimento da arte mudéjar foi o fascínio que a sociedade cristã cedo demonstrou pelas criações artísticas do Islão. Incontáveis objectos preciosos —potes e arquetas de

marfim, arquetas de prata, gomis de bronze, tecidos de seda, peças de vidro trabalhado ou de cristal—, passaram a enriquecer os tesouros dos mosteiros e das catedrais dos reinos cristãos. Muitos deles despojos de guerra ou tributos não monetários, passaram a servir fins religiosos. Alguns dos mais sumptuosos objectos da arte andalusí ainda se conservam graças a este fascínio. De resto, esta atracção alastrou por toda a Europa medieval cristã, que também acumulou e conservou o magnífico espólio das Cruzadas.

A progressiva reconquista de al-Ândalus foi acrescentando aos reinos cristãos um enorme património monumental islâmico. O processo de "mudejerização" não se ficou apenas pela população: alcáceres e mesquitas reconverteram-se em palácios reais e em catedrais, e assim sucessivamente.

A aceitação social da conservação da arte islâmica na Espanha cristã foi um passo decisivo para o dealbar da arte mudéjar. Se ainda hoje, tanto tempo depois da reconquista, o legado monumental do Islão em algumas cidades espanholas é considerável (sobretudo nas cidades de Saragoça, Toledo, Córdova, Sevilha e Granada), imagine-se o que poderá ter sido durante os séculos de ocupação.

No entanto, e sem sombra de dúvida, o factor que mais marcou a formação da arte mudéjar foi o próprio processo da reconquista, que, devido a contingências históricas bastante complexas, se produziu de maneira gradual, escalonada e irregular a longo dos séculos XI e XV.

A reconquista interrompeu o desenvolvimento da arte islâmica em momentos diferentes em cada região espanhola. Por esta razão, os precedentes monumentais islâmicos não eram os mesmos no vasto panorama geográfico hispânico. Sendo certo que as suas características formais determinaram os primeiros passos da arte mudéjar em cada zona, esta viu-se impregnada de uma forte personalidade e diversidade. Por conseguinte, a cronologia da reconquista, as circunstâncias da repovoação e a tradição monumental islâmica de cada região são factores a ter em conta na formação da arte mudéjar em geral e de cada foco regional mudéjar em particular.

O surgimento da arte mudéjar nos diferentes focos regionais não se deu imediatamente após a reconquista. Os monumentos mudéjares mais antigos ainda demorariam algum tempo a aparecer, pois, além das dificuldades concretas com que tropeçou a repovoação, os cristãos vencedores quiseram deixar pronto

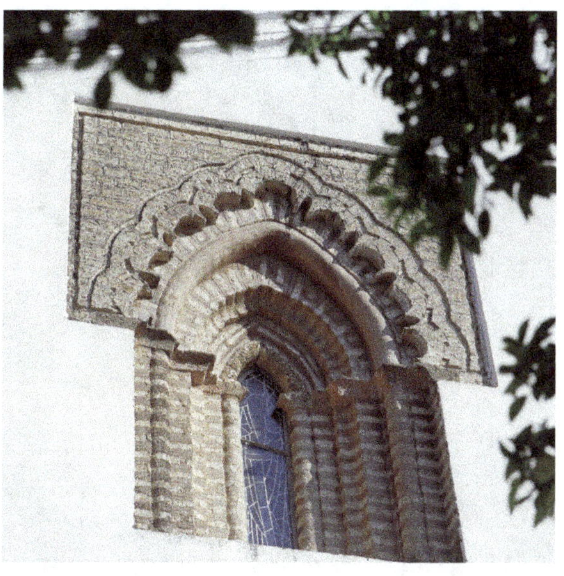

Igreja de Santa María, janela da fachada, Sanlúcar la Mayor.

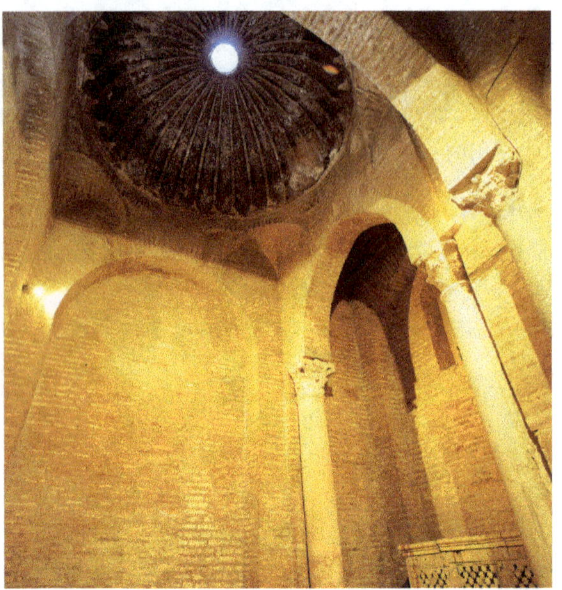

Igreja de Santa Marina, arcos e abóbada da Capela Sacramental, Sevilha.

testemunho dos estilos ocidentais nas terras recentemente ocupadas. O florescimento da arte mudéjar só se dá devido a uma conjugação de factores, como, por exemplo, os condicionamentos geográficos, sociais e económicos.

Diego Angulo, num estudo sobre a arquitectura mudéjar sevilhana, adverte-nos para o carácter progressivo da "mudejerização", extensível a outros focos regionais: "à medida que a arte dos muçulmanos submetidos se vai desenvolvendo, cada vez se afasta mais da cristã, adoptando formas e ornamentação tipicamente islâmicas".

Os factores históricos que rodeiam a arte mudéjar não se esgotam nestas considerações. É preciso não esquecer que a arte mudéjar foi um fenómeno de longa duração, muito mais duradouro no tempo que os estilos artísticos europeus de que é contemporânea (Românico, Gótico, Renascimento), e que atravessou as várias etapas históricas da arte hispano-muçulmana (taifas, almorávida, almóada, nazari), sobrevivendo após a conquista de Granada.

Como se viu, as formas artísticas de cada foco regional não só se alimentaram dos seus precedentes locais islâmicos, como também se enriqueceram constantemente no devir histórico com as novidades vindas de al-Ândalus e de outros focos mudéjares.

Neste sentido, são exemplares os casos dos focos mudéjares de Toledo e de Teruel.

A cidade de Toledo capitulou prematuramente em 1085 e contava com precedentes islâmicos locais muito arcaizantes, mas podemos constatar desde muito cedo influências formais artísticas dos períodos almorávida e almóada, mesmo antes da conquista de Sevilha, em 1248. Este fenómeno de precocidade formal no Mudéjar toledano explica-se, de acordo com a "Crónica Latina" de D. Afonso VII, devido ao regresso a Toledo de uma colónia de *moçárabes* oriundos de Marraquexe, após a destruição almóada de 1147.

Nem sequer os precedentes aragoneses, que revelam um grande arcaísmo, justificam a precocidade formal do Mudéjar de Teruel, mas a sua mouraria aberta, habitada em grande parte por muçulmanos levantinos imigrados, dá-nos a chave para o enigma.

A mobilidade da mão-de-obra mudéjar era muita, especialmente no caso dos trabalhos reais, e facilitou a livre circulação das formas artísticas, não só dentro do território cristão, como também do islâmico, e vice-versa. Um caso muito conhecido é o das quadrilhas de

muçulmanos toledanos, sevilhanos e granadinos que trabalharam para o rei D. Pedro I de Castela na construção do Real Alcázar de Sevilha, e também para Muhammad V no palácio de los Leones da Alhambra, utilizando os mesmos elementos formais em ambos os lados da fronteira política entre a Cristandade e o Islão. Este é um exemplo de como foram introduzidos factores de unidade na arte mudéjar.
Uma análise e avaliação da evolução das tipologias arquitectónicas e das formas artísticas mudéjares que procedem da arte ocidental cristã levar-nos-á a idênticas considerações de carácter histórico.

Os focos mudéjares da Península Ibérica

Os elementos de unidade da arte mudéjar são inegáveis e facilmente perceptíveis para um espectador ocidental, mas cada um dos focos mudéjares regionais de Espanha oferece uma rica variedade, fruto dos acontecimentos históricos que ocorreram nos seus diferentes territórios. Esta diversidade aumenta o atractivo da exposição, e torna obrigatória a explicação de algumas das características formais diferenciadoras dos principais focos mudéjares —Aragão, Castela-Leão, Toledo, Estremadura e Sevilha—, antes de se proceder à justificação dos circuitos escolhidos.
No Mudéjar de Aragão, a nota formal mais evidente é o papel que o tijolo desempenhou na arquitectura. O tijolo era o material de construção básico de toda a obra, funcionando também como elemento decorativo de grande importância, sobretudo nos exteriores. Com ele, configuravam-se os motivos ornamentais que se desejavam destacar sobre o plano de fundo e que se concentravam em partes dos edifícios religiosos, tais como as absides, as torres-campanário e os *zimbórios*. Outra nota peculiar é a abundante aplicação de cerâmica decorada nos exteriores arquitectónicos, facilitada pela existência de importantes oleiros mudéjares, como os de Teruel e os de Muel. A decoração mudéjar aragonesa caracteriza-se pela simplicidade das estrelas (de seis ou oito pontas) e dos laços utilizados e pelo arco mistilíneo, independente ou sobreposto. O seu precedente é o palácio hudi da "Aljafería", cuja trajectória formal é de grande arcaísmo e denota um relativo isolamento em relação à problemática vigente nos reinos da Coroa de Castela.

Taller del Moro, pormenor dos trabalhos em gesso, Toledo.

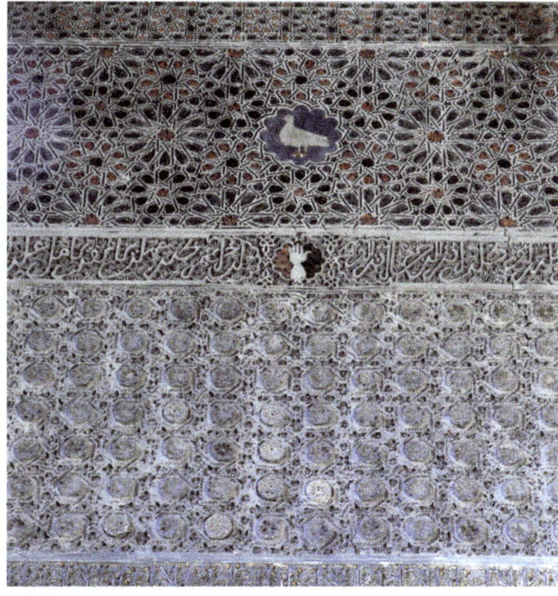

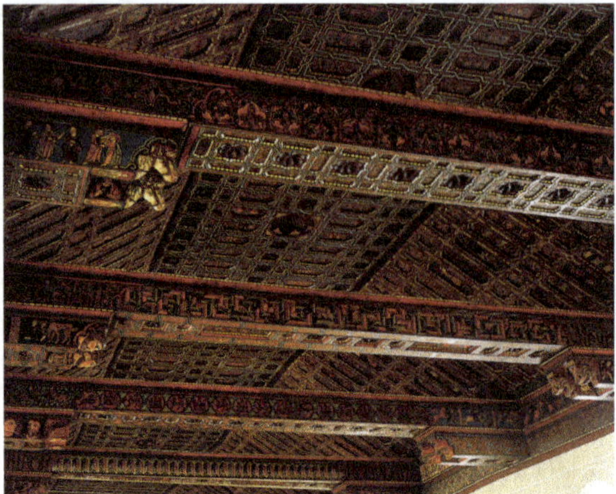

Catedral de Santa María, pormenor do tecto, Teruel.

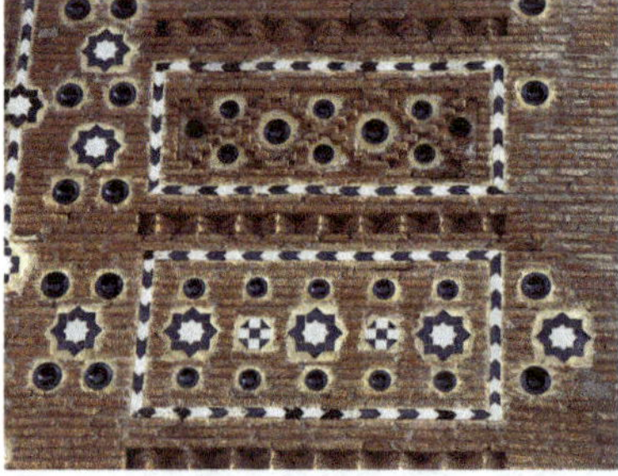

Igreja de San Martín, pormenor da portada, Morata de Jiloca.

Entre os elementos estruturais de influência islâmica do foco mudéjar aragonês, sobressai a tipologia de *minarete*, que aparece na maioria das torres-campanário, tanto nas de planta quadrada como nas de planta octogonal. O tecto de *par y nudillo* da catedral de Teruel é uma obra única no Mudéjar espanhol pela sua decoração figurada. Outra das estruturas singulares do Mudéjar aragonês, agora de raízes cristãs, é a igreja-fortaleza, que será analisada em pormenor no capítulo correspondente ao circuito V da exposição.

Desde que Vicente Lampérez, no início de século XX, propôs a sistematização por focos geográficos, os focos mudéjares de Castela-Leão e de Toledo têm sido estudados e caracterizados separadamente. No entanto, os factores que os unem superam as diferenças, e essa é a razão que levou alguns estudiosos dos nossos dias a estudá-los em conjunto. Uma das discussões mais frequentes à volta destes dois focos é a de saber qual é o mais antigo. A maioria pronunciou-se a favor de Toledo, pois a toma da cidade por D. Afonso VI de Castela, em 1085, é considerada o ponto de partida de toda a arte mudéjar hispânica. Defensor da tese contrária, Manuel Valdés insistiu na maior precocidade do foco leonês, sendo que alguns dos monumentos da cidade de Sahagún remontam, comprovadamente, ao século XII.

A prioridade de um foco sobre outro não deve pautar-se por critérios meramente cronológicos, baseados na data do monumento mais antigo de cada um. É mais produtivo reflectir sobre qual seria o foco em que se combinaram as circunstâncias históricas mais favoráveis ao aparecimento e desenvolvimento do Mudéjar. Neste sentido, tudo aponta para Toledo, porque na meseta Norte não havia um passado urbano islâmico, e, por conseguinte, uma reconquista cristã de cidades com população mudéjar pré-existente. Claudio Sánchez Albornoz estabeleceu, em tempos, a teoria do deserto humano criado no vale do Douro durante a Alta Idade Média, um amplo espaço vazio que servia de fronteira entre al-Ândalus e os pequenos reinos cristãos do Norte peninsular.

Por esta razão, é mais lógico pensar que o passado monumental islâmico da cidade de Toledo não só é o referente e o precedente formal para o foco mudéjar a que dá nome, como também para o foco de Castela-Leão, que carecia de precedentes urbanos islâmicos. O mesmo se pode afirmar em relação à população mudéjar que se foi instalando aos poucos na meseta Norte e que se nutriu de emigrantes mudéjares toledanos, como constatou documentalmente Miguel Angel Ladero. Há que reconhecer que o foco de Castela-Leão, carente de precedentes monumentais islâmicos e de população mudéjar autóctone, devia muito a Toledo.

Já aqui se afirmou que Toledo, mesmo após o domínio cristão, se manteve, desde finais do século XI, como o foco mais precoce de recepção das novas influências artísticas de al-Ândalus. Isto é igualmente válido em relação às influências almorávidas e almóadas, anteriores à conquista de Sevilha, em 1248, e às nazaris, anteriores à de Granada, em 1492. O foco toledano foi o principal crisol em que se refundiu a arte mudéjar que seguia tanto para Norte, para o vale do Douro, como para Sul, para o vale do Guadalquivir. O foco sevilhano só lhe tomou o lugar a partir da renovação edilícia levada a cabo na Andaluzia do Guadalquivir após o terramoto de Sevilha, em 1356.

Apesar de tudo, o foco de Castela-Leão caracterizou-se pela formação e difusão de uma arquitectura de forte personalidade artística, cujo momento de esplendor se dá muito cedo, por volta de 1200, e que conseguiu sobreviver durante o século XIII até às primeiras décadas do século seguinte, especialmente nos núcleos urbanos de Sahagún, Toro, Arévalo, Olmedo e Cuéllar.

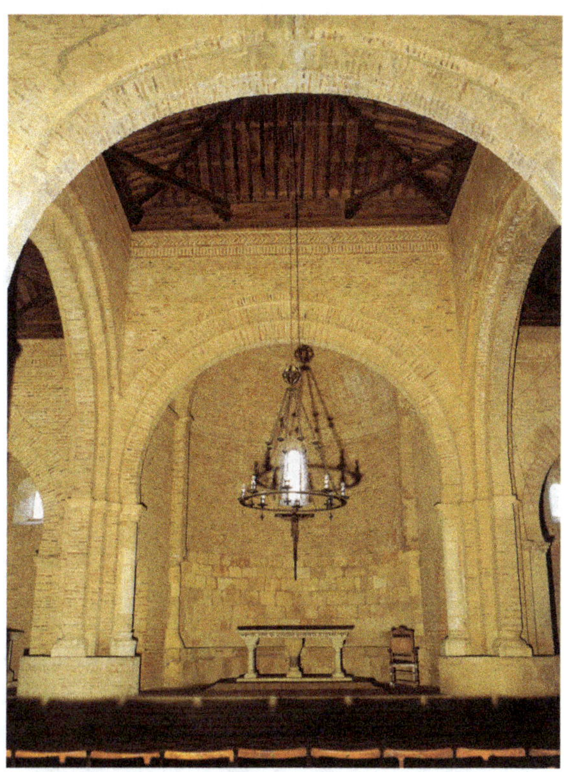

Igreja de San Tirso, vista da nave interior, Sahagún.

Alguns historiadores esforçaram-se por negar o carácter mudéjar destas manifestações artísticas, preferindo falar de “arquitectura românica de tijolo” ou de “arquitectura medieval de tijolo”, devido ao facto de a utilização desse material ser muito relevante, embora sem chegar nunca a atingir a hipertrofia do foco aragonês. O circuito VIII pretende, precisamente, chamar a atenção para o predomínio do tijolo no foco mudéjar de Castela-Leão. De qualquer maneira, na arte mudéjar os materiais, além de servirem para construir, também serviam para decorar. Apesar de os elementos formais —tais como arcos de meio ponto duplos, painéis

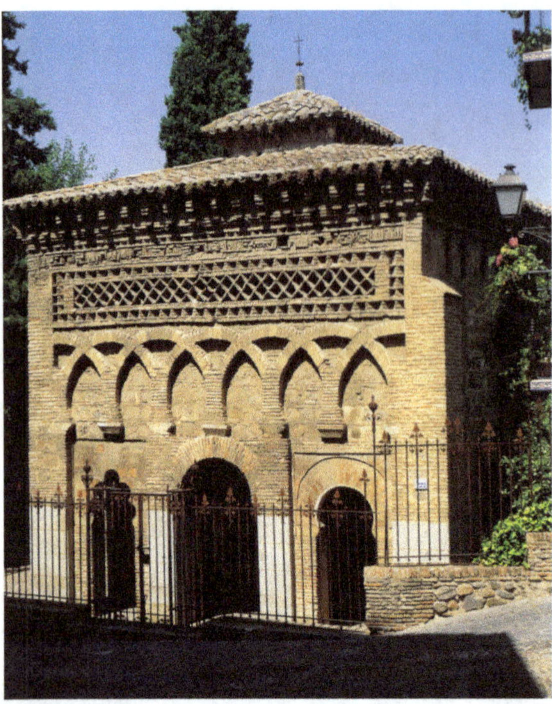

Mesquita do Cristo de la luz, vista geral, Toledo.

e frisos de tijolos dispostos em esquina— serem muito simples, e de não fazerem referência decisiva a uma determinada tradição ornamental islâmica, o resultado estético é diferente e muito distanciado da tradição ocidental europeia.

Na caracterização formal do foco mudéjar toledano, além dos elementos referidos, há que destacar o uso de determinados materiais, técnicas, elementos formais e tipologias arquitectónicas. Entre os materiais e as técnicas, predomina o chamado "aparelho toledano", que consiste em erguer os muros de fábrica dos edifícios à base de caixas de alvenaria reforçadas e forradas com fiadas de tijolos. Este sistema foi utilizado na Toledo islâmica e tinha as suas raízes na época romana tardia, como demonstraram algumas escavações arqueológicas.

O sistema toledano de construção permitia reservar o uso do tijolo para determinadas partes dos edifícios, cumprindo também uma função ornamental muito destacada. Assim, as absides das igrejas, facetadas em múltiplos lados, decoram-se com registos horizontais à base de arcos cegos duplos, como se pode apreciar na abside mudéjar do Cristo de la Luz ou na disposição formal dos diversos corpos das torres das igrejas. Um dos motivos ornamentais mais emblemáticos da arquitectura mudéjar toledana é o arco em ferradura quebrado e duplicado por arcos polilobados, motivo que se repete no Mudéjar sevilhano, em memória da tradição almóada.

Os trabalhos em gesso do Mudéjar toledano destacam pela sua diversidade e riqueza formal desde finais do século XII, possuindo uma forte personalidade artística. Por um lado, absorvem e desenvolvem toda a tradição formal andalusí, tanto a almorávida e a almóada, como a nazari. Por outro lado, desde meados do século XIV, incorporam uma temática vegetal naturalista de inspiração gótica. Este facto permitiu identificar a presença de ateliers de gesseiros toledanos no palácio mudéjar do Real Alcázar de D. Pedro I, em Sevilha (1364-1366), e na sala dos Reis do Palácio de los Leones da Alhambra, em Granada, boa prova da mobilidade da mão-de-obra mudéjar nos trabalhos reais.

A carpintaria mudéjar toledana também desenvolveu uma personalidade muito própria. Os tectos de madeira de *par y nudillo*, de tradição almóada, generalizaram-se na arquitectura toledana durante a segunda metade do século XIII. Ainda se conservam alguns dos exemplares mais antigos, como a Igreja de Santiago del Arrabal e a Sinagoga de Santa María la Blanca, ambas na cidade de Toledo.

Quanto à estrutura e à tipologia, o Mudéjar toledano também conta com alguns traços específicos, e os seus modelos difundiram-se por toda a Península. Em meados do século XIII, na nova era da arquitectura gótica, a antiga tipologia da igreja mudéjar toledana —de planta basilical com três naves baixas, com pouca luminosidade e separadas por arcos em ferradura— tinha-se tornado obsoleta. Na igreja de Santiago del Arrabal criou-se um novo tipo de igreja mudéjar de três naves, mais altas do que as anteriores graças ao uso de arcos lanceolados sobre pilares, e cobertas com tectos de par y nudillo. Foi esta a tipologia que os cristãos repovoadores difundiram no novo foco mudéjar sevilhano.

Na arquitectura civil, o Mudéjar toledano não só absorveu todas as tipologias de al-Ândalus, o que ainda se pode apreciar nas clausuras da arquitectura conventual toledana, como também criou um tipo de palácio de forte personalidade, sobretudo no tocante à composição das fachadas.

Os estudiosos clássicos do foco estremenho negaram-lhe uma personalidade própria, dividindo o território em zonas influenciadas pelos focos periféricos leonês, toledano e sevilhano. Assim, e de acordo com a sua perspectiva, tais influências entraram na Estremadura desde o Norte, o Este e o Sul, respectivamente, deixando as suas marcas peculiares nas áreas de penetração. No entanto, os mais recentes estudos de M.P. Mogollón Cano-Cortés, como se poderá apreciar no circuito X, aprofundaram a

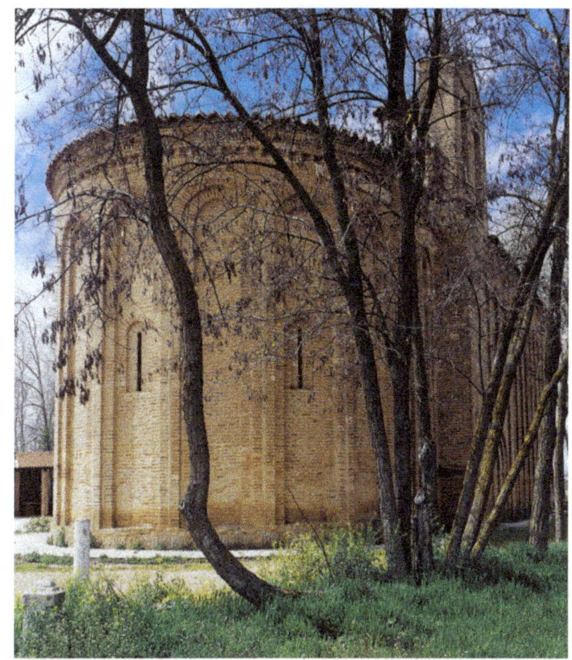

Igreja de Santa María da Vega, abside, Toro.

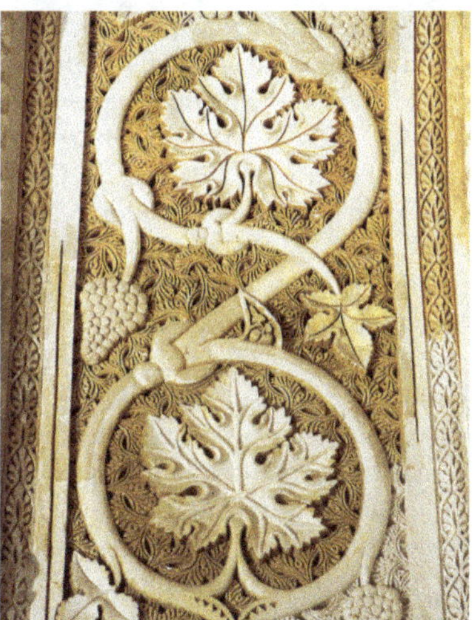

Convento da Concepción Franciscana, pormenor dos trabalhos em gesso, Toledo.

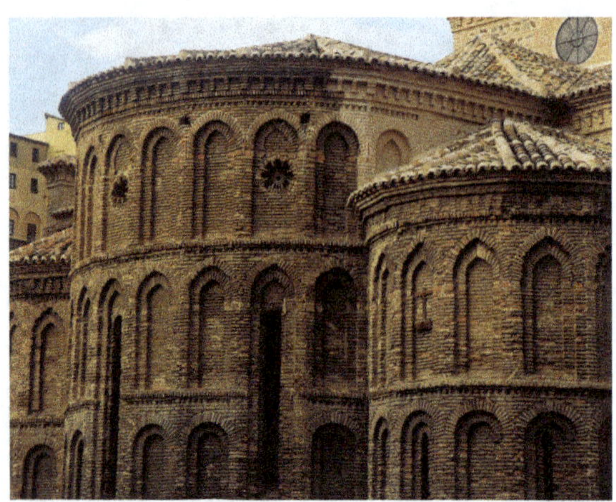

Igreja de Santiago do Arrabal, cabeceira, Toledo.

tese da forte personalidade do Mudéjar estremenho, caracterizado pelo uso de materiais rijos e pela sobriedade formal, fortemente marcados pelos precedentes monumentais da época de domínio almóada na região.

Por razões históricas, a Andaluzia dividiu-se em dois grandes focos mudéjares: o sevilhano e o granadino. O foco sevilhano abarca o território do vale abaixo do Guadalquivir, e tinha como centro criador e difusor de arte a cidade de Sevilha, onde se respira o forte legado da tradição islâmica almóada. Os circuitos XI e XII falam-nos dele. Um caso aparte é a cidade de Córdova e arredores, cuja importante tradição de califado impregnou o Mudéjar cordovês de características muito peculiares. Entre elas, destaca o predomínio da pedra silhar, pouco habitual na arte mudéjar.

A arquitectura mudéjar religiosa sevilhana divide-se em duas tipologias, uma autóctone e outra importada. A autóctone reproduz a disposição e a forma das mesquitas almóadas, que constam de três naves separadas por arcos em ferradura quebrados apoiados sobre pilares. De escassa altura, estas naves eram cobertas por *madeiramentos* dotados de torres-campanário que imitavam, em escala reduzida, a Giralda. O exemplo mais original deste arquétipo é a Igreja de San Marcos de Sevilha.

Quanto à arquitectura civil, a tipologia mais bem conseguida é a do palácio do Real Alcázar de D. Pedro I, em Sevilha (1364-1366), onde é evidente a influência formal toledana e nazari. Este palácio converteu-se em modelo para a nobreza sevilhana, mesmo durante o primeiro Renascimento, apesar da mudança de gosto estético preconizada pelo imperador Carlos V.

O circuito XIII dedica-se ao foco mudéjar granadino, que abarcava não só o território do actual distrito de Granada, mas também todo o território ocupado pelo último reino nazari de Granada, isto é, os actuais distritos da Andaluzia penibética: Málaga, Granada e Almería. Os estudos mais recentes referentes a cada um destes distritos oferecem-nos um panorama fragmentado do foco mudéjar granadino, cuja unidade urge recuperar. Na verdade, são muitos os factores que os unem, como o carácter tardio da reconquista cristã nestes territórios, levada a cabo entre 1487 e 1492, o predomínio dos precedentes nazaris e a brevidade do período de desenvolvimento e difusão, neles, da arte mudéjar. Diante destes factos, não é descabido falar de unidade, e é até preferível, se se pretender uma visão global do fenómeno, porque os elementos diferenciadores se prendem quase sempre com as peculiares circunstâncias do

processo repovoador.
Finalmente, é preciso referir os exemplos mudéjares que enriquecem o património monumental das ilhas Canárias e da América Latina. Em sentido estrito, não se pode falar de arte mudéjar propriamente dita, mas sim de sobrevivência de elementos mudéjares isolados, integrados na recepção da arte espanhola sem chegar a formar um sistema diferenciado. A formação, desenvolvimento e expansão da arte mudéjar implica um território e um enquadramento histórico, neste caso, a Espanha cristã medieval, cujos limites não se podem transpor sem se correr o risco de a desnaturalizar.

Justificação da exposição

Os treze circuitos escolhidos para a exposição **A Arte Mudéjar. A estética islâmica na arte cristã** procuram apresentar o vasto panorama das manifestações artísticas mudéjares, presentes em quase toda a Península. Distribuem-se de maneira equilibrada pelos principais focos regionais hispânicos: Aragão, Castela-Leão, Toledo, Estremadura e Andaluzia.
À primeira vista, pode parecer um número excessivo de circuitos, mas a rica variedade e a forte dispersão das construções mudéjares, que quase nunca formam grandes conjuntos monumentais, tornam praticamente impossível outra alternativa. Os treze circuitos oferecem uma amostra suficiente y bastante representativa do Mudéjar hispânico. Optou-se por fazer referência apenas aos monumentos mudéjares, para não confundir os visitantes, mas é preciso não esquecer que os sobejamente conhecidos monumentos islâmicos de Espanha foram o precedente e o estímulo para a criação da arte mudéjar em cidades como Saragoça, Toledo, Córdova, Sevilha ou Granada.
O circuito I, pensado para durar meio dia, é dedicado à vida quotidiana e à liturgia monástica, e guia-nos até aos museus de Madrid, ao Museu Arqueológico Nacional e ao de Valência de Don Juan, que custodiam uma rica e pouco conhecida série de colecções mudéjares de móveis, cerâmicas e tapetes.
O circuito II, de Alcalá de Henares a Guadalajara, tem como *leit motiv* particular uma esplendorosa manifestação tardia da arte mudéjar conhecida como "estilo Cisneros", devido ao seu famoso promotor e mecenas.
Os três circuitos seguintes, de um dia cada um, dedicam-se ao Mudéjar

Colégio das Humanidades, galeria do pátio, Guadalupe.

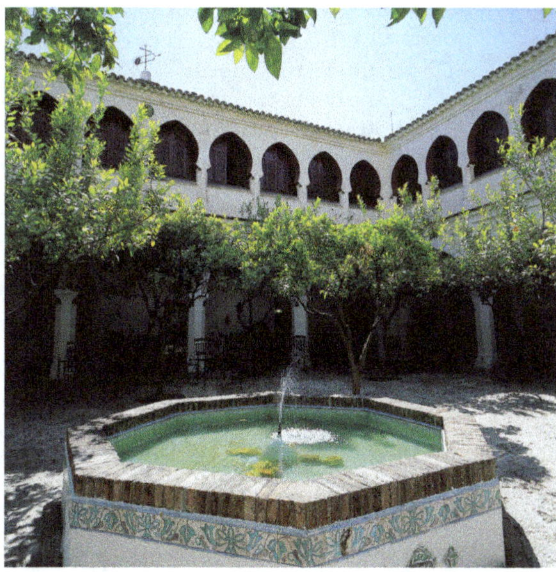

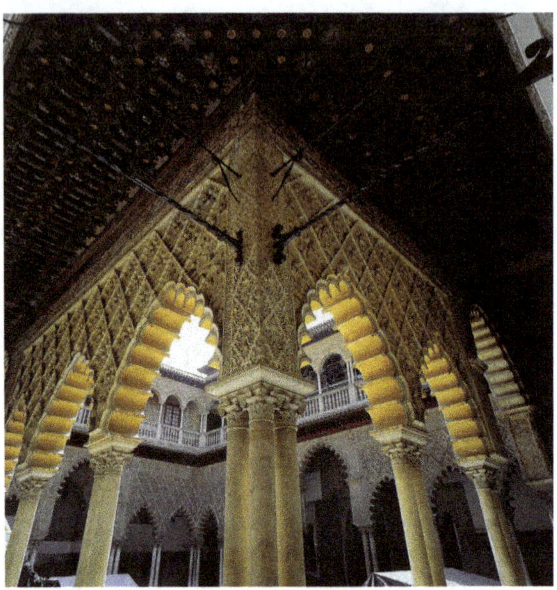

Real Alcázar, arcadas do Pátio das Donzelas, Sevilha.

aragonês. Assim, o circuito III demora-se essencialmente na cidade de Saragoça, e segue a trajectória da coroação dos reis de Aragão, passando pelos aposentos mudéjares do palácio real da Aljafería, até chegar à Sé catedral de San Salvador.

O circuito IV passa por duas cidades mudéjares, Teruel e Daroca. Por razões históricas, são muito diferentes, pois Teruel é de fundação cristã e Daroca é uma cidade islâmica repovoada. Estas origens diferentes tiveram claras repercussões urbanísticas em ambos os casos.

O circuito V leva-nos até aos vales dos rios Jalón e Jiloca, por terras da antiga Calatayud, pondo de relevo o carácter peculiar da arquitectura polivalente, meio religiosa, meio militar, das igrejas-fortaleza. Dois dos exemplos mais notáveis deste género arquitectónico são as igrejas de Tobed e de Torralba de Ribota, construídas durante a guerra fronteiriça entre Aragão e Castela.

Os três circuitos seguintes são inteiramente dedicados ao vasto e variado território do Mudéjar de Castela-Leão.

O circuito VI passa por outra das comarcas mudéjares por antonomásia, Moraña, cuja capital é Arévalo. Desta vez, serão visitados alguns conjuntos urbanos amuralhados, como o de Madrigal de las Altas Torres, e castelos mudéjares, como o de Coca.

O circuito VII, de dois dias de duração, vai até Tierra de Campos, uma das comarcas mudéjares por excelência, e tem como fio condutor os conventos das monjas clarissas, que albergaram filhas de reis e de nobres. Entre eles, sobressai o de Santa Clara de Astudillo, fundado sobre os alicerces de um palácio mudéjar do rei D. Pedro I.

O circuito VIII permite apreciar o domínio das técnicas de utilização do tijolo como material de construção na arquitectura mudéjar, numa visita a Sahagún, em Leão, e a Toro, em terras de Zamora.

O foco mudéjar toledano, correspondente às actuais comunidades autónomas de Madrid e de Castela-La Mancha, divide-se em três circuitos, correspondendo o madrileno e o do "estilo Cisneros" apenas a meio dia.

Assim, o circuito IX dedica-se de maneira monográfica à cidade de Toledo, capital de um foco mudéjar próprio que ilustra bem a estreita interacção entre as três culturas que coexistiram no seu seio: cristã, judaica e islâmica. Na peugada do Mudéjar, visitar-se-ão igrejas, sinagogas e palácios, para constatar como todos esses monumentos, que serviram fins distintos, partilham uma mesma disposição e estrutura.

O circuito X, de dois dias de duração, atravessa Cáceres e Badajoz, para advertir a forte e sóbria personalidade do foco mudéjar estremenho, bastante condicionado pelos precedentes almóadas da região. O prato forte da visita é o Mosteiro de Guadalupe, Património da Humanidade, que é, simultaneamente, lugar de peregrinação, mosteiro, fortaleza, palácio e panteão real, e que possui um magnífico claustro mudéjar.

Os três últimos circuitos pretendem oferecer uma apertada síntese da grande riqueza e diversidade do Mudéjar andaluz, que, por motivos históricos, obriga a uma diferenciação clara entre dois territórios: a Baixa Andaluzia e a Andaluzia Penibética.

Por um lado, a Andaluzia ocidental do vale do Guadalquivir, que foi conquistada em 1248 e cujo foco mudéjar se encontra na cidade de Sevilha e nos seus arredores.

O circuito XI decorre nos palácios e nas igrejas mudéjares da cidade de Sevilha, entre os quais sobressai um monumento espectacular: o palácio do Real Alcázar, de D. Pedro I.

O circuito XII devolve-nos ao campo, a uma comarca onde se respira todo o perfume da tradição islâmica almóada: o Aljarafe, território cristão do vale do Guadalquivir, cujo centro é Sanlúcar la Mayor.

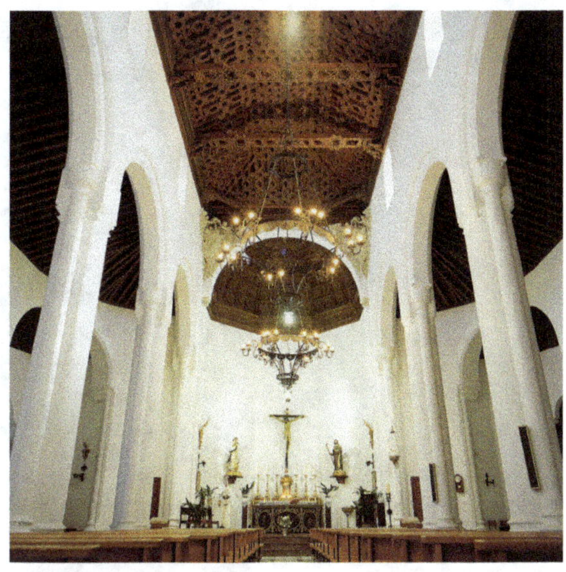

Igreja de Santiago, interior, Guadix.

A panorâmica da arte mudéjar encerra-se com um circuito dedicado à Andaluzia penibética montanhosa. Dela fazem parte os actuais distritos de Málaga, Granada e Almería, que só foram conquistados pelos cristãos em 1487 e 1492, e que, por conseguinte, nos oferecem um Mudéjar tardio.

O circuito XIII, que atravessa estas três comarcas, é dedicado aos tectos mudéjares das paróquias granadinas edificadas após a conquista cristã.

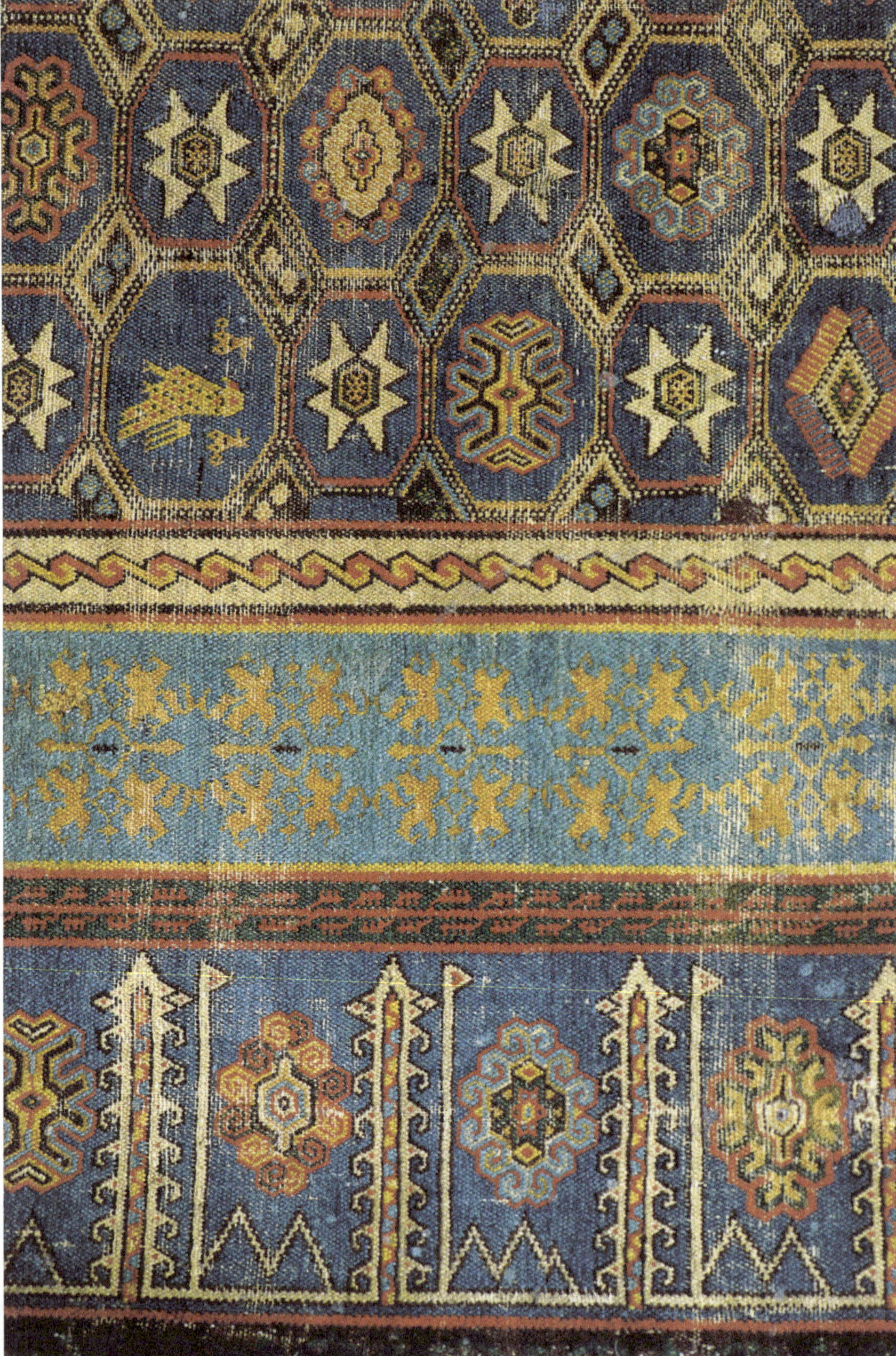

Vida quotidiana e litúrgica: casa, cozinha e coro

Pedro Lavado Paradinas

Meio dia

I.1 MADRID

I.1.a Museu Arqueológico Nacional
I.1.b Instituto de Valência de Don Juan

A cerâmica mudéjar

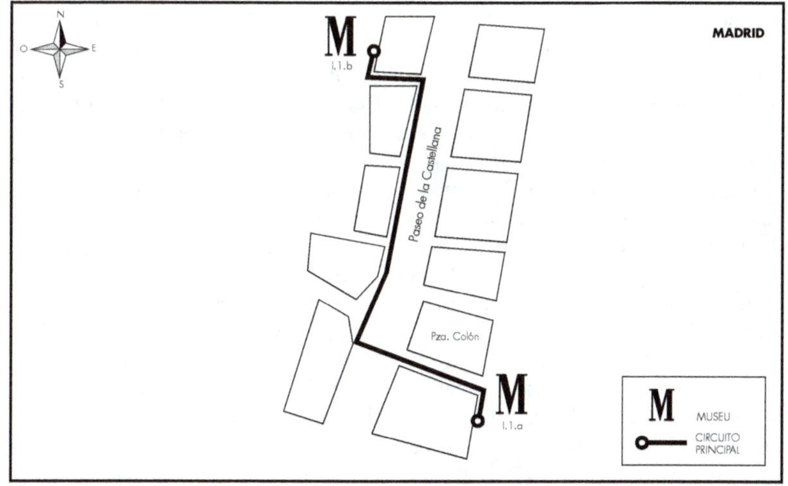

Pormenor do Tapete do Almirante, Instituto de Valência de Don Juan (3859), Madrid.

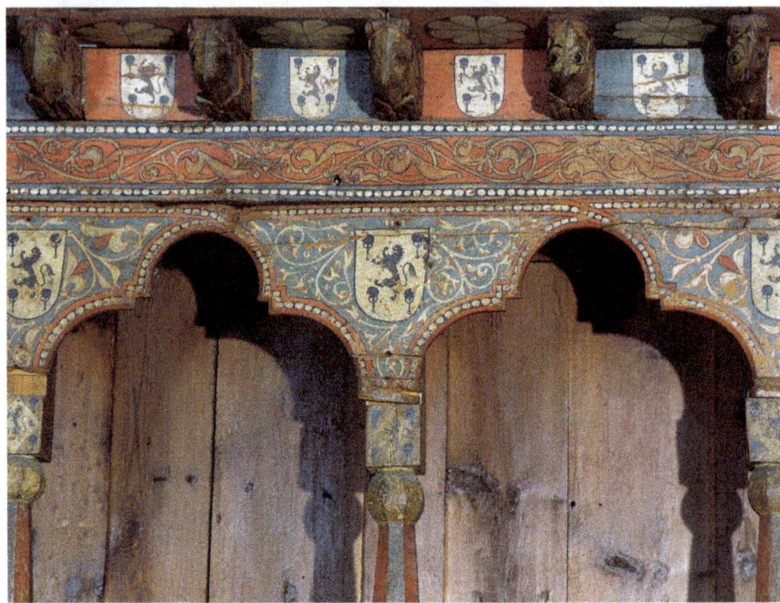

Pormenor dos cadeirais do Coro de Astudillo, Museu Arqueológico Nacional (60542), Madrid.

Esta vocação humilde torna a arte mudéjar especialmente indicada para satisfazer as necessidades dos estratos mais populares da sociedade, como se pode apreciar nos objectos de uso quotidiano da Baixa Idade Média e do primeiro Renascimento que chegaram até nós.

Tentemos imaginar como poderá ter sido o dia a dia daquela época. Casas, palácios e conventos iam sendo construídos ao sabor das necessidades vitais dos seus inquilinos. A vida das mulheres decorria entre as lides domésticas (cozinha, costura, cuidado das crianças e dos doentes, governo da criadagem) e as actividades especificamente criativas e lúdicas, tais como a leitura, o jogo ou a música. A vida nos conventos, não sendo muito diferente, era, no entanto, regida pelo horário estabelecido para as actividades do serviço divino: rezas, horas e cânticos no coro; meditação, passeio e descanso no claustro; trabalho no campo e no interior do convento, e, obviamente, o culto na igreja.

A vida da mulher passava-se no estrado, lugar isolado de madeira ou aquecido por baixo do soalho. Tapetes, alcatifas, almofadões, arcas, cadeiras e mesas conviviam com as ferramentas de trabalho doméstico: rocas, fusos, pregadeiras de alfinetes e outros acessórios de costura. Os livros de horas mostram bem, nas suas iluminuras, os diversos episódios da vida quotidiana, e é graças a eles que podemos imaginar como seriam as actividades mais triviais dos homens e das mulheres daquela altura.

As paredes, despojadas, eram decoradas com tapetes, guadamecis e cordovães. A parte mais alta, antes do *madeiramento* dos tectos, aparece decorada com frisos de gesso policromo, talhados à mão ou feitos com moldes. A parte baixa cobre-se com lambris e rodapés de alicatados ou azulejos decorados com formas geométricas e laçarias. Os pavimentos revestiam-se de tijoleira e lambrilhas com motivos de caça e animais.

Tanto as portas como os vãos eram emoldurados por madeiras lavradas e fechados por contra-ventos guarnecidos com trabalhos de perfil coniforme, aos quais, pouco a pouco, se foram sobrepondo os novos temas renascentistas. Chaminés de gesso com escudos e temas figurativos, salas e alcovas com móveis mínimos e espaços diferenciados para dormir e para comer, enxergões de palha e de lã, tapetes e outros tecidos serviam para decorar durante o dia e, à noite, agasalhavam os cansados ossos dos seus donos.

Uma rica selecção de objectos de olaria e de cerâmica era usada nas cozinhas para o serviço da água, da luz e da cocção. Peças de metal, braseiros, fogareiros, almofarizes e candeias. Toda uma vasta gama de recipientes cerâmicos para cozer, aquecer, fritar, assar, servir, trinchar, lavar e enfeitar: panelas, potes, tachos, frigideiras, tigelas, gamelas, jarras, taças, pratos, pichéis, trinchantes, almofias, alguidares, bacias, jarros...

No fundo, o dia a dia em casa, no palácio ou no convento não era muito diferente. Felizmente, quis a fortuna que a história dessas ocupações diárias chegasse até nós quase de maneira intacta graças à enorme quantidade de objectos conservados nalguns conventos. Dos palácios e das vivendas sobreviveram apenas os pavimentos, os tectos e as chaminés. São raros os trabalhos em gesso de fachadas e de vãos que chegaram até nós e, ainda menos, as obras de carpintaria que serviram para os fechar. No entanto, é no interior dos conventos ainda activos que se encontram os tesouros mais preciosos, não só objectos, mas também formas de

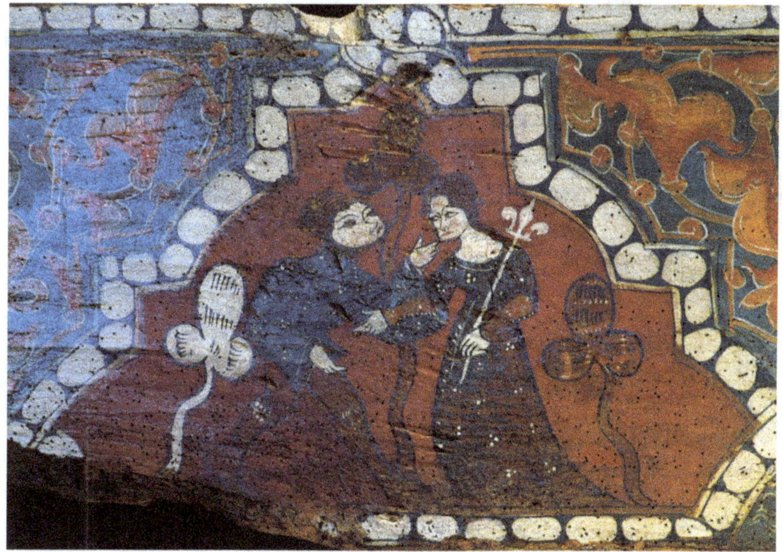

Pormenor de una viga de Curiel de los Ajos, Museu Arqueológico Nacional (50742), Madrid.

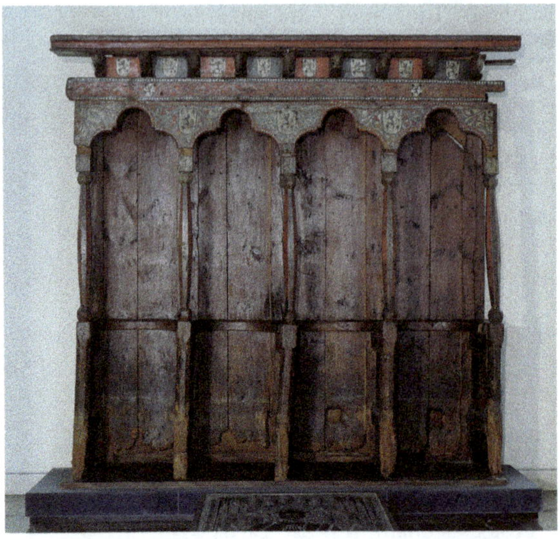

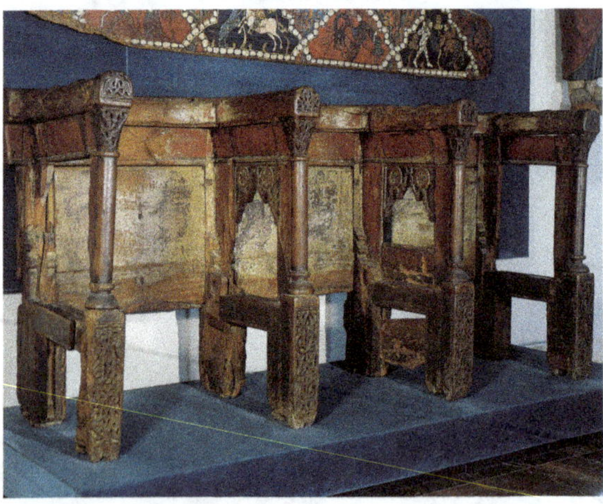

Cadeiral do Coro de Gradefes, Museu Arqueológico Nacional (50548), Madrid.

vida e costumes com séculos de existência: tarros de botica com o escudo e a designação dos produtos, selos de pão, peças dos enxovais e das baixelas pertencentes às freiras e às abadessas, bacias e alguidares, tecidos, cobertores, tapetes, bandejas, jogos, caixas, arcas e escrivaninhas. Um universo inteiro contido nas formas e nos motivos hispano-muçulmanos que ainda resistem na digna simplicidade dos objectos quotidianos.

I.1 MADRID

O circuito dedicado à arte mudéjar em Madrid impõe duas visitas obrigatórias: o Museu Arqueológico Nacional e o Instituto de Valência de Don Juan. Em ambos, os objectos de estilo mudéjar são abundantes e de primeira categoria.
Também é possível encontrar algumas peças de arte mudéjar no Museu Nacional de Artes Decorativas (Rua Montalbán, nº 12), especialmente cerâmica, couros e móveis de madeira, e em algumas igrejas da cidade. A de San Nicolás de los Servitas (Praça de San Nicolás, nº1) ainda conserva a torre de tijolo, alguns trabalhos em gesso e o tecto, que remonta ao século XVI. Outros importantes restos de torres de tijolo podem ser apreciados nas igrejas de San Pedro el Viejo (Rua Costanilla de San Pedro, nº1) e na ermida do cemitério de Carabanchel, obras que revelam semelhanças com o Mudéjar toledano.

I.1.a Museu Arqueológico Nacional

Rua Serrano, nº13. A entrada é paga, excepto aos sábados, a partir das 14:30, e aos domingos. Horário: das 9:30 às 20:30; domingos e feriados: das 9:30 às 14:30. Encerra às segundas-feiras.

Parte da colecção de arte mudéjar do Museu Arqueológico Nacional é fruto do trabalho de recolha de obras de arte levado a cabo pelos conservadores deste Museu nos fins do século XIX, de cuja notícia deram fé as páginas do *Museo Español de Antigüedades* (1872-1880). José e Rodrigo Amador de los Ríos, Manuel de Assas e Juan de Dios de la Rada y Delgado, entre outros nomes vinculados a esta publicação, definiram as constantes do estilo hispano-muçulmano, além de estudarem e datarem, muitas vezes pela primeira vez, algumas das obras de arte mais representativas do Mudéjar espanhol.

É curioso observar que muitas das peças exibidas neste museu são muito parecidas com outras do mesmo estilo e da mesma época conservadas no Museu de Valência de Don Juan e no Museu Arqueológico Provincial de Toledo. A impressão com que se fica é que a maioria delas foi dividida em três lotes, um para cada um dos museus. É o que sucede com algumas peças de carpintaria, como por exemplo os dois armários de Santa Úrsula de Toledo, conservados no Museu Arqueológico Nacional e no Instituto de Valência de Don Juan, e grande parte da colecção de cachorradas e de vigas mudéjares existentes nos três museus.

Cadeirais de coro

O Museu Arqueológico Nacional possui dois bons exemplos de cadeirais mudéjares de coro: o do mosteiro de freiras clarissas de Astudillo (Palença), realizado aproximadamente em 1356, e o do mosteiro cisterciense de Santa María de Gradefes (Leão), do século XIII. O primeiro ostenta as armas reais de Castela-Leão, cercadas pelos badis ou pás para remover as brasas (em espanhol, "padillas"), emblema da sua fundadora, Dona María de Padilla, amante do rei D. Pedro I de Castela. O segundo exibe os escudos de Leão, amostras bem eloquentes da influência hispano-muçulmana na carpintaria leonesa devido ao tipo de lavragem e de policromia.

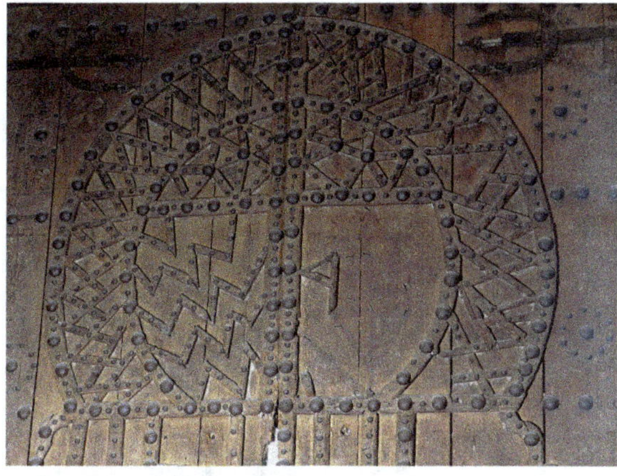

Porta da Igreja de San Pedro de Daroca, Museu Arqueológico Nacional (50513), Madrid.

Ambos os cadeirais foram feitos em madeira de pinho, e pintados em tons vermelho, azul, branco e esverdeado. O de Astudillo pertence a um coro alto, com uma cobertura de pequenos arcos polilobados rematada por um beirado com cachorradas que representam cabeças de animais e suportam os tabiques com escudos e temas vegetais. O cadeiral de Gradefes, pelo contrário, é baixo, e os motivos heráldicos situam-se nos encostos. Os travessanhos e os alizares foram cuidadosamente trabalhados em carpintaria islâmica, com *arabescos* e pequenas colunas de motivos vegetais estilizados. Os três assentos foram separados entre si por arcos

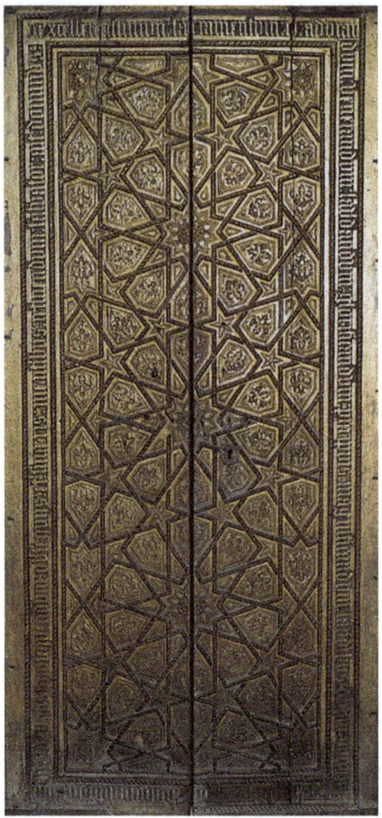

Porta de sacrário de Jaén, Museu Arqueológico Nacional (57833), Madrid.

polilobados em cortina, segundo o mais puro estilo almóada.

Portas

Entre as peças mais vistosas do Museu Arqueológico Nacional, destaca uma enorme porta que pertenceu à Igreja de San Pedro de Daroca (Saragoça). Os temas policromos do fundo e o belo trabalho de metal conservam parte da abstracção que sempre caracterizou a arte hispano-muçulmana, mas são igualmente visíveis certas formas profilácticas religiosas para afastar o mau-olhado e reforçar a protecção divina.

Para além desta, importa destacar três portas de sacrário de estilo mudéjar, muito parecidas com algumas das portas conservadas na cidade de Jaén. Uma delas procede, precisamente, da catedral de Jaén, e possui uma sanefa à sua volta com inscrições eucarísticas que louvam o Santíssimo Sacramento. Parece-se muito com uma porta da capela da Conceição da Igreja de San Andrés, em Jaén. A segunda porta pertenceu ao Arquivo Catedralício de Jaén, e exibe inscrições alusivas à Paixão de Cristo. Ambas as portas datam do século XVI e foram realizadas numa oficina andaluza que deixou nessa época obras interessantes espalhadas por todo o distrito de Jaén e não só portas, tectos e púlpitos. A terceira porta veio de Leão e ostenta o anagrama de Cristo em latim e grego, e motivos góticos que nos levam a pensar que foi executada nos finais do século XV.

I.1.b Instituto de Valência de Don Juan

Rua Fortuny, nº 43. Visitas com marcação prévia (segundas, quartas ou sextas de manhã). Telefone: 91 308 18 48

Além de uma interessante colecção de jóias ibéricas e celtas, berloques de azeviche de Santiago de Compostela, pingentes e esmaltes medievais, e de uma impressionante colecção de peças de cerâmica que abarcam todo o mundo islâmico, o Instituto de Valência de Don Juan possui uma importante colecção de peças mudéjares que não pode deixar de ser visitada.

O Instituto de Valência de Don Juan foi fundado em 1916 pelo político e coleccionador Guillermo Joaquín de Osma em memória de sua esposa, Adela Crooke, vigésima terceira condessa de Valência de Don Juan. O casal interessou-se apaixonadamente pelas artes industriais em Espanha, e foi graças a esta paixão que reuniram esta colecção especializada em temas orientais e hispano-muçulmanos. O museu situa-se na rua Fortuny, em Madrid, num interessante edifício com fachadas, alçados e tectos de estilo neo-nazari e neo-mudéjar. Na sua construção colaboraram artesãos de al-Ândalus, que realizaram trabalhos com azulejos, cerâmica e *marchetaria* para criar uma habilidosa harmonia entre o conteúdo e o continente.

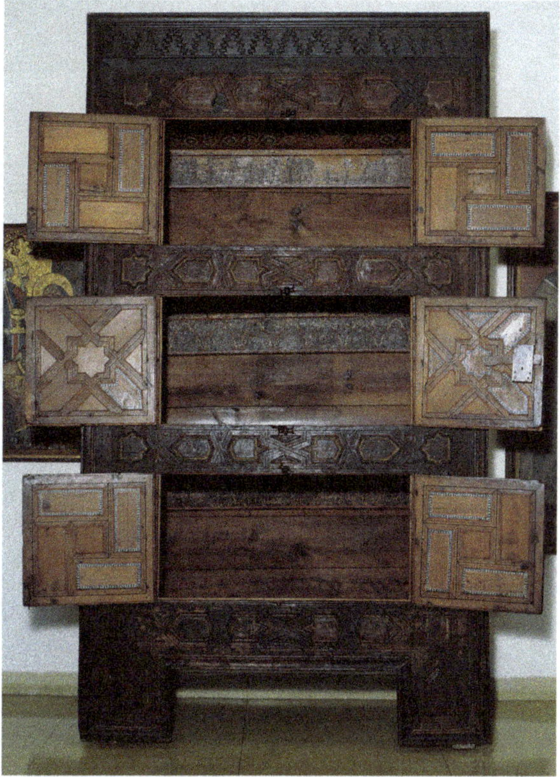

Armário de Santa Úrsula, Instituto de Valência de Don Juan (49013), Madrid.

Armário de Santa Úrsula (Núm. Inv. 49013)

O soberbo armário da sacristia do Convento de Santa Úrsula de Toledo, gémeo de outro que se encontra no Museu Arqueológico Nacional de Madrid, é uma das peças mudéjares mais interessantes do Instituto de Valência de San Juan. Mede mais de 2,5 m de altura por 1,5 de largura, e divide-se horizontalmente em três partes fechadas por três portinholas. No interior, as estantes imitam tectos e foram pintadas e decoradas com motivos epigráficos que repetem a palavra "prosperidade". As fechaduras, os puxadores de metal e a laçaria inserem-se na tipologia islâmica usual, e o próprio armário é parecido com os que se representam nas iluminuras das "Cantigas" de D. Afonso X, o "Sábio" (1221-1284).

Tapete do Almirante (Núm. Inv. 3859)

O Museu de Valência de Don Juan conta com uma das melhores colecções de tecidos hispano-muçulmanos e orientais do mundo. Entre os primeiros, brilha um dos tapetes da série do Almirante. Pela heráldica, relaciona-se com a família Franco de Guzmám, de Villafuerte de Esgueva (Valhadolid), pois os seus escudos são idênticos aos dos tectos das igrejas desta localidade,

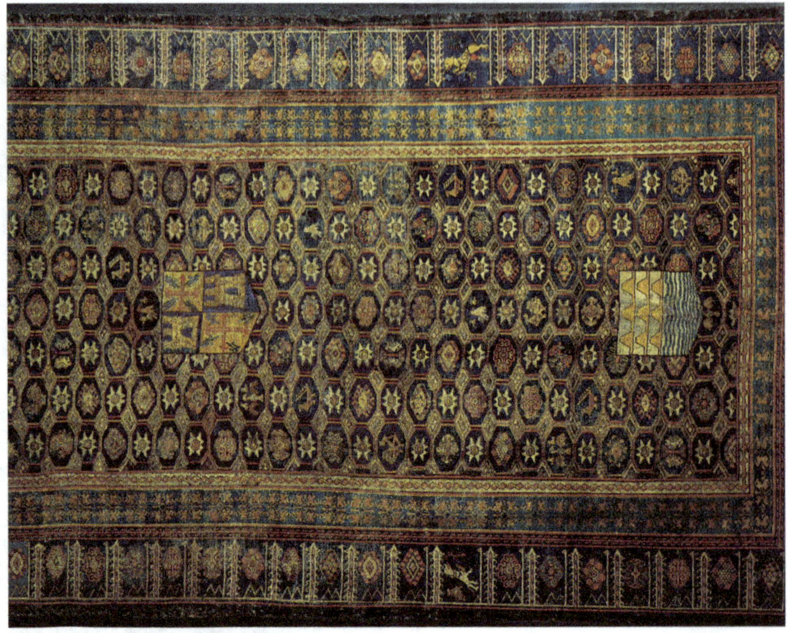
Tapete do Almirante, Instituto de Valência de Don Juan (3859), Madrid.

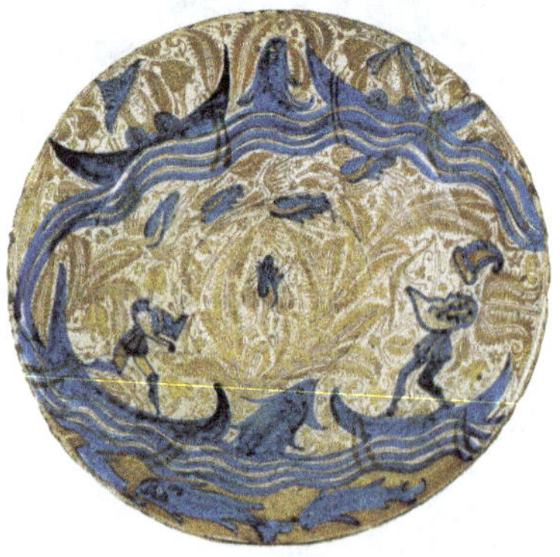
Prato da Albufeira, Instituto de Valência de Don Juan (183), Madrid.

conservados no edifício da Deputação Provincial de Valhadolid.
São igualmente interessantes os fragmentos de tecidos nazaris reutilizados no mundo cristão, como uma casula muito parecida com outra que se encontra na catedral de Burgos.

Cerâmica de Paterna e Manises

As colecções mais notáveis do Museu de Valência de Don Juan talvez sejam as de cerâmica mudéjar, perfeitamente seleccionadas e catalogadas, e muito abundantes em exemplares e tipologias. Oriundas de olarias de Paterna, Manises (ambas em Valência), Teruel e Muel (Saragoça), e abrangem desde finais do século XIII até ao século XVII, apresentam um colorido dos óxidos metálicos mais acobreado e motivos naturalistas que denotam uma certa evolução. A colecção de loiça hispano-mourisca de Manises, uma das

mais importantes, oferece, entre outros, um prato decorado com cenas da caça ao pato na Albufeira de Valência.
O museu também conta com um espaço dedicado às cerâmicas de *corda seca* e de *aresta*, estampadas ou moldadas, fabricadas em Sevilha ou em Toledo entre os séculos XIII e XVI.
Finalmente, uma soberba colecção de azulejos, famosa pela riqueza e variedade dos temas e desenhos, reveste várias das paredes do Museu.

A CERÂMICA MUDÉJAR

Pedro Lavado Paradinas

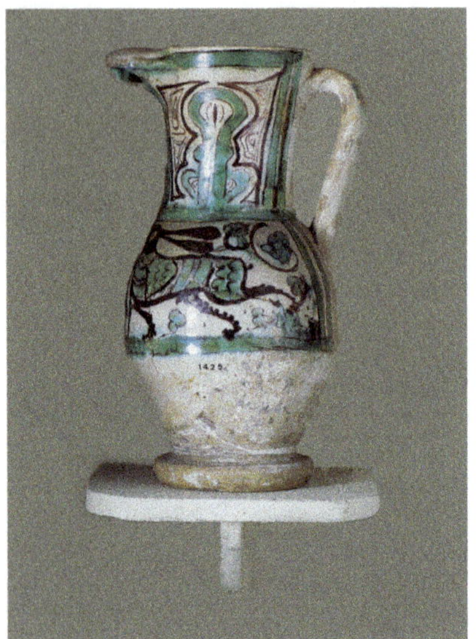

Jarro de pico "pitxer" de cerámica de Paterna, Instituto de Valencia de Don Juan (1425), Madrid.

Herdeiras da cerâmica hispano-muçulmana, as obras de olaria e de cerâmica mudéjares definem-se pela utilidade prática e sentido ornamental. Os metais nobres, bastante frequentes na arte persa e bizantina, foram rejeitados, facto que, provavelmente, terá levado a cerâmica hispano-muçulmana a inclinar-se desde muito cedo pela utilização de reflexos metálicos e de vidros, que não lhes ficavam atrás em beleza e efeito decorativo.

Na Idade Média, a cerâmica conhecida na época como de Malica porque se pensava que procedia de Málaga, invadiu os mercados europeus, sobretudo os italianos. Assim, as torres românicas de inúmeros edifícios foram decoradas com pratos criados no Levante espanhol (os italianos chamavam-lhes "baccini"). Mais tarde, as loiças italianas renascentistas relegaram para um segundo plano a cerâmica espanhola, e alguns autores, como Felipe de Guevara (aproximadamente em 1564), não disfarçaram o seu desprezo por ela.

A olaria mudéjar conta com numerosas peças de barro estampado em fresco com adornos inspirados em motivos muçulmanos combinados com temas heráldicos ou epigráficos. Quase sempre de grandes dimensões, tratam-se de peças trabalhadas sem recurso ao torno ou segundo o método da urdidura, como tinas, pias baptismais e parapeitos de poços ou de cisternas. Eram fabricados em Toledo, Córdova, Sevilha e Granada e costumavam ser vidrados em verde e branco, menos nos perfis e recheios, muitas vezes pretos ou verdes. As pias, os parapeitos de poços e cisternas, e as tinas mudéjares aparecem no século XIV. À medida que o tempo ia passando, foram-se introduzindo motivos ornamentais cristãos e letras góticas.

Sabe-se muito pouco sobre as pias baptismais mudéjares, mas é certo que se circunscrevem à área de Toledo. É plausível que existisse uma oficina nas imediações da capital, a avaliar pelas tonalidades das argilas. Os temas cristãos, tais como cruzes —florenciadas ou patriarcais—, abreviaturas do nome de Cristo (JHS) ou simplesmente temas florais góticos, conviviam muitas vezes com interessantes temas do mundo islâmico: mãos de Fátima e olhos para afastar o mau-olhado, e, até, o nome e assinatura do oleiro: "Abrayn García, que a vendeu por VII reais, em 1508". Trata-se da pia de Camarenilla, de Toledo, e de um dos melhores oleiros do seu tempo, que também

assinou a pia que se conserva na Hispanic Society de Nova Iorque. Quanto a outros centros de produção de pias baptismais, pensa-se que se situavam em Saragoça e em Sevilha, onde ainda se podem apreciar peças singulares, embora de diferente tipologia.
No período mudéjar, a cerâmica de tons verdes e arroxados (cobre e manganês), consideravelmente importante em al-Ândalus, torna-se ainda mais difundida. A cerâmica de Paterna, que atingiu a seu apogeu entre finais do século XIV e começos do século XV, tem como raízes a cerâmica da época dos califas. Em 1383, Francisco Eximenis refere Paterna e Cárcer como os dois centros de fabrico de "obra comuna de terra", que considera grosseira por oposição à riqueza da de Manises.
A cerâmica de Paterna joga com motivos animais e humanos espalhados em tons de verde acobreado e de negro manganês por quase toda a peça, previamente esbranquiçada com óxido de estanho.
A tipologia das vasilhas é essencialmente constituída por exemplares de loiça de cozinha e de mesa: jarros, pratos, tigelas, gamelas, alguidares... A esta mesma linha e colorido pertence a cerâmica de Teruel, cujas olarias funcionaram na mesma época (fins do século XIV e começos do século XV), embora tivessem atingido o seu apogeu no primeiro terço do século XVI, se se tiver em conta que foram citadas pelo historiador Marineo Sículo (1460-1533).
Das olarias de Manises dão fé documentos de meados do século XIV. Os temas decorativos com reflexos metálicos aparecem antes dos tons esverdeados de Paterna e os tons azulados de Manises. A fama de Manises foi tal, que obteve a denominação de origem de "opere de Malica, sive de Valencia" ("obras de Malica, ou melhor dizendo, de Valência"). O facto de se usar uma base de óxido de estanho permitiu uma incorporação mais limpa das cores e que os ceramistas abandonassem a antiga técnica do *engobe*.
As técnicas do reflexo metálico acrescentaram uma terceira cozedura às peças de barro. Assim, era dada uma primeira cozedura para eliminar a humidade e secar a peça, uma segunda a altas temperaturas — chamada "grande fogo", por atingir os mil graus—, e que lhe conferia uns tons azulados ou esverdeados, e, finalmente, uma terceira cozedura na qual se aplicava o óxido metálico, a uma temperatura menos elevada e num forno redutor, para que os tons metálicos se fixassem melhor.
Esta técnica chegou até nós graças a uma descrição que dela nos deixou o arqueiro Enrique Cock após uma passagem por Muel (Saragoça), no século XVI, quando acompanhava o séquito do rei D. Felipe II numa das suas viagens.
A loiça dourada de Manises, e também a branca e azul, tiveram longa vida, até bem entrado o século XVII. Foi representada frequentemente em quadros históricos e religiosos da época como elemento decorativo das casas e das mesas de algumas personagens bíblicas. Para além do óbvio anacronismo, tais representações facultam-nos uma boa prova do prestígio que alcançou este tipo de cerâmica.

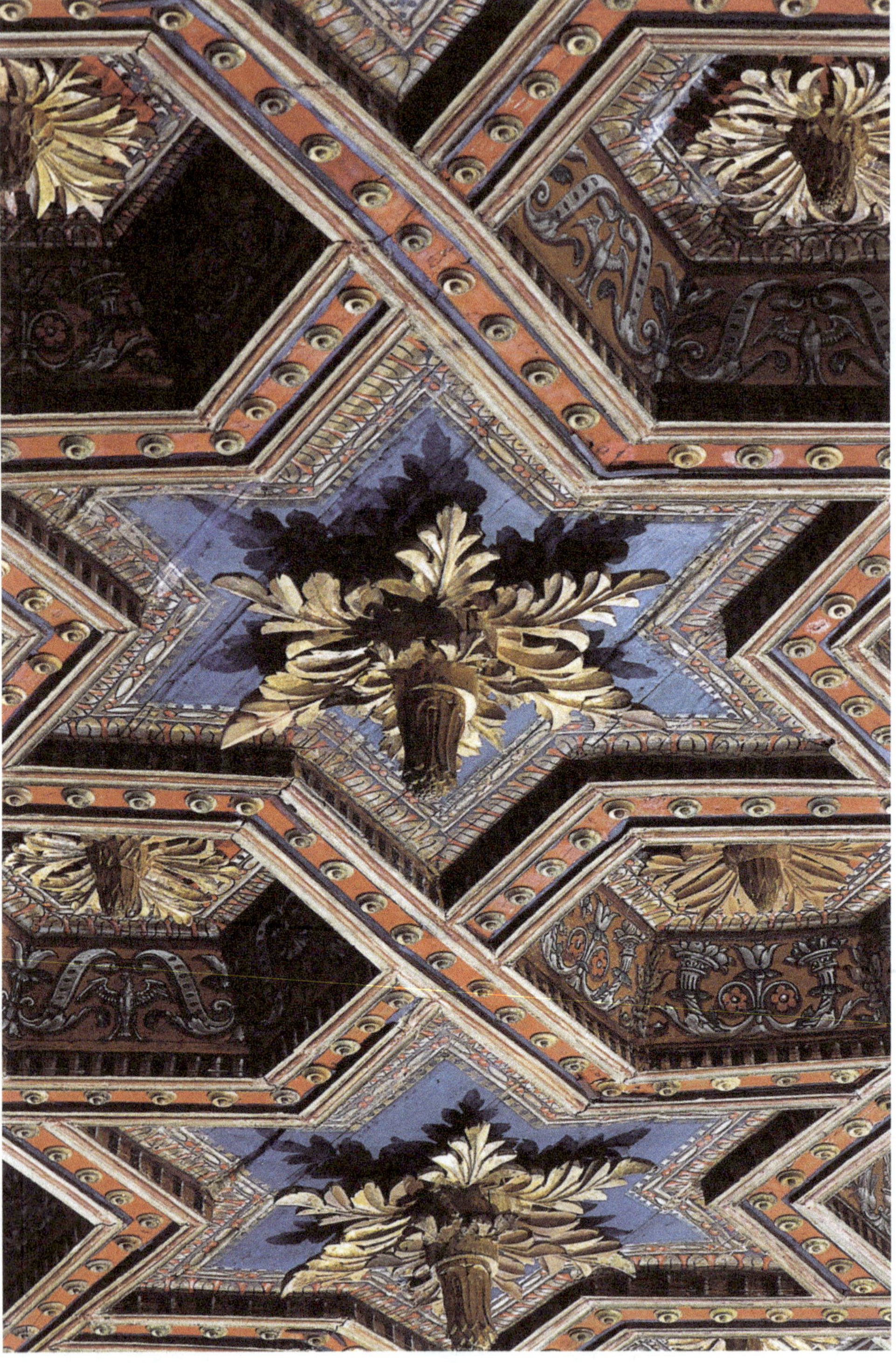

O estilo Cisneros

Pedro Lavado Paradinas

Meio dia

II.1 ALCALÁ DE HENARES

II.1.a Universidade
II.1.b Capela do Oidor (opção)

II.2 GUADALAJARA

II.2.a Igreja de Santiago Apóstol
II.2.b Co in-catedral (opcão)
II.2.c Capela de Luis de Lucena (opção)

La carpintería mudéjar

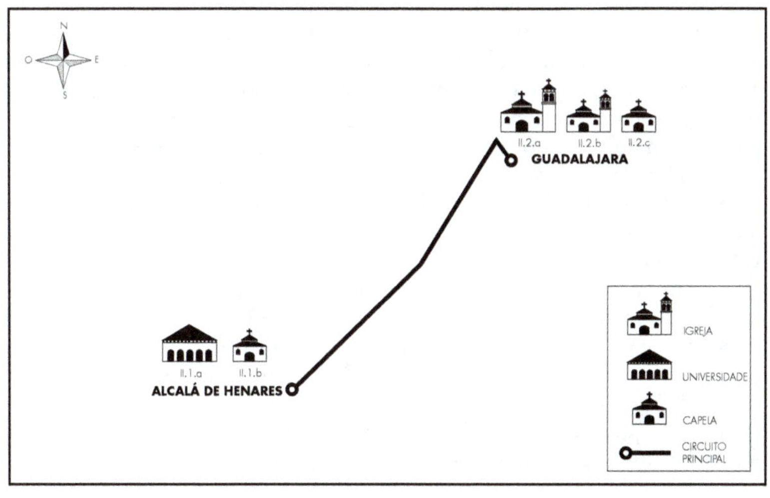

Universidade, pormenor do tecto do Paraninfo, Alcalá de Henares.

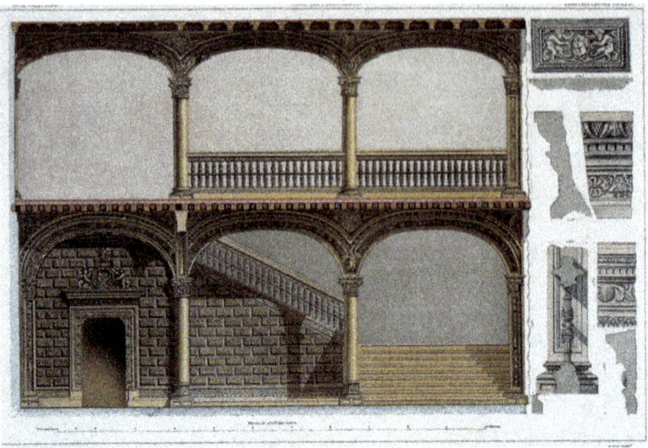

Palácio arcebispal, escada, Alcalá de Henares, «Monumentos Arquitectónicos de Espanha», Biblioteca Nacional, 1881.

No fim do século XV e começo do século XVI, o agonizante estilo Gótico associa-se ao Mudéjar para criar a arte cortesã. Reinavam então os Reis Católicos e os tempos da Reconquista tinham acabado, após a passagem de Granada para as mãos de Castela e Aragão. Estas duas coroas, unidas após o matrimonio dos seus soberanos, iniciam agora a aventura de um projecto político comum com ambições que excediam as fronteiras nacionais.

As relações políticas de Isabel e de Fernando com os principais Estados europeus contribuem de maneira eficaz para estimular os intercâmbios comerciais. A Península Ibérica alberga artistas e arquitectos estrangeiros, perfeitamente conscientes de que há demanda para os seus saberes e habilidades, e começa a importar produtos vindos de todo o lado. Para o território que brevemente se tornaria em Espanha são tempos de crescimento, um dos mais notáveis de toda a sua história.

Quanto à arte, entra em cena um novo fenómeno de hibridação. O Mudéjar surgiu na Alta Idade Média como consequência da fusão das formas e desenhos do Românico e do Gótico com as técnicas e materiais dos artesãos mouriscos. Agora, é a vez de se voltarem a misturar as formas arquitectónicas do Gótico do centro da Europa, as variantes ornamentais do Gótico Flamejante e a bizarra geometria da decoração mudéjar. Por outro lado, as formas oriundas do ultramar e da Itália porão em contacto as geometrias clássicas e os novos desenhos vitrubianos ou serlianos com a geometria do Islão.

O resultado será um prodígio formal da imaginação. Nos exteriores, os muros de cantaria burilam-se, as abóbadas de cruzaria transformam-se em estrelas abertas, e os beirais dos telhados enchem-se de cachorradas, bolas, arquinhos, *estalactites* e outros artifícios mudéjares. Nos interiores, as paredes revestem-se completamente de trabalhos em gesso, madeira e cerâmica, e os motivos geométricos, epigráficos e heráldicos que os decoram aparecem sobre fundos vegetais naturalistas. O horror ao vazio respira-se intensamente em todas as superfícies.

O momento álgido da arquitectura gótica dos Reis Católicos dá-se nos últimos anos do século XV. Igrejas, capelas, hospitais, palácios e castelos deixaram-se seduzir pelas formas gótico- mudéjares, e artistas como Juan Guas, os Egas e os Colonia, combinavam estruturas góticas e ornamentos hispano-muçulmanos. Este estilo híbrido tornou-se conhecido como "estilo Isabel", talvez pela abundância das suas manifestações em solo castelhano.

Era tal a fúria arquitectónica na Castela destes tempos, que, nas "Coplas del Provincial", o povo, farto de pagar impostos ao tesoureiro Chacón usados para alimentar as dispendiosas aventuras guerreiras

e americanas de Isabel e para que o bispo de Burgos, Frei Alonso de Cartagena ("Fray Mortero"), construísse sem cessar as suas catedrais, igrejas e conventos, reclama: "Entre a Rainha, Chacón e o Frei Morteiro, leva-nos a Corte ao desespero".
Outros estudiosos preferiram chamar "gótico-mudéjar" ao estilo daí resultante. No entanto, com a passagem do tempo e a mudança de mecenas —como acontece com a chegada ao poder do cardeal Francisco Jiménez de Cisneros (1436-1517) e do denominado "estilo Cisneros"—, alguns desenhos e modelos deixaram-se influenciar pelas modas do Renascimento italiano e pelo estilo "mourisco renascentista". Herdeira da tradição mudéjar, em que o gesso era o material predominante, a família Corral de Villalpando espalhou por Valhadolid, Palença e Zamora um curioso repertório de obras cujas abóbadas nervadas e decorações anunciavam o Renascimento.
O cardeal Cisneros, arcebispo de Toledo e regente de Castela (1495-1517), desenvolveu uma actividade especialmente importante na sua arquidiocese. A mitra toledana entra, assim, numa singular fase de febre construtiva. Pedro Gumiel, arquitecto das obras do cardeal, foi incumbido de controlar e supervisionar as edificações das primeiras décadas do século XVI. Este facto explica as abundantes semelhanças entre os edifícios em que trabalharam os carpinteiros e gesseiros dos ateliers de Toledo, Alcalá e, muito provavelmente, Guadalajara.
No caminho que ligava a Sé do arcebispado com Saragoça, e até aos limites do bispado de Sigüenza, são bem patentes as marcas de temática mudéjar deixadas nos edifícios das povoações pelos carpinteiros, gesseiros e mestres de alvenaria procedentes destes ateliers. Esta fase durou até à segunda metade do século XVI, altura em que as obras de El Escorial empregaram novos artistas e desenhos vindos da Itália, que se impuseram sem concorrência.
O período de Cisneros foi propício ao ressurgimento do mudejarismo devido à grande quantidade de artistas mouriscos que tinham emigrado para Castela depois da queda de Granada. Esta ideia vem reforçar ainda mais o paralelo existente entre os novos tipos de decoração e de estrutura dos tectos com os seus semelhantes granadinos. As técnicas toledanas de construção de obras em alvenaria e tijolo são comuns nos edifícios deste período.
Infelizmente, muitos livros e objectos dos mouriscos granadinos foram lançados à fogueira sem misericórdia em 1499, e Cisneros, espectador desta queima, apenas salvou os manuscritos de medicina. Mesmo assim, o cardeal usou uma bengala de madeira lavrada que ainda se

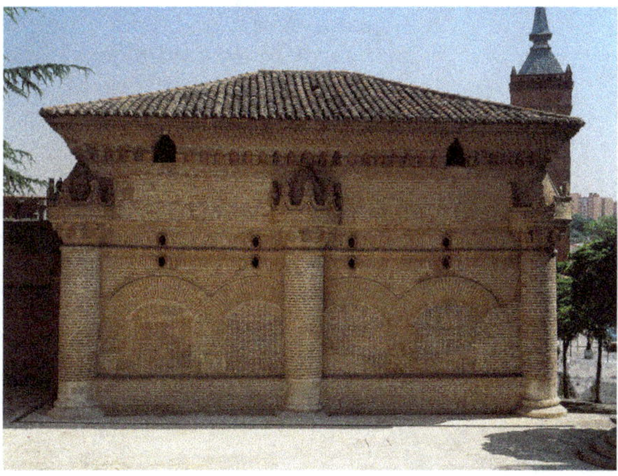

Capela de Luis de Lucena, vista geral, Guadalajara.

Universidade, Capela de San Ildefonso, Alcalá de Henares.

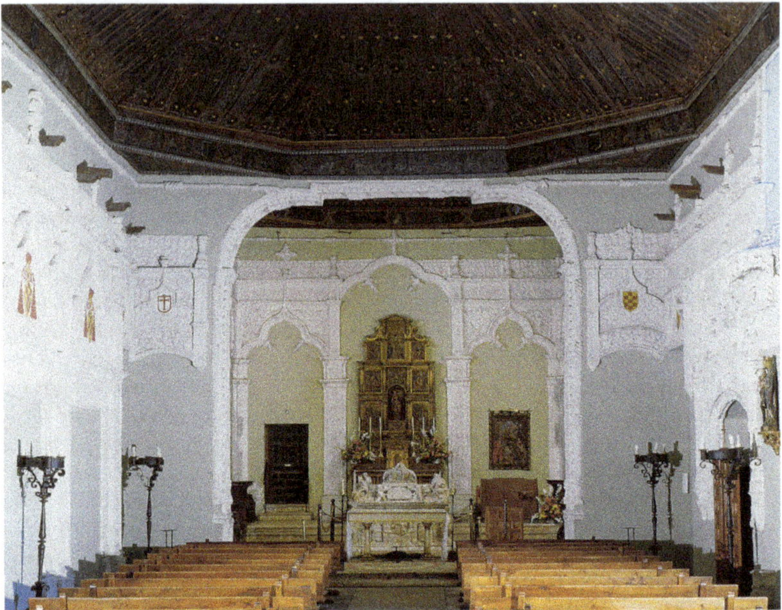

conserva no convento de San Juan de la Penitencia, em Alcalá de Henares, e que terá pertencido a um dos últimos governantes de Granada (uma inscrição na bengala leva a pensar que podia ser cádi ou juiz). O faqueiro do cardeal, conservado no convento de San Antonio, em Toledo, é outra jóia da arte mourisca ou nazari. Se os livros eram queimados, e os objectos de arte não, era porque os primeiros encerravam perigosas doutrinas e os segundos valiam dinheiro e podiam usar-se.

II.1 ALCALÁ DE HENARES

O recinto renascentista de Alcalá de Henares circunscreve-se à cidade medieval amuralhada no século XIV por Dom Pedro Tenório, bispo de Toledo (1367-1399). Esta medida implicou o abandono dos vestígios do antigo povoado romano na várzea de Henares. Hoje em dia, os restos da ocupação medieval encontram-se num outeiro vizinho onde se refugiaram os muçulmanos depois de terem sido expulsos da cidade, em 1088, e onde resistiram até 1118. Nesse mesmo lugar há vestígios de uma ocupação pré-histórica.

O bispo Tenório, de quem Pérez del Pulgar disse que "era muy porfiado y riguroso", ergueu as muralhas da cidade com imponentes muros de alvenaria toledana e torres quadradas no exterior. Dessa maneira, fortificou o caminho entre Toledo e Alcalá, passando por Canales, Yepes e Santorcaz. O porfiado prelado começou as obras do Palácio Episcopal, mas dele apenas chegaram até nós algumas imagens tomadas nos fins do século XIX, e os desenhos e gravuras do livro *Monumentos Arquitectónicos de España* (Madrid, 1859-1880). O palácio foi praticamente abandonado

na época da desamortização de Mendizábal, e, nos finais do século XIX, foi restaurado pelo arquitecto Urquijo e pelo pintor Laredo. Só que, em 1939, em plena Guerra Civil, acabou por arder completamente. Alguns dos seus aposentos, como a antessala dos Concílios, possuíam um tecto oitavado com tirantes e trabalhos em gesso em todos os vãos.
As obras foram ampliadas por alguns dos sucessores de Tenório, como Pedro de Luna (1404-1414), Sancho de Rojas (1415-1422) e Juan Martínez Contreras (1422-1434). Durante o governo deste último, o Papa Martinho V concedeu a Alcalá a dignidade de sede episcopal. As obras foram continuadas pelos bispos Alonso III de Fonseca (c.1475-1534) e Sandoval, cujas armas aparecem em diversos lugares. Alguns tectos foram construídos durante o período renascentista, como o da escada.

II.1.a **Universidade**

É recomendável arrumar o carro na Praça de Cervantes ou na zona de estacionamento do Paseo de los Aguadores. A entrada é paga. Visitas guiadas às 11:30, 12:30, 13:30, 16:30, 17:30 (no Verão, também às 18:30); sábados, domingos e feriados, às 11, 11:45, 12:30, 13:15, 14, 16, 16:45, 17:30, 18:15, 19 (no Verão, também às 20)

A Universidade de Alcalá de Henares é a principal fundação de Cisneros (1498), e abriu as suas portas ao ensino no dia 25 de Julho de 1508. A um primeiro edifício de tijolo, sucedeu-se a fábrica de pedra ("luteam olim, marmoream nunc"). No seu interior, há dois espaços em que a mão-de-obra mourisca é evidente. Um deles é o Paraninfo, destinado aos actos académicos. Foi construído entre 1516 e 1520 por Pedro de Villarroel, Gutiérrez de Cárdenas e Andrés de Zamora, e nele trabalharam os estucadores Bartolomé Aguilar, Hernando de Sahagún e Pedro de Villarroel, e os pintores Diego López e Alonso Sánchez. O tecto de laço de seis, decorado com tons vermelhos, azuis e ouro, é uma armação que carrega sobre uma galeria de gesso com vãos e painéis de *grutescos*. Os pavimentos e arquibancadas foram decorados com cerâmica.
O outro recinto em que é visível a mão-de-obra mudéjar é a Capela de San Ildefonso. O templo é constituído por uma só nave gótica com tecto oitavado apoiado sobre muros de taipas caiados e decorados com ornatos em gesso de temática gótica e plateresca. A testeira da igreja também aparece coberta por um tecto *ataujerado* do mesmo género. Ambas as obras são da autoria de Alonso de Quevedo, carpinteiro de Alcalá responsável por outras obras de inícios do século XVI, já registadas e classificadas.

II.1.b **Capela do Oidor** (opção)

Desde a Praça de San Diego, à saída da Universidade, pela rua Bustamante até à Praça de Cervantes. No fim da rua,

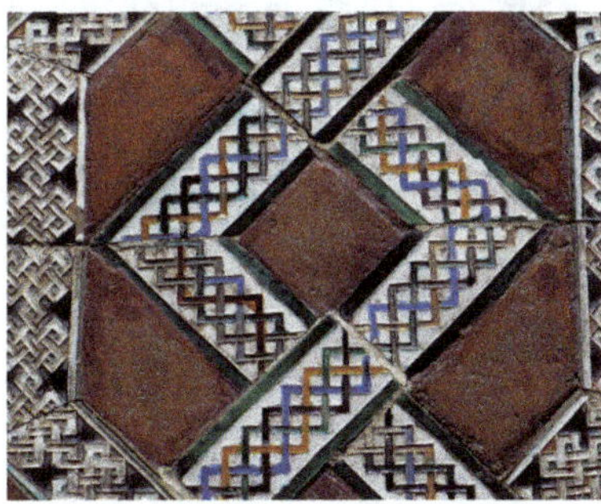

Universidade, azulejo do chão do Paraninfo, Alcalá de Henares.

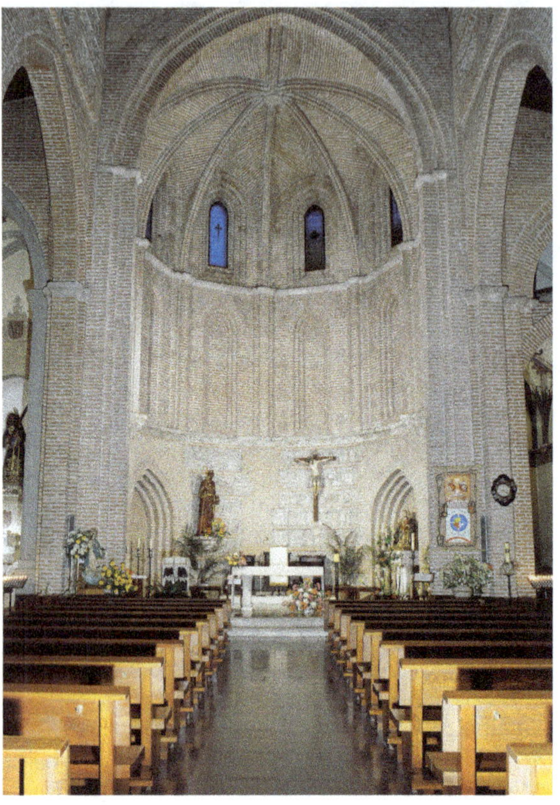

Igreja de Santiago Apóstol, interior, Guadalajara.

encontra-se a Capela, ao pé da Igreja. Destina-se a exposições temporárias da Câmara Municipal.
Horário: pedir informações no Posto de Turismo, telef.: 91 889 26 94.
A Capela do Oidor foi fundada por Dom Pedro Díaz de Toledo, bispo de Málaga (1487) e auditor do rei D. João II, responsável pelas suas cerimónias fúnebres e as da sua família. Um arco de meio ponto ultrapassado e *angrelado* dá acesso à capela desde a antiga igreja de Santa María, hoje em dia praticamente destruída. O arco e o friso foram decorados com adornos em gesso e clarabóias, e o *frechal* ostenta inscrições e pequenos arcos cegos.

Os conventos que se construíram durante os primeiros anos do século XVI em Alcalá, como os de Santa Úrsula e o de Santa Catalina, também apresentam obras mouriscas. Foram encontrados menos restos em casas particulares, como a de Lizana ou Criado, e no Hospital de Antezana, onde se pode apreciar um beiral de fins do século XV.

II.2 GUADALAJARA

É conveniente estacionar o carro perto do Palacio del Infantado, onde se encontram o Museu e o Posto de Turismo, e fazer o percurso a pé.

II.2.a **Igreja de Santiago Apóstol**

Seguir pela rua Miguel Fluiters e virar à esquerda, na rua Teniente Figueroa. Antigo Convento de Santa Clara.
Aberta todo o dia.

A igreja de Santa Clara, em tempos consagrada a Santiago, é uma das mais interessantes e mais bem conservadas de Guadalajara. Foi fundada como convento por Dona Berenguela, filha de D.Afonso X, o "Sábio", remodelada pela Infanta Isabel, filha de D. Sancho IV, e pela sua aia Dona María Fernández Coronel, que adquiriu umas casas em 1299 e começou as obras entre 1305 e 1309. Em 1339 já tinha sido erguida a capela-mor para albergar os restos mortais de Alonso Fernández Coronel. Esta capela é uma obra gótica de planta poligonal em tijolo, com janelas rasgadas e beiral de nacela. No século XIV, a nave foi coberta com um tecto de *par y nudillo* de tipo toledano, e os muros foram decorados com trabalhos em gesso parecidos com os que se empregaram para decorar a Sinagoga del Tránsito, de Toledo. Possui três naves separadas por pilares octogonais de tijolo e duas capelas: a da epístola (1452), para enterrar Diego García, e a do evangelho (posterior), para a família Zúñiga.

II.2.b **Con-catedral** (opção)

Situa-se na rua Santiago. Seguindo pela rua Teniente Figueroa abaixo, até chegar à Con-catedral (a Catedral de Guadalajara encontra-se em Sigüenza) ou Paróquia de Santa María la Mayor. Restaurada há pouco tempo. É possível visitar a torre-campanário e a estrutura apoiada sobre abóbadas, que ainda conserva o artesoado mudéjar. Pedir autorização à Paróquia.
Horário: das 10 à 13, e das 18:30 às 20:15.

Muito perto da Igreja de Santa Clara, encontra-se a Con-catedral conhecida como Santa María la Mayor, la Blanca ou de la Fuente. O edifício foi concluído provavelmente por volta do século XV, e as suas portas, decoradas e com aduelas que denotam influências granadinas, no tipo de recorte do tijolo, terão uma forte repercussão nas igrejas dos arredores. É o caso das Igrejas de Pozo de Guadalajara e de Aldeanueva de Guadalajara. Ainda se podem apreciar partes do tecto sob a abóbada de gesso, e alguns ornatos em gesso apareceram recentemente. No século XVI foi-lhe acrescentado um pórtico.

II.2.c **Capela de Luis de Lucena** (opção)

Mesmo em frente da Con-catedral, na Encosta de San Miguel.
Horário: pedir informações no Posto de Turismo, telef.: 949 21 16 26

A Capela de Luis de Lucena é um dos exemplos mais singulares do tipo de edificação de começos de século XVI. Nela, podem apreciar-se as ideias artísticas e iconográficas de um dos humanistas espanhóis menos conhecidos, Luis de Lucena. O edifício foi construído ao pé do templo de San Miguel del Monte, que se perdeu no século XIX. Consta de uma só nave com abóbada de luneta, na qual estão representados diversos temas iconográficos do Renascimento realizados por alguns dos pintores italianos que trabalharam no Palácio del Infantado. O edifício foi fabricado em tijolo com formas atorrejadas nos ângulos e no centro dos lados, formados por arcos de descarga e muros maciços. A parte mais alta foi decorada com tijolos recortados nos beirais, e com molduras e cruzes. Uma inscrição nas janelas de uma das torres, de 1540, cita um salmo de David: "Prefiro morar no portal da casa do meu Deus, que nos palácios dos ímpios". Consta de um piso alto, que se pode intuir desde o exterior observando a linha de janelas com arco falso de tijolo saliente. Este piso servia de biblioteca e a parte de baixo era a capela e o lugar onde se sepultavam os mortos.

A Igreja de Santa María Micaela, interessante igreja neo-mudéjar construída sob o mecenato da Duquesa de Sevillano nos fins do século XIX, merece ser visitada. Se estiver fechada, telefonar para o Centro Paroquial. Telef.: 949 23 04 33.

LA CARPINTERÍA MUDÉJAR

Pedro Lavado Paradinas

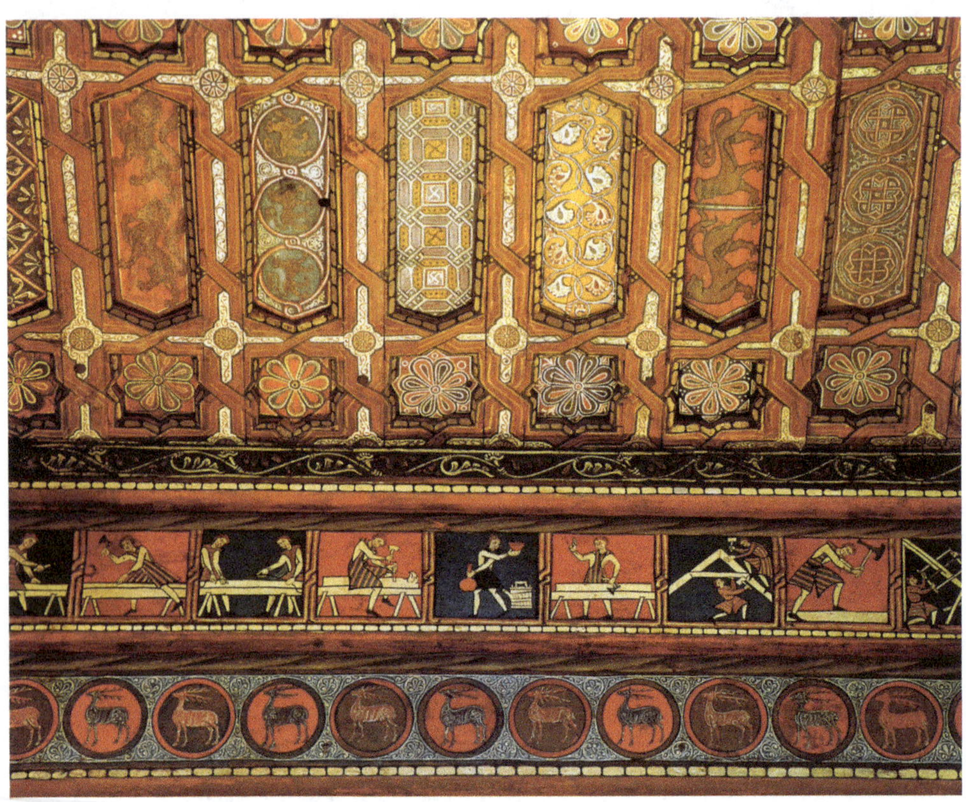

Catedral de Santa María, pormenor do tecto, cena dos carpinteiros a construir um madeiramento de "par y nudillo", Teruel.

Muitas das obras dos carpinteiros que trabalharam durante o século XVI para a arquidiocese de Toledo tornaram-se conhecidas graças aos livros de fábrica ou, na falta destes, aos de visita. Nos primeiros, registavam-se as despesas e os pagamentos recebidos e devidos, e nos segundos, que eram redigidos pelos vedores ou arquitectos que a mitra toledana enviava para visitar as obras, reflectiam-se os altos e baixos que estas sofriam.

Até há pouco tempo, acreditava-se que a maioria das obras dependia destes arquitectos, e muitas delas atribuíam-se a Pedro Gumiel. A leitura do Livro de Fábrica da Paróquia de Nuestra Señora de la Asunción de Moratilla de los Meleros, em Guadalajara (1515-1517), revelou a existência de um carpinteiro chamado Alonso de Quevedo. A associação do seu nome a outras obras muito semelhantes, como a da Capela de San Ildefonso, em Alcalá de Henares, que o cardeal Cisneros agregou à Universidade, foi imediata. Depois, ficou demonstrado que a referência literária passou de mera apreciação estilística a facto registado em Moratilla e mesmo em Alcalá. Foi assim que viu as luzes da ribalta um dos nomes mais importantes da carpintaria de Alcalá de começos do século XVI. Mais tarde, acrescentaram-se novos nomes à lista, como o de Pedro de Nesperales e de Joan de Ortega, habitantes de Alcalá e activos entre 1564 e 1566. Um quarto carpinteiro, Pedro de la Riba ou de Arriba, que residia em El Molar, na região de Madrid, trabalhou na sua aldeia entre 1544 e 1548, e em San Miguel de Alovera, em Guadalajara, em 1569.

O rol de carpinteiros prolonga-se por todo o século XVI até começos do seguinte. Pensa-se que alguns deles podiam ser de origem mourisca, como no caso de Juan Pérez de Escobedo, que trabalhou no *madeiramento* da nave de Santa María de la Almudena, em Talamanca de Jarama, perto de Madrid, entre 1600 e 1602, ajudado por um tal Andrés de la Hoz. Numa visita de 1596 são referidos os mouriscos desta localidade. Será que Andrés de la Hoz era um deles?

Fossem eles mouriscos ou cristãos, o que é certo é que todos empregavam técnicas de carpintaria mudéjar, e, de certa maneira, as dúvidas acerca da origem racial e religiosa de certos artesãos carecem de importância.

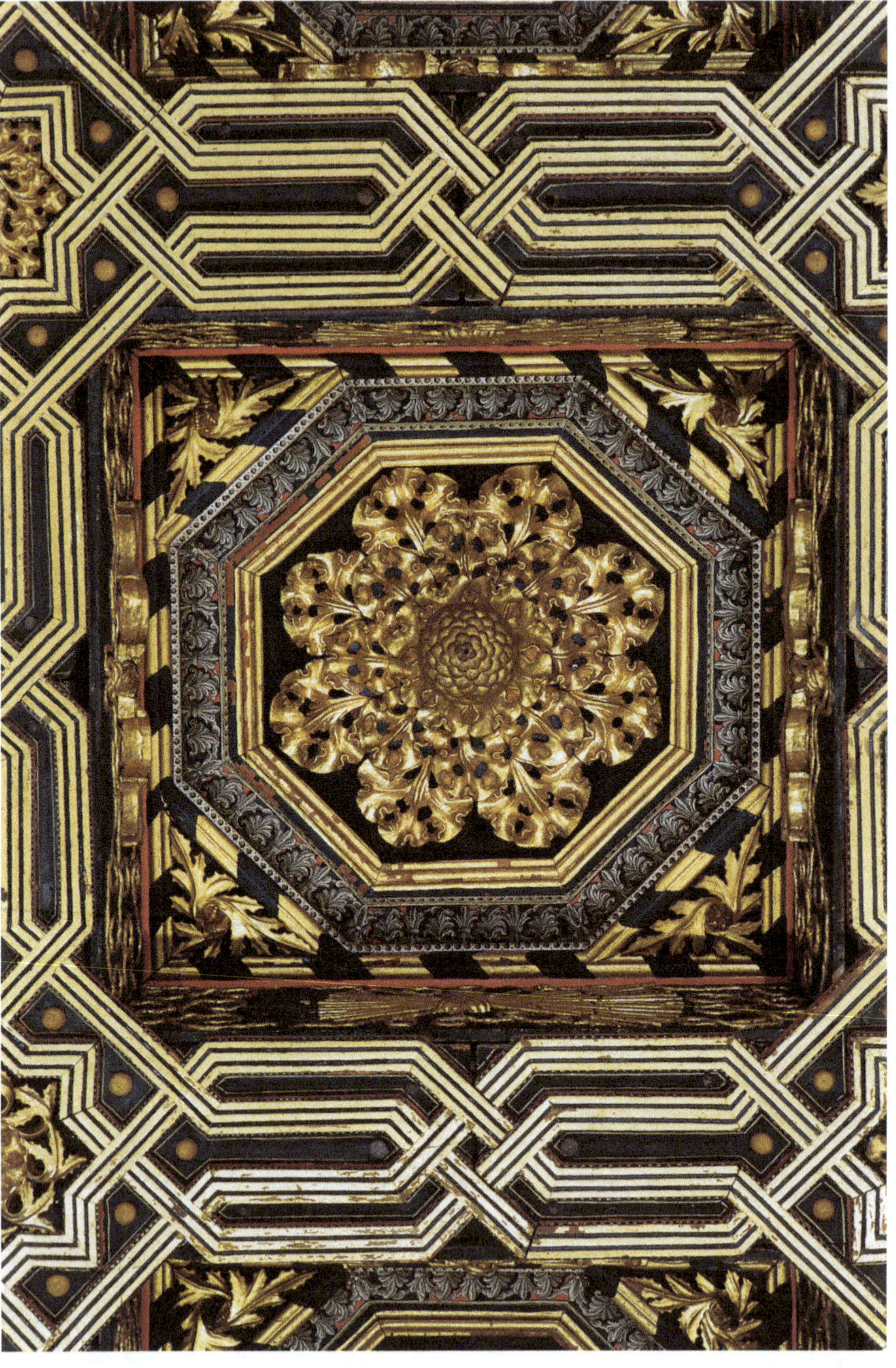

CIRCUITO III

Coroação dos Reis de Aragão

Gonzalo M. Borrás Gualís

III.1 SARAGOÇA

III.1.a A Aljafería
III.1.b Igreja e torre-campanário de San Pablo
III.1.c A Sé-Catedral de San Salvador
III.1.d Igreja e torre-campanário de Santa María Magdalena (opção)
III.1.e Igreja e torre-campanário de San Miguel de los Navarros (opção)
III.1.f Igreja e torre-campanário de San Gil (opção)

III.2 UTEBO

III.2.a Igreja e torre-campanário

III.3 ALAGÓN

III.3.a Igreja e torre-campanário de San Pedro

D. Pedro IV

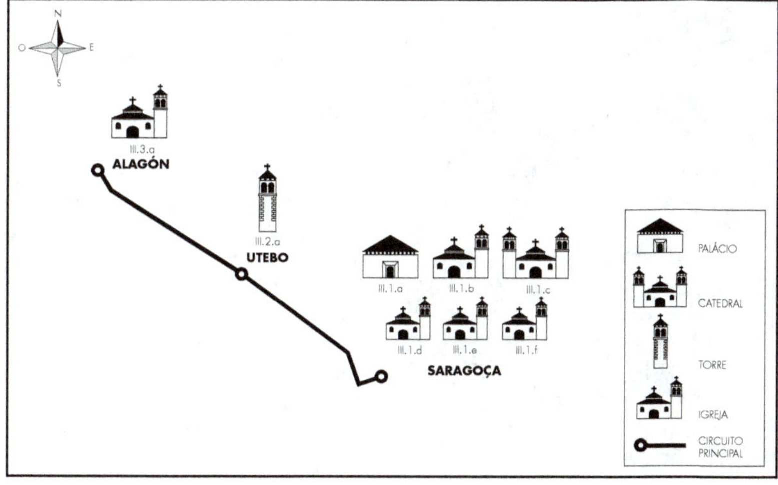

A Aljafería, Palácio dos Reis Católicos, pormenor do artesoado do Salão do Trono, Saragoça.

A cidade de Saragoça, em cuja Sé-Catedral de San Salvador foram coroados os reis de Aragão, foi o foco criador e difusor da arte mudéjar aragonesa, sobretudo graças ao mecenato régio. Este estilo peculiar desenvolveu-se, em primeiro lugar, na Aljafería, palácio islâmico do século XI convertido em alcácer dos reis de Aragão depois da conquista da cidade por D. Afonso I, o "Batalhador", no ano de 1118. Os monarcas conservaram o palácio e acrescentaram-lhe aposentos mudéjares, empregando mestres-de-obras muçulmanos.

Os reis de Aragão, que também possuíam palácios reais em Barcelona, Maiorca e Valência, sentiram uma especial predilecção pelo palácio de Saragoça, e sempre se referiram a ele como "dilectissima Aliaferia" nos documentos expedidos pela real chancelaria. O fascínio estético por este palácio, de arcadas entrecruzadas de gesso talhado e de esbeltos capitéis de alabastro, deve ter sido o motivo que os levou a utilizá-lo em numerosas ocasiões, tanto como residência régia, como nas coroações que antecediam cada reinado, e ainda quando a Corte, que durante a Idade Média era itinerante, se reunia na cidade de Saragoça.

A Aljafería, Palácio dos Reis Católicos, Pormenor do artesoado do Salão do Trono, Saragoça.

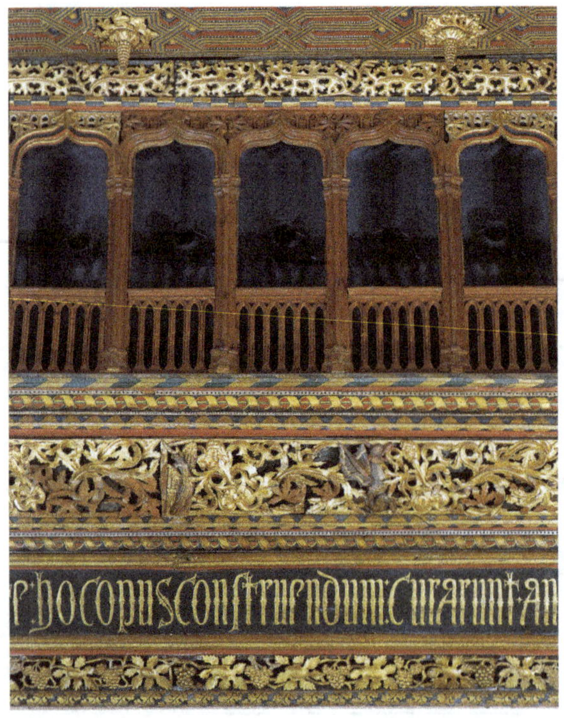

As coroações eram, ao mesmo tempo, actos litúrgicos e de Estado. Davam uma enorme solenidade ao acesso de um novo rei ao trono de Aragão, e implicavam a aceitação da sua pessoa pelos presentes. A partir de D. Pedro II (coroado em Roma em 1205), a cerimónia, presenciada por representantes de todos os territórios pertencentes à Coroa de Aragão, passou a ter lugar na Sé de San Salvador de Saragoça, pois a cidade era a capital do reino e a sede principal da Coroa. Depois, desde D. Afonso III (1285), o rito passou a estruturar-se de acordo com um rígido protocolo que incluía a unção e a coroação do rei, a quem era outorgada também a ordem de cavalaria, e o juramento mútuo entre o rei e o reino.

Os festejos começavam ao entardecer da véspera da coroação com uma cavalgada que saía do palácio da Aljafería e percorria as ruas de Saragoça em direcção à Sé, entre luminarias e amostras da alegria popular. A comitiva compunha-se de todos os estamentos dos reinos da convocados solenemente pelo rei e dispostos segundo uma rigorosa ordem de prelação. O rei cavalgava em último lugar, vestindo as suas melhores galas, por entre o povo que clamava: "Aragão, Aragão!".

Depois de chegar à Sé, o rei passava a noite a velar as suas armas. Na manhã seguinte, durante a missa solene, tinha lugar a cerimónia principal no altar-mor da catedral: a unção do rei pelo arcebispo que oficiava a missa. Mais tarde, o próprio rei enfiava a espada no boldrié e, a partir de D. Afonso IV (1327), cingia a coroa à cabeça e tomava o ceptro sem a ajuda do arcebispo, inovação que reduziu de maneira ostentosa o papel deste último na sessão.

Quando a cerimónia litúrgica acabava, a comitiva regressava à Aljafería seguindo a mesma ordem, mas agora o rei desfilava coroado e com o resto das insígnias reais nas mãos. Chegados ao palácio, dava-se início a um "banquete político", chamado desta maneira porque estava destinado a exaltar a instituição monárquica diante dos súbditos. O monarca sentava-se num lugar afastado e solitário, mais elevado que o resto dos comensais. Os cronistas registaram a instalação, especialmente para estas ocasiões, de tribunas e de dosséis de carácter provisório no pátio de Santa Isabel. Os nobres mais importantes desempenhavam os antigos ofícios da casa do rei: mordomo, camerlengo, copeiro, garrafeiro, ventilador,... Durante vários dias o rei tinha a mesa posta para servir quem quisesse ser servido. Diante do palácio da Aljafería, num campo fechado, faziam-se corridas de touros "com muita música e gente e monteiros que alanceavam os touros".

Um dos livros mais famosos do cronista aragonês Jerónimo de Blancas, intitulado *Coronación de los reyes de Aragón* (escrito em 1583 e editado em 1641), relata-nos esta complexa cerimónia.

O presente circuito pela parte mudéjar da cidade de Saragoça segue o trajecto das comitivas da coroação régia. Começa com uma visita ao conjunto palatino da Aljafería, através dos aposentos mudéjares e dos Reis Católicos, excelentes exemplos do mecenato real. A visita continua pelo popular bairro de San Pablo, com a sua igreja e torre mudéjares, e termina na catedral de San Salvador, testemunho magnífico do mecenato arcebispal e pontifical. O percurso pode alongar-se pelo sector oriental da cidade, até às populosas paróquias mudéjares da Magdalena, San Miguel de los Navarros e San Gil.

Ao longo desta visita, é possível comprovar que o sistema de trabalho mudéjar respondeu tanto a necessidades de carácter civil (palácios e casas importantes), como de

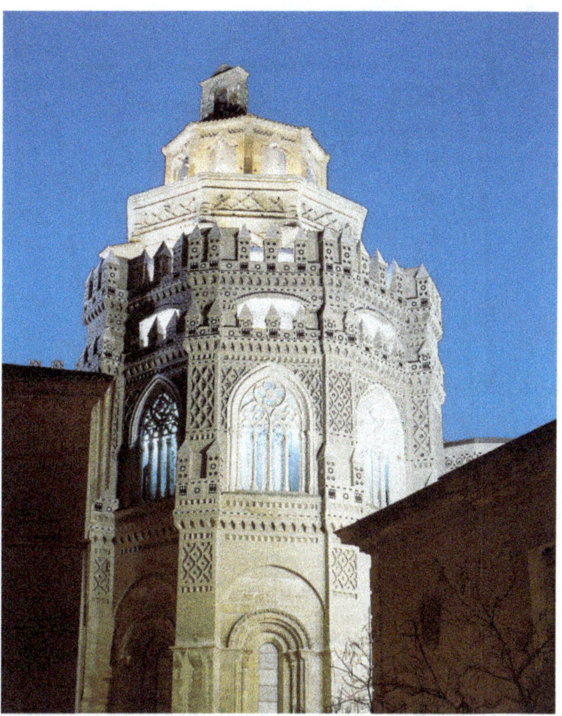

A Sé-Catedral de San Salvador, vista nocturna do zimbório, Saragoça.

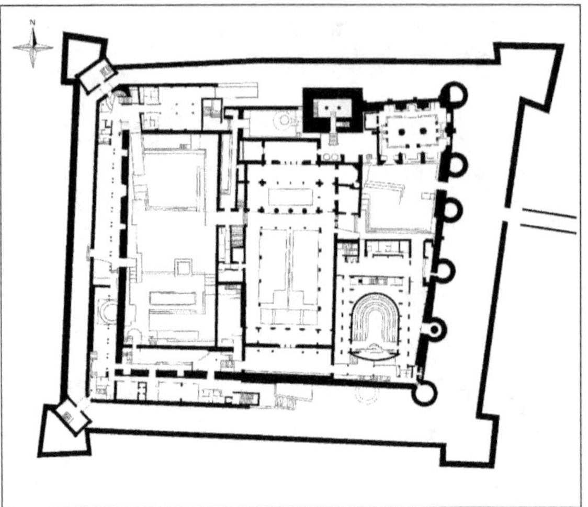

A Aljafería, Palácio mudéjar, planta, Saragoça.

carácter religioso (catedrais, capelas e paróquias). Por outro lado, converteu a capital do reino durante a Baixa Idade Média numa cidade mudéjar por excelência, e em espelho para as restantes cidades aragonesas igualmente mudéjares, como Borja, Tarazona, Calatayud, Daroca ou Teruel.

A difusão destes modelos no âmbito rural estudar-se-á visitando as localidades de Utebo e de Alagón, no Noroeste da cidade, pois cada uma delas possui um monumento mudéjar verdadeiramente excepcional.

III.1 SARAGOÇA

III.1.a A Aljafería

Entrada pela Avenida de los Diputados, s/nº.
Uma parte do conjunto monumental é a actual sede das Cortes de Aragão. A entrada é paga. Visitas guiadas.
Horário: de 15 de Abril a 15 de Outubro, entre as 10 e as 14 e entre as 16:30 e as 20; durante o resto do ano, das 10 às 14 e das 16 às 18:30 (excepto às quintas e sextas de manhã, reservadas exclusivamente para grupos). Aos domingos e feriados abrem entre as 10 e as 14.

Palácio mudéjar

Do ponto de vista artístico, o palácio da Aljafería divide-se em dois âmbitos.

Por um lado, o palácio islâmico hudi do século XI, pertencente ao período de taifas, e que é o núcleo principal e mais antigo do monumento. O rei D. Afonso I, o "Batalhador", tomou posse do palácio no mesmo dia em que conquistou a cidade de Saragoça (18 de Dezembro de 1118), convertendo-o de seguida num palácio real cristão. Durante os séculos seguintes, os reis de Aragão utilizaram os aposentos do antigo alcácer islâmico, embora com ligeiras alterações.

Por outro lado, o palácio mudéjar propriamente dito, isto é, todo o conjunto de novas dependências e dotações edilícias que os reis cristãos mandaram construir, especialmente durante o reinado de D. Pedro IV (1336-1387).

Este vagaroso processo de transformação do palácio islâmico e de construção de novas dependências mudéjares deve-se à amorosa diligência que os reis aragoneses revelaram na conservação do palácio, da qual dão fé os documentos conhecidos. Foram nomeados mestres-de-obras muçulmanos, como os Bellito, no século XIII, e os Gali, na época dos Reis Católicos. Pouco a pouco, o palácio islâmico foi sendo transformado ao sabor das necessidades dos monarcas cristãos. Por

exemplo, introduziram-se nos muros novos sistemas ornamentais (como as pinturas murais góticas que decoram o pórtico Norte do palácio islâmico), embora o salão norte do palácio islâmico continuasse a ser utilizado como salão do trono e a alcova ocidental se destinasse a dormitório real.
Mais tarde, as necessidades régias exigiram ampliações da obra existente. Assim, a partir de 1371, elevaram-se dois novos andares sobre os três primeiros andares da Torre do Trovador, mencionada nos textos reais como "torre Mayor, Maestra y del Homenaje". Por conseguinte, os três primeiros andares desta torre de planta rectangular remontam à época islâmica, pré-hudi e hudi, mas os dois últimos andares já são claramente mudéjares.
O reinado de D. Pedro IV (1336-1387) foi o mais fértil em construções, como a capela mudéjar de San Martín, edificada entre 1338 e 1339. De planta rectangular, formada por duas naves de três tramos cada uma, situa-se no ângulo Nordeste da muralha islâmica, e encostada a ela. Os tramos das naves estão cobertos por abóbadas de cruzaria e ainda conservam restos da decoração original mudéjar à base de tijolo. Em 1772 sofreu uma profunda transformação e, entre 1947 e 1982, antes de ser convertida em biblioteca das Cortes de Aragão, o arquitecto Francisco Íñiguez recuperou a sua traça original.
Um belo portal mudéjar de começos do século XV (data um pouco posterior à da construção da própria capela) dá acesso ao pátio de San Martín. O portal fecha-se em arco escarção, com um tímpano decorado com arcos mistilíneos e um relevo actual que representa a cena de São Martinho a rasgar e partilhau a capa com o pobre, emoldurada por um arco quebrado e enquadrado em *alfiz*, decorado com lavores mudéjares e com as armas dos reis de Aragão em ambas as *enjuntas*.
A capela de San Jorge também foi construída por D. Pedro IV, entre 1358 e 1361. Situava-se na zona Sul do palácio hudi e foi demolida em 1866. Ainda se conservam fragmentos de uma rosácea mudéjar desta antiga capela no Museu Arqueológico Nacional de Madrid.
As obras iniciadas por D. Pedro IV, em 1354, e que se prolongaram por mais de uma década, foram as mais

A Aljafería, Palácio mudéjar, Portada de San Martín, Saragoça.

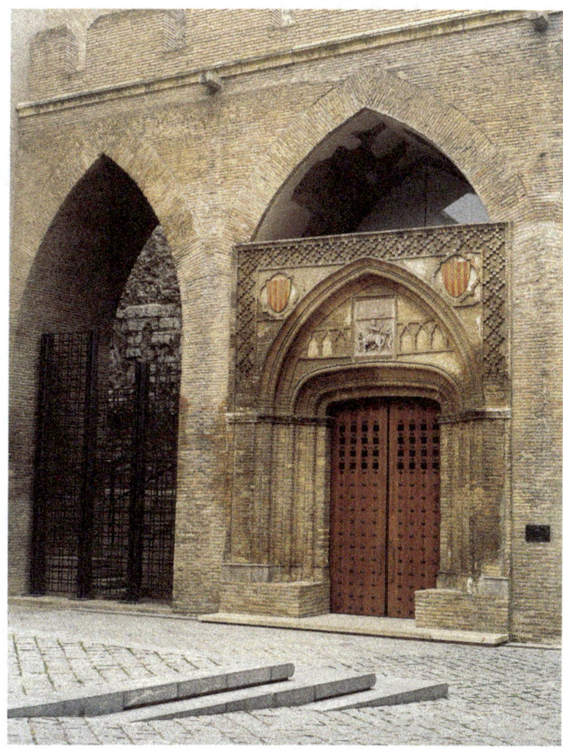

ambiciosas e de maior alcance feitas no palácio mudéjar. As proporções desta empresa edilícia foram de tal ordem, que na documentação real é mencionada como "obra nova de um palácio". Este novo palácio mudéjar de D. Pedro IV respeitou o conjunto islâmico do lado Norte (pórtico, salão e provável andar superior), adossando-lhe a Norte dois amplos salões, um no andar de baixo e outro no andar de cima, e edificando outras estâncias no andar superior, sobre o pórtico islâmico e as suas alas.
De todo o conjunto monumental, o palácio de D. Pedro IV é a parte mais mutilada. Já na época dos Reis Católicos sofreu intervenções muito drásticas, que apenas respeitaram os muros e duas janelas do palácio mudéjar. Na traceria destas duas janelas pode apreciar-se, além da nova linguagem formal do gótico levantino, a decoração vegetal de *arabescos* da tradição ornamental islâmica, que criou escola e se difundiu por toda a região de Aragão em meados do século XIV.
De igual modo, o palácio mudéjar foi a parte menos atendida e mais relegada para um segundo plano nas restaurações efectuadas pelo arquitecto Francisco Íñiguez. Este último centrou-se, sobretudo, na anastilose do palácio islâmico e na do palácio dos Reis Católicos. A recuperação de um aposento mudéjar, conhecido como de Santa Isabel e localizado sobre a mesquita hudi, respondeu precisamente à necessidade —prioritária para Íñiguez—, de reconstruir a cúpula mudéjar da mesquita. Tal imperativo obrigou à eliminação da sala dos Reis Católicos. Esta parte do palácio mudéjar é a recuperação mais notável da sua última restauração, levada a cabo em 1978 sob a direcção técnica dos arquitectos Luis Franco e Mariano Pemán.

O Palácio dos Reis Católicos

Após um período de certo abandono do conjunto islâmico e mudéjar da Aljafería, durante o século XV, provocado pela longa ausência do reino de D. Afonso V, o "Magnânimo" (1416-1458), a situação alterou-se no reinado dos Reis Católicos (1479-1504). Assim, voltaram a realizar-se obras de transformação e ampliação de grande envergadura, que implicaram, de facto, a edificação de um novo palácio.
Entre os motivos que levaram a que os Reis Católicos decidissem realizar esta nova obra, foi apontado recentemente um, que nos fala da decisão de instalar o Tribunal da Inquisição no palácio da Aljafería, cujo enorme salão mudéjar do andar superior albergou sessões do Santo Ofício.
Quaisquer que fossem as necessidades de uso do palácio, o que é certo é que outras, de tipo arquitectónico, foram igualmente decisivas para a realização de novas obras. Apesar das significativas transformações e ampliações realizadas durante a Idade Média, já aqui comentadas, a Aljafería chegou à Idade Moderna com algumas carências básicas.
A primeira consistia em que ainda não se tinha resolvido de maneira satisfatória o acesso ao andar superior desde o rés-do-chão. Este fazia-se, ou pela antiga, estreita e empinada escada encostada a Oeste do pórtico e do salão islâmicos do lado Norte, ou pela Torre do Trovador, cujo terceiro andar islâmico comunicava com o novo salão

mudéjar de D.Pedro IV. É possível que ainda existisse algum outro modo de circulação e de acesso do andar de baixo para o andar de cima, mas, de qualquer maneira, os dois principais eram antigos —da época islâmica— e pouco fluidos.

Não é de estranhar, por conseguinte, que, durante as obras do novo palácio dos Reis Católicos, realizadas entre 1488 e 1493 sob a vigilância do mestre muçulmano Farax Gali, um dos aspectos revestidos de maior importância fosse a edificação de um vão de escada de volume portentoso, encostado à Oeste do pátio islâmico, e que, por sua vez, permitisse aceder comodamente do andar de baixo ao andar de cima do palácio. O tecto plano deste vão de escada, com vigas à mostra e abobadilhas revindas entre as mesmas, foi decorado com motivos pintados, tanto heráldicos (o jugo e as setas), como os primeiros grotescos renascentistas que se conhecem na arte aragonesa.

A segunda carência prendia-se com a ausência de luz natural, que dava um aspecto lúgubre aos salões mais importantes do palácio islâmico e mudéjar. Foi o desejo de compensar esta falta de iluminação natural que determinou a localização do novo palácio dos Reis Católicos no andar superior e com as principais estâncias orientadas para Sudoeste, três salas com vista para o pátio de San Martín, e a galeria e o salão principal abertos para o pátio de Santa Isabel. Assim, parte do palácio islâmico foi destruída para se conseguir mais luz (por exemplo, demoliu-se a cúpula da mesquita). Quanto ao palácio mudéjar, foi a zona mais destruída entre todas as que davam para o pátio da Santa Isabel: uma parte foi substituída e outra foi integrada na nova edificação.

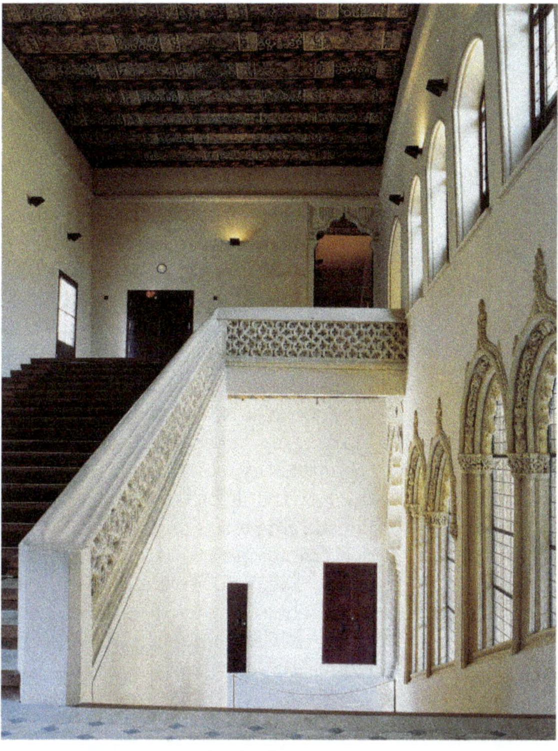

A Aljafería, Palácio dos Reis Católicos, vão da escada, Saragoça.

A intervenção dos Reis Católicos não só resolveu de modo satisfatório estas carências, como também marcou um convincente itinerário protocolar para se aceder ao novo Salão do Trono, situado no andar superior. Este percurso potenciava o valor formal da obra realizada, e começava na nova porta de entrada, que ocultava o antigo arco em ferradura, continuava pelos recentemente configurados pátios de San Martín e de Santa Isabel, e desaguava na nova escadaria monumental.

O aposento mais deslumbrante do novo palácio é a Aula Régia ou Salão do Trono. O seu magnífico *artesoado* foi entregue no dia 23 de Abril de 1493 pelos mestres muçulmanos Fara Gali, Mahoma Palacio e Brahem Mofferiz.

Uma inscrição latina, duplicada por razões ornamentais, percorre em letras góticas a base do tecto mudéjar. Traduzida em português, reza assim: "Fernando, rei das Espanhas, Sicília, Córcega e Baleares, o melhor dos príncipes, prudente, corajoso, piedoso, firme, justo, feliz, e Isabel, rainha, superior a todas as mulheres em piedade e grandeza de espírito, insignes esposos, vitoriosíssimos com a ajuda de Cristo, depois de libertar a Andaluzia dos mouros, uma vez expulso o antigo e feroz inimigo, cuidaram de fazer esta obra, no ano da salvação de 1492».

Entre os numerosos elementos de interesse artístico custodiados no palácio dos Reis Católicos, destaca a decoração talhada em gesso dos janelões da escadaria monumental e das portas e janelas do Salão do Trono. Os motivos ornamentais, que incluem temas heráldicos, revelam um magnífico repertório formal do chamado estilo "Reis Católicos", verdadeiramente exuberante. Esta decoração é, sem dúvida, da autoria de gesseiros mudéjares, que lavravam "de aljez" (com gesso), e é mais um exemplo da versatilidade e da capacidade de assimilação de modas artísticas forâneas pelos artesãos mudéjares.

Em relação à carpintaria mudéjar, além do *artesoado* que reveste o Salão do Trono, sobressaem os três *taujeles* ou tectos planos ornamentais das três estâncias que dão para o pátio de San Martín. Quando a estância mais setentrional foi suprimida pelo arquitecto Francisco Íñiguez para as obras de restauro da cúpula da mesquita, o seu *taujel* foi transferido para um dos aposentos vizinhos.

Além da decoração pintada das pequenas abóbadas revindas que cobrem o vão das escadas, cujos motivos ornamentais já foram descritos acima, e das que revestem a galeria do Salão do Trono, em grande parte recuperada por Íñiguez, merece uma menção especial o pavimento original de todas estas salas. As lambrilhas procedem dos ateliers mudéjares de Muel (Saragoça), e foram recuperadas na última restauração de 1978, da responsabilidade dos arquitectos Luis Franco e Mariano Pemán.

Como sempre acontece, as obras reais deixaram uma longa esteira atrás de si. Tal como o palácio mudéjar de D. Pedro IV, na Aljafería, se tinha convertido em espelho edilício para os nobres aragoneses durante a segunda metade do século XIV, é agora a vez de a obra dos Reis Católicos se converter em modelo formal para a arquitectura civil da Saragoça da primeira metade do século XVI.

III.1.b Igreja e torre-campanário de San Pablo

Situada na Rua San Pablo, nº 44. Ao sair do Palácio, seguir para Este, em direcção à Sé-Catedral, passando pelo bairro popular de San Pablo.
Horário das missas: 9:30 e 19; feriados, às 10, 11, 12, 13 e 19 (no Verão, às 20). A melhor altura para as visitas é antes ou depois da missa.

De fundação cristã, o bairro de San Pablo, situado entre a Aljafería e o mercado medieval, é a consequência da expansão urbana para Oeste, já fora das muralhas romanas, ocorrida durante os séculos XII e XIII quando uma aldeia de agricultores lá se instalou. Das suas ruas longitudinais (direcção Este-Oeste), as principais são as de San Blas e de San Pablo, e flanqueiam a Norte e a Sul o solar da igreja mudéjar, cuja elevada

torre-campanário octogonal domina todo o casario.
Depois da reconquista da cidade, ergueu-se a primeira igreja, de pequenas proporções e de estilo românico, dedicada a San Blas, da qual já nem restam sequer vestígios. A actual igreja mudéjar, dedicada a San Pablo, foi construída em duas etapas: na primeira, a partir de 1284, constava de uma só nave e abside poligonal de cinco lados. Os quatro tramos da nave cobriram-se com abóbadas de cruzaria, e construíram-se capelas laterais entre os contrafortes. Com o rápido auge demográfico da concorrida paróquia, a igreja de uma só nave tornou-se exígua, e em 1389 foi ampliada a três naves, aproveitando-se as capelas laterais primitivas para servirem de arcos formeiros de comunicação entre elas. Estas naves laterais, de largura diferente, envolveram a obra antiga, tanto pela cabeceira, a modo de deambulatório, como pela entrada, a modo de claustro. Este último aprisionou a torre-campanário octogonal no seu pátio interior.
A torre deve ter sido construída por volta de 1399, durante a primeira etapa mudéjar. O seu interesse reside em que, apesar da sua forma prismática octogonal parece emular as torres góticas da Coroa de Aragão construídas em silharia, a sua disposição interior apresenta a estrutura dos *minaretes* almóadas. Por outras palavras, está formada por duas torres, uma dentro da outra, com a rampa de escadas entre ambas e a torre interior dividida em aposentos sobrepostos até ao campanário. A decoração em ladrilho ressaltado está concentrada na parte mais alta, de maneira a torná-la visível pela parte de cima do casario medieval (mais baixo que o de hoje em dia). Sobressaem motivos ornamentais muito antigos, com precedentes no palácio islâmico da Aljafería, tais como os arcos de meio-ponto entrecruzados e as cruzes de múltiplos braços que formam um reticulado rombiforme.

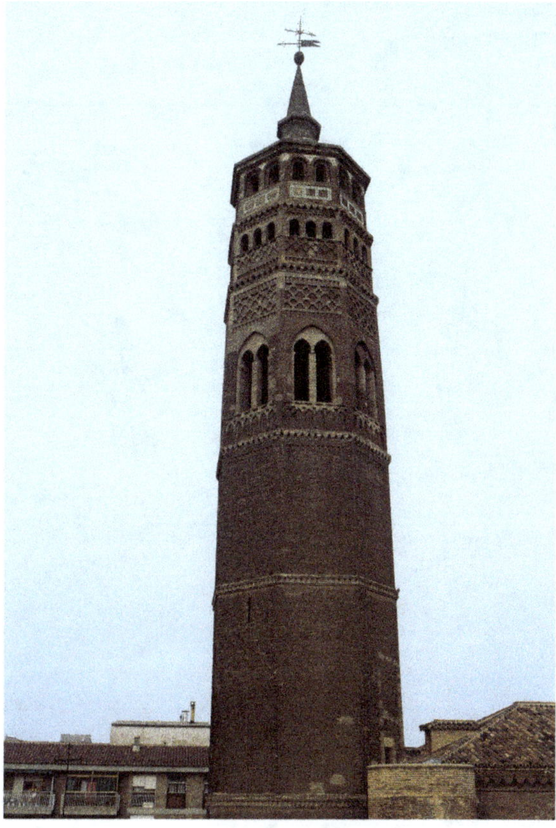

Paróquia de San Pablo e a sua torre-campanário octogonal.

III.1.c A Sé-Catedral de San Salvador

Caminhando em direcção Este, passar o mercado e prosseguir depois pelo antigo "decumanus" da cidade romana, até às Ruas Manifestación e Espoz y Mina.
Horário: das 10 às 13:30, e das 17 às 18:30. Encerra às segundas-feiras.
A "Parroquieta" é uma Igreja independente dentro da Catedral.
Horário da missa: às 18.

Esquemas de madeiramento de limas moamares.

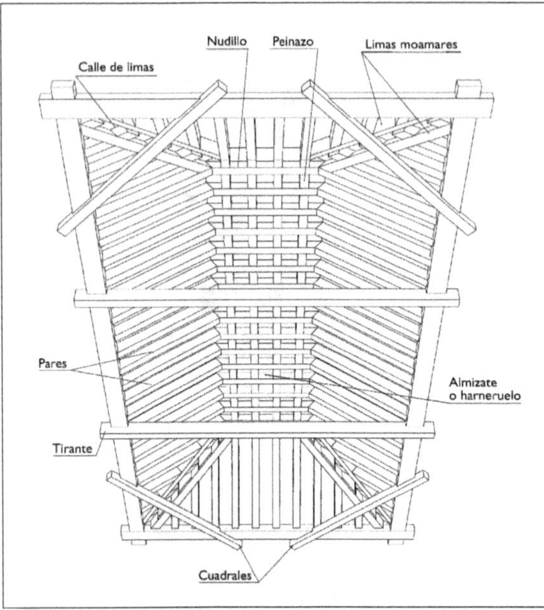

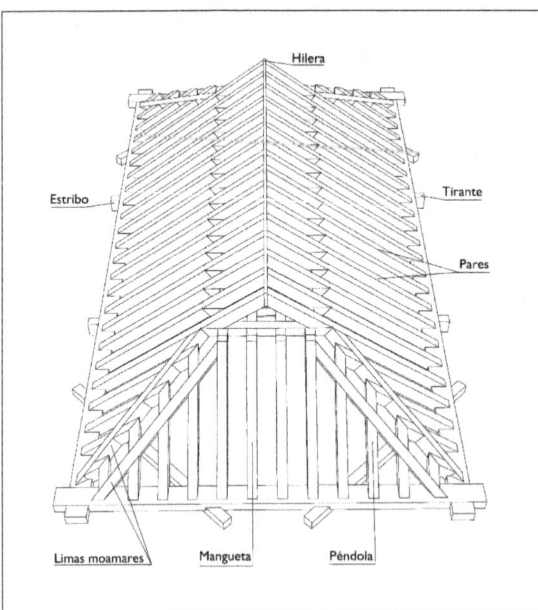

Edificada por cima do solar do foro romano e da mesquita-mor, a Sé foi construída em várias etapas sucessivas e de acordo com vários estilos artísticos, cuja diversidade é a nota mais peculiar do monumento.

A arte mudéjar está bem representada em três pontos diferentes da Catedral, todos situados na zona da cabeceira: a actual "Parroquieta" de San Miguel, a parte alta das três absides e o *zimbório*. A "Parroquieta" de San Miguel, de planta rectangular e adossada às absides da catedral pelo lado Oeste, é, na realidade, a capela funerária encomendada pelo arcebispo de Saragoça Don Lope Fernández de Luna, e que foi construída entre os anos 1374 e 1379 pelos mestres-de-obras sevilhanos Garci e Lope Sánchez. Pelo lado exterior, apresenta um muro magnificamente decorado com lavores de ladrilho ressaltado de tradição aragonesa e com cerâmica vidrada. Nesta podem apreciar-se motivos de tradição local e de tradição sevilhana, feitos à base de pequenas peças cortadas em bico, dispostas em *alizar* ou silhar.

No interior, além do extraordinário sepulcro gótico em alabastro, obra do escultor Pere Moragues, vale a pena contemplar o belíssimo tecto mudéjar, um *madeiramento* octogonal de *limas moamares*, de origem sevilhana.

Voltando ao exterior do edifício, as três absides românicas do século XII, em silhar lavrado, foram tornando-se cada vez mais pequenas à medida que a catedral ía ganhando altura durante o período gótico. Por outro lado, o elevadíssimo *zimbório* carecia de compensação pelo lado das absides. Assim, quando o arcebispo Don Lope Fernández de Luna, responsável pela já referida capela funerária, mandou construir a primeira abside, esta desabou. Don Pedro Martínez de Luna, pontífice da obediência de Avinhão sob o nome de Benedito XIII (1394-1422 ou 1423), encarregou-se de levantar ainda mais as absides e de refazer o *zimbório*. As três absides mudéjares foram então elevadas, até alcançarem uma altura considerável, dando ao conjunto o aspecto de uma fortaleza militar. Possuíam três adarves praticáveis, sobrepostos em altura e identificáveis devido aos seus parapeitos decorados com ameias e merlões rematados em bico, de tradição almóada. O director das obras das absides, entre 1404 e 1408, foi o famoso mestre muçulmano Mahoma Rami, que também trabalhou para o Papa Luna noutros lugares de Aragão, como veremos mais adiante. Esta obra de elevação das absides deveu-se à necessidade de compensar o *zimbório*, também chamado torre-lanterna, erguido sobre o cruzeiro da catedral, que tinha abatido. O segundo *zimbório*, reconstruído por Benedito III, também ruiu, embora não completamente, pois desde o seu interior ainda são visíveis as armas do pontífice situadas na parte mais alta dos arcos torais que o suportam. Por conseguinte, o actual *zimbório* é o terceiro, e que começou a ser construído em 1520, já em pleno Renascimento, pelo mestre-de-obras Juan Lucas, mais conhecido como "Botero". As suas traças serviram de modelo para os *zimbórios* mudéjares das catedrais de Teruel (1538) e de Tarazona (1543), obras do mesmo autor. Se o contemplarmos desde o interior, veremos como na traça perdura a tradição hispano-muçulmana de arcos entrecruzados a formar estrelas de oito pontas, sistema bastante eficaz para abobadar já utilizado na época de al-Hakam II (961-976) na mesquita maior ou *aljama* de Córdova.

Quando sairmos da Sé-Catedral de Saragoça, fa-lo-emos com a alegria de saber que estas obras mudéjares, encomendadas por arcebispos e pelo pontífice Benedito XIII, serviram de modelo e de exemplo para outros mecenatos eclesiásticos mais modestos, e que, ao lado do mecenato régio da Aljafería, constituíram o verdadeiro fundamento do êxito e da difusão da arte mudéjar no antigo reino de Aragão.

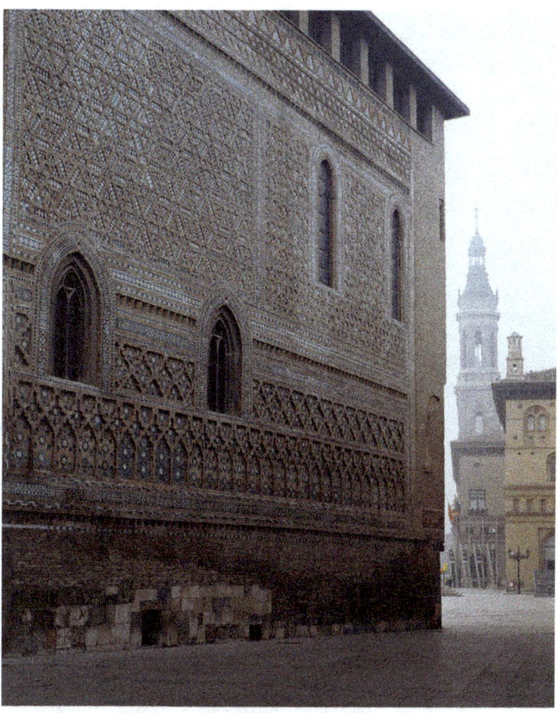

A Sé-Catedral de San Salvador, muro exterior da Parroquieta de San Miguel, Saragoça.

III.1.d **Igreja e torre-campanário de Santa María Magdalena** (opção)

Situada na Praça da Magdalena, s/nº. Ao fundo da rua Mayor.
Horário: das 17:30 às 20; aos domingos, das 10 às 13 e das 18 às 20.

A fábrica mudéjar da igreja paroquial de Santa María Magdalena

responde ao tipo de uma só nave com uma abside poligonal de sete lados que, como é costume na arquitectura mudéjar, carece de contrafortes para que o facetamento limpo da abside permita desenvolver uma decoração em tijolo ressaltado sem cortes visuais. A decoração da abside sob os janelões apresenta grandes panos formados por arcos mistilíneos entrecruzados. Na parte de cima dos mesmo janelões, há panos de cruzes de múltiplos braços em forma de reticulado de rombos.
Entre 1727 e 1730, uma reforma barroca inverteu a orientação da igreja, convertendo a abside em entrada e abrindo uma porta de acesso na nova fachada. Esta transformação afectou também o aspecto interior da igreja, mas respeitou as abóbadas de cruzaria do presbitério e dos três tramos da nave.
Na entrada da nave, sobre a rua Mayor, ergue-se a magnífica torre-campanário da Magdalena, de planta quadrada. Émula das torres de San Martin e do Salvador da cidade de Teruel, assemelha-se a elas tanto na disposição interior em forma de *minarete*, ao estilo do da Giralda de Sevilha, como na decoração exterior de tijolo ressaltado e cerâmica vidrada. O campanário da torre foi radicalmente transformado entre 1678 e 1695 de acordo com o estilo barroco. Em 1970, o arquitecto Francisco Íñiguez restaurou-a pela última vez.

III.1.e **Igreja e torre-campanário de San Miguel de los Navarros** (opção)

Situada na Praça de San Miguel, nº 52. Seguir pela rua do Coso e virar à esquerda, na rua Espartero.
Horário: das 11 às 13 e das 17 às 21; aos domingos, das 10 às 13.

San Miguel de los Navarros é uma igreja mudéjar do século XIV, de uma só nave de três tramos e com uma abside poligonal de cinco lados e sem contrafortes. Ambos os lados da nave dão para capelas laterais e, pelo lado Norte, existe uma torre-campanário encostada. Uma reforma barroca, realizada entre 1666 e 1669 pelo mestre Juan de la Marca, atingiu a portada e o interior, acrescentando uma nave lateral mais baixa e um coro.
Na obra mudéjar destaca a decoração heráldica das absides, à base de grandes cruzes florenciadas e recruzadas, que também aparecem nas igrejas mudéjares das localidades de Herrera de los Navarros e de Azuara, em Saragoça. A decoração da torre exibe grandes panos de arcos mistilíneos entrecruzados e de rombos. Segundo certos documentos que chegaram até nós, a torre foi edificada em 1396 pelos mestres Esteban e Pascual Ferriz.

III.1.f **Igreja e torre-campanário de San Gil** (opção)

Situada na rua Don Jaime I, nº 15. Entrar pela rua do Coso até à Praça de Espanha. Depois, virar à direita.
Horário: das 7 às 9, das 12 às 13:30 e das 17:30 às 21. Às segundas está aberta durante todo o dia, devido ao culto a São Nicolau.

As transformações barrocas realizadas entre 1719 e 1725 pelos mestres Manuel Sanclemente e Blas Ximénez, afectaram a fábrica mudéjar original muito mais que nos casos anteriores de Santa María Magdalena e de San Miguel de los Navarros. Assim, os restos monumentais mudéjares da construção original já só se podem apreciar

desde o exterior.
A fábrica mudéjar correspondia ao tipo de igreja-fortaleza que analisaremos no próximo circuito. O aspecto mais interessante da parte conservada é a torre-campanário, de planta rectangular e decorada com lavores em tijolo ressaltado, e que é mencionada nas crónicas de 1356. Para os fustes e capitéis das colunas do campanário, tanto nesta torre como na da Magdalena, utilizaram-se materiais de entulho, procedentes muito provavelmente da mesquita maior da cidade. A torre foi restaurada em 1999 pelo arquitecto Joaquín Soro.

III.2 UTEBO

III.2.a Igreja e torre-campanário

A 14 Km pela N-232.
Horário das missas: às 20; aos domingos, ao meio-dia. Se a igreja estiver fechada, dirigir-se à casa do Pároco, mesmo ao lado da igreja.

Situada nas imediações de Saragoça, como o próprio termo indica [Utebo vem do latim "octavum", o oitavo miliário no itinerário de Caesaraugusta (Saragoça) a Asturica (Astorga)], a igreja paroquial de Utebo apresenta, encostada à entrada, a torre-campanário mudéjar mais original do antigo reino de Aragão.
A torre consta de dois corpos, um inferior, de planta quadrada, e outro superior, de planta octogonal. Assim, exibe uma volumetria mista, que se generalizou na época moderna, a partir do reinado dos Reis Católicos. A sua decoração em tijolo ressaltado completa-se com uma profusa aplicação de azulejos mudéjares realizados nas olarias de Muel (Saragoça), a cujo brilho se deve a popular denominação de "campanário dos espelhos". Segundo uma comprida inscrição, pintada sobre azulejos e disposta num friso que divide em duas zonas o primeiro corpo da torre (aquele que tem planta quadrada), a torre acabou de ser construída no ano de 1544, e foi dirigida pelo mestre-de-obras Alonso de Leznes.
Por ter sido construída numa época tão tardia, já em pleno Renascimento, esta torre pode ser considerada como o canto do cisne da arte mudéjar aragonesa, que, pelo menos no que diz respeito a campanários, continuou a dar mostras de grande

Igreja Paroquial, torre-campanário, Utebo.

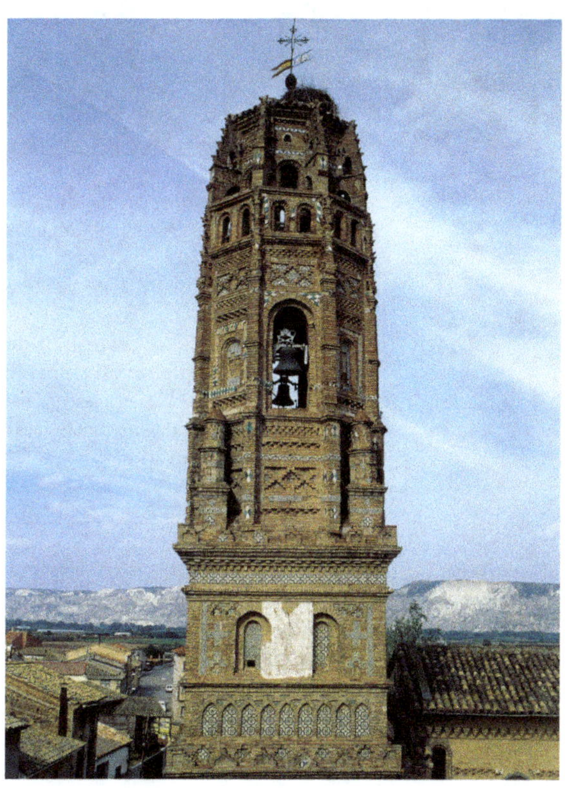

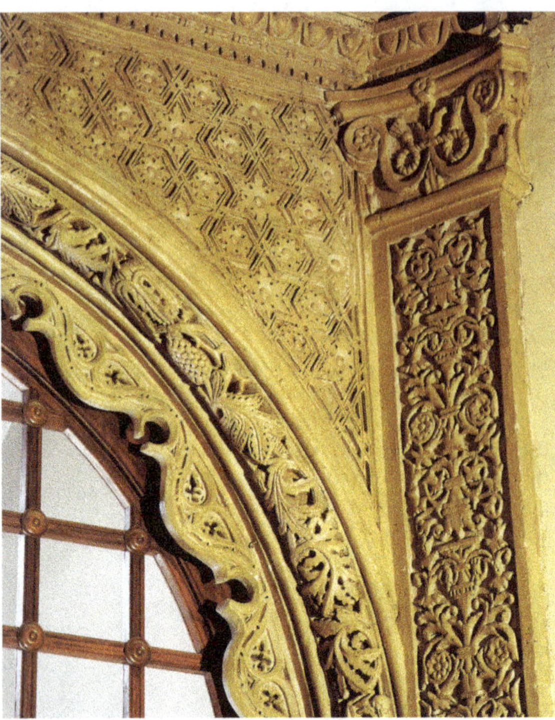

Igreja e torre de San Pedro, pormenor dos trabalhos em gesso do arco da Capela da Virgen del Carmen, Alagón.

vitalidade até começos do século XVII, data em que os mouriscos foram expulsos de Espanha por decretos de D. Felipe III (1609 e 1610).
No interior da igreja, o lambril de azulejos de aresta que reveste a parte inferior dos muros da nave antiga foi restaurado a partir dos escassos restos originais conservados.

III.3 ALAGÓN

III.3.a **Igreja e torre-campanário de San Pedro**

A 15 km pela N-232. Restaurada recentemente.
Horário: domingos, das 10 às 13.

Localizada numa encosta que domina a vila de Alagón, onde também se construiu a Igreja de Nuestra Señora del Castillo, a igreja paroquial de San Pedro responde à tipologia mudéjar de nave única coberta com abóbada de cruzaria, abside poligonal sem contrafortes e capelas em ambos os lados.
Erguida em começos do século XIV, nela sobressai a torre de planta octogonal, também com estrutura de *minarete* e de extraordinária beleza, embora de menores dimensões que as torres contemporâneas das igrejas paroquiais de San Pablo de Saragoça e de Santa María de Tauste (localidade pertencente à comarca das Cinco Villas, perto de Alagón).
Sobre a fábrica mudéjar, bem entrado o século XVI, construiu-se uma galeria corrida feita à base de arcos de meio-ponto duplos, que serve para arejar as abóbadas e que é muito frequente ver-se na região aragonesa, tanto na arquitectura religiosa, como na civil.
No interior, podemos contemplar alguns arcos de acesso nas capelas laterais, lavrados em gesso talhado. Merece uma atenção especial o da antiga capela da Virgen del Carmen, construído nos primeiros anos do século XVI, e que foi convertido em átrio de entrada. Neste arco combinam-se em perfeita harmonia temas vegetais do vocabulário gótico, com decoração de grotescos renascentistas, e laçaria e estrelas de seis pontas, de inspiração muçulmana. Esta versatilidade para assimilar e integrar todo o tipo de motivos é uma das características essenciais da decoração

mudéjar.
O seu reinado foi um dos mais duradouros da história da Coroa de Aragão, apenas superado pelo do rei D. Jaime I, no século anterior. Prolongou-se durante cinquenta e um anos, desde a sua proclamação, em 1336, até à sua morte, em 1387. Foi proclamado rei aos dezasseis anos, após a morte do seu pai, o rei D. Afonso IV, cognominado o "Benigno", e morreu com sessenta e sete anos. Sucederam-lhe os seus dois filhos. D. João I e D. Martinho I, o "Humano". A sua dinastia extinguiu-se em 1410.
Valente e tenaz, embora de génio violento e colérico, D. Pedro IV consolidou o domínio da Coroa de Aragão no Mediterrâneo. Grande amante das letras e mecenas de artistas, apadrinhou obras de arquitectura, especialmente na cidade de Barcelona, em cujo palácio real principal mandou construir o salão do Tinell.
Em relação à arte mudéjar, cuidou com especial carinho e dedicação do palácio da Aljafería de Saragoça. Remodelou e decorou alguns aposentos do antigo palácio islâmico, sobretudo o salão nobre, em cuja alcova ocidental instalou o seu quarto; reedificou as torres principais do recinto fortificado islâmico; construiu com novas plantas as capelas mudéjares de San Martín (1338) e de San Jorge (1358); melhorou as defesas e o fosso seco por causa das guerras fronteiriças com Castela; ampliou de forma considerável todo o conjunto de novas estâncias mudéjares a partir de 1354; e, finalmente, a partir de 1371, elevou novas plantas na torre do Trovador, e por isso não é de estranhar que as crónicas nos falem de um novo palácio. Sabemos que o rei D. Pedro IV dedicou uma atenção e dedicação constantes ao palácio da Aljafería de Saragoça, graças à documentação régia transcrita e publicada por José María Madurell. Também nos chegou a informação de que este trabalho de renovação serviu de incentivo para a difusão do estilo mudéjar em todo o reino de

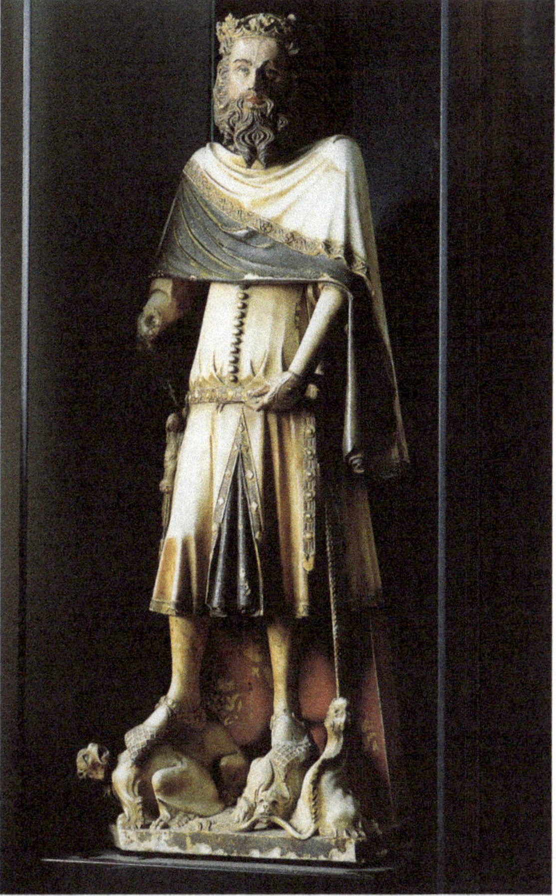

Retrato esculpido de D. Pedro IV, obra de Jaume Cascalls (Propriedade: Cabido da Catedral de Gerona).

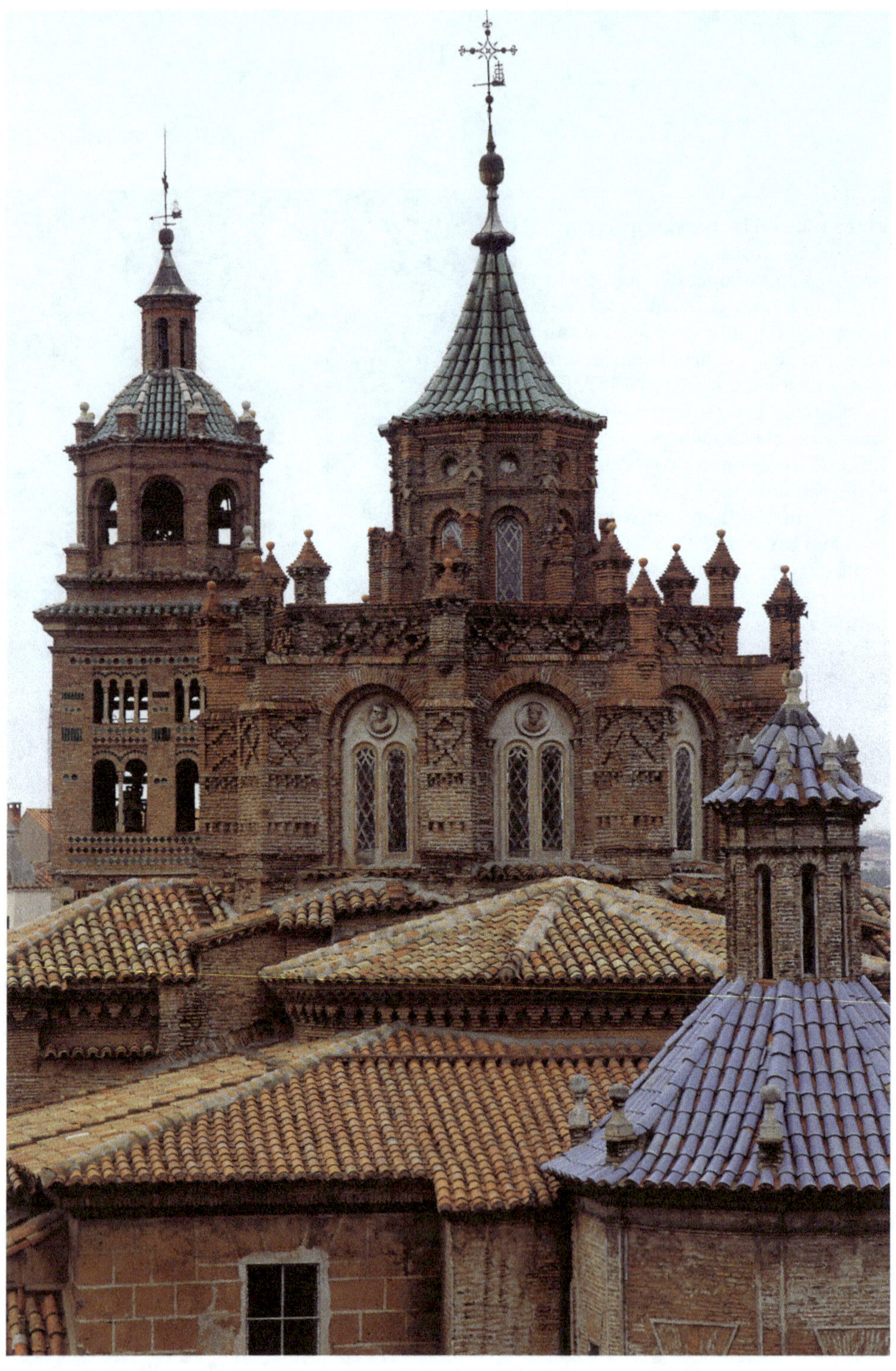

Cidades mudéjares: do islão ao cristianismo

Gonzalo M. Borrás Gualís

IV.1 TERUEL

IV.1.a A Cidade Medieval
IV.1.b Torre do Salvador
IV.1.c Igreja e Torre de San Pedro
IV.1.d Catedral de Santa María
IV.1.e Torre de San Martín

IV.2 DAROCA

IV.2.a A Cidade Medieval
IV.2.b Abside de San Juan de la Cuesta
IV.2.c Torre de Santo Domingo de Silos
IV.2.d Casa principal de Benedito XIII

La morería turolense

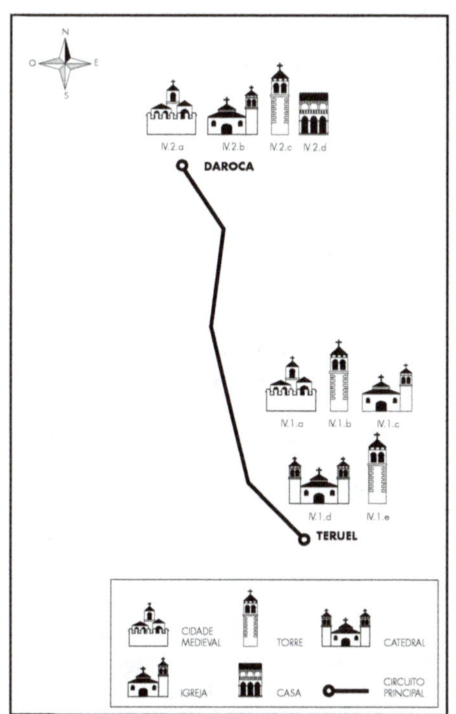

Catedral de Santa María, vista geral do zimbório, Teruel.

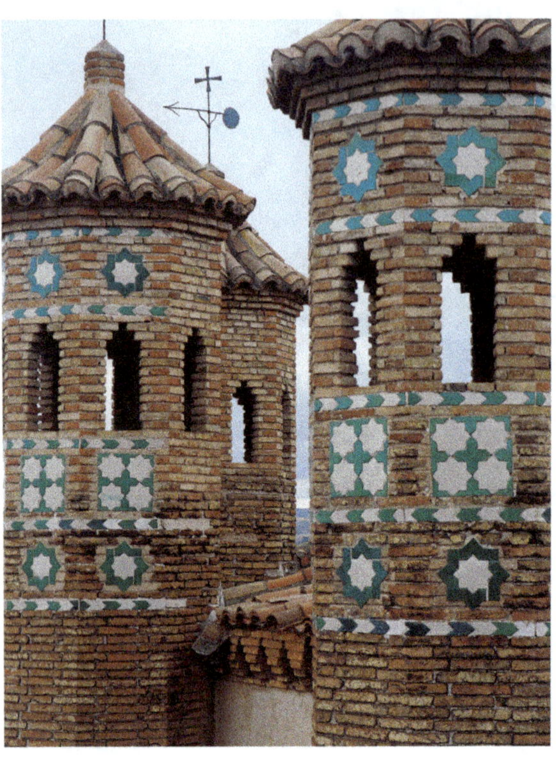

Igreja de San Pedro, pormenor dos pequenos torreões da abside, Teruel.

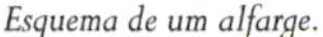

Esquema de um alfarge.

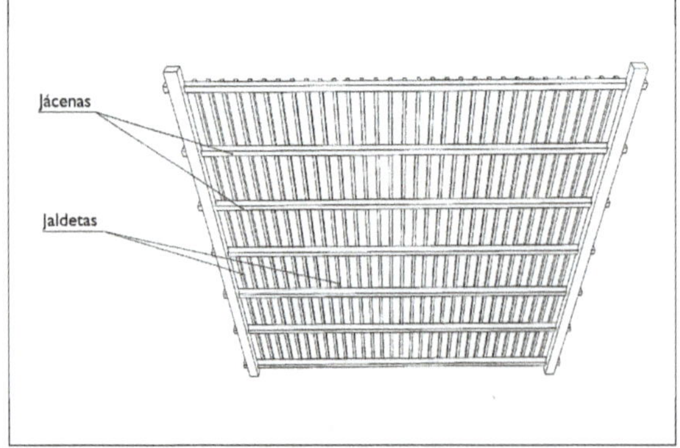

Este circuito abrange duas das grandes cidades mudéjares de Aragão, duas cidades na fronteira com o Islão. Para apresentar em contraste dois sistemas urbanos medievais com origens diferentes: por um lado, a cidade de Teruel, de fundação cristã, com o seu traçado altamente regular e reticulado; e por outro, a cidade de Daroca, de fundação islâmica e com um traçado irregular. Em Teruel, as torres mudéjares das paróquias estão perfeitamente integradas sobre o traçado viário. Em Daroca, predomina a irregularidade das ruas que percorrem a *medina*, na ladeira Sul da colina de San Cristóbal, embora as do bairro construído em redor da rua Mayor, edificada sobre um enorme barranco após a ocupação cristã, ostentem um traçado regular.

A cidade de Teruel, declarada Património da Humanidade pela Unesco, possui três valores essenciais: em primeiro lugar, a cerâmica mudéjar turolense, continuação da série califal em verde e roxo, que, além de servir de baixela de uso corrente, foi também elemento ornamental da arquitectura; em segundo lugar, o carácter aberto do Mudéjar turolense, que se converteu num dos principais focos de renovação do Mudéjar aragonês ao acolher todas as novidades artísticas vindas do Sul; e em terceiro lugar, a decoração figurativa do tecto da catedral de Teruel, única no Mudéjar espanhol e testemunho gráfico da vida e afazeres das diversas classes e estamentos medievais —a nobreza, o clero e o povo.

Ao visitar Daroca, a arte mudéjar apresenta-se-nos como um sistema alternativo à arte românica dos vencedores, de que existem numerosos exemplos, como a antiga colegiada de Santa María de los Corporales. O estilo românico tropeçou com sérias dificuldades naquela zona, devido à escassez da pedra silhar no vale do rio Ebro. Este facto obrigou os cristãos a interromper algumas obras ou a prosseguir os trabalhos optando pelo estilo mudéjar, como se pode apreciar na abside da igreja de San Juan de la Cuesta, ou ainda na torre de Santo Domingo de Silos. No entanto, as casas mais importantes de Benedito XIII (pontífice que reinou em Avinhão entre 1394 e 1422 ou 1423), situadas na rua Mayor, com os seus *alfarges* e trabalhos em gesso nos janelões do pátio interior, representam o conjunto monumental mais importante de Aragão, hoje em mãos de proprietários particulares.

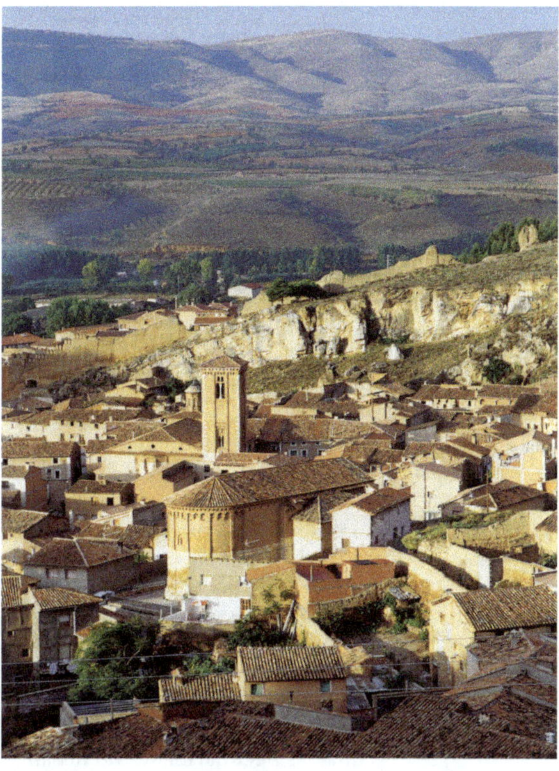

Torre de Santo Domingo de Silos e abside de San Juan de la Cuesta, vistas desde o castelo, Daroca.

IV.1 TERUEL

IV.1.a A Cidade Medieval

Passear pela zona histórica da cidade. Originalmente concebida para fins militares, situa-se num planalto, por razões estratégicas.

O nome de Teruel deriva do topónimo "Tirwal", mencionado nas fontes árabes, que significa torre de vigia ou baluarte militar, pois não há notícia de uma *medina* no sentido estrito do termo. A propósito das suas origens, o malogrado medievalista Antonio Gargallo deduziu com pertinência que a cidade de Teruel foi fundada de raiz por D. Afonso II (rei de Aragão entre 1162 e 1196). Após a conquista das terras altas do Sul de Aragão, em 1171, o monarca decidiu fundar um povoado cristão nesta zona fronteiriça, a modo de posto avançado, para fazer frente ao poder dos almóadas, que ainda se conservava intacto na cidade de Valência. Em 1171, concedeu à povoação o seu foro municipal. As circunstâncias históricas que rodearam a fundação da cidade reflectiram-se tanto no plano urbanístico, como na estrutura social da povoação medieval.
O recinto medieval, localizado numa alta colina bordejada por profundos barrancos na margem esquerda do rio Turia, foi concebida de acordo com o modelo de cidade cristã ideal, fomentado a partir de então pela Coroa de Aragão na repovoação de todo o Levante peninsular. Trata-se

de uma cidade de traçado hipodâmico e de planta rectangular amuralhada. As suas quatro portas principais, situadas a meio dos lados da cidade e orientadas para os quatro pontos cardinais, receberam os nomes de portas de Daroca (Norte), de Saragoça (Este), de Valência (Sul) e de Guadalaviar (Oeste). Actualmente, apenas se conserva a primeira, mas sabemos que cada uma delas partia das ruas principais, cortadas transversalmente no centro, onde se abre a Plaza Mayor ou do Mercado, hoje conhecida como Plaza del Torico.

A integração da arquitectura religiosa medieval no traçado urbano, com as suas igrejas e torres, é igualmente completa. Das nove paróquias em que foi dividida a cidade, a mais importante de todas, dedicada a Santa Maria e hoje em dia catedral de Santa María de Mediavilla, construiu-se no centro da cidade. As oito restantes situaram-se nos lados, quatro a Norte e outras quatro a Sul.

Uma das peculiaridades do urbanismo turolense consiste no facto de as torres das igrejas se erguerem sobre um grande arco quebrado que abre uma passagem pela rua. Assim, estes campanários mudéjares, além de uma função religiosa, cumpriram igualmente uma importante função de vigilância.

Como nunca existiu no local nenhuma cidade muçulmana anterior à fundação cristã de Teruel, também nunca existiu nenhuma *aljama* ou mesquita maior de muçulmanos, nem um espaço fechado para a mouraria. O carácter singular da mouraria turolense consiste, precisamente, em que cresceu graças a muçulmanos imigrados, primeiro cativos oriundos da reconquista de Valência e redimidos pelo trabalho, e posteriormente, a partir de 1285, a uma campanha de repovoação mudéjar promovida pelo rei D. Pedro III. Por esta razão, os mudéjares não ficaram alojados numa mouraria fechada, como era habitual, mas, sim, em regime aberto e dispersos pela cidade, embora concentrando-se mais na zona Norte, nas imediações da porta de Daroca. Forasteiros que eram, os muçulmanos turolenses foram os responsáveis pela introdução das novidades formais na arte mudéjar da cidade.

As cenas de cavalaria, torneio e caça representadas nos tectos da catedral espelham bem o enorme peso político e social que os cavaleiros tiveram nesta cidade da fronteira. O seu papel preponderante, decisivo na reconquista do Levante, contribuiu para criar a sociedade militarizada que as representações do tecto descrevem com orgulho.

IV.1.b **Torre do Salvador**

Situada na rua do Salvador, s/nº. Acesso desde a Plaça do Torico, pela rua do Salvador. Continua a ser o campanário da Igreja. Após a sua restauração, em 1993, foi aberta ao público.
Horário: das 11 às 14 e das 17 às 20 (horário alargado na Páscoa e no Verão). É possível organizar visitas fora dos horários estabelecidos (como numa noite de luar), com marcação prévia. Telef.: 978 60 20 61.

Podemos aceder ao recinto medieval da cidade pelo Oeste, entrando pela rua do Salvador, onde antigamente se situava a porta de Guadalaviar. A rua vai dar à Praça Mayor e passa por baixo da torre mudéjar do Salvador, que a domina e vigia e a quem deve o nome.

Da construção medieval da paróquia do Salvador apenas resta a torre mudéjar, pois a igreja actual foi reedificada de acordo com o estilo barroco, após o desmoronamento da igreja original, no dia 24 de Maio de 1677.
Embora não haja nenhum documento que dê fé da data de construção da Torre do Salvador, pelas suas características formais, muito semelhantes às da Torre de San Martín (1315-1316), é-lhe atribuída a mesma data. De qualquer maneira, esta suposição não contradiz o dado documental publicado por Alberto López Polo, segundo o qual o bispo de Saragoça, Dom Pedro Garcés, no dia 11 de Abril de 1277, autorizou o despenseiro da paróquia do Salvador, *Mosén* Pedro Navarrete, a obter fundos em toda a diocese para as obras da igreja e do campanário. Uma inscrição na pedra silhar que reforça a base da torre informa-nos de que esta obra de consolidação foi realizada no ano de 1650. Posteriormente, a torre foi restaurada várias vezes, durante o século XX. A última remodelação ocorreu em 1992, sob a responsabilidade dos arquitectos Antonio Pérez e José María Sanz.
Como o interior está preparado para receber turistas, a Torre do Salvador é a mais indicada para se subir até ao campanário e examinar a estrutura interna, semelhante à dos *minaretes* da época almóada. O edifício consta de duas torres, a exterior feita de tijolo e a interior de alvenaria e gesso. A escadaria situa-se entre ambas e a torre está dividida ao alto em três aposentos. O inferior está coberto por uma abóbada de cruzaria e os outros dois com abóbadas de meia-volta, situando-se o campanário na parte mais elevada.

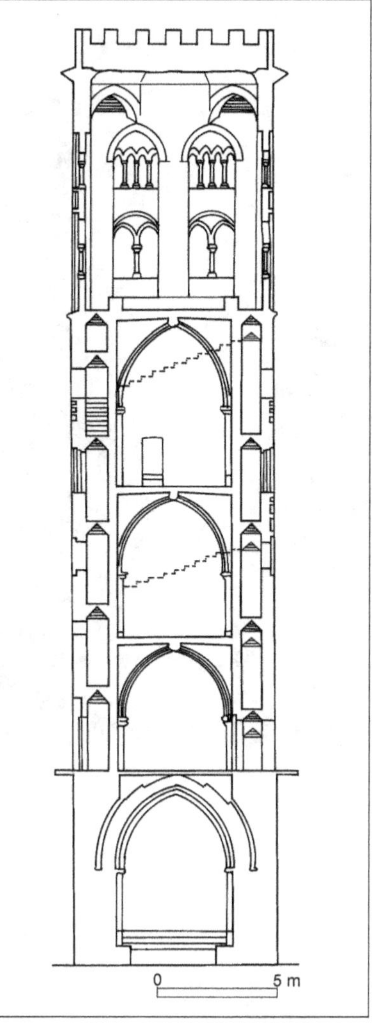

Torre do Salvador, secção, Teruel.

Algumas características peculiares corroboram o carácter evoluído e tardio desta torre, a mais recente de todas as de Teruel, exceptuando a desaparecida Torre de San Juan. Esta última, conhecida como "la fermosa", foi construída em 1343-1344 e destruída em 1366, quando as tropas castelhanas ocuparam a cidade durante a guerra entre os dois Pedros.

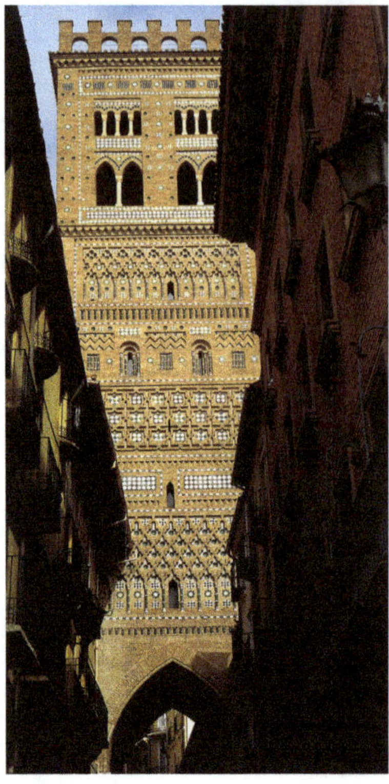

Torre do Salvador, Teruel.

O arco da parte mais baixa da Torre do Salvador, que dá passagem para a rua, já não se fecha com uma abóbada de meia-volta, como as outras, mas, sim, com uma abóbada de cruzaria simples. Adverte-se uma maior maturidade artística no sistema decorativo, no qual os grandes panos ornamentais em tijolo ressaltado atingem uma extensão cada vez maior. Isto sucede tanto com os panos de arcos mistilíneos entrecruzados, como com as séries de laços de quatro em forma de estrelas de oito pontas combinadas com cruzes. Mesmo as bandas em ziguezague se potenciam ao tornar-se duplas. Por outro lado, a cerâmica aplicada segue a tendência formal da Torre de San Martín, isto é, uma maior variedade de peças de menor formato e uma gama de cores mais ampla.

IV.1.c **Igreja e Torre de San Pedro**

Situa-se na rua M. Abad. Desde a Praça do Torico, seguindo pela rua Hartzenbusch. O interior está em processo de restauro.

A Torre de San Pedro eleva-se aos pés da fábrica da actual igreja, e é mais antiga que ela. Construída em meados do século XIII, pôs fim a uma campanha edilícia românica levada a cabo nesta paróquia, sendo o único testemunho conservado da mesma.
Devido à sua tipologia e decoração, a Torre de San Pedro sempre se relacionou com a de Santa María, que, de acordo com o relatório dos juízes da cidade de Teruel, foi construída entre 1257 e 1258. Como as análises dendrocronológicas determinaram o ano de 1240 como a data da construção da Torre de San Pedro, alguns estudiosos defendem a tese de que é anterior à de Santa María.
O campanário original foi reforçado em 1795, a fim de lhe ser sobreposto um sóbrio remate de tipo neoclássico. Depois da Guerra Civil de 1936-1939, o arquitecto Manuel Lorente Junquera eliminou o remate neoclássico e recuperou o campanário original. Em 1994 foi restaurada de novo por Antonio Pérez e José María Sanz.
Esta torre, tal como todas as de Teruel, abre-se na parte mais baixa em arco quebrado, neste caso de dupla rosca, abrindo uma passagem na rua. Comparte com a Torre de

Santa María pelo menos três características: a disposição interior de tradição cristã, constituída por uma só torre dividida em andares; o sistema ornamental, com especial destaque para o friso de arcos de meio-ponto entrecruzados, cujo precedente formal se encontra na fachada islâmica da mesquita da Aljafería de Saragoça; e a aplicação da cerâmica mudéjar na sua versão verde e manganês. Um dos elementos de maior interesse na ornamentação da torre é a série de capitéis em pedra talhada. Mariano Navarro Aranda, em 1953, chamou a atenção sobre um deles, que representa uma *hamsa* ou mão de fátima. Este tema, que simboliza a fé do Islão e a protecção contra os malefícios, foi introduzido pelos almóadas, segundo Juan Antonio Souto, e também se encontra na cerâmica esgrafitada da primeira metade do século XIII.

A actual fábrica mudéjar da Igreja de San Pedro substituiu uma anterior, da época românica. As seguintes notícias documentais, reveladas por Alberto López Polo, referem-se sem dúvida à fábrica dos nossos dias: a da sua construção, em 1319; a da obrigação de Francisco Sánchez Muñoz de edificar o claustro, em 1383; e a da sua consagração, em 1392.

Todas estas notícias concordam com as características estruturais e formais da actual igreja de San Pedro, que segue a tipologia de igreja-fortaleza mudéjar estabelecida na igreja paroquial de Montalbán (Teruel), particularmente na zona da abside. Esta última é de planta poligonal de sete lados, com capelas entre os contrafortes e com a característica tribuna sobre as capelas. Pelo lado exterior, a abside de San Pedro está muito decorada, com panos de tijolo ressaltado e contrafortes que se erguem em forma de pequenos torreões octogonais, mais esbeltos e desenvolvidos que os da igreja paroquial de Montalbán, que lhe serve de modelo.

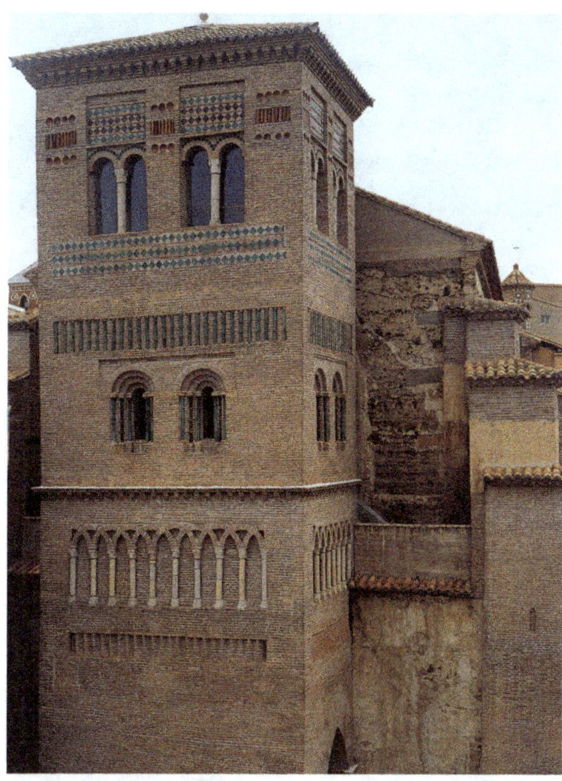

Igreja e torre de San Pedro, pormenor da torre, Teruel.

Tanto o interior da igreja como o claustro foram objecto de uma reforma modernista na primeira década do século XX, da qual fizeram parte o arquitecto Pablo Monguió Segura e o pintor e decorador Salvador Gisbert. A sua intervenção modificou profundamente todo o conjunto, e a decoração original conservou-se parcialmente na zona oculta pelo retábulo maior. Hoje,

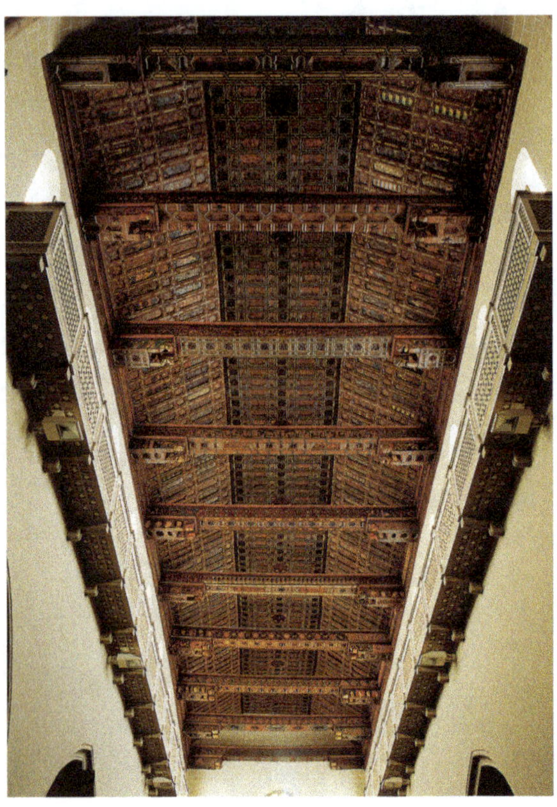

Catedral de Santa María, vista geral do tecto, Teruel.

trabalha-se pacientemente num vasto projecto de restauro do monumento.

IV.1.d **Catedral de Santa María**

Situada na Praça da Catedral.
Horário: das 11 às 14 e das 16 às 20.
Visitas guiadas que permitem aceder ao tecto, recentemente restaurado.

A Catedral de Santa María situa-se perto da Praça Mayor, bem no centro da cidade, facto de que dá conta a sua antiga advocação de Igreja de Santa María de Mediavilla. O templo só se tornou catedral em 1587, ano em que se criou a diocese de Teruel.

Como já aqui foi dito, a Torre de Santa María foi construída entre 1257 e 1258. Tal como no caso da Torre de San Pedro, é o elemento mais antigo de todo o conjunto e encerrou uma campanha edilícia românica desenvolvida durante a primeira metade do século XIII. Neste caso, no entanto, as três naves da época românica não foram demolidas, mas, sim, reforçadas, reduzindo-se para metade o número de arcos de separação entre as mesmas e acrescentado altura aos muros das três naves actuais. Uma destas naves, a central, ostenta um célebre tecto mudéjar. As análises dendrocronológicas concluíram que a torre foi construída em 1250, data que concorda com a documentação existente.

A Torre de Santa María e a Torre de San Pedro são os exemplos mais antigos de torre mudéjar turolense. Entre os seus elementos peculiares, é de referir, em primeiro lugar, o arco quebrado da sua parte inferior. Por baixo, passa a rua, fórmula que conta com bastantes precedentes na arquitectura da época, incluindo a italiana. Assim, as torres-campanário integram-se perfeitamente no sistema urbano. Por outro lado, destacam os aspectos ornamentais de inspiração islâmica, que são os mesmos que aqui foram referidos a propósito da Torre de San Pedro, isto é, arcos de meio-ponto entrecruzados e uso de cerâmica em verde e manganês aplicada como decoração arquitectónica sob a forma de azulejos, discos ou pratos e fustes.

Já no interior da catedral, o tecto que cobre a nave central é uma obra única na arte mudéjar, tanto pela estrutura, como pela decoração. Resume duas tradições artísticas, a islâmica e a cristã, refundidas numa manifestação artística nova. Alguns chamaram-lhe "a Capela Sixtina" da arte mudéjar. A data da sua realização não é certa, e não existem documentos que a comprovem, mas todos os indícios apontam para o último quartel do século XIII. Durante a Guerra Civil de 1936-1939, uma bomba destruiu a última secção da entrada. Posteriormente, entre 1943 e 1945, técnicos do Departamento das Regiones Devastadas restauraram de maneira abusiva o tecto. Entre 1996 e 1999, sob a direcção técnica do Património Histórico Espanhol, foi levado a cabo um notável trabalho de estudo, limpeza, reforço e tratamento do tecto.

Estruturalmente, trata-se de um tecto de *par y nudillo*, com duplos tirantes, ao estilo da tradição carpinteira almóada. Cada vez é menos frequente encontrar *madeiramentos* tão antigos, mas ainda se conservam alguns exemplos da mesma época na cidade de Toledo (Igreja de Santiago del Arrabal e Sinagoga de Santa María la Blanca). No caso da catedral de Teruel, cujas naves tinham sido elevadas sem se acrescentarem os devido contrafortes para um possível abobadamento, este madeiramento foi a solução de cobertura mais acertada, pois a sua estrutura reparte a carga por igual sobre os muros.

O interesse artístico da ornamentação deste tecto é ainda maior, tanto a de tipo geométrico, como a de tipo vegetal e sobretudo a de tipo figurativo, que conta com um repertório de imagens sem precedentes. Aplicada em têmpera sobre a madeira, de acordo com o estilo gótico linear, prefere as imagens

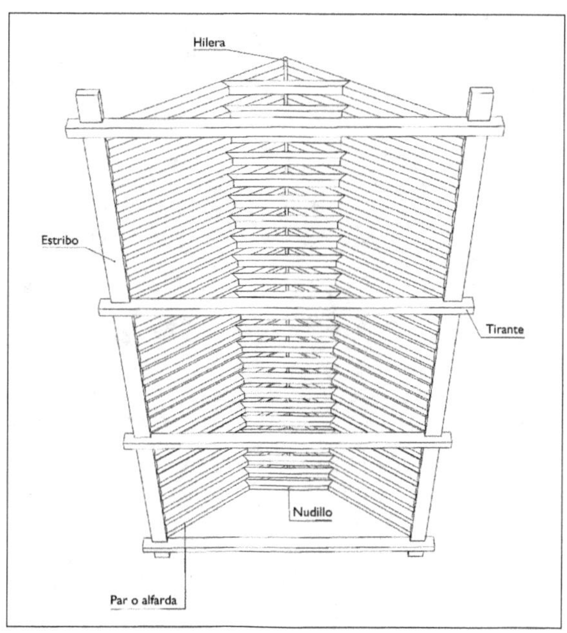

Esquemas de um madeiramento de "par y nudillo".

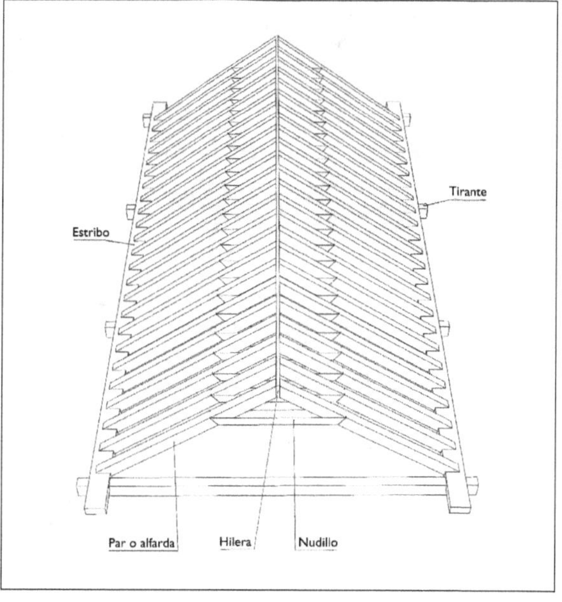

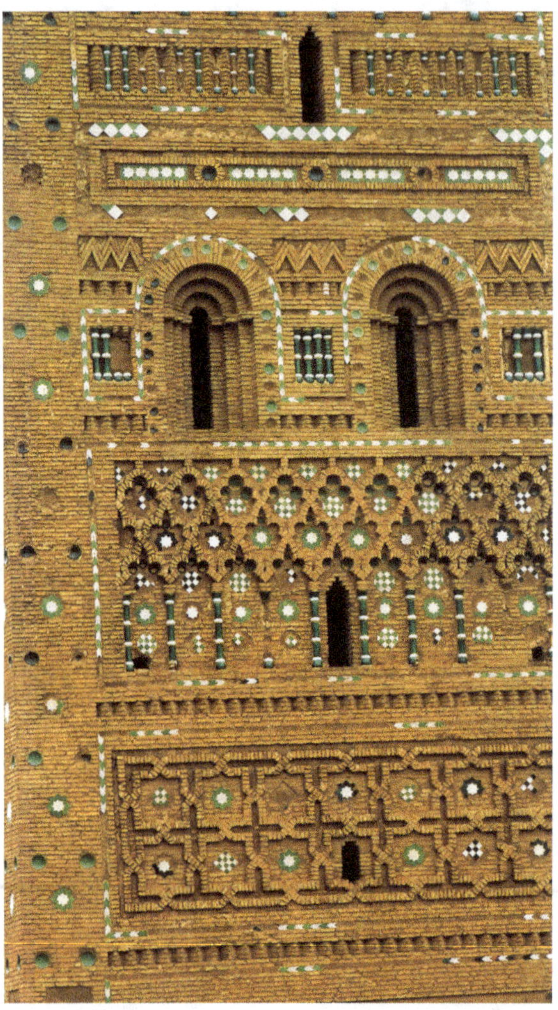

Torre de San Martin, pormenor, Teruel.

profanas (representações das diferentes classes sociais da vila e das suas actividades) às religiosas (entre estas, destaca um ciclo da Paixão). Sobressaem as cenas de cavalaria, torneio e caça, e dos diversos ofícios e trabalhos dos carpinteiros, pintores e músicos. Outras imagens de carácter alegórico e simbólico procedem da tradição figurativa dos bestiários ou talvez estejam relacionadas com textos literários. No entanto, na disposição espacial destas imagens não se aprecia nenhuma ordem coerente, e os estudiosos ainda se perguntam sobre a sua função e significado. Uma avaliação global desta obra não pode prescindir do horizonte histórico que a tornou possível, isto é, da cidade e da sociedade de Teruel por volta de 1285.

Após a elevação das naves e a instalação do tecto mudéjar, as obras da catedral prosseguiram até à cabeceira, acrescentando-lhe o cruzeiro e as absides, em 1335. Na Idade Moderna, a necessidade de uma iluminação mais forte para o novo retábulo maior do escultor Gabriel Joly, realizado em preciosa talha de madeira sem dourar e instalado em 1536, obrigou à construção de um novo *zimbório*. Foi desenhado pelo mestre Juan Lucas, conhecido como "Botero", e construído em 1538 sob a direcção de Martín de Montalbán. Este *zimbório* da catedral de Teruel é o segundo mais antigo de Aragão, logo a seguir ao da Sé-Catedral de Saragoça, cuja estrutura islâmica reproduz (embora no exterior sejam mais evidentes os novos elementos formais do Renascimento, como os bustos clipeiformes).

Sugerimos que se detenha na portada neo-mudéjar da Catedral. Também são interessantes as escadas que vão dar à estação.

IV.1.e **Torre de San Martín**

Situada na Praça Pérez Prado. Desde a Catedral, seguir pela rua Temprado ou de Los Amantes.

Horário: na Páscoa e de 15 de Maio a 12 de Outubro, das 11 às 14 e das 17 às

20. Durante o resto do ano, contactar o Posto de Turismo. Telef.: 978 60 22 79.

A Norte da Catedral, muito perto da porta de Daroca, dominando desde as alturas a rua longitudinal de Los Amantes, a Torre de San Martín é, tal como a Torre do Salvador, o único vestígio mudéjar da paróquia de San Martín, pois sobreviveu a uma remodelação barroca total.

Foi construída entre 1315 e 1316, de acordo com o relatório dos juízes da cidade de Teruel. Num estudo realizado por José María Quadrado, ficou demonstrado que foi restaurada pelo engenheiro e arquitecto francês Quinto Pierres Vedel entre 1549 e 1551, naquela que foi a intervenção mais antiga que se conhece numa igreja mudéjar turolense. Nessa altura, o que se fez foi construir, na parte mais baixa da torre, um muro de pedra silhar em talude, a modo de reforço. Então, segundo uma concepção urbanística moderna, foram adquiridas umas casas ao Mosteiro da Santísima Trinidad para desembaraçar a torre de qualquer tipo de construções alheias e para abrir uma praça a seus pés. Já no século XX, foi alvo de diversas remodelações, com especial destaque para a de Ricardo García Guereta, em 1926.

Se a Torre de San Martín é fiel à tradição turolense de abrir uma arco na parte mais baixa das torres para dar passagem à rua, por outro lado introduz uma importante novidade estrutural, a do *minarete* almóada, como sucede na Torre do Salvador. Este facto torna-as substancialmente diferentes do modelo antigo das torres de Santa María e de San Pedro. São igualmente notáveis as inovações ornamentais, sobretudo o trabalho em tijolo ressaltado, onde é evidente a influência almóada. Finalmente, a decoração cerâmica supõe um avanço importante em relação à etapa anterior, pois enriquece a gama cromática e a variedade das peças aplicadas, além de lhes reduzir o tamanho.

Francisco Íñiguez chamou-nos a atenção para o facto de estas torres serem, ao fim e ao cabo, *minaretes* islâmicos aos quais foram sobrepostos campanários. A Torre de San Martín é, sem dúvida, um dos seus modelos melhor conseguidos, apesar do defeito congénito de não se ter resolvido adequadamente a cobertura do campanário. No entanto, este último é, no fundo, um elemento estranho ao sistema de trabalho mudéjar.

A lagoa de Gallocanta

Localizada a 23 Km de Daroca, no fundo de um grande vale originado por um aluimento tectónico, a lagoa de Gallocanta é uma das maiores da Península, superando os 1.000 hectares de superfície. Esta área foi declarada Zona Húmida de Interesse Internacional e Zona de Especial Interesse para as Aves. Entre meados de Fevereiro e meados de Março é possível apreciar concentrações de mais de 20.000 grous, embora também seja possível vê-los a partir da última quinzena de Outubro. Os melhores sítios para contemplar as aves são os observatórios localizados à volta da lagoa. É recomendável levar binóculos. Existe um Centro de Interpretação e um Museu de Aves de Gallocanta.

IV.2 DAROCA

IV.2.a A Cidade Medieval

A 97 Km pela N-234. Os monumentos da Cidade Medieval estão devidamente assinalados. O Posto de Turismo organiza visitas gratuitas. Telef.: 976 80 07 25.

A cidade de Daroca situa-se entre a colina de San Cristóbal, a Norte, e a colina de San Jorge, a Sul, e está rodeada de 4 Km de muralhas, quase sempre em taipa forrada com tijolos. A actual rua Mayor, construída num profundo barranco, atravessa-a de Este a Oeste, isto é, da porta Alta à porta Baixa. Foi fundada em finais do século VIII por árabes iemenitas , que construíram um castelo na colina de San Cristóbal. Já no século IX, surgiu uma pequena *medina* islâmica, muito concorrida, na encosta da vertente meridional da colina. A sua estrutura ainda se conserva: duas ruas principais —Grajera e Valcaliente— na parte alta, e um labirinto de ruelas de pronunciada pendente e casas construidas em socalcos.
Tal como a cidade de Calatayud, Daroca foi reconquistada por D. Afonso I, o "Batalhador", em 1120, após a Batalha de Cutanda, convertendo-se em capital de uma comunidade territorial. A sua importância histórica, além do episódio do milagre dos Corporales, cuja relíquia se encontra na colegiada de Santa María, remonta ao ano de 1336, quando o rei D. Pedro IV lhe concedeu o título de cidade em retribuição pela resistência dos seus habitantes contra as tropas castelhanas durante a guerra fronteiriça. Desde essa altura e até finais do século XVI, a cidade converteu-se num importante centro comercial e artístico. Assim, não é de estranhar que o pontífice aragonês Benedito XIII construísse as suas principais casas dentro do seu recinto, por volta de 1411, com a provável intenção de ir para lá viver, embora acabasse por se decidir por Peñíscola.
Durante a época medieval cristã, o desenvolvimento urbano de Daroca atingiu a zona do barranco. O antigo bairro da Franquería, actualmente a rua Mayor, cresceu a ambos os lados do barranco. A largura pouco comum desta rua medieval deve-se às constantes enxurradas de água e inundações que a assolavam, até ao dia em que o engenheiro francês Quinto Pierres Vedel, em meados do século XVI, dirigiu a construção de uma mina que perfurou o barranco de San Jorge para desviar às águas da chuva antes de estas terem tempo de irromper pela cidade dentro. A Norte da rua Mayor, entre a porta Alta e a desaparecida Igreja de San Pedro, mesmo ao pé do castelo, situava-se a judiaria, em redor da actual Praça de Barrio Nuevo. Quanto à mouraria, ficava a Sul da rua Mayor, à volta da actual Praça do Rey e já muito perto da porta Baixa.
No espectacular conjunto do recinto amuralhado, destaca, do ponto de vista urbanístico, a porta Baixa, que fecha pelo lado Oeste a rua Mayor. Muito bem conservada, foi construída em pedra silhar entre dois torreões de muralha, de acordo com a tipologia tardo-gótica das portas da cidade na Coroa de Aragão, embora o seu aspecto definitivo se deva a uma remodelação realizada na época do imperador Carlos V (1516-1556).

IV.2.b Abside de San Juan de la Cuesta

Praça de San Juan, s/nº. Não há culto. Horário: contactar o Posto de Turismo.

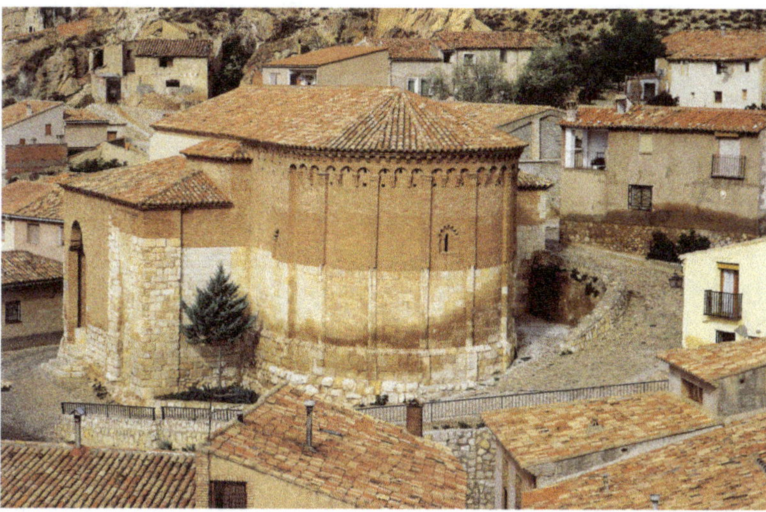

Abside de San Juan de la Cuesta, vista geral, Daroca.

Situada na Praça de San Juan, o seu interesse reside na mudança de materiais e de sistema de trabalho que ocorreu após uma interrupção das obras. Construída em meados do século XIII, a abside começou em estilo românico e em pedra silhar bem trabalhada, mas após algumas fiadas, interromperam-se as obras. Depois, reiniciaram-se os trabalhos em tijolo, fenómeno que não deve ser entendido como uma mera troca de materiais, trata-se de uma mudança no sistema de trabalho, semelhante ao que aconteceu com muitos outros monumentos peninsulares, como a Igreja de San Tirso de Sahagún (Leão). Ou seja, a obra que daí resultou não se limitou a concluir a projectada abside românica em tijolo, mas, sim, acrescentou-lhe elementos ornamentais novos, tais como os vãos em pequenos arcos polilobados, com precedentes na tradição islâmica. Estamos diante de um bom exemplo que demonstra que a arte mudéjar é um sistema construtivo alternativo ao de cantaria, no qual os materiais, as técnicas e os elementos formais integram um todo indissolúvel.

IV.2.c Torre de Santo Domingo de Silos

Praça de Santo Domingo, s/nº. O interior não é mudéjar e está fechado ao público.

Da igreja original já só se conserva a abside e esta torre, cujo corpo inferior é feito em silhar de meados do século XIII. Por esta altura, a construção da torre também sofreu uma paragem, para que os trabalhos fossem retomados de acordo com o sistema de trabalho mudéjar. Este exemplo é ainda mais contundente do que o da abside de San Juan de la Cuesta, e demonstra claramente que não estamos perante um mero fenómeno de mudança de materiais, mas, sim, de um sistema artístico. No tocante à sua estrutura interna, a torre segue completamente a tradição cristã. A parte inferior, em silharia, consiste apenas num núcleo interno de escadas em caracol. O resto, em

Torre de Santo Domingo de Silos, vista geral, Daroca.

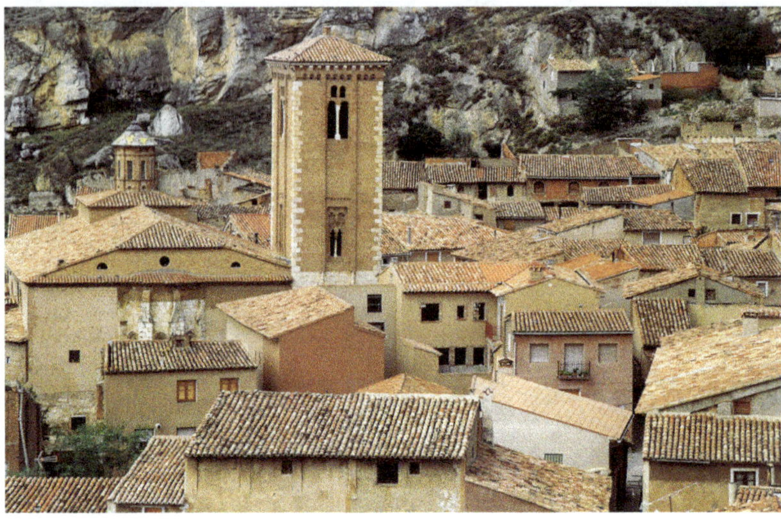

tijolo, consta de dois andares sobrepostos e cobertos com abóbadas de cruzaria simples, que permitiram abrir vãos semelhantes nos seus quatro lados. A comunicação em altura entre ambos os andares faz-se através de uma escada em caracol situada num ângulo. Do ponto de vista dos seus precedentes formais islâmicos, os vãos mais interessantes são os do andar inferior, formados por arcos gémeos mistilíneos, duplicados por arcos polilobados moldurados por *alfiz*. Estes últimos, tal como os tijolos dispostos em esquina dos dintéis, fazem lembrar soluções anteriormente utilizadas no Mudéjar de Leão. Para reforçar o beiral do telhado foram utilizados modilhões em forma de rolo e lavrados em pedra silhar. Este elemento formal, de tradição cordovesa e muito difundido por toda a Península, não era muito comum no Mudéjar aragonês. Também é muito precoce o uso de discos ou pratos de cerâmica vidrada sob o beiral. Tal como a cerâmica aplicada que já aqui foi referida na explicação sobre as Torres de Santa María e de San Pedro de Teruel, estes discos contam-se entre os mais antigos da arquitectura mudéjar de Aragão.

IV.2.d **Casa Principal de Benedito XIII**

Situada na rua Mayor, nº77. Conhecida como Casa de los Luna.
Para combinar visitas, contactar os escritórios do MSF.

Na Idade Média, a cidade de Daroca oferecia importantes exemplos de arquitectura mudéjar religiosa, hoje em dia desaparecidos. Entre eles, contavam-se as igrejas de San Pedro, cuja porta mudéjar se conserva no Museu Arqueológico Nacional de Madrid, e a de Santiago, cuja esplêndida torre foi demolida em 1913. No entanto, o objectivo principal da nossa visita, além do circuito urbano já comentado, é uma obra única de arquitectura civil mudéjar situada na rua Mayor. O seu interesse reside, precisamente, no facto de serem bastante escassos os elementos de arquitectura civil mudéjar que conseguiram sobreviver até aos nossos dias.

Relativamente transformada e adaptada às necessidades das duas vivendas actuais, esta casa mudéjar de Daroca é a que possui maior interesse artístico entre todos os edifícios civis mudéjares de Aragão, após o desaparecimento das Casas de la Diputación del Reino de Saragoça, que também datavam do século XV. A casa de Daroca foi mandada construir pelo pontífice Benedito XIII por volta de 1411, provavelmente sob a supervisão do mestre-de-obras mudéjar Mahoma Rami, e foi objecto de uma reforma estrutural em finais do século XVI.

Felizmente, é fácil imaginar a sua disposição e estrutura originais, apesar das transformações e das reformas de que foi alvo para se adaptar aos requisitos das actuais vivendas. A casa possui três andares. No exterior do andar inferior, tão alto que permitiu ser dividido em mais níveis, destaca o apoio do beiral feito à base de cachorradas de madeira. Estas servem para suportar o andar principal e ainda conservam a decoração pintada com diversos motivos heráldicos, que foram estudados por María Dolores Pérez González. No seu interior, o rés-do-chão conservou num dos lados o sistema original de apoio ao andar principal, feito à base de um arco triplo e de pilares de descarga dos *alfarges*. No outro lado, este sistema foi substituído, em finais do século XVI, por uma coluna anelada e um dintel. Flanqueado por este sistema de suportes, na parte traseira abre-se um pequeno pátio interior, ao fundo do qual foram colocadas estâncias com abóbadas de meia- volta que foram utilizadas como cavalariças e adegas. Entre os *alfarges* que cobrem o andar inferior, sobressai um que terá correspondido a um espaço utilizado como capela. Numa zona do andar nobre ainda se conservam bem os *alfarges*, facto que permite adivinhar quais seriam as medidas das estâncias principais que davam para a rua. Numa das vigas destacam as armas do Pontífice, com a inscrição "Benedictus". No andar principal, destaca o tratamento dado aos janelões que dão para o pátio interior, profusamente decorados com trabalhos em gesso talhado, que combinam elementos ornamentais de tradição islâmica com tracerias do Gótico florido e rosetas. O responsável por esta moda foi Mahoma Rami, que a utilizou na Sé-Catedral de Saragoça entre 1403 e 1409.

O interesse estrutural e ornamental desta casa mudéjar de começos do século XV é imenso, e a sua recuperação como monumento deve ser um imperativo se se pretender que o Mudéjar aragonês obtenha o título de Património da Humanidade que é concedido pela Unesco.

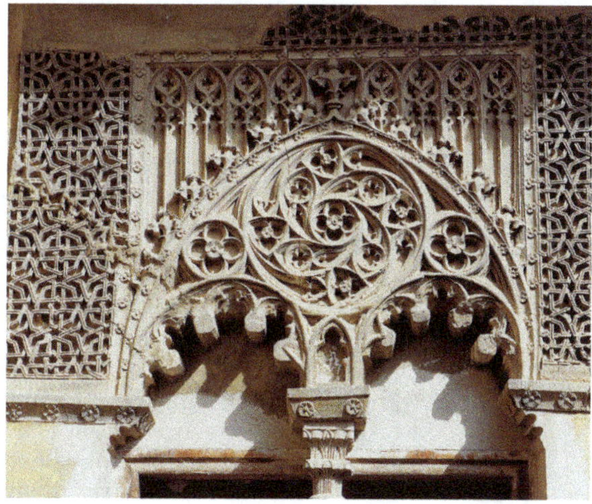

Casa Principal de Benedito XIII, trabalhos em gesso da janela, Daroca.

LA MORERÍA TUROLENSE

Gonzalo M. Borrás Gualís

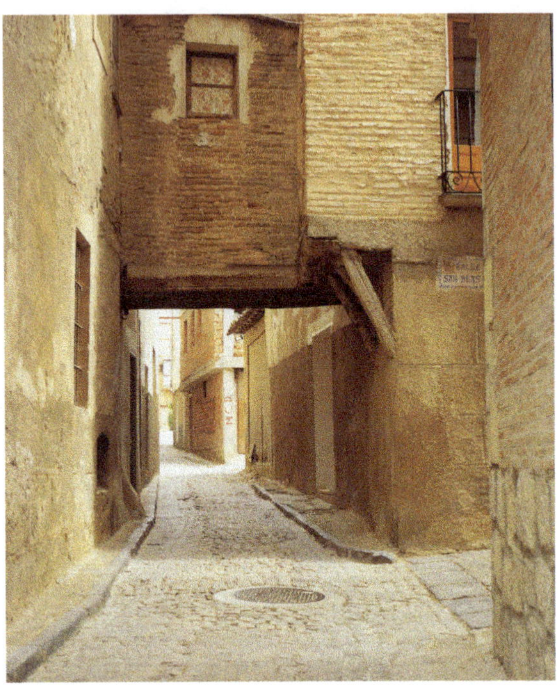

Mouraria Turolense, Rua San Blas, Daroca.

Após a reconquista das cidades de al-Ândalus, e devido aos imperativos da repovoação, os monarcas cristãos pactuaram a autorização da permanência da povoação mudéjar. No caso de Saragoça, conquistada em 1118 por D. Afonso I de Aragão e Navarra, deu-se um prazo de um ano aos mudéjares que pretendiam ficar na cidade para que se mudassem para um bairro situado extramuros. Foi assim que surgiu a mouraria fechada, elemento característico do urbanismo mudéjar.

As minorias mudéjares, tal como os judeus, pertenciam ao domínio real. Estavam organizadas em *aljamas* independentes do concelho, com autoridades privativas e um ordenamento legal próprio, e sob a jurisdição imediata do "baile" ou representante do poder real, que procurava a sua protecção e velava pelos interesses da Coroa.

Em Teruel, no entanto, a reconquista e posterior repovoação do território revestiram-se de características muito especiais. Uma delas é que não se verificaram pactos de capitulação com os vencidos, nem se deu o caso de uma antiga população mudéjar permanecer no local. Contrariamente ao que era costume acontecer, a mouraria foi sendo criada pouco a pouco. Numa primeira fase, cujo momento culminante ocorreu durante a reconquista de Valência (1238), foram para lá muçulmanos feitos prisioneiros de guerra, que obtinham o resgate ou redenção mediante o pagamento de determinados montantes. Os muçulmanos emancipados formaram a primeira comunidade mudéjar turolense, de cuja presença dão fé as ordenações concelhias de 1258.

A povoação mudéjar de Teruel foi aumentando cada vez mais, pois em 1278 o rei D. Pedro III ordenou ao seu bailio Aaron Abinafia que, de acordo com a prática anteriormente referida, transferisse os mudéjares para um bairro extramuros. No entanto, o concelho turolense opôs-se a esta pretensão, provavelmente para evitar a criação de vazios excessivos dentro da cidade,

O privilégio concedido pelo rei D. Pedro III no dia 2 de Março de 1285, solicitado pelos numerosos mudéjares vindos de fora que pretendiam estabelecer-se na mouraria turolense, foi decisivo para o seu

processo de formação. Para favorecer esta afluência e estimular a sua adaptação, o real privilégio autorizava os mudéjares a adquirirem quintas rústicas e a pagarem por elas apenas a metade do imposto pré-estabelecido para os bens imóveis.
O resultado de tudo isto foi que, na cidade de Teruel, não se formou uma mouraria fechada fora do recinto urbano. Pelo contrário, os mudéjares estabeleceram-se sobretudo na zona Norte da cidade, entre a porta de Daroca e a Igreja de San Martín. Apesar de a mouraria se situar nesta área, alguns mudéjares residiam dispersos por outros pontos da cidade, chegando mesmo a ocupar lojas e casas na Praça Mayor ou do Mercado.
As actividades produtivas da população mudéjar pouco se diferenciavam das das outras pessoas, pois dedicavam-se especialmente à agricultura, ao gado ovino e ao artesanato, com especial destaque para os ofícios de construção, fabrico de telhas e tijolos e produção de cerâmica.
Os muçulmanos imigrados das terras do Levante e do Sul foram, sem dúvida, os responsáveis pela introdução das novidades formais da arte mudéjar turolense, tanto a nível das estruturas, como da ornamentação. Por exemplo, no dia 8 de Abril de 1306 os mestres de azulejaria turolenses Abdulhaziz de Bocayren (antropónimo do Levante) e o seu filho, Abdomalich, foram eximidos pelo monarca D. Jaime II de todo o tipo de impostos, em compensação pelos trabalhos de azulejos que tinham feito e continuariam a fazer para as obras reais.

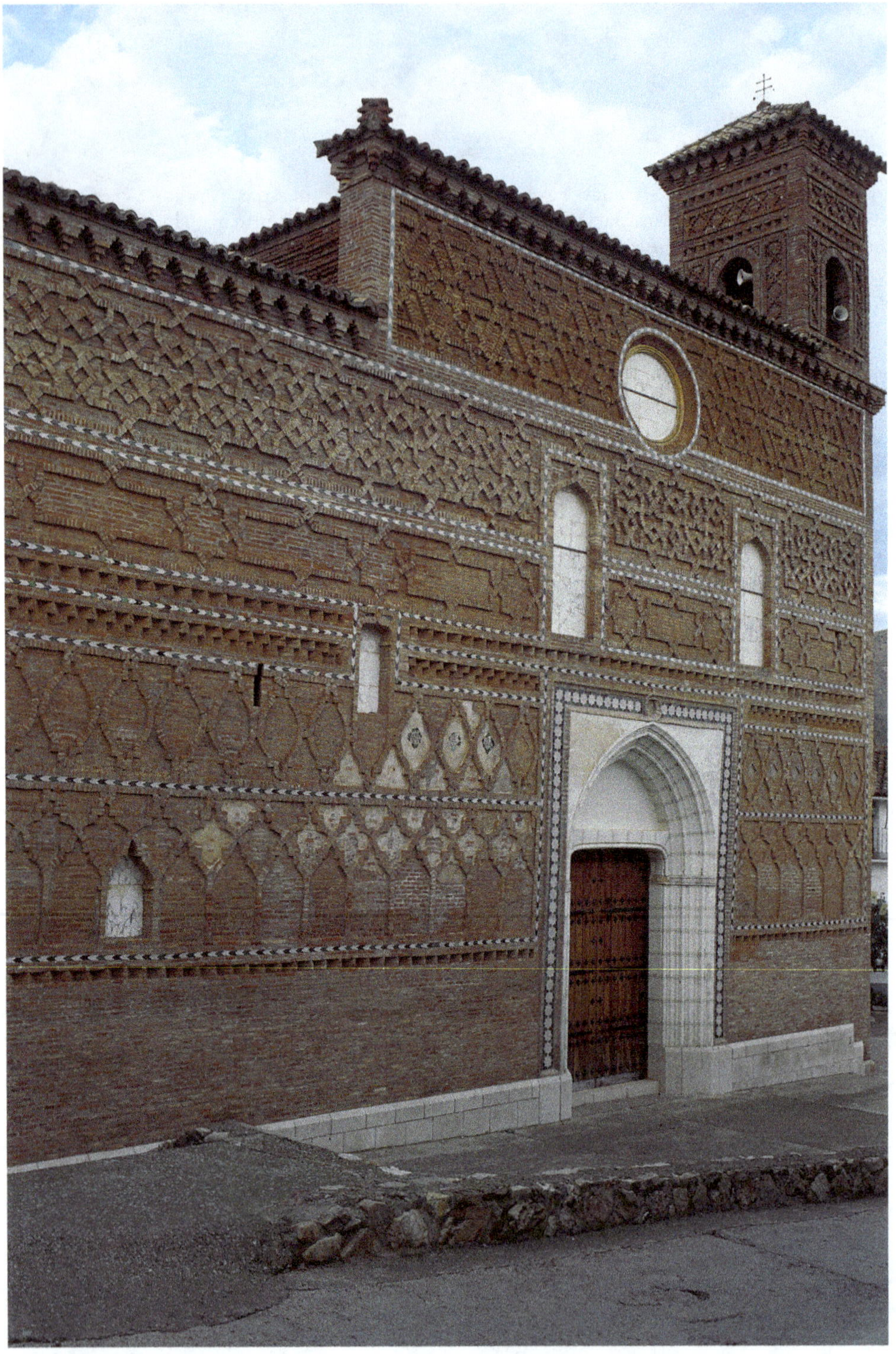

As igrejas-fortaleza na fronteira com Castela

Gonzalo M. Borrás Gualís

V.1 TOBED
- V.1.a Igreja de la Virgen

V.2 BELMONTE DE GRACIAN (opção)
- V.2.a Torre de Igreja Paroquial

V.3 MALUENDA
- V.3.a Igreja de Santa María
- V.3.b Igreja das Santas Justa e Rufina

V.4 MORATA DE JILOCA
- V.4.a Igreja de San Martín

V.5 CALATAYUD
- V.5.a Igreja e Torre de San Pedro de los Francos
- V.5.b Igreja e Torre de San Andrés
- V.5.c Colegiada e Torre de Santa María

V.6 TORRALBA DE RIBOTA
- V.6.a Igreja de San Félix

V.7 ANIÑON
- V.7.a Muro ocidental da Igreja e Torre mudéjar

V.8 CERVERA DE LA CAÑADA
- V.8.a Igreja-fortaleza de Santa Tecla

Mahoma Rami, maestro de obras

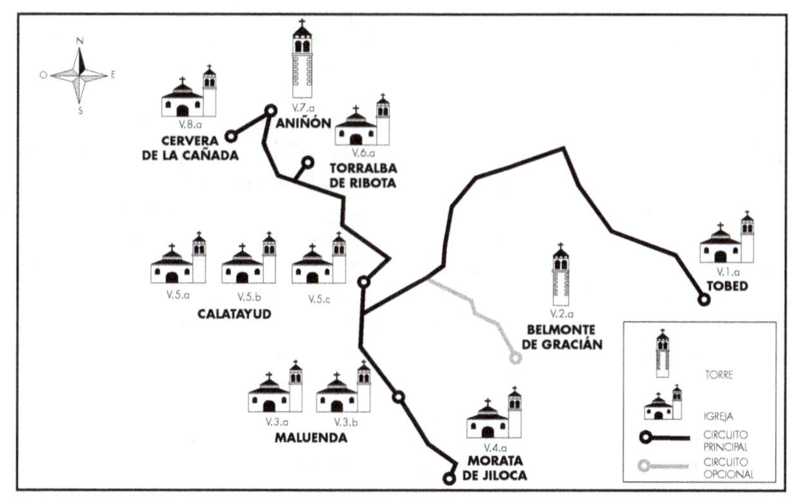

Igreja de la Virgen, fachada e torre, Tobed.

Igreja Paroquial, vista geral, Aniñón.

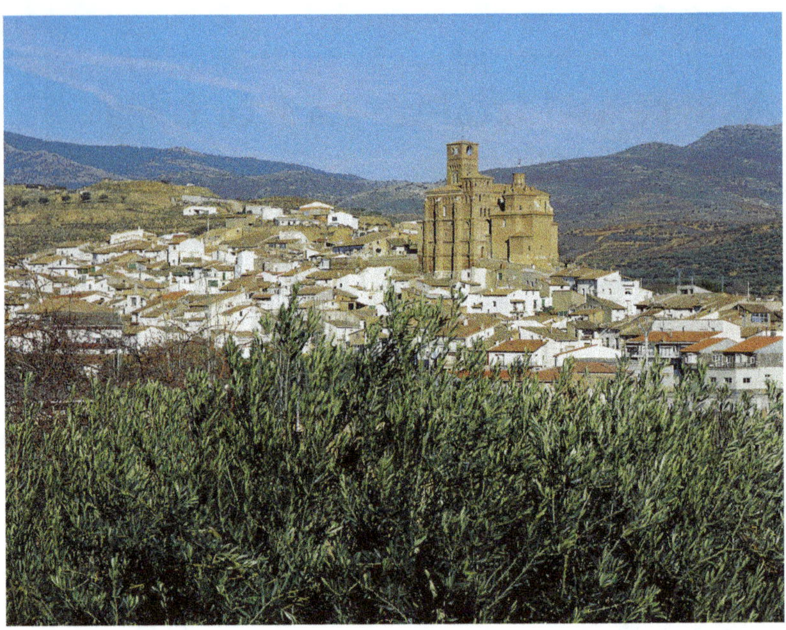

Este circuito leva-nos até ao distrito de Saragoça, por vales amparados por colinas. Trata-se de uma antiga horta de fruticultura, de que há notícia pelo menos desde o século XV. No vale do rio Jalón, o maior afluente do Ebro pela margem direita, localiza-se o reduto mudéjar aragonês por excelência. Por ele passam numerosos sub-afluentes do Jalón, como o Grío, o Perejiles, o Jiloca ou o Ribota, todos eles abrangidos pelo presente circuito. Estas terras, pertencentes à antiga comunidade de Calatayud, foram muito povoadas por mudéjares e *mouriscos* antes da sua expulsão, no século XVII. Este facto histórico explica, sem dúvida, a grande densidade monumental mudéjar destes vales a Sul do rio Ebro.

O objectivo do itinerário é apresentar o Mudéjar como uma cultura de vale, através do desenvolvimento de um tema principal e de dois secundários. O tema principal é abordado logo desde o início, na Igreja de la Virgen, en Tobed, e é a ideia condutora de todo o circuito. Consiste em aprofundar o estudo de uma tipologia arquitectónica singular, que é uma criação genuína da arte mudéjar aragonesa: a igreja-fortaleza. Este modelo não tem equivalente formal em Espanha, e embora tenham existido igrejas que cumpriram uma função defensiva, em nenhum caso se cristalizou uma solução arquitectónica semelhante ou que se possa comparar ao Mudéjar aragonês. Esta tipologia construtiva integra de uma maneira particularmente eficaz as formas e estruturas de igreja no interior, com as de fortaleza no exterior.

Dois factores históricos permitem explicar o surgimento desta tipologia arquitectónica. Em primeiro lugar, o importante papel que as ordens militares desempenharam na repovoação cristã do território aragonês. Neste caso, referimo-nos à ordem militar do Santo Sepulcro, que estabeleceu a sua sede principal no território de Calatayud, de que Tobed fazia parte. É muito conhecido o episódio do singular testamento do rei D. Afonso I, o "Batalhador" (1134). Por sua morte, repartiu o reino de Aragão pelas diversas ordens militares existentes —de São João do Hospital, do Templo, do Santo Sepulcro, de Santiago e de Calatrava—, mas a sua vontade foi anulada. Em troca desta decisão, as ordens militares foram compensadas com importantes domínios espalhados pelo reino. Os seus cavaleiros, donos de vastos territórios, promoveram a arquitectura mudéjar, emulando o exemplo dado pelos reis, pelo pontífice Benedito XIII e pelos arcebispos, aqui estudado durante o circuito urbano pela capital do reino. Assim, é lógico pensar que as ordens militares apadrinharam tipologias arquitectónicas que se adequavam perfeitamente à dupla condição pessoal dos cavaleiros, ao mesmo tempo religiosos e militares, como é o caso da Igreja de la Virgen, em Tobed, mandada construir pela ordem do Santo Sepulcro.

Além deste factor histórico, há ainda outro não menos importante para a explicação da criação do modelo mudéjar de igreja-fortaleza. Trata-se da dura guerra fronteiriça entre D. Pedro I de Castela (Pedro, o "Cruel") e D. Pedro IV de Aragão (Pedro, o "Cerimonioso"), cujas primeiras escaramuças se produziram em 1356 e só cessaram treze anos mais tarde.

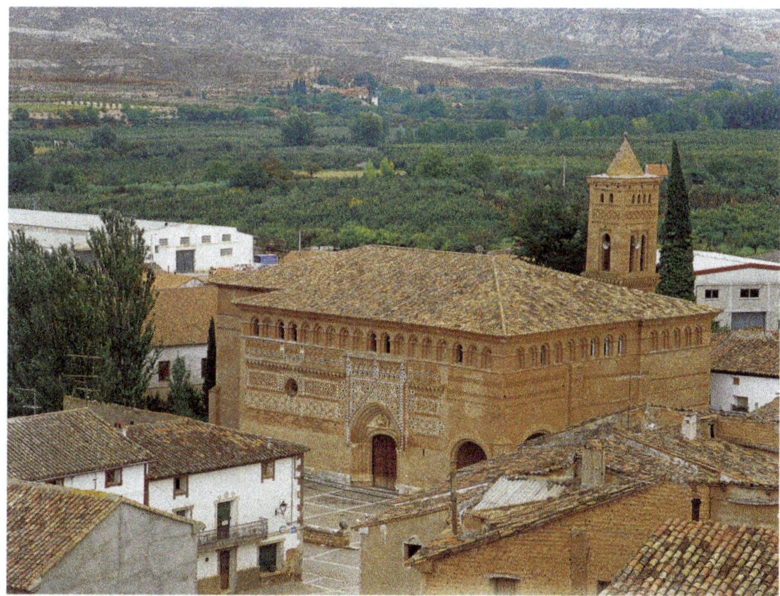

Igreja de San Martín, vista geral, Morata de Jiloca.

Igreja de la Virgen, plano da planta das tribunas, Tobed.

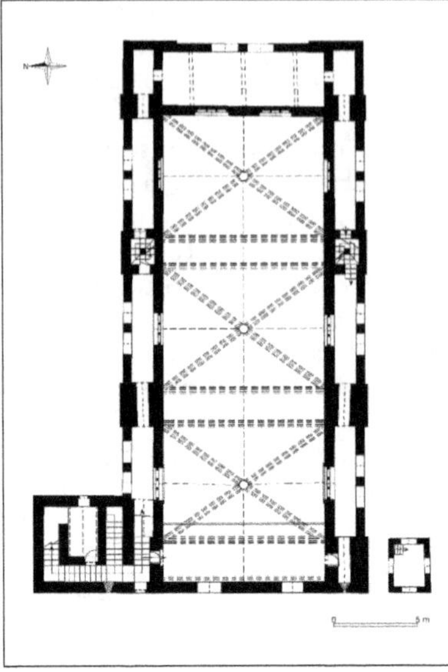

Entre 1357 e 1366, o reino de Aragão chegou a viver uma situação verdadeiramente caótica, e esteve na iminência de ser tomado pelos castelhanos. A guerra prejudicou especialmente as cidades de Calatayud e de Tarazona. A ordem militar do Santo Sepulcro da Calatayud participou activamente na guerra, do lado do rei aragonês, resistindo às tropas castelhanas no castelo de Nuevalos. Como represália, D. Pedro I, ao tomar a cidade de Calatayud em 1362, arrasou a sua sede e arquivo. Hoje, cinco séculos depois da unidade territorial espanhola alcançada pelos Reis Católicos em 1492, é talvez um pouco difícil contemplar estas terras da antiga comunidade de Calatayud como sendo territórios de fronteira com Castela. No entanto, o nascimento e desenvolvimento da igreja-fortaleza mudéjar em Aragão coincide com o momento histórico da guerra com Castela e é o resultado da marca que esta deixou na mentalidade colectiva.

Ainda falta falar dos dois temas secundários deste circuito referidos no início deste texto, e que também têm o seu interesse. Um deles, prende-se com a questão dos mestres-de-obras muçulmanos, alguns dos quais se conhecem graças a inscrições monumentais. Equiparam-se em prestígio artístico e em consideração social aos mestres cristãos. Referimo-nos, por exemplo, a Yuçaf Aldolmalih, nome que se conserva numa inscrição pintada sob o tecto mudéjar do coro da Igreja de Santa María de Maluenda, ou ao famoso mestre-de-obras de Benedito XIII, o muçulmano Mahoma Rami, referido numa inscrição talhada em gesso no coro da Igreja de Santa Tecla, em Cervera de la Cañada.

O segundo tema secundário consiste em sublinhar a harmonia entre as linguagens artísticas orientais e ocidentais deste território, entre os interiores mudéjares e os esplêndidos retábulos de pintura gótica. É o que sucede, entre outros casos, nas Igrejas das Santas Justa e Rufina, em Maluenda, de San Martín, em Morata de Jiloca, e de San Félix, em Torralba de Ribota, todas elas localidades de Saragoça.

V.1 TOBED

V.1.a Igreja de la Virgen

Combinar previamente a visita com a Câmara Municipal. Telef.: 976 629 101.

A fábrica desta igreja corresponde a duas fases de construção. A primeira inicia-se no dia 1 de Abril de 1356, no começo da guerra fronteiriça com Castela, sendo então prior do Santo Sepulcro em Calatayud o Frei Domingo Martínez de Algaraví, e seu comendador em Tobed o Frei Juan Domingo. Nesta primeira fase, foram edificados o presbitério e os dois primeiros tramos da nave. Provavelmente, a obra foi acabada três anos depois, já que no dia 3 de Junho de 1359 o arcebispo de Saragoça, Dom Lope Fernández de Luna, ditou uma sentença arbitral contra as pretensões da jurisdição episcopal de Tarazona e a favor dos priores do Santo Sepulcro de Calatayud. A sentença atribuía-lhes a propriedade da Igreja edificada em Tobed, bem como os altares construídos nas capelas da cabeceira em honra da Virgem, de São João Baptista e de Santa Maria Madalena, além das rendas correspondentes.

O último tramo da entrada foi construído numa fase posterior, a partir de 1394, ano da eleição do pontífice Benedito XIII, cujas armas decoram o fecho da abóbada deste tramo e o tecto do coro alto. A avaliar pelas características formais deste último tramo, é lícito pensar que Mahoma Rami foi o seu mestre-de-obras. A cronologia deste último é também corroborada pela notícia de que no dia 8 de Agosto de 1385 os cónegos do Santo Sepulcro de Calatayud decidiram dedicar todas as rendas e donativos do santuário de Tobed ao aperfeiçoamento da sua construção, que "no era acabada la de obrar".
A magnífica fachada ocidental da igreja, que fecha este tramo, permaneceu semi-oculta até 1984 por detrás da casa consistorial adossada a ela. O estado actual da fachada, apenas comparável, pela decoração em tijolo e cerâmica aplicada, ao

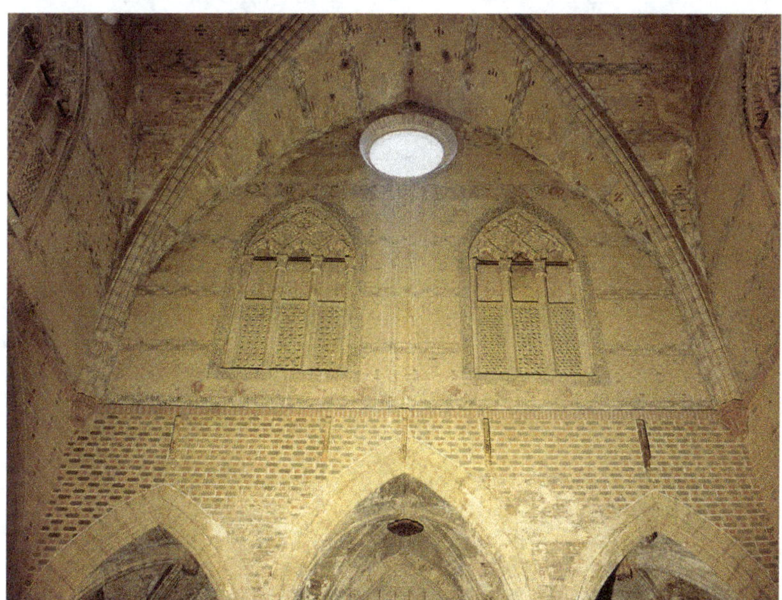

Igreja de la Virgen, arcos superiores da abside, Tobed.

muro exterior da "Parroquieta" de San Miguel, na Sé de Saragoça, é fruto do restauro efectuado pela arquitecta Úrsula Heredia, iniciado em 1985.

A Igreja de la Virgen, em Tobed, é o maior exemplo de igreja-fortaleza existente em Aragão. Trata-se de uma construção de uma única nave, com um presbitério rectangular e uma capela tríplice na cabeceira. A nave consta de três tramos cobertos por uma abóbada de cruzaria simples, que alternam com outros tramos mais curtos, cobertos com uma abóbada de meia-volta e compensados no exterior por torres-contraforte. No rés-do-chão destas torres situam-se as capelas laterais, três de cada lado da nave, cobertas com abóbadas conóides simples. Por cima das capelas laterais e da capela tríplice do presbitério, existe uma galeria ou tribuna que se abre para o exterior mediante arcarias quebradas e com um ândito a modo de adarve militar a qual se acede desde o interior da igreja, através das torres-contraforte.

Estruturalmente, trata-se de um edifício muito sólido, perfeitamente travado, tanto longitudinal como transversalmente, pelas abóbadas conóides que atam as torres-contraforte. Por dentro, o espaço forma uma só unidade, e conserva a decoração original mudéjar, tanto o ladrilhamento e pinturas dos muros e das abóbadas, como os lavores em gesso das janelas e dos óculos, sem esquecer a madeira decorada dos fechos das abóbadas e do *alfarge* ou tecto plano do coro alto, na entrada da nave. Toda esta riqueza de elementos ornamentais traduz-se no aspecto mudéjar do interior, que foi pouco alterado ao longo dos anos. Este mesmo tipo de efeito espacial pode ser apreciado noutros interiores mudéjares que fazem parte do presente circuito.

Pelo contrário, o aspecto externo do edifício oferece um volume compacto e sem ornamentação-, exceptuando a fachada ocidental, construída numa segunda fase, numa época em que a guerra fronteiriça com Castela já tinha sido esquecida- que lhe da um ar militar. Este aspecto fica ainda mais marcado pelas torres-contraforte, quatro a cada lado da nave, e pela tribuna aberta em arcos quebrados que existem entre as torres, a modo de adarve ou caminho de ronda. Na verdade, parece-se mais com uma fortaleza, do que com uma igreja.

Finalmente, e se pensarmos no êxito e na difusão deste tipo de construções por todo o território aragonês, o modelo representado com tanta magnificência pela igreja de Tobed, de que voltaremos a falar, soube dar resposta de maneira satisfatória aos problemas técnicos e funcionais da arquitectura da época.

V.2 **BELMONTE DE GRACIÁN** (opção)

V.2.a **Torre da Igreja Paroquial**

A 26 Km pela A-1505.
Se a igreja estiver fechada, contactar o senhor Leoncio. Telef.: 976 89 20 93.

A Igreja Paroquial de Belmonte de Gracián possui um magnífico exemplar de abside mudéjar, com cinco lados e sem contrafortes e profusamente decorada com tijolo

ressaltado formando um reticulado de rombos. A igreja é uma obra mudéjar tardia, de começos do século XVII. Após a construção da abside, as obras foram interrompidas, recomeçando-se os trabalhos de acordo com a linguagem clássica ocidental. No entanto, o objectivo da nossa visita não é a abside, mas uma coisa mais antiga. Trata-se de uma torre de planta quadrada do século XIV, um pouco afastada da actual igreja, no lado Sul. Esta torre está formada por dois corpos: o inferior possui uma estrutura interna de *minarete*, e o superior, completamente oco, de campanário. Os materiais utilizados são a alvenaria de gesso, na parte mais baixa, e o tijolo e a cerâmica aplicada, na parte mais alta.
Pelas suas características ornamentais, pode ser relacionada com a torre da Igreja de Santa María de Ateca e com a antiga torre da Igreja de Santa María de Maluenda. As três formam um grupo autóctone de forte personalidade, especialmente devido à presença de um motivo ornamental muito pouco frequente: a decoração em espiga. A torre de Belmonte partilha com a de Ateca outros elementos decorativos, tais como a série de arcos quebrados entrecruzados e o uso da cerâmica aplicada, tanto em forma de discos, como de fustes.
A volumetria desta torre mudéjar, com os dois corpos sobrepostos e o superior de proporções mais reduzidas, fez lembrar a alguns estudiosos os *minaretes* desaparecidos na zona, apesar de, neste caso, o segundo corpo corresponder ao desenho e à função dos campanários cristãos. Como sucede com muitos outros casos em Aragão, não se tratam de *minaretes* reutilizados, pois a reconquista do vale do Ebro ocorreu muito cedo —nesta zona de Calatayud e em Daroca, em 1120—, mas de torres-campanário cristãs construídas por mestres-de-obras muçulmanos ao estilo dos *minaretes* da região. Com efeito, a arte mudéjar não é mais do que a sobrevivência da tradição artística islâmica na Espanha cristã.

V.3 MALUENDA

A localidade de Maluenda conta historicamente com três belíssimas igrejas mudéjares, todas construídas na mesma época, durante as últimas décadas do século XIV e as primeiras do século XV. Formam um conjunto de poderosa personalidade artística, em parte devido ao material utilizado: a argamassa de gesso obtido directamente no terreno das colinas que dominam o

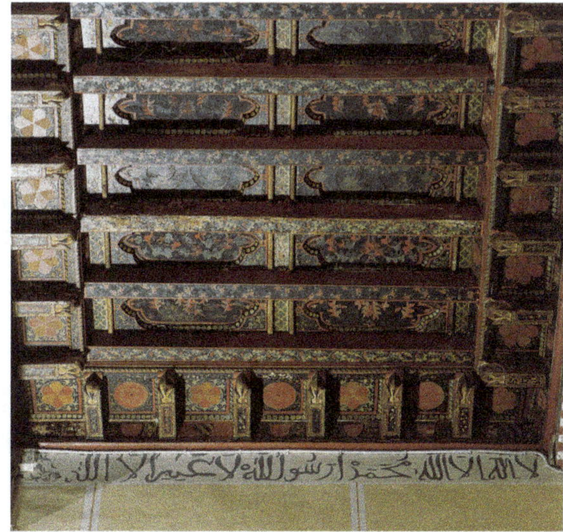

Igreja de Santa María, pormenor do tecto do coro, Maluenda.

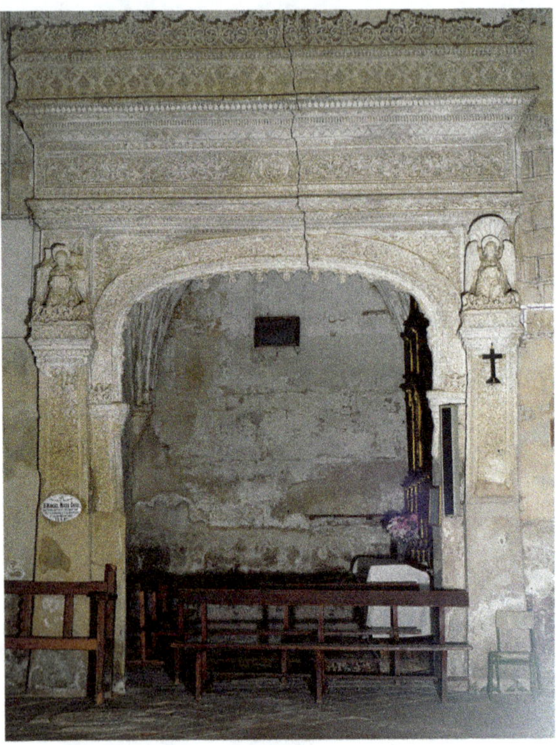

Igreja das Santas Justa e Rufina, arco de gesso da Capela do Rosário, Maluenda.

vale. A Igreja de San Miguel, situada no ponto mais alto, encontra-se actualmente votada ao abandono, mas as outras duas, as Igrejas de Santa María e das Santas Justa e Rufina, situadas nos dois extremos do povoado, ainda se mantêm de pé e abertas ao culto.

V.3.a **Igreja de Santa María**

A 14 Km, pela A-1504 até à N-II. Entrar no desvio da N-234.
Combinar previamente a visita com a Câmara Municipal. Telef.: 976 89 30 07.

Trata-se de uma igreja de uma só nave com abside poligonal de sete lados e três tramos cobertos com uma abóbada de cruzaria, capelas laterais entre os contrafortes e um coro alto na entrada.

Tal como a Igreja de San Pedro de los Francos de Calatayud, na fachada ocidental de Santa María abre-se uma portada de estilo gótico, construída em pedra silhar e em perfeita harmonia com o resto do conjunto mudéjar. À direita da fachada ergue-se a torre mudéjar, falsa na parte inferior, a modo de pano caído sobre a fachada, obra tardia da segunda metade do século XVI.

O elemento mais importante do interior é o *alfarge* mudéjar que cobre o coro alto na zona da entrada, um tecto plano de madeira com o vigamento à vista e decorado com temas vegetais e heráldicos. Uma inscrição pintada na parte baixa conserva o nome do mestre que o elaborou, Yuçaf Aldolmalih, de uma família mudéjar de Bilbilis. Este acrescentou uma inscrição em árabe ao tecto com uma *sahada* ou profissão de fé islâmica. Traduzida, esta inscrição de Maluenda reza assim: "O único deus é Deus [e] Maomé é o enviado de Deus. Só há... Deus", e é o único exemplo e muito eloquente da condição social dos mestres-de-obras mudéjares, alguns dos quais eram alfaquis.

V.3.b **Igreja das Santas Justa e Rufina**

Combinar previamente a visita com a Câmara Municipal.

Muito parecida com a Igreja de Santa María, embora com a fachada ocidental de estilo gótico europeu. Flanqueada por duas torres, as suas obras só terminaram no ano 1413, como se pode ler numa inscrição situada sob o coro alto, na entrada da nave. No interior, destacam dois trabalhos em gesso talhado: o púlpito, contemporâneo da fábrica da igreja, e o arco da entrada para a capela do Rosário, de começos do período Renascentista.

O magnífico retábulo maior, dedicado às santas titulares e realizado pelos pintores Domingo Ram e Juan Rius entre 1475 e 1477, é, provavelmente, o exemplo melhor conseguido em todo o território aragonês de integração entre espaço mudéjar e pintura gótica.

V.4 MORATA DE JILOCA

V.4.a Igreja de San Martín

A 13 Km pela N-234.
Combinar previamente a visita com a Câmara Municipal. Telef.: 976 89 40 22.

Não existem dados fiáveis sobre as fases de construção desta igreja paroquial, mas uma análise formal da mesma permite distinguir duas fases diferentes: numa primeira etapa, por volta de 1400, construiu-se a edifício principal mudéjar, incluindo a enorme fachada monumental decorada; numa segunda etapa, duzentos anos mais tarde e já nos primeiros anos do século XVII, mudou-se a orientação e a cabeceira da igreja, e construiu-se a galeria superior de arcos duplos de meio-ponto que coroa todo o monumento.

A característica mais interessante da Igreja de San Martín é o facto de, apesar de ainda corresponder ao modelo de igreja-fortaleza, a sua estrutura ficou completamente oculta e disfarçada pelo desenvolvimento desenfreado da decoração exterior. Os tempos difíceis da guerra com Castela tinham ficado para trás, e o exterior da igreja pôde permitir-se abandonar o ar sóbrio e austero do modelo, para se entregar à ornamentação em tijolo ressaltado e em cerâmica vidrada de todo o paramento lateral. Os únicos exemplos semelhantes que se conhecem são o muro da "Parroquieta" da Sé de Saragoça ou a testeira ocidental da Igreja de la Virgen, em Tobed.

Nesta igreja de Morata de Jiloca sobressai, antes de mais nada, a portada, cujo tímpano é dedicado a São

Igreja de San Martín, portada, Morata de Jiloca.

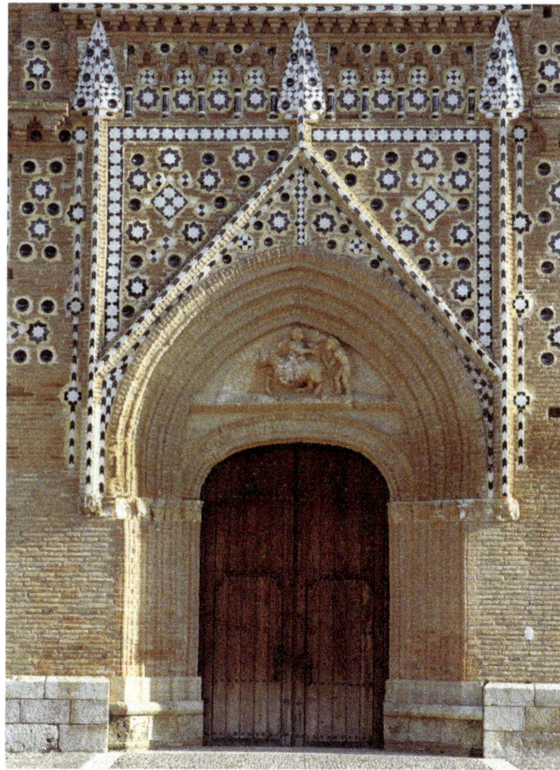

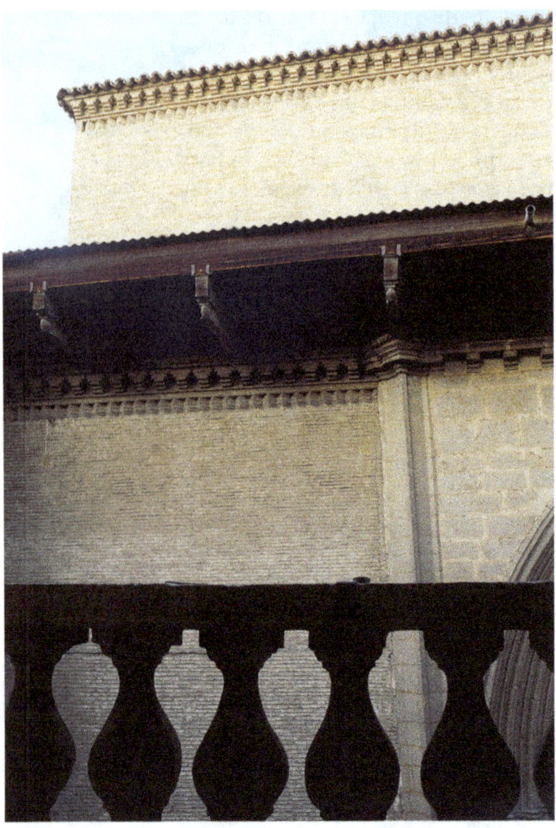

Igreja e Torre de San Pedro de los Francos, pormenor da fachada com beiral, Calatayud.

Martinho (montado num cavalo, rasga a capa e partilha-a com o pobre). Podemos apreciar nela uma esplendorosa fusão das formas orientais e ocidentais. As arquivoltas são molduradas por um *alfiz* com arcos mistilíneos, na mais feliz das combinações de uma portada gótica com uma fachada de *mihrab*.
As recentes obras de restauro recuperaram a orientação original da igreja, recuperaram a capela tríplice do presbitério, correspondente a esta singular tipologia arquitectónica de igreja-fortaleza, e instalaram um belíssimo retábulo de pintura gótica procedente de uma ermida das redondezas.

V.5 CALATAYUD

A cidade de Calatayud foi fundada pelos muçulmanos a cerca de 5 Km, seguindo o curso do rio Jalón acima, onde foram encontrados restos monumentais da antiga Bilbilis ibero-romana. A tradição conta que a fundação de Calatayud ocorreu logo a seguir à conquista muçulmana, mas a primeira notícia fiável que chegou até aos nossos dias apenas remonta a 862, ano em que o emir cordovês Muhammad I mandou reconstruir o seu castelo principal para servir de base de controlo contra os turbulentos Banu Qasi de Saragoça. Em 1120, dois anos após a reconquista de Saragoça, foi a vez de Calatayud passar para as mãos dos cristãos. Os repovoadores instalaram-se ao pé dos cinco promontórios dominados pelo castelo principal muçulmano, dos séculos IX e X. Durante a Idade Média foram erguidas numerosas igrejas mudéjares, embora muitas delas tenham sido destruídas, como as Igrejas de San Martín e de San Pedro Mártir (demolida em 1856). Apesar de tão lamentáveis perdas, o circuito urbano ainda dá conta do deslumbrante passado mudéjar da cidade.

V.5.a Igreja e Torre de San Pedro de los Francos

A 22 Km pela N-234. Situada na rua de la Rúa, nº 16. Encontra-se em processo de restauro.

Esta igreja deve o seu nome aos francos de Bigorre, na Gasconha, que colaboraram com o rei

D. Afonso I (1104-1134) na conquista da cidade e depois se instalaram nela, amparados pelas vantagens do foro de 1131. Nesta igreja e na de San Andrés celebravam-se as reuniões do Concelho, até que, já no Renascimento, passaram a ser celebradas nas Casas Consistoriais. Sob as suas abóbadas celebraram-se as Cortes Aragonesas de 1411, que precederam o célebre compromisso de Caspe, através do qual, em Junho de 1412, a coroa de Aragão passou para D. Fernando, infante de Castela.

A actual construção, que consta de três naves, é anterior à guerra com Castela, pois nessa época já servia de atalaia. A torre mudéjar foi eliminada em 1840 por causa da sua grande inclinação, aquando da passagem pela cidade da comitiva real, que se instalou no palácio fronteiriço do barão de Wersage. Esta amputação monumental deveu-se, possivelmente, a um mero capricho da rainha governante, Dona Maria Cristina. Também se perdeu o claustro mudéjar original.

Além do magnífico beiral que protege a enorme fachada monumental, é ainda digno de referência um órgão de finais do século XV de qualidade extraordinária guardado no interior da igreja, obra singular da carpintaria mudéjar de Calatayud.

V.5.b **Igreja e Torre de San Andrés**

Situa-se na Plaça de San Andrés, s/nº. O Posto de Turismo organiza visitas guiadas. Telef.: 976 88 63 22.

Historicamente, sempre rivalizou com a Igreja de Santa María, e foi recentemente restaurada. Por pouco se perdeu, tal como outras igrejas mudéjares de Bilbilis, devido a uma decisão consistorial do dia 10 de Março de 1870, felizmente anulada pela Deputação Provincial de Saragoça.

A igreja foi construída em dois momentos, o primeiro no século XIV e o segundo já no século XVI, altura em que se acabou a cabeceira.

A parte mais antiga e interessante é a que corresponde às três naves, sendo a do meio a mais alta de todas. Foram cobertas com abóbadas de cruzaria de enorme simplicidade e limpeza estrutural.

A torre mudéjar sobressai sobre todo o conjunto. De planta octogo-

Igreja e Torre de San Andrés, torre, Calatayud.

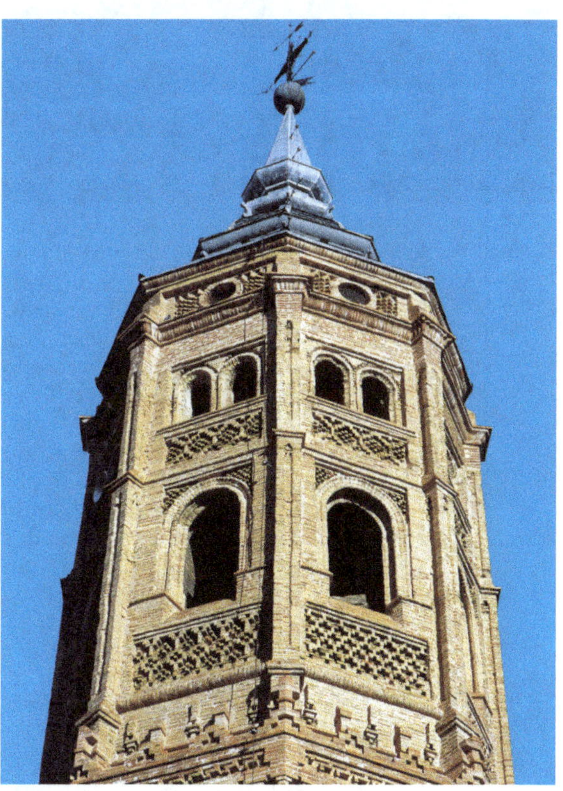

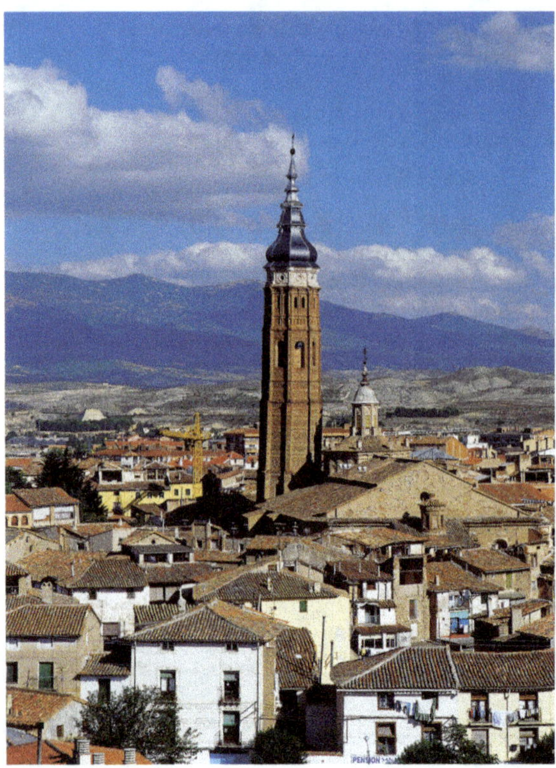

Colegiada e Torre de Santa María, vista geral da torre, Calatayud.

nal, localiza-se no ângulo Sul da zona ocidental da igreja e o rés-do-chão serve de capela baptismal. A sua construção foi decidida no dia 2 de Fevereiro de 1508, de acordo com a disposição e a forma da Torre de Santa María, sua rival. No entanto, a Torre de San Andrés é muito mais graciosa e delicada, não só por ser mais pequena, mas sobretudo devido a alguns dos seus elementos decorativos, que lhe conferem um ar oriental, íntimo e recatado.

V.5.c Colegiada e Torre de Santa María

Na Praça de Santa María, s/nº.
O Posto de Turismo organiza visitas guiadas.

É a principal igreja da cidade e foi consagrada em 1249. Foi erguida sobre o terreno da mesquita *aljama*, e da igreja mudéjar apenas sobreviveram a abside, a torre e o claustro. O resto foi completamente renovado em começos do século XVII, na mesma altura em que o foi a Colegiada do Santo Sepulcro de Calatayud. Em 1611 edificou-se uma nova cúpula sobre o cruzeiro, e em 1614 instalou-se o novo retábulo maior. A portada a modo de retábulo é anterior a esta renovação das três naves da colegiada. De estilo renascentista, foi encomendada no dia 5 de Fevereiro de 1525 aos escultores Juan de Talavera e Esteban de Obray.
O claustro mudéjar foi adossado ao lado Norte da colegiada, e é de planta rectangular muito comprida, com nove tramos nas coxias compridas e cinco nas curtas. No ângulo Sul da zona ocidental do claustro situa-se a velha sala capitular, que remonta às últimas décadas do século XIV, tal como a obra mudéjar do claustro. É certo que este claustro já existia em 1412, quando Miguel Sánchez de Algaraví fundou uma cátedra de Teologia no recinto. Um restauro pouco feliz realizado em 1967, da responsabilidade do arquitecto Rafael Mélida Poch e do aparelhador Sabino Llodio Aranzábal, desvirtuou completamente o seu aspecto original, pois decidiram fechar todas as arcarias do pátio com umas gelosias falsas decoradas com motivos geométricos de laços de seis.
A magnífica torre mudéjar, de planta octogonal e grossos contrafortes nos ângulos, é sem dúvida a mais interessante de Aragão desde 1892,

data em que foi demolida a Torre Nueva de Saragoça. A sua disposição, com uma capela situada no interior da base e duas torres por cima, uma dentro da outra, serviu de modelo para a Torre de San Andrés. Como era costume, foi construída em várias fases: a parte inferior fez-se nos finais do século XV e o campanário, na segunda metade do século XVI.

Serra da Virgem
Situada a uns 20 Km de Calatayud, a Sul de Moncayo, eleva-se a 1.400 m de altitude e alberga um sobreiral insólito nestas latitudes. Trata-se de um indício de uma antiga distribuição mais vasta das florestas de sobreiros na península, que se conservou intacto até aos nossos dias. Para o visitar, seguir pela pista que parte de Sestrica e caminhar durante 6 Km.

V.6 TORRALBA DE RIBOTA

V.6.a Igreja de San Félix

A 10 Km pela N-234. Combinar previamente a visita com a Câmara Municipal. Telef.: 976 89 93 02.

Igreja de San Félix, vista geral, Torralba de Ribota.

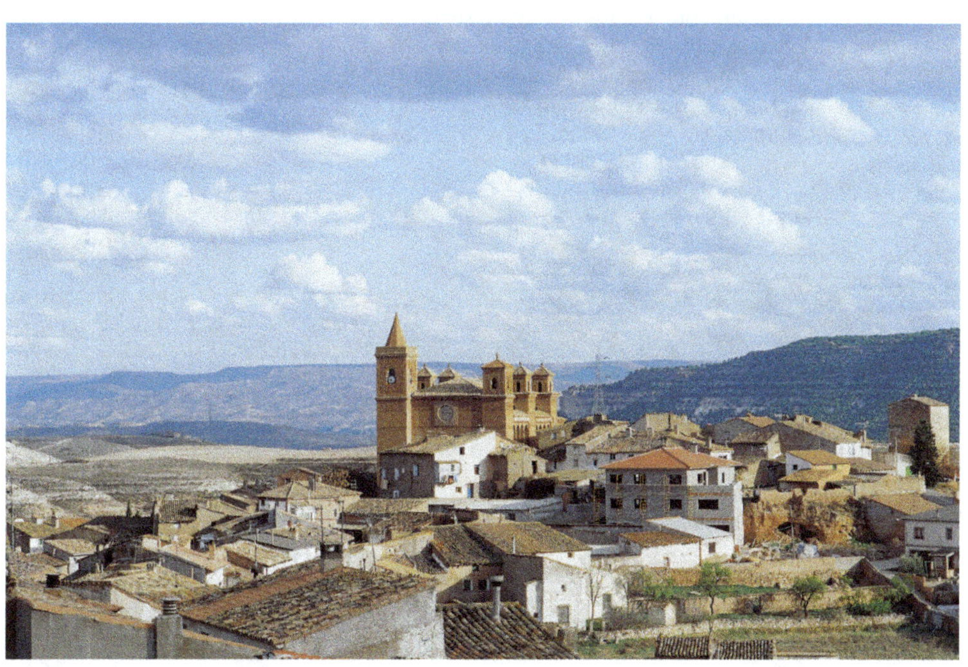

Na localidade de Torralba de Ribota apenas residiam cristãos e era um importante centro de fabrico de tijolos e telhas. Segundo López Landa, a igreja mudéjar, construída ao cimo de um planalto que domina todo o casario, foi encomendada pelo bispo de Tarazona Dom Pedro Pérez Calvillo em 1367. A guerra com Castela ainda não tinha terminado e essa terá sido sem dúvida a razão que levou à escolha da tipologia arquitectónica de igreja-fortaleza, na mesma linha que a Igreja de la Virgen de Tobed.

As obras avançaram muito lentamente, pois uma parte substancial da igreja foi realizada no tempo do bispo Dom Juan de Valtierra (1410-1433). O coro alto e a testeira ocidental, flanqueada por duas torres, foram construídos durante a segunda década do século XV, provavelmente pelo mestre Mahoma Rami, logo após a conclusão da segunda etapa da Igreja de San Pedro Mártir de Catalayud, em 1414.

Igreja Paroquial, muro ocidental e torre, Aniñón.

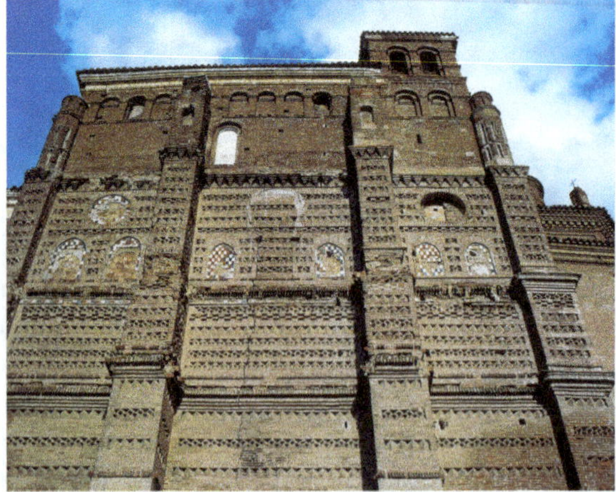

A igreja foi alvo de vários restauros levados a cabo já na nossa época, com especial destaque para os trabalhos de Fernando Chueca Goitia. Pela disposição e estrutura, é muito parecida com a igreja de Tobed, embora neste caso a nave seja mais curta e só tenha dois tramos. É interessante a disposição interior das duas torres da fachada ocidental, que possuem no centro um pilar cilíndrico maciço. Este sistema, bastante atípico na arte mudéjar aragonesa, só se pode apreciar aqui e na igreja mudéjar de Quinto de Ebro. A igreja conservou uma magnífica série de retábulos de pintura gótica, que permite constatar de novo a perfeita convivência entre as linguagens orientais e ocidentais, entre o espacial mudéjar e o pictórico gótico.

V.7 ANIÑÓN

V.7.a Muro ocidental da Igreja e Torre mudéjar

A 7 Km pela N-234. Combinar previamente a visita com a Câmara Municipal. Telef.: 976 89 91 06.

A torre mudéjar é de planta quadrada e anterior à construção actual da Igreja de Nuestra Señora del Castillo, da qual faz parte. Apesar da extraordinária beleza da decoração em tijolo ressaltado dos primeiros corpos, o grande interesse desta torre consiste no sistema de pequenas abóbadas que cobrem o vão das escadas, único no seu género. No Mudéjar aragonês predominam as abóbadas por aproximação de fiadas, mas neste caso se formam tramos de pequenas abóbadas de meia-volta sobrepostos. Embora os dados a este respeito não sejam precisos, pensa-se que foi construída durante a primeira metade do século XIV, por volta de 1300.

O segundo elemento de interesse é o grande muro ocidental que fecha toda a fábrica da igreja sobre o povoado. Trata-se do ponto culminante das obras realizadas entre 1568 e 1594, momento em que o bispo Dom Pedro Cerbuna benzeu o templo que tinha sido completamente renovado. Com os seus motivos ornamentais em tijolo ressaltado e em cerâmica vidrada aplicada, este grande muro atinge a sua máxima beleza formal quando a luz do entardecer incide sobre ele.

V.8 CERVERA DE LA CAÑADA

V.8.a Igreja-fortaleza de Santa Tecla

A 9 Km pela mesma estrada. Combinar previamente a visita com a Câmara Municipal. Telef.: 976 89 92 22.

A visita à Igreja de Santa Tecla fecha com chave de ouro o presente circuito. Coroando a colina em cuja ladeira assenta o povoado com um torreão em pedra silhar, outrora pertencente ao antigo castelo, nela ecoam, como nos compassos finais de uma sinfonia, todos os argumentos desenvolvidos ao longo deste dia de excursão.

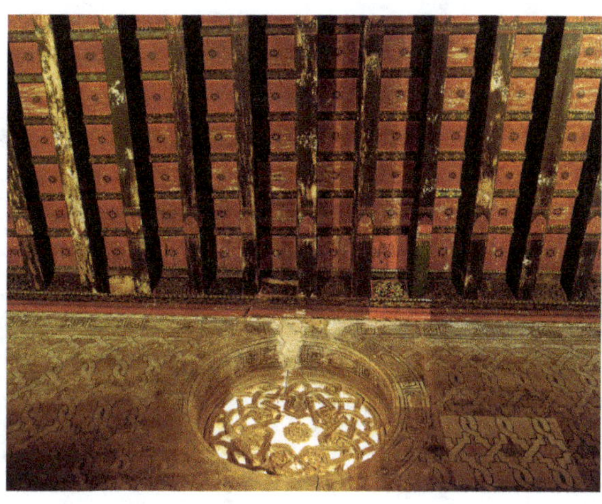

Igreja-fortaleza de Santa Tecla, óculo e tecto do coro, Cervera de la Cañada.

Em 1923, José María López Landa transcreveu a inscrição gótica do coro alto e da entrada. Nela se diz que as obras terminaram em 1426, ano em que eram juizes de Cervera de la Cañada Pascual Verdejo e Juan Aznar, regedores Antón e Miguel Morant, Antonio Cuñillo e Mateo Cubero, procurador Miguel Fraire e mestre-de-obras o célebre Mahoma Rami, arquitecto do pontífice Benedito XIII.

Esta igreja chamou a atenção dos arquitectos Francisco Íñiguez Almech, que lhe dedicou um estudo monográfico em 1930, e Fernando Chueca Goitia, que se ocupou do seu restauro. Os condicionamentos da obra pré-existente determinaram a sua personalidade, singular na tipologia de igreja-fortaleza, pois só possui uma capela na abside, encaixada com um desvio apreciável no espaço disponível entre um torreão cilíndrico e uma torre quadrada. O exterior é marcado pelo aspecto militar dos seus torreões e galerias.

MAHOMA RAMI, MAESTRO DE OBRAS

Gonzalo M. Borrás Gualís

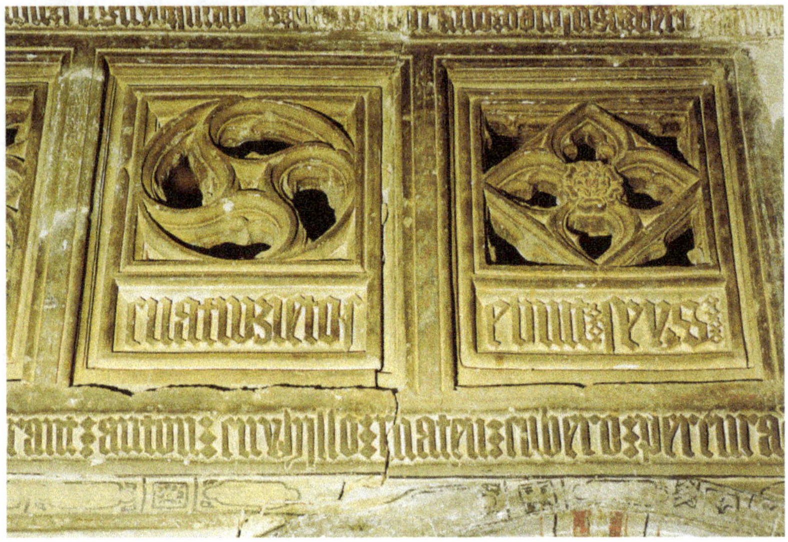

Igreja-Fortaleza de Santa Tecla, pormenor dos trabalhos em gesso do coro, com inscrição, Cervera de la Cañada.

O tratamento do espaço interior, com a decoração agramilada e pintada dos muros, a ornamentação em gesso lavrado dos janelões e parapeitos, e a decoração pintada do *alfarge* plano que suporta o coro alto, permitem reviver um sistema ornamental de tradição islâmica que soube dar resposta na perfeição às necessidades religiosas da população cristã da antiga comunidade de Calatayud.

A actividade do mestre muçulmano Mahoma Rami encontra-se documentada em Aragão durante o primeiro quartel do século XV, entre os anos 1403 e 1426. Dada a transcendência das obras que realizou, este artífice é considerado um dos mestres mudéjares mais importantes de todos os tempos.

De acordo com a documentação publicada por Manuel Serrano Sanz em 1916, no dia 24 de Fevereiro de 1403 o pontífice Benedito XIII convocou uma consulta de mestres para determinar como seriam realizados os trabalhos na cabeceira da catedral de Saragoça. Entre outros, foi chamado Mahoma Rami. A sua opinião sobre as obras foi aceite por todos os presentes.

José María López Landa deu a conhecer, em 1923, um documento do Arquivo da Coroa da Aragão oferecido por Dom Andrés Giménez Soler, segundo o qual, em Outubro de 1404, o rei aragonês D. Martinho I, que pretendia que fossem enviados muçulmanos de Saragoça para a realização de umas obras na sua casa de Valldaura, em Barcelona, advertia que não incomodassem o mestre Mahoma Rami, pois estava a trabalhar na Sé de Saragoça por ordem de Benedito XIII.

A obra consistiu em elevar as três

absides românicas da catedral de Saragoça, para que compensassem o *zimbório*, que também precisava de ser reconstruído. O anterior, mandado realizar pelo arcebispo Dom Lope Fernández de Luna, tinha desabado.

Uma outra notícia documental, descoberta por Serrano Sanz, faz alusão ao dia 26 de Fevereiro de 1409, dia em que o mestre Mahoma Rami é incumbido de decorar o novo *zimbório* da Sé, já reconstruído.

Por outro lado, Ovidio Cuella contribuiu consideravelmente para o estudo da figura de Mahoma Rami ao descobrir uma relação de contas relativas às obras de ampliação da Igreja de San Pedro Mártir, em Calatayud, realizadas entre 1411 e 1414. Embora esta igreja tenha sido demolida por um abuso de autoridade brutal cometido pelo alcaide, em 1856, ainda se conservam alguns documentos gráficos que confirmam o extraordinário interesse artístico da mesma.

A última notícia conhecida sobre Rami também foi revelada por López Landa, e refere-se à inscrição em gesso que decora o coro alto da entrada da Igreja de Santa Tecla de Cervera de la Cañada, na qual se diz que as obras terminaram em 1426, sendo seu mestre-de-obras Mahoma Rami. Esta assinatura da obra é uma prova evidente da auto-estima e consideração social de que gozavam em Aragão os mestres-de-obras muçulmanos.

A autoria de várias obras importantes no contexto edilício mudéjar de Aragão é igualmente atribuída a Mahoma Rami. São obras que fazem parte dos nossos circuitos, como o tramo final da Igreja de la Virgen de Tobed, a casa dos Luna na rua Mayor de Daroca ou parte da Igreja de San Félix em Torralba de Ribota. Apesar de não existirem provas documentais de que tivessem sido da sua responsabilidade, a semelhança com outras comprovadamente suas não deixa margem para dúvidas.

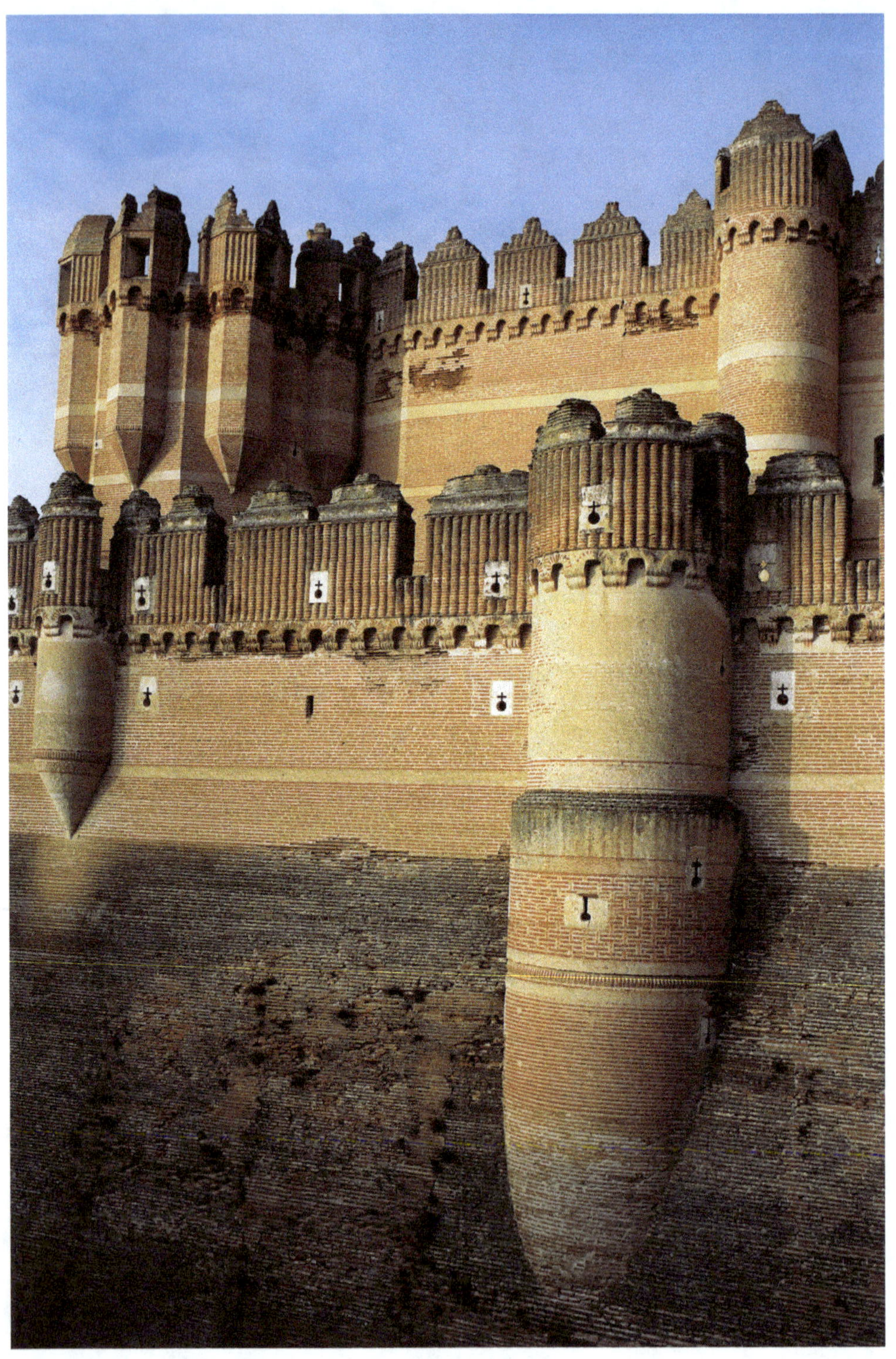

CIRCUITO VI

Castelos e cidades amuralhadas

Pedro Lavado Paradinas

VI.1 ARÉVALO

VI.1.a Castelo, muralha e pontes
VI.1.b IIgrejas de San Martín, de Santa María, de San Miguel e do Salvador
VI.1.c La Lugareja (opção)

VI.2 MADRIGAL DE LAS ALTAS TORRES (opção)

VI.2.a Muralha e portas da cidade
VI.2.b Igreja de San Nicolás

VI.3 COCA

VI.3.a Castelo

VI.4 OLMEDO

VI.4.a Muralha, porta da cidade e Igreja de San Miguel
VI.4.b Mosteiro da Mejorada (opção)

VI.5 MEDINA DEL CAMPO

VI.5.a Castelo

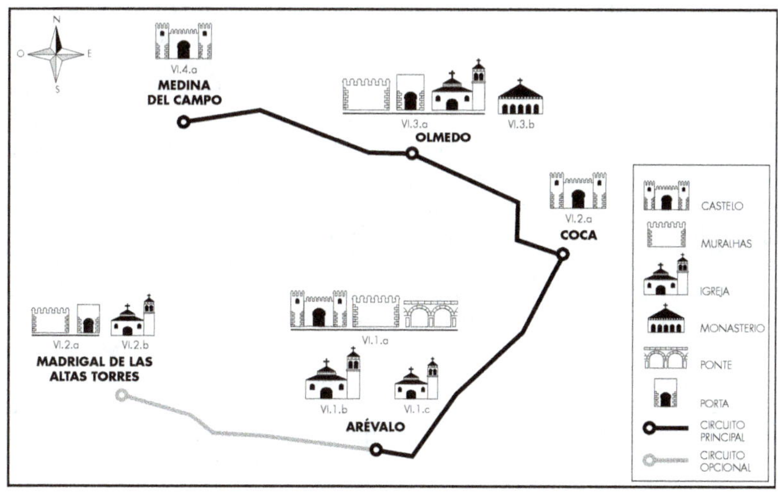

Vista parcial do castelo de Coca.

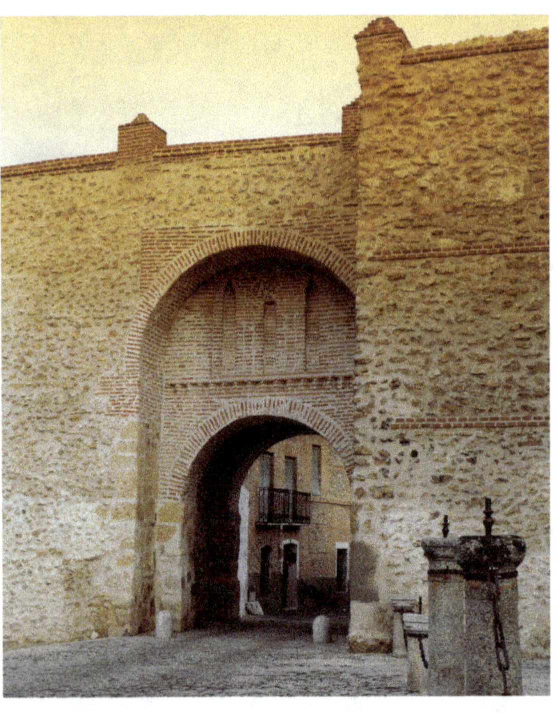

Muralha da cidade, Olmedo.

Tal como o Mudéjar desempenhou um papel fundamental na arquitectura religiosa e civil do medievo em Castela-Leão, também se tornou num estilo bastante útil no campo da arquitectura militar, para a qual a economia de recursos e de tempo eram factores essenciais.

A vida dos habitantes da Península durante a Baixa Idade Média era muito atribulada. Castela mantinha relações bastante tensas com Aragão, Portugal e os territórios muçulmanos. A luta contra o Islão ia-se concentrando pouco a pouco nas regiões a Sul da Península, e os reinos cristãos esforçavam-se por criar um estado militar fronteiriço com os muçulmanos, um território salvaguardado por inacessíveis castelos edificados entre rochedos. A vida transcorria entre duas escaramuças e os cavaleiros sonhavam com mais prestígio ou trofeus por feitos militares.

A partir do século XIV, a meseta castelhana e o vale do rio Ebro viveram uma situação de instabilidade que durou até à unidade entre Castela e Aragão, fruto do casamento dos Reis Católicos, Isabel I de Castela e Fernando II de Aragão (1479). Naquela época, o único lugar seguro era o castelo, guardado por um exército forte. Possuir um armamento poderoso consistia num reduto resistente com defesas verticais de pedra, numa provisão suficiente de azeite para derramar a ferver sobre os assaltantes e em armas defensivas com a maior capacidade de tiro possível, como as balestras e os arcos. Quando se descobriu a pólvora, no século XIII, foi necessário alargar as seteiras para permitir que a boca das armas de fogo encaixasse nelas sem folgas, mas de maneira que se pudesse manobrar em busca do alvo, mesmo que os tiros ainda não fossem lá muito precisos.

Por conseguinte, a demanda defensiva durante a Alta Idade Média era imensa, e implicava a construção de castelos, alcáceres, alcáçovas, torres e recintos amuralhados, fossem eles em cantaria, alvenaria, taipal ou qualquer outro tipo de material reciclado. Para este efeito, a arte mudéjar demonstrou ser de grande utilidade, graças às suas desembaraçadas e baratas técnicas de construção. O uso do tijolo, sozinho ou combinado com alvenaria, facilitava a tarefa em relação às construções em pedra.

Nalgumas muralhas com séculos de existência, como as de Ávila, a silharia romana convivia (e ainda é assim nos nossos dias) com varrascos celtiberos utilizados como silhares. As muralhas de cantaria e as resistentes torres cilíndricas eram reforçadas por fiadas de tijolos para impedir o desmoronamento dos muros. Os panos das muralhas uniam-se com cadeias e pilares maciços de tijolo para resistir aos impactos demolidores das catapultas, bombardas e demais peças de artilharia rudimentares, concebidas mais para abrir brechas nos muros, que para causar estragos nas filas do exército.

Alguns sistemas defensivos foram renovados a partir do século XIV, incrementando-se os corredores entre as barbacãs e os revelins e rematando as torres com guaritas e outros elementos afins, mais imponentes que verdadeiras ameaças para o inimigo. Nesta época não se erguiam fortalezas enormes: pelo contrário, preferiam-se os pequenos castelos capazes de albergar uma família e as forças necessárias para a sua protecção. Tal é o caso do castelo de Coca, no qual os seus construtores conseguiram alcançar um efeito estético impressionante à base de tijolos e tornar belos mesmo os elementos puramente defensivos. Além de uma função militar, estes castelos procuravam oferecer as melhores condições de habitabilidade possíveis e um aspecto apalaçado no interior.

Salões com tectos de madeira e trabalhos em gesso, pinturas e lareiras contrapunham-se ao aspecto eriçado do exterior, com as suas torres, ameias, fossos e troneiras.

Ao lado das formas taludadas e das pontes levadiças próprias do mundo ocidental, na arquitectura militar mudéjar convivem as torres de menagem num ângulo do castelo, parecidas com as alcáçovas hispano-muçulmanas, as cúpulas sobre *pendentes*, os arcos polilobados e a cerâmica de origem sevilhana. A arquitectura militar de Toledo chegou até Burgos, onde o mestre Mohamad construiu a porta de San Esteban no século XV, com um arco em ferradura feito de tijolos enfiado entre duas torres quadradas.

Infelizmente, muitos destes castelos e fortalezas foram perdendo parte das

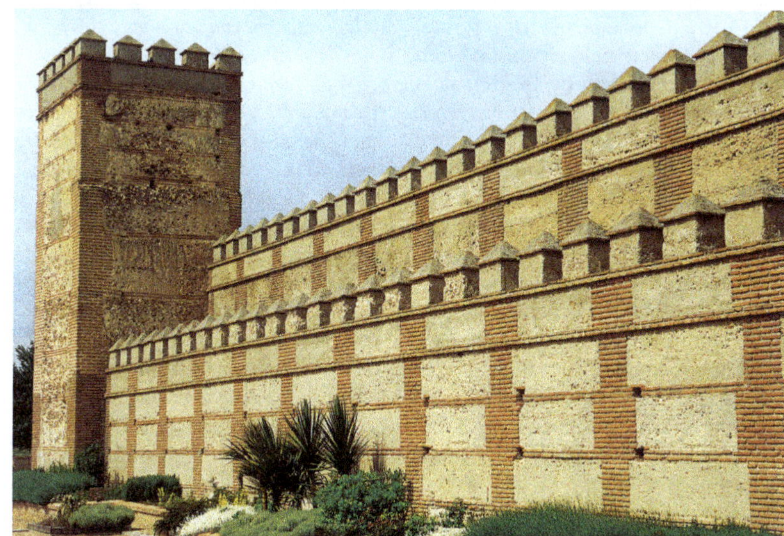

Muralha da cidade, Madrigal de las Altas Torres.

suas defesas, e poucos permitem imaginar com facilidade os tempos em que um sentinela mouro, confortavelmente sentado sobre um tapete e protegido por um tecto de madeira dourada, custodiava um rei cristão num alcácer muçulmano. Os viajantes europeus do século XIX ficaram ao mesmo tempo mudos de espanto e cheios de inveja ao contemplá-los. Em primeiro lugar, porque não conseguiam compreender como é que, num país que teoricamente estava em guerra contra o Islão, os guerreiros muçulmanos podiam formar parte do alcácer cristão; e em segundo lugar, porque o que pode ter sido a vida no interior de qualquer reduto defensivo europeu não era mais que uma pálida amostra comparado com o luxo daqueles palácios-fortaleza.
Os artesãos muçulmanos esmeraram-se na realização de tectos e de lavores em gesso durante a primeira metade do século XV. Castelos em tijolo como o da Mota, em Medina del Campo, construído pelo "obrero mayor Fernando Carreño" por volta de 1440; o de Coca, em Segóvia, mandado edificar pelo arcebispo Dom Alonso Fonseca antes de 1473; o alcácer de Segóvia, no qual interveio o mestre árabe Xalel Alcalde entre 1412 e 1456; e o castelo de Arévalo, já citado em 1481, são apenas alguns dos exemplos mais significativos.
Os sistemas defensivos almóadas foram experimentados em inúmeros castelos, muralhas e recintos urbanos. As suas principais características são as seguintes: colocação de abóbadas em torres flanqueadas por portas, construção dos muros em alvenaria e das taipas em argamassa. Todos este elementos são estranhos ao sistema toledano, caracterizado por muros em alvenaria, fiadas de tijolos e cadeias e pilares maciços verticais. Cidades como Madrigal de las Altas Torres e Arévalo, em Ávila, e Olmedo, Tordesilhas e Medina del Campo, em Valhadolid, são exemplos fundamentais da arquitectura militar mudéjar de Castela.
Ainda se conservam muitos palácios e casas-forte que albergaram e salvaguardaram a vida e os bens das famílias mais importantes do antigo reino. Os principais exemplos são, em Burgos, o castelo dos Velasco, em Medina de Pomar; em Palença, o dos Tovar, em Cevico de la Torre, o dos Delgadillo, em Castrillo de Don Juan, o dos Acuña, em Dueñas, e o dos Almirantes, em Palenzuela; e em Valhadolid, o dos Almirantes, em Medina de Rioseco e em Bolaños de Campos.

Aves das estepes
Ao longo das estradas que levam até às diversas aldeias que fazem parte deste circuito, o espectáculo das aves que as sobrevoam é digno de ser contemplado. As vastas plantações de cereais das planícies da Moraña dão abrigo a uma surpreendente riqueza ornitológica, de espécies que se adaptaram aos cultivos e aos ciclos agrários da região. Entre estas espécies, destaca a abetarda. Contam-se mais de 500 exemplares. A abetarda é uma das aves mais pesadas que é capaz de voar. Os machos chegam a atingir os 15 Kg de peso. É um animal gregário que passa os Invernos em bandos mistos. É precisamente nessa estação do ano que as plantações de alfafa se revestem de maior importância para elas, pois facultam-lhes um alimento seguro. Em meados de Março começam as exibições dos machos reprodutores, que soltam a sua plumagem branca de maneira espectacular para chamar a atenção das fêmeas. Este gesto permite que sejam vistos ao longe. Além das abetardas, também é possível apreciar sisões, cortiçóis, alcaravões e calhandras.

VI.1 ARÉVALO

A cidade de Arévalo é uma das mais antigas de Castela. Nela viveram ilustres representantes da coroa castelhana. Por exemplo, a rainha Isabel, a "Católica", e o seu neto, o futuro imperador da Alemanha, passaram lá a sua infância. O palácio da rainha, onde também viveram D. João II e a sua esposa Dona Isabel, e faleceu Dona Maria de Aragão, foi cedido pelo imperador Carlos V, em 1542, às freiras bernardas cistercienses, que o transformaram em convento.
A cidade foi conquistada por D. Afonso VI em 1088, repartindo-se por cinco famílias: os Briceño, os Berdugo, os Montalvo, os Sedeño e os Tapia. No século XV, somaram-se a ela os Zúñiga, condes de Plasença e mais tarde duques de Arévalo. O facto de ser uma cidade no limite da Tierra de Campos e dependente de Toledo marcou a sua arquitectura. Podemos apreciar trabalhos de alvenaria entre fiadas de tijolos e cadeias de tipo toledano, embora as torres e as absides sejam mais parecidas com as de Tierra de Campos.

VI.1.a Castelo, muralha e pontes

O castelo e as muralhas situam-se no ponto mais alto da aldeia.

O castelo altaneiro, citado em 1481 como sendo uma réplica do de Coca, sofreu uma forte reforma durante o século XVI para ser adaptado a um novo tipo de guerra, baseado no uso da pólvora. Sobreviveu uma torre de pedra e uma parte da muralha com pano de pedra e troneiras. O resto são paramentos de argamassa e tijolo com pequenas torres e um adarve apoiado sobre mísulas de tijolo.
Ainda se conservam algumas partes das muralhas, que arrancam do castelo e rodeiam o povoado. Por exemplo, conservam-se na zona da

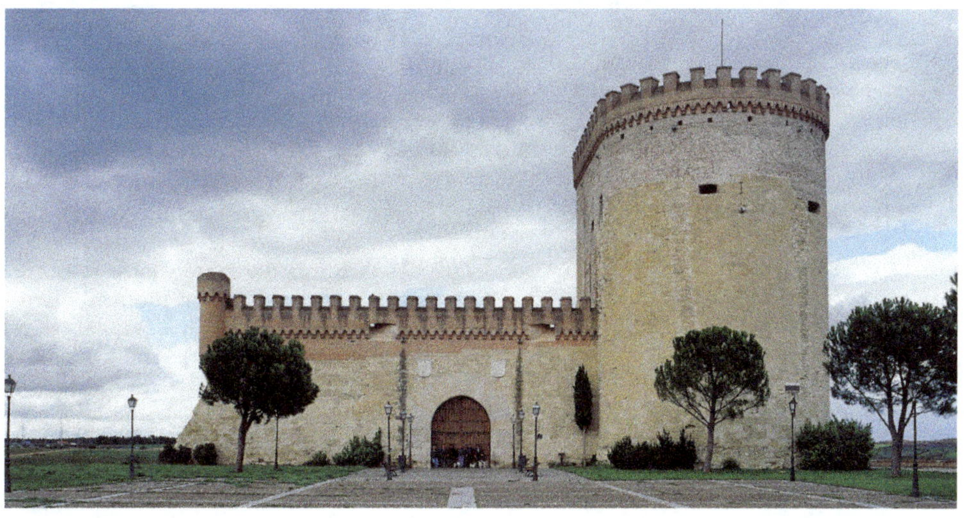

Castelo, vista geral, Arévalo.

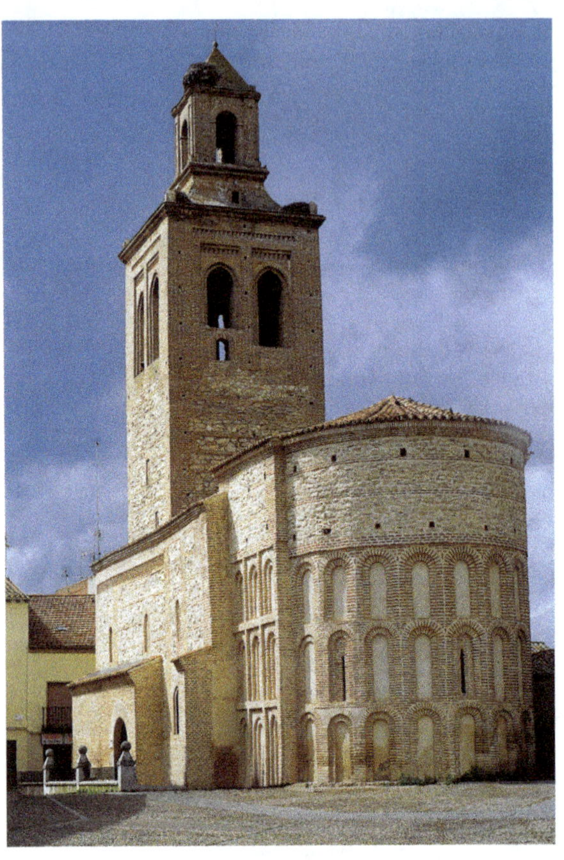

Igreja de Santa María, vista geral, Arévalo.

rua Entrecastillos, onde se situa uma das portas de entrada (a que dá acesso à vila) e a prisão. Três das praças da vila, onde assentaram mercadores e feiras, estão rodeadas de soportais: o da Villa, o do Arrabal e o do Real (estes dois últimos são mais tardios e reutilizaram colunas e suportes de edifícios antigos).
As pontes sobre os rios Arevalillo e Adaja são dois bons exemplos da engenharia mudéjar de finais do século XIV e começos do século XV. Foram ambos construídos em alvenaria e tijolo, com grandes arcos quebrados com *alfiz*, de autoria mudéjar. A ponte sobre o rio Adaja contava, em tempos, com uma robusta torre com ameias e uma porta que para alguns estudiosos é arábica.

VI.1.b **Igrejas de San Martín, de Santa María, de San Miguel e do Salvador**

Visitas guiadas. Central de reservas: rua Santa María, nº 20. Telef.: 619 85 68 21

Muitas igrejas de Arévalo são mudéjares, mas possuem tipos ornamentais tão diferentes, que têm um aspecto muito peculiar. Se há alguma coisa que salte logo à vista em Arévalo são as torres em tijolo dos templos, decoradas com mais simplicidade do que as de Toledo. À base de arcos duplos e esquinilhas, a sua sobriedade é um desafio para o preciosismo assente em arcos polilobados e em ferradura.
A Igreja de San Martín foi construída entre os séculos XIII e XIV. Consta de uma só nave com cruzeiro, três capelas na abside, e, na zona Sul, um pórtico de cantaria românico inspirado nos de Segóvia e que foi restaurado no século XVI. O facto de possuir duas torres já a torna peculiar, mas é ainda original a decoração axadrezada de uma delas —a dos Ajedreces. A outra torre, conhecida como a Nueva, é uma cópia da anterior e já foi reformada.
A Igreja de Santa María tem uma abside mudéjar em tijolo com arcarias cegas em vários andares. Na entrada, uma torre com um grande arco quebrado dá acesso à rua. No interior, que já foi restaurado, conservam-se restos do *artesoado*, um coro em madeira e restos de pintura mural do século XIII na abside.

A Igreja de San Miguel foi construída nos finais do século XIII e reconstruída no século XV. Possui uma abside quadrada com uma abóbada de meia-volta. Os trabalhos em tijolo alternam com os de alvenaria. São muito interessantes as gelosias em tijolo do muro Norte. Consta de uma só nave com restos de tecto *artesoado*.
Finalmente, a Igreja do Salvador foi construída no século XVI. Tem três naves e uma torre em tijolo.

VI.1.c **La Lugareja** (opção)

A 1,5 Km, entrar por um desvio assinalado à esquerda num caminho de terra batida. Propriedade privada.
Para combinar a visita, contactar os escritórios do MSF.

La Lugareja, também conhecida como Igreja de Gómez Román, conserva uma cabeceira de três absides, o cruzeiro e dois tramos laterais. A fábrica é de tijolo com grandes camadas de argamassa sobre as fiadas e de tijolo moldurado nas janelas das absides. Estas fecham-se com abóbadas de horno quebradas, separadas por arcos apoiados em nacelas. Sobre o cruzeiro, ergue-se uma lanterna com cúpula quebrada apoiada sobre arcarias cegas e quatro pendentes. O interior foi decorado com múltiplas cabeças de cantaria e temas florais. No exterior há uma torre quadrada com arcadas. Em 1257, os irmãos Gómez Román fundaram neste lugar um mosteiro para freiras, daí o templo ter recebido o seu nome. A base das naves ainda existe, mas o templo deve ter ficado inacabado, fechando-se à altura do cruzeiro. É possível que o facto de a aldeia ficar muito arredada tivesse levado a que as freiras fossem transferidas para Arévalo, ficando este mosteiro reduzido a uma simples ermida.

VI.2 MADRIGAL DE LAS ALTAS TORRES (opção)

VI.2.a **Muralha e portas da cidade**

A 27 Km pela C-605. Passear ao longo da muralha. É possível chegar até à parte mais alta desde a Porta de Medina.

A cidade de Madrigal de las Altas Torres, fazendo jus ao seu nome, está rodeada de fortes muralhas em alvenaria e taipal entre caixas de tijolo, com torres quadradas e *albarrãs* ocas que servem para reforçar os panos e, especialmente, as portas situadas de duas em duas torres. Estas últimas constam de um corpo baixo sem vãos e de um andar superior à altura das ameias aberto com arcos em tijolo e sustentado por arcos quebrados. Há três portas que estão quase intactas: a de Cantalapiedra, que remata a torre esquerda e é de forma angular sobre planta pentagonal, para reforçar os ângulos de tiro; a de Medina, semelhante, mas mais simples; e a de Arévalo.
O recinto é circular e o material, os lancis, as portas e as torres remetem para o seu passado hispano-muçulmano. As muralhas começaram a ser edificadas nos finais do século XIII e sofreram várias reformas até finais do século XV. São referidas num documento de 1302, altura em que D. Fernando IV, reconhecendo a autoridade de Arévalo e a cuja

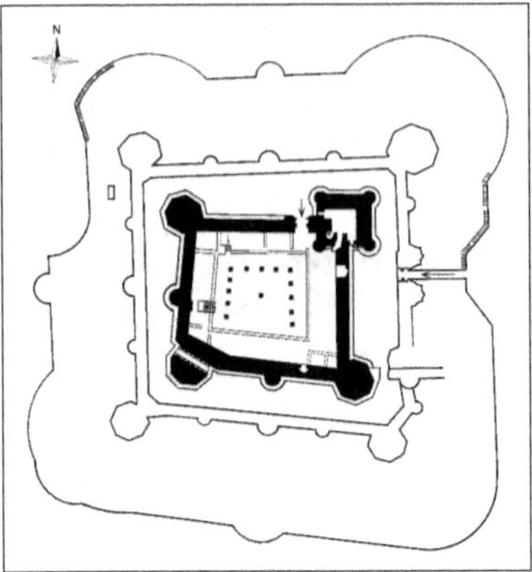

Planta do Castelo de Coca

jurisdição pertencia Madrigal, mandou deitar abaixo as muralhas e as torres que se tinham construído sem a sua autorização, coisa que, como se pode constatar, não aconteceu. A fortaleza acomodou-se sobre um terreno plano, e é por isso que os seus muros e as suas portas, feitos para proteger uma pequena povoação agrária e comercial, são tão fortes.
A rainha Isabel, a "Católica", nasceu em Madrigal de las Altas Torres, no antigo palácio dos reis castelhanos, provavelmente mandado construir por D. João II. O edifício é um bom exemplo de casa apalaçada com salas cobertas com *alfarges* à volta do pátio, torres quadradas e galerias abertas para o exterior e depois fechadas com gelosias. O imperador Carlos V doou o palácio às freiras em 1527. Nesse mesmo ano, foi acrescentada a igreja e as dependências do convento, que ainda conservam a sua estrutura de celas onde residiam as freiras, a criadagem e as monjas incumbidas das tarefas caseiras. No interior, há um pequeno museu com recordações da época dos Reis Católicos.
Ainda conservam-se duas igrejas mudéjares: a Igreja de Santa María del Castillo e a Igreja de San Nicolás de Bari.
A primeira ergue-se sobre uma colina e faz lembrar, como tantas outras igrejas da zona, a sua antiga função defensiva. Foi edificada nos começos do século XIII, assentando sobre as ruínas de um alcácer. Possui uma abside mudéjar em tijolo, vários andares de arcarias cegas e uma torre feita do mesmo material na entrada. O interior consta de uma só nave com cruzeiro, outrora coberta com um tecto mudéjar de madeira, cujos restos se conservam no pequeno museu paroquial de San Nicolás. Na capela situada ao pé da sacristia há pinturas murais românicas.

VI.2.b **Igreja de San Nicolás**

Se estiver fechada, contactar a casa do Pároco, situada mesmo ao lado da Igreja.

A actual Igreja Paroquial de San Nicolás de Bari é a mais importante de Arévalo. Foi construída em finais do século XII ou começos do século XIII. Segue o mesmo modelo de Sahagún, com três naves entre pilares e arcos quebrados. Duas das cabeceiras que dão para o exterior estão decoradas com arcos cegos em tijolo com três andares na cabeceira principal. No século XVI, as naves estão cobertas com um tecto de madeira e com um tecto oitavado no cruzeiro. Conservam-se os restos de um coro de madeira policroma que corresponde aos que se faziam nos últimos anos do século XV ou começos do século XVI, bem como restos de outros tectos. Na entrada eleva-se uma das torres mais imponentes de Castela, com quase 50 m

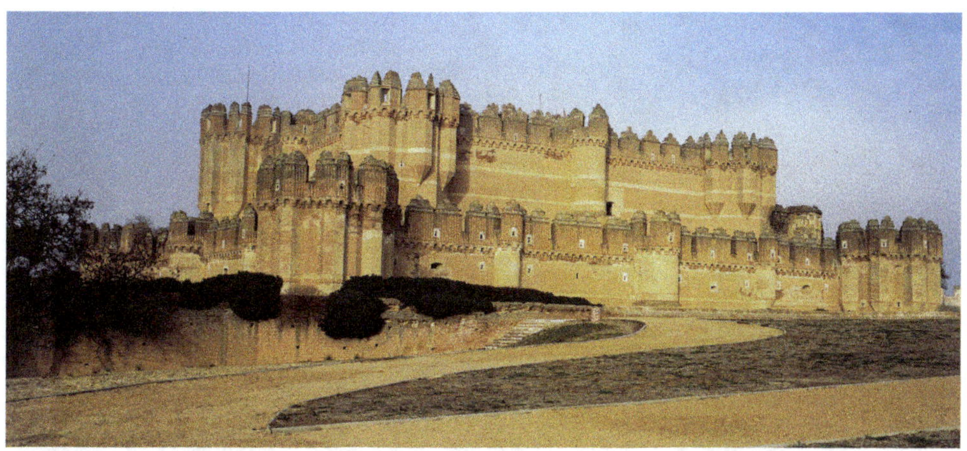

Castelo, vista geral, Coca.

de altura. Possui muros lisos na parte inferior, perfurados por duas séries de arcos duplos na parte de cima. A sua estrutura é de *minarete*, com uma escada à volta de um núcleo central oco.

Em Madrigal de las Altas Torres nasceu também um prolífico escritor do século XVI, o bispo Dom Alonso de Madrigal, conhecido como o "Tostado" (torrado, em português), devido ao tom da sua pele. Escrevia tanto que o povo inventou a expressão "escribir más que el Tostado". Uma inscrição do seu túmulo, situado na catedral de Ávila, diz o seguinte: "... diz-se que escreveu/quatro cadernos por dia./A sua doutrina tanto alumiou/que até aos cegos fez ver".

Recomenda-se um passeio à volta da Igreja mudéjar de Santa María del Castillo, situada sobre uma colina desde a qual domina toda a vila, e uma visita ao convento de clausura das Madres Agustinas, a casa onde nasceu a rainha Isabel, a "Católica".

VI.3 COCA

VI.3.a Castelo

Desde Arévalo, a 28 Km pela SG-351. O castelo pertence à Casa de Alba e foi cedido ao Ministério da Agricultura por cem anos menos um dia, ao preço simbólico de uma peseta por ano. Actualmente, é a sede da Escola de Capatazes Florestais. Não perder a vista panorâmica desde as ameias. A entrada é paga. Visitas guiadas. Horário: das 10:30 às 13 e das 16:30 às 20; aos sábados, domingos e feriados, das 11 às 13 e das 18 às 20 (excepto na primeira terça-feira de cada mês).

O castelo de Coca é um dos exemplares mais significativos da arquitectura militar mudéjar de Castela. Possui uma planta rectangular com torres poligonais nos ângulos, escarpa, fosso, primeiro recinto, caminho de ronda e corpo principal. A torre de menagem tem guaritas ou pequenas torres hexagonais nos ângulos, e duas semi-cilíndricas no

Igreja de San Miguel, vista geral, Olmedo.

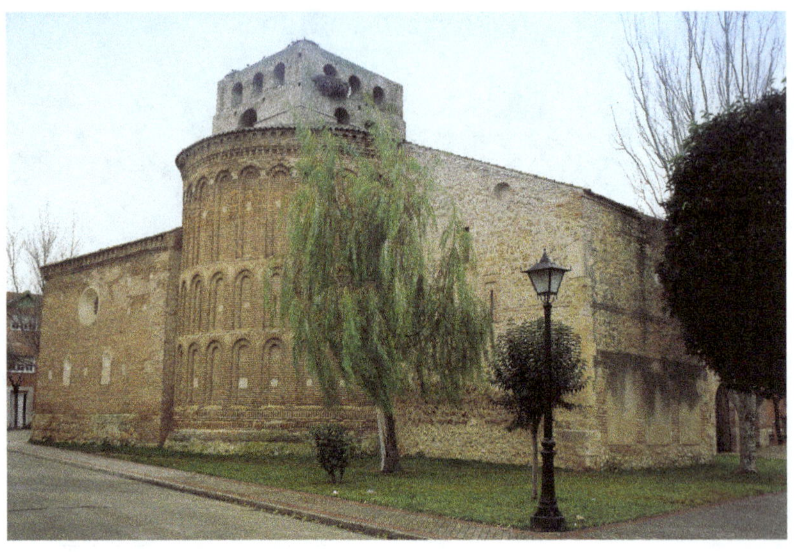

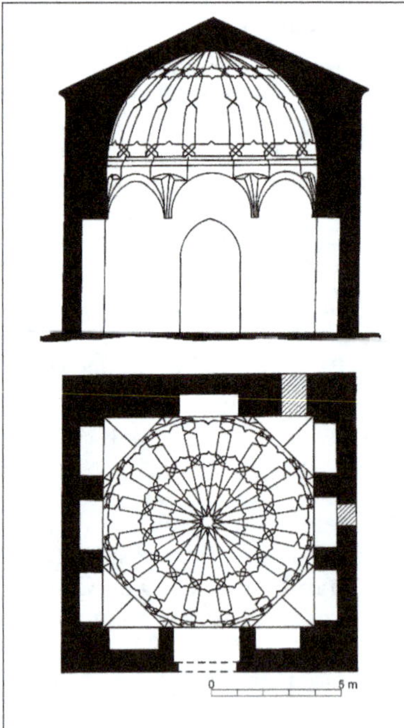

Planta e secção da Capela de la Mejorada, Olmedo.

centro dos lados. Nos panos das torres dos ângulos há três guaritas, sendo a do meio maior. As dos lados chegam até abaixo e sobressaem dos muros. Estes são rematados por uma imposta de pequenos arcos com panos por cima, formados por faixas verticais semi-cilíndricas e angulares. O jogo entre a nudez dos muros e a sua coroação ornamentada faz desta obra uma sábia amostra de arquitectura palatina e defensiva ao mesmo tempo.

A porta era em arco quebrado revestido e pintado de vermelho, ocre e preto. No interior havia mais pinturas algumas das quais foram para o Museu Provincial de Segóvia. As mais interessantes eram as da Torre de Pero Mata.

O seu autor foi, provavelmente, Dom Alonso de Fonseca, arcebispo de Sevilha falecido em 1473 e muito ligado a Coca. Assinou diversas obras da vila e alguns túmulos de familiares seus na Igreja de Santa María. A naturalidade do construtor poderá ter influenciado

a escolha de um atelier sevilhano para realizar os trabalhos de cerâmica e de pintura da igreja.
Ainda se conservam restos da muralha em alvenaria e tijolo que cercava a cidade e estava unida ao castelo. A porta de acesso situa-se entre dois cubos e ostenta um arco rebaixado e um arco quebrado com arquivoltas e *alfiz*, sobre os quais se apoia uma fileira de janelas cegas.

VI.4 OLMEDO

VI.4.a Muralha, porta da cidade e Igreja de San Miguel

A 22 Km. Há visitas guiadas por toda a cidade aos fins-de-semana. Pedir informações no Posto de Turismo. Telef.: 983 62 32 22.
Horário: sábados, domingos e feriados, das 11 às 14 e das 17 às 19.

Os rios Adaja e Eresma rodeiam Olmedo, excepto pela zona Noroeste da vila, onde se encontram os restos do castelo. A muralha de betão é um dos elementos que chama mais a atenção dos viajantes. Ainda estão de pé amplos panos de muro, torres quadradas e alguns torreões, guarnecendo a cidade fechada em parte por eles. Sete arcos davam acesso ao interior. Ainda se conservam os da Villa, de San Miguel, de San Martín, de la Vega e de San Pedro.
As portas da muralha são feitas de tijolo, com arcos quebrados duplos com *alfiz* e antigamente protegidas por grades de ferro. Algumas, como a de San Miguel, fazem parte de uma das igrejas de tijolo do núcleo mudéjar de Olmedo. Neste caso, a torre da igreja era, também, um dos elementos defensivos da cidade.
Olmedo foi palco do confronto entre D. João II e Álvaro de Luna, e os infantes D. João e D. Henrique, ocorrido em 1445, de onde vem a expressão "Quem senhor de Castela quiser ser, Olmedo da sua parte há-de ter".
As crónicas contam que a cidade foi conquistada por D. Afonso VI, e, na crónica do arcebispo Dom Rodrigo Ximénez de Rada, aparece mencionada como Ulmetum, ao lado de "Cauria, Cauca, Iscar, Medina, Canales, Ulmus...", quase todos castelos e alguns árabes, de origem califal. Teve um foro parecido com o de Roa, que é um foro prototípico. Em 1388, fazia parte do dote da filha de D. Pedro I, Dona Constança, aquando do seu casamento com o duque de Olmedo.

O Parque Temático do Mudéjar
Em Olmedo, o parque reúne uma selecção de grande qualidade de réplicas de monumentos mudéjares de Castela-Leão. Também se pode considerar zona de lazer, pois oferece caminhos, jogos aquáticos, um combóio que percorre todo o parque, jogos infantis e uma cuidada vegetação autónoma. Horário: no Verão, todos os dias, das 10 às 14 e das 16 às 21; no Inverno, as 10 às 14 e das 16 às 19. Encerra à segunda-feira. Para mais informações, contactar o telef.: 983 62 32 22.

VI.4.b Mosteiro da Mejorada (opção)

Nos arredores, a 5 Km, devidamente assinalado. Para visitar a capela do Mosteiro, pedir autorização aos seguranças.

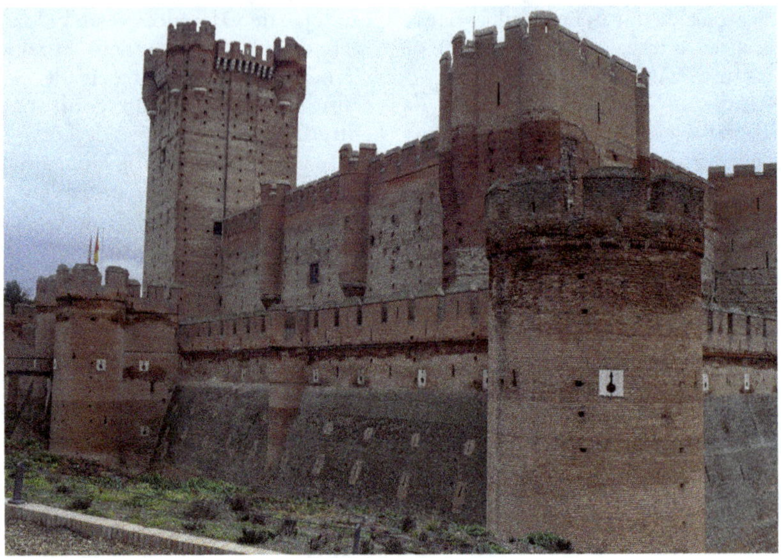

Castelo, vista geral, Medina del Campo.

No século XIV, o Mosteiro da Mejorada era uma ermida. Depois, foi transformado num convento de franciscanos, e, mais tarde, em mosteiro de jerónimos. Da igreja do século XV apenas se conserva uma capela funerária com uma cúpula decorada com laçarias de gesso, que contém cinco nichos com sarcófagos gótico-mudéjares e um plateresco. Num deles jaz um personagem de quem se diz que foi gesseiro e cujo nome se lê com muita dificuldade: Servendo. Sabemos que houve um atelier de gesseiros muito activo em Olmedo entre os fins do século XV e inícios do seguinte, e pouco mais. No exterior da capela há uma inscrição incompleta: "... caballero Alonso de Fonseca... acabóse año de 1514".

Em 1592, D. Felipe II, a caminho de Tarazona, alojou-se neste mosteiro. Um membro da sua comitiva, o holandês Enrique Cock, que chama a Olmedo a "biencercada" (em português, a "bem-cercada"), não se esqueceu de registar o evento: "...na quarta-feira 17... S.M. alojou-se num mosteiro de jerónimos a um quarto de légua..., conhecido como la Mejorada...".

VI.5 MEDINA DEL CAMPO

VI.5.a **Castelo**

A 30 Km, pela C-112. O Posto de Turismo organiza visitas guiadas. Telef.: 983 81 13 57.
Horário: das 11 às 14 e das 16 às 18; domingos e feriados, das 11 às 14.

A cidade teve grande importância durante a Idade Média devido às suas feiras, a propósito das quais disse um autor da época: "Fazem-se todos os anos duas das feiras mais importantes de Espanha... o trato de Medina

chega a todas as parte de Espanha, e ainda a muitas de fora...".Em tempos, as transacções comerciais na cidade atingiram os 53.000 milhões de maravedis. Em 1496, os muçulmanos foram autorizados a estabelecer-se em lojas da vila, mas longe da feira, para não prejudicarem o negócio, o que demonstra uma certa presença muçulmana.
Medina contava com boas casas e palácios. O mais importante era o da rainha Isabel de Castela, situado na praça mais importante da cidade, e onde veio a morrer. É provável que Cock, na viagem de D. Felipe II, se referisse a ele quando diz que "tinha-se feito um palácio numas casas muito importantes", aludindo talvez às casas reais da Praça de San Antolín, que arderam durante a guerra das Comunidades, em Agosto de 1520.
Muitos edifícios arderam nessa altura, quando a cidade, que não quis render a sua artilharia às tropas imperiais, foi incendiada. Este episódio é explicado pelo embaixador veneziano Navagero: "... as ruas são boas porque grande parte ardeu no tempo das Comunidades. Quase todas as casas são novas...". Nos documentos da época, são referidas muitas outras casas construídas pelos comerciantes e pelos banqueiros da vila, como as dos Dueñas, dos Ruiz ou dos Quintanilla.
Muitos viajantes falam da cidade e das suas muralhas. O flamengo Antoine de Lalaing, componente do séquito de Felipe, o "Formoso", disse: "A cidade assenta sobre terreno plano e está bem amuralhada, possuindo duas formosas ruas onde a mercadoria das feiras é exposta...", mas aquilo que espanta o barão de Rosmital, um alemão da segunda metade do século XV, é a falta de lenha que há nos arredores da vila, facto que obriga os seus habitantes a utilizar esterco e sarmentos.
A fortaleza da Mota ergue-se num outeiro que domina a cidade. De planta irregular quadrada e construída em betão, está revestida de tijolo e possui um duplo recinto com uma barbacã e um corpo com cubos. A torre de menagem situava-se sobre outro corpo anterior já destruído. O seu interior ostentava, em tempos, estuques e laçarias em gesso. A entrada faz-se por um arco em ferradura, com a data inscrita (1482) e os escudos dos Reis Católicos. O primeiro arquitecto citado é Fernando Carreño, que ergueu o edifício sobre velhos alicerces em 1440, durante o reinado de D. João II. Em 1479, os Reis Católicos nomearam "obrero mayor a Alonso Niño" (ou Alonso Nieto, de acordo com outros autores). Entre 1480 e 1489, trabalharam na obra dois *alarifes* muçulmanos chamados Abdallá e Alí de Lerma. Ao longo da história foi mudando de proprietários e sujeitou-se a reformas. O mais recente restau- ro eliminou de vez os vestígios mudé-jares, resgatados mais tarde do meio do entulho.

É recomendável passar a noite em Tordesilhas, a 25 Km, que é o ponto de partida do próximo circuito.

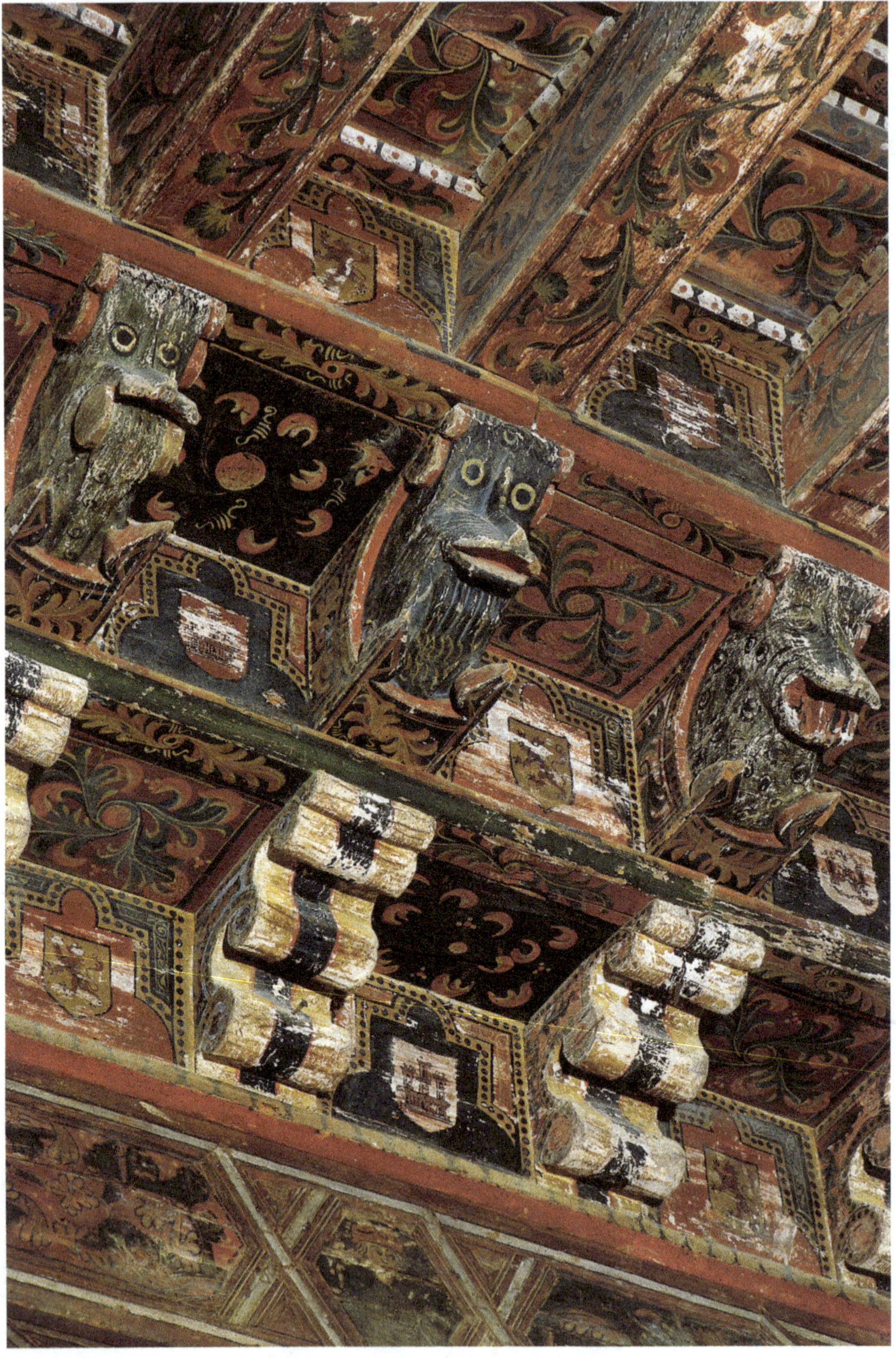

Filhas de reis e de nobres: os conventos das freiras clarissas

Pedro Lavado Paradinas

Primeiro dia

VII.1 TORDESILHAS
VII.1.a Palácio de D. Pedro I, actual convento de Santa Clara

VII.2 PALENÇA
VII.2.a Museu Diocesano
VII.2.b Igreja de San Francisco

VII.3 ASTUDILLO
VII.3.a Palácio de D. Pedro I, actual convento de Santa Clara

VII.4 SANTOYO
VII.4.a Igreja de San Juan Bautista

VII.5 TÁMARA DE CAMPOS (opção)
VII.5.a Igreja de San Hipólito

VII.6 AMUSCO
VII.6.a Ermida de Nuestra Señora de las Fuentes

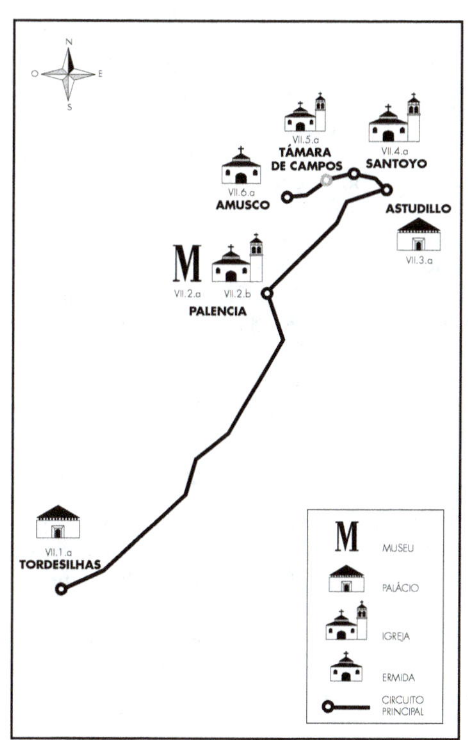

Igreja de Santa María e Museu, pormenor de uma viga, Becerril de Campos.

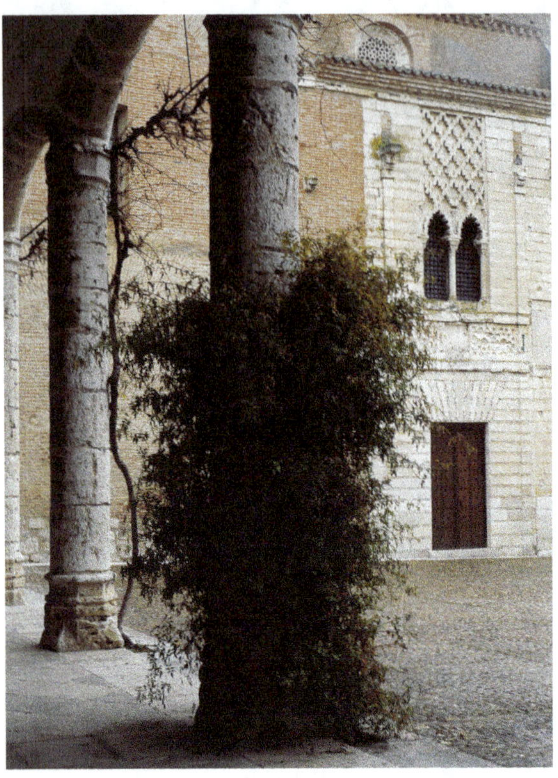

Palácio de D.Pedro I, fachada, Tordesilhas.

As comunidades de freiras acolheram filhas de reis e das famílias mais importantes da nobreza castelhano-leonesa. As Ordens Cisterciense e de Santa Clara receberam-nas com todo o prazer e ofereceram-lhes cargos de relevo.

O contributo económico das recém-chegadas, sob a forma de doação de casas ou ajuda financeira para melhorar os edifícios da região, conferiu a muitos conventos de Cister e de clarissas do séculos XIV, XV e XVI a espaçosa e senhorial habitabilidade que ainda hoje é a sua principal característica.

Tanto Dona María de Padilla (?-1361), como as suas filhas Beatriz (1353-?) e Constança (1354-?), fruto dos seus amores com D. Pedro I de Castela (1334-1369), utilizaram os palácios inacabados de Astudillo e de Tordesilhas. Mulheres das famílias Manrique, Castañeda, Enríquez e outras deixaram todos os seus bens e imóveis aos conventos de Calabazanos, Carrión de los Condes e Palença. É raro encontrar conventos na zona nos quais nenhuma família importante da nobreza local tenha deixado a sua marca.

Para saber como seria a vida doméstica das religiosas, não há nada melhor como visitar um destes conventos. Muitas vezes, as monjas de apelido ilustre faziam-se acompanhar por familiares e criados. No Convento de Santa Isabel, em Valhadolid, podem visitar-se as celas e algumas zonas do recinto. Em Calabazanos, Tordesilhas e Carrión conservam-se as melhores estruturas arquitectónicas de tipo conventual da região, embora não seja fácil obter autorização para as visitar. O objectivo deste circuito é dar a conhecer este tipo de construção e os objectos típicos da vida conventual conservados em museus particulares.

As construções palatinas de D. Pedro I (1334-1369), D. Henrique II (1333/4-1379) e de D. João II (1405-1454) acrescentadas àqueles conventos sobreviveram até aos nossos dias, embora transformadas por obras posteriores que as adaptaram ao tipo de vida comunitária a que se destinavam.

As fachadas e os pátios são os elementos mais característicos nos casos de Astudillo e de Tordesilhas, onde se repetem os esquemas de Granada e de Toledo: portadas de cantaria sobre muros em taipal forrados com tijolos, colunas e esquinas de silharia, janelas lobuladas e, no interior, uma rica decoração em gesso e madeira policroma com as armas e os escudos reais. Hoje em dia, ambas as construções são museus. Também se podem apreciar as ruínas, pior conservadas, do palácio de D. João II, em Madrigal de las Altas Torres. O pouco que resta do palácio de D. Henrique II, em Leão, já só se pode ver no Museu Provincial , e limita-se a uns trabalhos em gesso e a amostras do tecto.

Além desta arquitectura conventual, há outro tipo de arquitectura religiosa nas principais aldeias da Tierra de Campos. Nelas, os artistas mudéjares assinaram tectos com ricas laçarias, coros altos com temas figurativos que representavam personagens da época, ornatos em gesso de capelas e púlpitos, arcos fúnebres e muros revestidos de azulejos. A riquíssima tipologia de edifícios dedicados ao culto mostra bem como a demanda da época permitia interpretações muito pessoais da arte gótica ou renascentista, dando lugar a um tipo de igreja rural, simples, barata e muito adaptada ao terreno e aos recursos existentes.

Este tipo de igreja costuma apresentar uma ou duas naves em taipal reforçada com tijolos ou pura e simplesmente caiada por fora para proteger os muros da humidade e servir de decoração, imitando toscos silhares. A edificação equilibra-se com uma torre quadrada na entrada e uma abside com a mesma geometria. Apesar do aspecto simples do exterior, o interior é de uma riqueza sóbria, mas deslumbrante. As naves foram cobertas com tectos de madeira decorados com laçarias, policromia e, em certos casos, com temas figurativos. A cabeceira, simples ou tríplice, emprega estruturas oitavadas ou octogonais regulares, e nelas a decoração *apeinazada*, isto é, de laçaria estrutural e em volume, e a ataujerada, cravejada e policroma ou dourada, imita o céu de maneira muito realista. A propósito destes céus, disse Frei Luis de León (1527-1591), na sua obra *Vida retirada*: "... nem do dourado tecto / se admira, fabricado / pelo sábio mouro, em jaspes sustentado".

Entre as laçarias dos tectos das igreja encontramos uma certa variedade de imagens, desde um Pantocrátor com os símbolos dos evangelistas (Santa María de Fuentes de Nava e a Asunción de Villacé), até uma representação humanizada das virtudes teologais e cardeais (Santos Justo e Pastor, em Cuenca de Campos).

Nos coros altos de madeira apresentam-se, pintadas ou talhadas,

Palácio de D.Pedro I, porta da clausura, Astudillo.

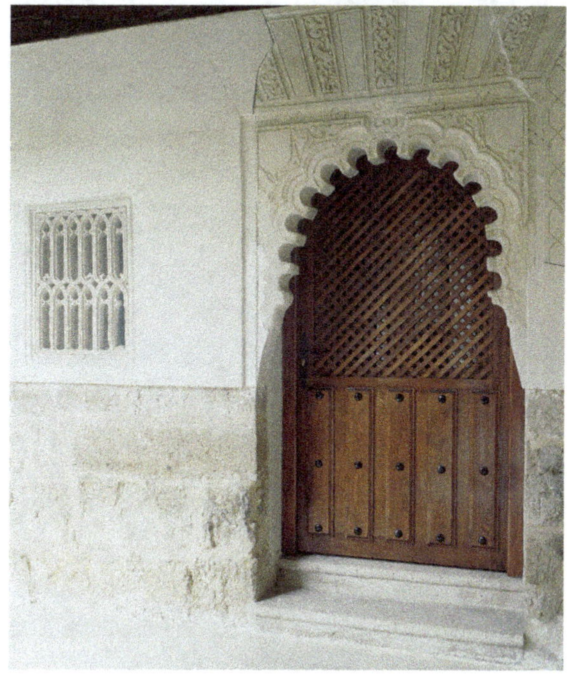

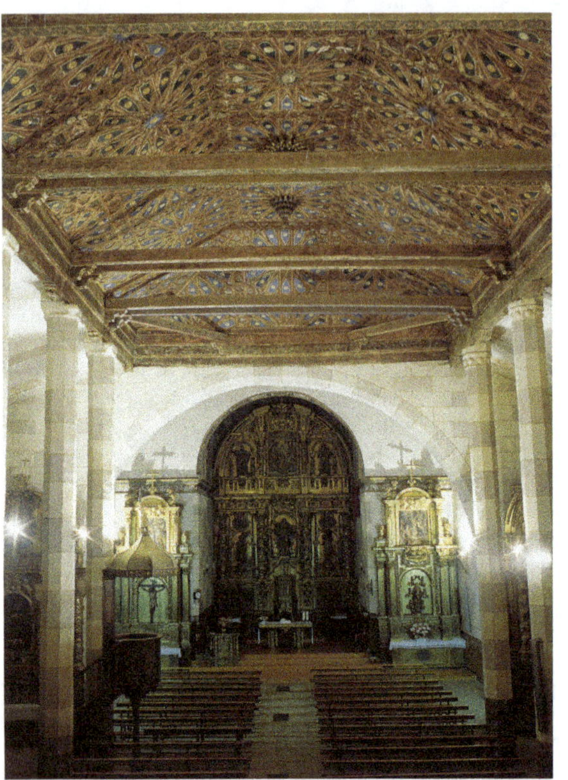
Igreja de Santa María, interior, Fuentes de Nava.

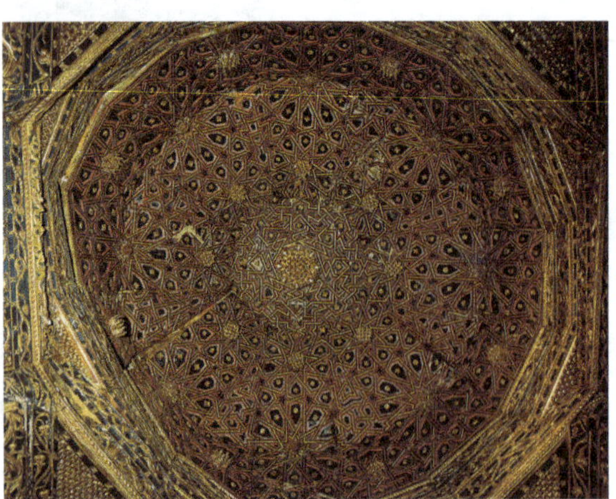

algumas das personagens mais importantes da Bíblia, como reis e profetas (Bolaños de Campos), ou simplesmente personagens da vida quotidiana vestidos à moda da época e apresentados de maneira realista e fiel (San Juan de Santoyo). Menos frequentes são as cenas da Paixão de Cristo (Igreja de Santiago, em Calzada de los Molinos).
O tema figurativo passou da pedra ao gesso, e muitos gesseiros copiaram em arcossólios, púlpitos e capelas a representação dos apóstolos à volta do Pantocrátor do coro alto de San Hipólito de Támara.
O mais importante de todos estes artesãos foi o mestre Alonso Martínez de Carrión. Os seus trabalhos podem contemplar-se nas Igrejas de San Francisco e de Santa Clara, na cidade de Palença, e nas de Santa María, em Becerril de Campos e Villalcázar de Sirga, ambas no distrito de Palença.

VII.1 TORDESILHAS

É recomendável chegar muito cedo ao Convento de Santa Clara, em Tordesilhas, para se ter tempo de visitar o Museu Diocesano de Palença.

VII.1.a Palácio de D. Pedro I, actual Convento de Santa Clara

Situado na zona histórica, diante do rio Douro. Apesar de ser um convento de clausura, o palácio, a igreja e o balneário pertencem ao Património Nacional. A entrada é paga. Visitas guiadas. Para mais informações, contactar o telef.: 983 77 00 71.

Horário: de 1 de Abril a 30 de Setembro, das 10 às 13 e das 17:30 às 18:30; aos domingos e feriados, das 10:30 às 13:30 e das 17:30 às 18:30; de 1 de Outubro a 31 de Março, das 10:30 às 13 e das 16 às 17:30; aos domingos e feriados, das 10:30 às 13:30 e das 15:30 às 17:30. Encerra às segundas-feiras. Às quartas a entrada é gratuita.

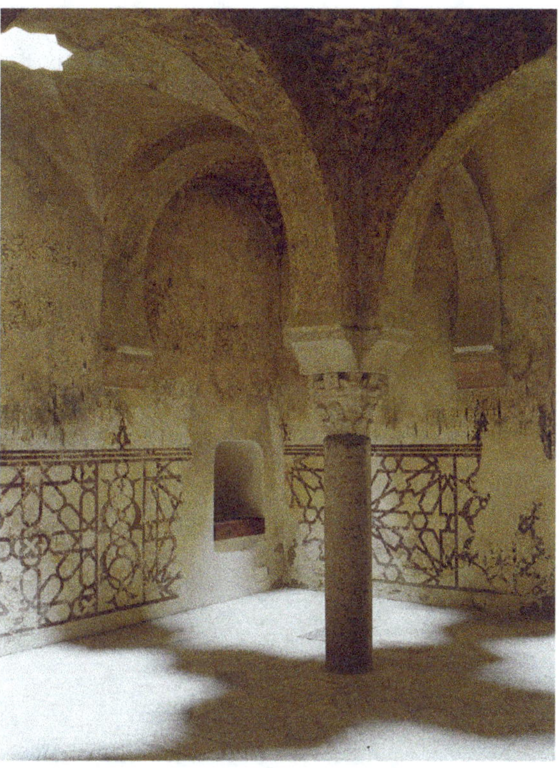
Palácio de D. Pedro I, balneário, Tordesilhas.

Tordesilhas fica nas margens do rio Douro, no cimo de um outeiro chamado "Otero de siellas". O povoado está cercado em parte por uma muralha em taipal com portas de tijolo de clara inspiração mudéjar. Os reis de Castela mandaram construir um palácio virado para o rio. Alguns autores acham que data da primeira fase do reinado de D. Afonso XI (1312-1350), devido às lápides actualmente ilegíveis da fachada e aos escudos do balneário, que correspondem aos da sua amante, Dona Leonor de Guzmán. No entanto, os únicos factos documentados que existem a propósito do palácio são as obras que D. Pedro I ordenou e a sua conversão em convento de clarissas por Dona Beatriz, a filha mais velha de D. Pedro e de Dona María de Padilla.

Todo o palácio foi pensado em função da água que entra pelo muro ocidental, onde actualmente se encontram o horto monástico, enche as cisternas e é distribuída de Sul a Oeste. Na zona Sul situam-se a cabeceira da igreja e o balneário. Na zona Oeste, a água vai ter à zona das freiras e a um outro depósito, situado num dos extremos do claustro. Este assenta sobre o jardim e o pátio de outro edifício palatino, possivelmente da segunda metade do século XIV, a avaliar pelos numerosos vestígios descobertos durante umas escavações recentes. Construído à semelhança do Patio de los Leones da Alhambra de Granada, possuía dois quiosques e fontes, das quais ainda se conserva uma, forrada com azulejos e com bica. Os trabalhos de restauro posteriores às escavações valorizaram as inscrições e os trabalhos em gesso policromo, que também são cópias dos do Patio de los Leones, da Alhambra.

A visita começa no extremo ocidental do conjunto palatino, onde sobressai uma fachada de cantaria dintelada com aduelas em ziguezague e um corpo alto com dupla janela de arco polilobado e um pano com redes de rombos. As lápides de formas simétricas e a decoração dos

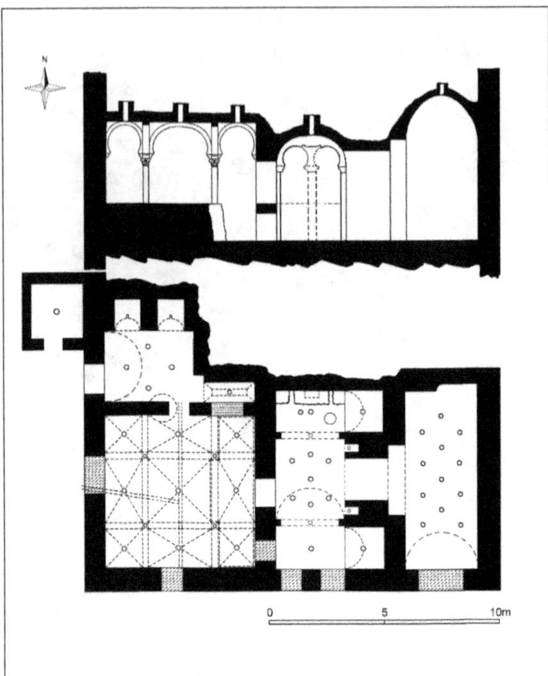

Balneário do Palácio de D. Pedro I, planta e secção, Tordesilhas.

fechos e de outros elementos cerâmicos, fazem-nos lembrar Granada e a mão-de-obra muçulmana. Neste lado ergue-se uma *qubba* ou cúpula de gesso entre dois pequenos pátios. Um, é o actual Patio del Yeso, decorado com laçarias e temas vegetais. O outro, já desaparecido, é o das antigas cozinhas. A estrutura palatina abria-se a oriente pelo antigo pátio, comunicando com uma sala transversal que hoje é o refeitório das freiras, e com outra que faz parte da coxia ocidental do claustro.

Na *qubba* conhecida como Capela Dourada, há restos de pinturas religiosas góticas posteriores à obra arquitectónica mudéjar. A abóbada está formada por nervuras duplas que não se cruzam no centro e que, partindo de cruzetas e estrelas de oito alternadas, se rematam no fecho com uma grande estrela de dezasseis pontas e uma pinha no meio.

O palácio desenvolve-se de Este a Oeste (fachada e *qubba*), possuindo um pátio intermédio com dois pavilhões e tanques. No lado oriental, abriu-se uma nova sala paralela à Capela Dourada, com duas alcovas comunicadas por arcos de tijolo. No chão da sala ainda se conserva a fonte cerâmica forrada com azulejos e a bica.

No Sul, o palácio olhava para o rio através de arcos de gesso com inscrições granadinas recentemente restaurados. Diz-se que D. Pedro I mandou construir um espaço novo em forma de "U" aberto para o Sul e para o rio, como o Palácio de Galiana toledano. A metrologia —tomando como unidade o cotovelo muçulmano— demonstra-nos que o palácio se encontrava sob a actual igreja e capela dos Saldaña (nome do seu fundador). No entanto, para confirmar esta tese basta observar os restos de uma das alcovas na actual sacristia, ou ler o documento em que o bispo de Palença, Dom Gutierre, permitia que a igreja se ampliasse "construindo-se nos portais do palácio".

O processo de transformação do palácio em convento, em meados do século XIV, converteu as salas que rodeiam o Patio del Vergel, na zona Norte, em quartos de dormir. No século XVII, estes quartos foram transformados em celas de dois andares, refeitório e cozinhas (lado Este), e em sala capitular, deixando como coro e primeiro templo o lado Sul do claustro, actualmente conhecido como coro comprido. Posteriormente, e com o consentimento do bispo de Palença, construiu-se a igreja, eliminando-se a comunicação com o balneário. Estes foram votados ao abandono, mas ainda se conservam as pinturas geométricas e heráldicas de quase todas as salas. Depois, usando a antiga fachada e entrada do palácio, as freiras mandaram fazer um coro baixo decorado com pinturas góticas religiosas, alternadas com lavores em gesso mudéjar e inscrições ornamentais.

VII.2 PALENÇA

A 77 Km pela N-620. É preferível estacionar o carro perto da Catedral e fazer o percurso a pé.

Em Palença, as obras mudéjares limitam-se aos Conventos de San Francisco e de Santa Clara, e aos tectos que se conservam no Museu Diocesano.

VII.2.a **Museu Diocesano**

Situado na rua General Mola. Desde a Catedral, entrar na rua General Mola. Situa-se no Palácio Episcopal. A entrada é paga.
Visitas guiadas por religiosas, às 11:30 e às 12:30. Encerra aos domingos.

No Museu Diocesano, situado no Palácio Episcopal, conservam-se três dos melhores tectos da região. O primeiro pertence à Igreja de San Juan, em Moral de la Reina. Tratase de um *alfarge* do coro alto que ainda permite ver, entre os restos de policromia, o que poderão ser cenas da vida de São João. Estas devem estar relacionadas com as da chamada escola gótico-mudéjar de Burgos (Silos, Sinovas, Calzada de los Molinos e Amayuelas de Abajo).
O segundo *alfarge* pertence ao coro alto da Igreja de San Miguel de Támara, e o terceiro e último cobria um dos torreões do convento das freiras clarissas de San Bernardino, em Cuenca de Campos, fundado em 1455 por Dona María Fernández de Velasco e pelo seu

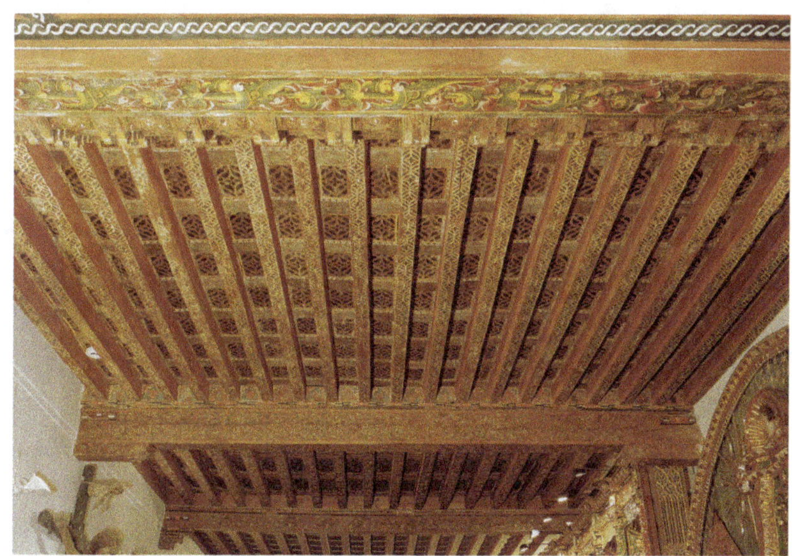

Museu Diocesano, tecto, Palença.

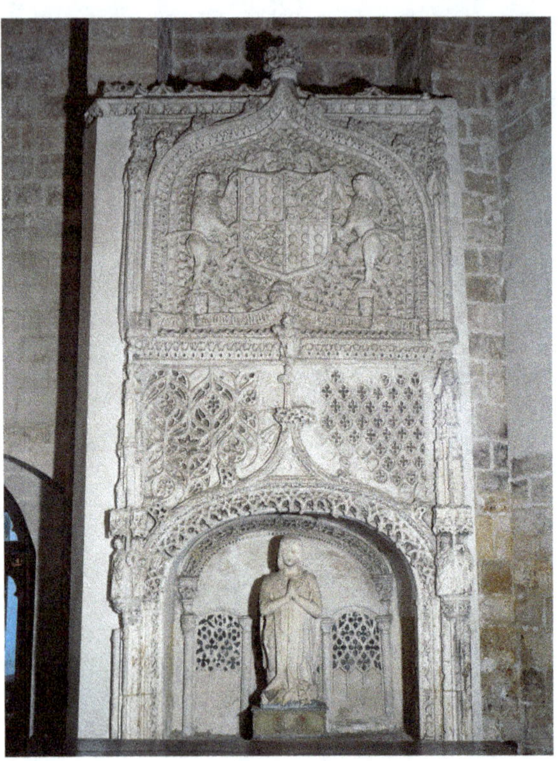

Igreja de San Francisco, sepulcro da Capela da família Sarmiento, Palença.

sobrinho, o conde de Haro. Desde as "vistas" da sua privilegiada atalaia, as irmãs, reunidas à hora da costura ou enquanto faziam pequenos trabalhos domésticos, podiam observar sem serem vistas tudo o que acontecia na aldeia nos dias feriados.

VII.2.b **Igreja de San Francisco**

Situa-se ao lado da Praça Mayor. Pedir para entrar na Capela do Sarmiento e na Sacristia.
Horário de culto: das 9:30 às 10, das 12:30 às 13 e das 18:30 às 19.

O Convento de San Francisco foi fundado pelo bispo Dom Tello Téllez de Meneses, cujo túmulo de madeira policroma se encontra sob o magnífico tecto de ochavo da sacristia. A obra realizada no coro alto da nave, encomendada em começos do século XVI pelo bispo Dom Juan de Castilla, foi outro acerto notável. No entanto, a singular capela fúnebre, realizada para a família Sarmiento por um gesseiro mudéjar que voltaremos a encontrar muitas vezes por terras castelhanas, é de uma beleza sem par. Curiosamente, assinou esta obra com o nome de "Alonso Martines". Na capela há várias imagens: num arcossólio de nichos góticos, rendilhados e clarabóias, vela sem descanso a estátua de contornos redondos e em oração do homem sepultado. Trata-se, provavelmente, de Juan Sarmiento. Também há outras estátuas protegidas por dosséis que representam apóstolos ou santos.

Em Palença, não se deve perder a oportunidade de comer uma das especialidades da gastronomia da região, como a "menestra" ou a perdiz.

VII.3 **ASTUDILLO**

VII.3.a **Palácio de D. Pedro I, actual Convento de Santa Clara**

A 30 Km pela P-431. É possível visitar a Igreja e o Museu do Palácio do Rei D. Pedro I, que possui uma interessante colecção de achados arqueológicos e obras de arte.
Horário: das 11às 13 e das 16 às 18:30. Encerra às segundas feiras.

A vila de Astudillo conserva parte das muralhas e uma das portas, bem como vários templos góticos onde se podem apreciar obras de arte mudéjares, como as que decoram a parte baixa do coro de San Pedro. No entanto, a cidade perdeu o seu castelo, chamado Castelo da Mota, e da cidade judaica apenas sobrevive o nome da rua da Sinagoga.

D. Pedro I de Castela quis construir neste lugar um palácio à semelhança dos que, na mesma época, habitavam os monarcas nazaris de Granada. Esta ideia teve ter-lhe ocorrido quando se tornou amigo de Muhammad V de Granada depois de o ter ajudado a recuperar o trono. Para lhe agradecer, o granadino enviou-lhe artesãos que deram o seu melhor por Astudillo (1356), Tordesilhas (1363), Sevilha (1364-1366) e Toledo.

O palácio de Astudillo ficou inacabado, e como não sofreu tantas transformações como os palácios de Sevilha, de Toledo e de Tordesilhas, nos quais trabalharam artesãos mudéjares enviados por Muhammad V de Granada, permite imaginar facilmente qual teria sido o verdadeiro aspecto das casas apalaçadas de meados do século XIV. Os muros, marcos das janelas e *frechais* decorados com temas geométricos e escudos heráldicos foram construídos com materiais pobres e baratos, como gesso, taipal e tijolo. As coberturas de madeira policroma e a pedra —apenas usada na fachada com dintel aduelado ou nas esquinas com capitéis vegetais simples—, completam um sistema ornamental simples, mas luxuoso.

O balneário situado no lado ocidental e o pátio, com os seus tanques e galerias decoradas com gessos abertos em forma de rombos que filtravam a luz da sala e das duas alcovas, sugere uma forma de vida e um certo luxo cortesão que dismitificam a ideia convencional da Espanha da Reconquista como uma austera sociedade de monges e de guerreiros.

A ameaça de excomunhão esgrimida pelo Papa contra D. Pedro I, que

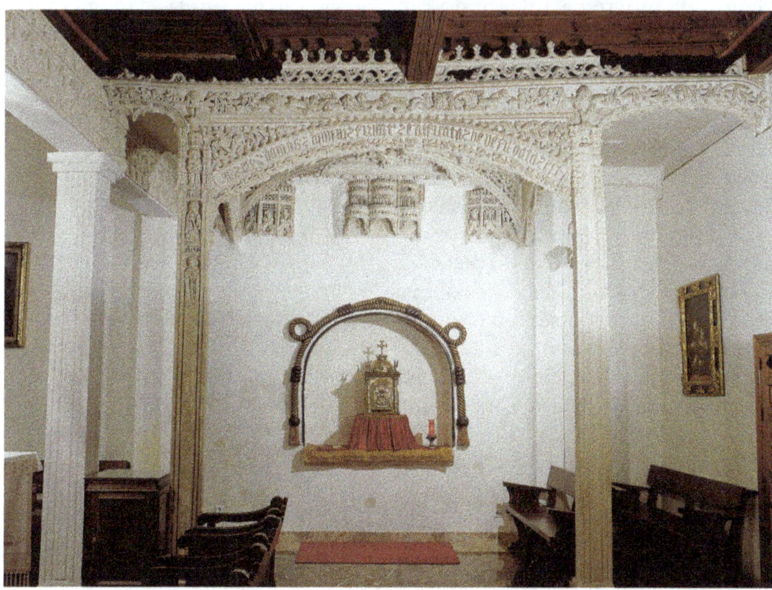

Palácio de D. Pedro I, coro baixo das freiras, lavores em gesso de Braymi e Alonso Martínez, Astudillo.

Astudillo

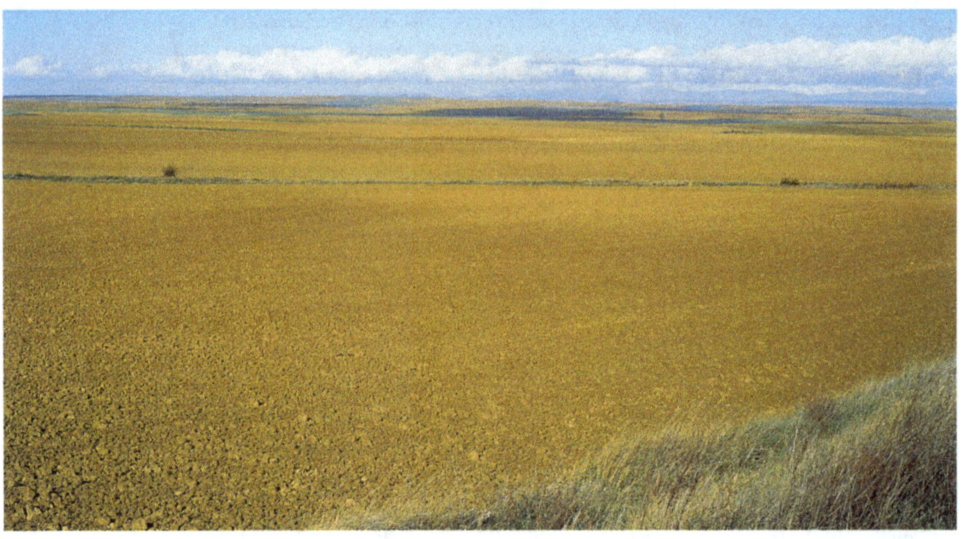

Tierra de Campos.

vivia neste palácio amancebado com Dona María de Padilla, levou-o a converter o lugar de amores num convento. Ficou decidido que passaria para as freiras clarissas e foi fundado por Dona María de Padilla. Depois da morte da amante do rei (1361) e do assassinato do soberano, em Montiel, e cometido pelo próprio irmão bastardo, D. Henrique (1369), uma das filhas de ambos, Dona Constança, converteu-se na nova abadessa do convento. Esta encarregou-se de mandar construir um edifício religioso, abandonando definitivamente as obras do palácio. O convento foi alvo de várias obras ao longo de todo o século XV, tais como os trabalhos em gesso da sala capitular realizados pelo muçulmano Braymi, que deixou a sua assinatura numa das inscrições do friso, ao lado da lenda piedosa atribuída a São Bernardino de Sena escrita no latim corrupto da época: "Soly Deo Honor et Gloria". Braymi construiu também o púlpito do refeitório que hoje está no museu do convento. Nos finais do século XV, o mestre Alonso Martínez fez uns trabalhos em gesso para embelezar a capela fúnebre de Dona María de Padilla, fundadora do convento. Nelas repetem-se os temas e a decoração das Igrejas de San Francisco e de Santa Clara, em Palença.

Pombais

Ao longo das estradas por onde passa este circuito é possível contemplar os pombais de Tierra de Campos, caracterizados pela simplicidade das suas linhas. Por vezes, são mesmo os únicos edifícios que se divisam na paisagem das intermináveis planícies da região, tendo-se convertido em seus verdadeiros símbolos. Como, na maior parte dos casos, foram construídos em adobe, e também devido ao menor entusiasmo pela criação de pombos, muitos desapareceram ou estão irreparavelmente danificados. No entanto, graças a um esforço de conservação do património arquitectónico rural da zona, alguns encontram-se em processo de restauro.

VII.4 SANTOYO

A partir de Santoyo começam a aparecer igrejas gigantescas, quase catedrais pelo tamanho e tipo de construção (Santoyo, Támara, Amusco), fruto da imensa riqueza em cereais da região. Esta comarca, conhecida como Nueve Villas, converteu-se num dos grandes silos de Espanha durante o século XVI.

VII.4.a **Igreja de San Juan Bautista**

A 1 Km, seguindo pela P-431.
Horário: de Julho a Setembro, das 10:30 às 13:30 e das 17 às 20; durante o resto do ano, aos sábados e domingos, das 11:30 às 12:30 e das 16:30 às 17:30. Se a igreja estiver fechada, perguntar pela Dª Maruja.

O coro alto da Igreja de San Juan de Santoyo, de finais do século XV, é muito mais do que um lugar de oração para uma importante comunidade religiosa. É, igualmente, o palco de uma grande representação pictórica da sociedade da Baixa Idade Média, onde aparecem clérigos, favoritos e pessoal de serviço, mas também um extenso repertório de tipos humanos vestidos à moda da época, do fidalgo ao artesão, passando pelo menestrel e o judeu. Nada se sabe sobre o autor nem sobre as circunstâncias de realização da obra. No entanto, alguns especialistas analisaram o estilo do autor e relaciona-ram-no com obras da pintura gótica castelhana internacional ou com os primeiros passos da mesma no estilo flamengo.

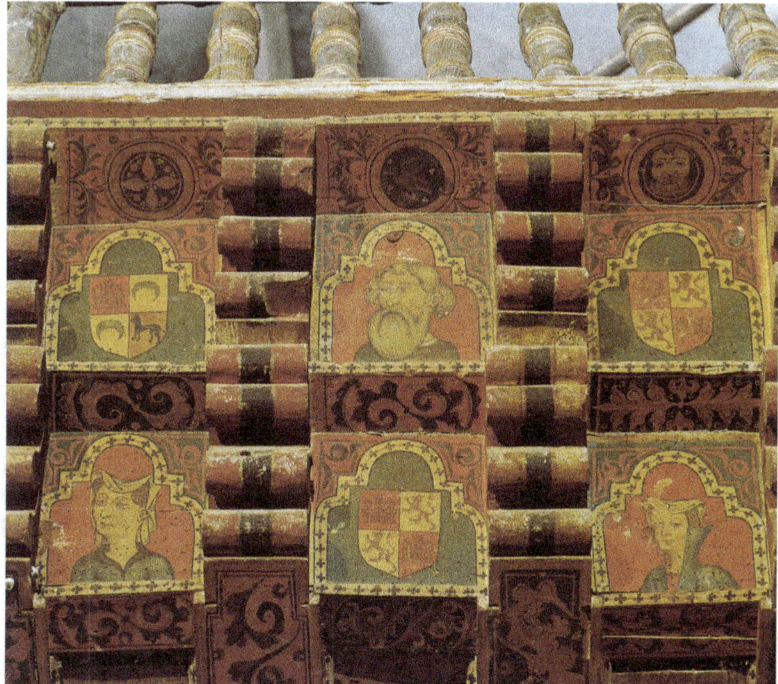

Igreja de San Juan Bautista, pormenor do coro alto, Santoyo.

VII.5 TÁMARA DE CAMPOS (opção)

VII.5.a Igreja de San Hipólito

A 7 Km. Se a Igreja estiver fechada, perguntar pela Dª Concha. Telef.: 979 81 02 46.

A Igreja Paroquial de Támara de Campos, dedicada a Santo Hipólito, é uma das mais imponentes da comarca de Tierra de Campos, que faz parte da zona conhecida como Nueve Villas. Alguns estudiosos atribuem esta obra aos Reis Católicos, cujos escudos decoram a torre. Os precedentes românicos podem apreciar-se na Igreja del Castillo, localizada muito perto daquela. Os monásticos, na Igreja de San Miguel, que formou parte, provavelmente, de um antigo priorado beneditino, e ainda conserva restos do tecto e um belo púlpito mudéjar de gesso, da escola de Alonso Martínez.

No coro alto lavrado em cantaria da Igreja de San Hipólito, que ostenta a representação de um grupo soberbo de apóstolos à volta do Pantocrátor, já se anuncia a posterior obra de gesso realizada em vários conventos da região pelo mestre Alonso Martínez de Carrión, ou no seu atelier. Um bom exemplar é o púlpito de gesso lavrado e decorado com motivos góticos.

A mão-de-obra mudéjar pode apreciar-se em diferentes lugares do templo e por toda a aldeia, mas talvez seja a porta de madeira do coro alto o trabalho em que é mais notória a intervenção de um excelente carpinteiro e marceneiro mudéjar, que podia muito bem ser de Granada. Os lavores de marchetaria no marco e um

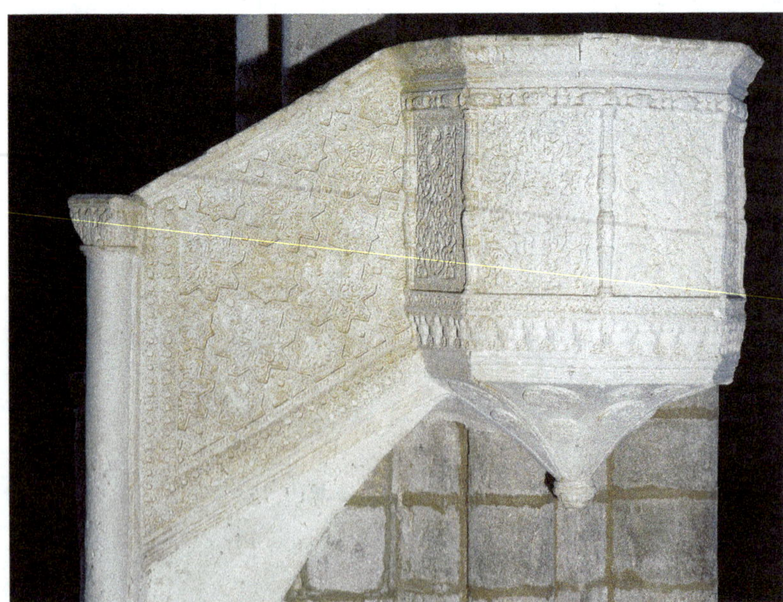

Ermida de Nuestra Señora de las Fuentes, pormenor do púlpito, Amusco.

escudo dos Reis Católicos sem a romã (Em espanhol, "granada", como a cidade [N. Trad.]), símbolo da conquista definitiva da Península por Isabel e Fernando, obrigam a datar a obra antes de 1492.

VII.6 AMUSCO

VII.6.a Ermida de Nuestra Señora de las Fuentes

A 14 Km. Combinar previamente a visita com a Paróquia. Telef.: 979 80 20 51.

A vila de Amusco é citada nas crónicas medievais devido à sua importante judiaria, que já não existe. **"De Piña eram os que açoitaram Jesus, em Amusco almoçaram e em Frómista jantaram e ficaram", sentencia o dito popular de Palença.**

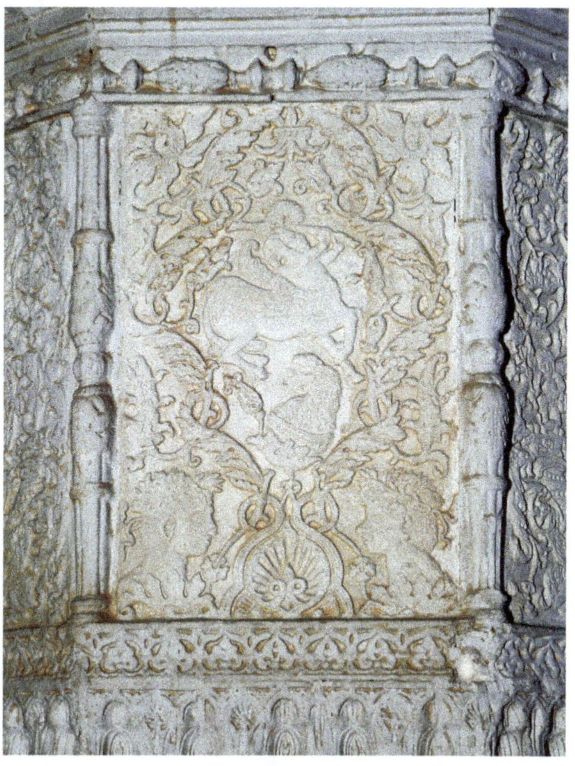

Ermida de Nuestra. Señora de las Fuentes, púlpito, Amusco.

Nos arredores do aldeamento, na Ermida de Nuestra Señora de las Fuentes, que é um edifício gótico, existe um dos mais curiosos púlpito de gesso mudéjares de Castela-Leão. Os seus motivos ornamentais góticos, nazaris e outros que parecem inspirados numa fonte renascentista impressa, revelam a original simbiose entre culturas e formas artísticas operada pelo Mudéjar castelhano. Por um lado, vãos góticos, clarabóias, laçarias; por outro, folhas assimétricas e *estalactites,* estrelas de oito e cruzetas e por outro, uma representação da Retórica, que é a ciência que convém dominar para discursar eloquentemente desde o púlpito, no mais claro estilo iconográfico do Quatrocentos italiano e, mais concretamente, de Andrea Mantegna. Tudo isto configura um híbrido artístico que mostra bem a matéria de que está feito o Mudéjar. O seu autor não parece ter sido um dos gesseiros da região, mas, sim, de Granada, e provavelmente também terá assinado (ele ou o seu atelier) o púlpito de Santa María del Campo, em Burgos.

É aconselhável passar a noite em Carrión de los Condes, a 30 Km. No recentemente restaurado Mosteiro de San Zoilo podem apreciar-se os restos da fachada românica da Igreja e o soberbo claustro renascentista de Juan de Badajoz.

CIRCUITO VII

Filhas de reis e de nobres: os conventos das freiras clarissas

Pedro Lavado Paradinas

Segundo dia

VII.7 CARRIÓN DE LOS CONDES
VII.7.a Convento de Santa Clara

VII.8 VILLAMUERA DE LA CUEZA
VII.8.a Nuestra Señora de las Nieves

VII.9 BECERRIL DE CAMPOS
VII.9.a Igreja de Santa María e Museu

VII.10 FUENTES DE NAVA
VII.10.a Igreja de Santa María

VII.11 CISNEROS
VII.11.a Igreja de San Facundo e San Primitivo

Pedro I de Castilla

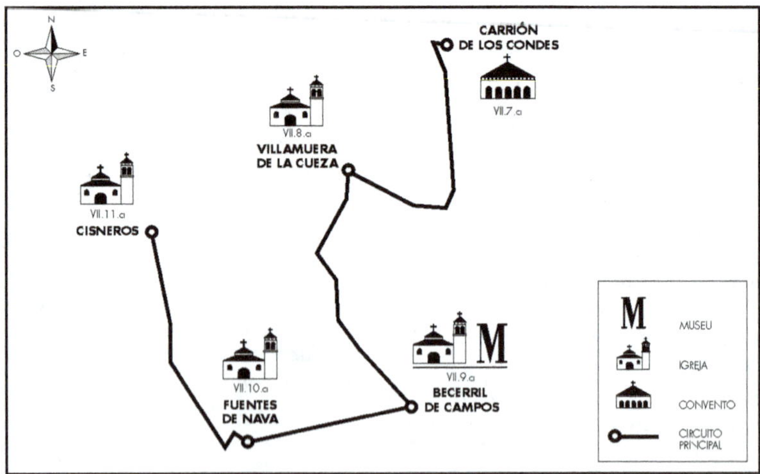

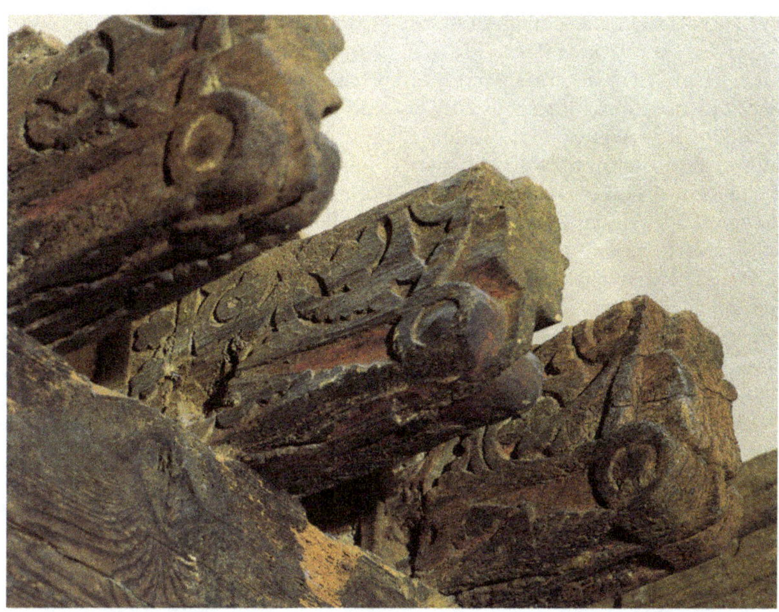

Convento de Santa Clara, vigas de madeira, Carrión de los Condes.

VII.7 CARRIÓN DE LOS CONDES

VII.7.a Convento de Santa Clara

É possível visitar a Igreja e o Museu, onde se encontram as tábuas e as vigas do tecto mudéjar, além de objectos da vida quotidiana do convento e outras peças artísticas. O convento de Santa Clara, de clausura, continua a confeccionar à moda antiga uns doces deliciosos.
Horário: no Verão, das 11 às 13 e das 17 às 19; no Inverno, das 11 às 13 e das 16:30 às 18:30. Encerra às segundas-feiras.

Recentes trabalhos de remodelação no museu conventual deixaram à vista os restos das grades do locutório do convento fundado por Dona Mencía López de Haro, casada em segundas núpcias com o rei D. Sancho II de Portugal, em 1260. Provavelmente, as freiras de Santa María del Páramo instalaram-se, em primeiro lugar, na Igreja do Sancti Spriritus, que desapareceu durante uma reforma levada a cabo durante o século XVII pela madre Soror Luisa de la Ascención.
Quando se acharam umas vigas de madeira trabalhadas à maneira dos carpinteiros mudéjares do século XIII, pensou-se que se podia estar diante de um reaproveitamento das de um templo românico, cuja cobertura da madeira possui semelhanças com outros exemplares de Toledo e de Segóvia. A reforma do século XVII salvou as vigas em melhor estado e distribuiu-as ao calhas pelo locutório do novo templo. Outros fragmentos serviram para calçar o tecto do século XV da sala capitular do convento.
Os remendos que se foram acrescentado ao edifício ao longo do tempo e à medida que aumentava o número de freiras são evidentes. Os escudos

dos Lara, Castañeda, Zúñiga e outros falam-nos do patrocínio exercido por estas famílias em diversas partes do cenóbio nos finais do século XV e começos do século XVI. Grande número de fragmentos e de tábuas pertencentes a diversos tectos, ostentando escudos destas famílias, podem ser apreciados no museu das freiras. Não é fácil visitar o núcleo de celas individuais construído por ordem da referida Soror Luisa de la Ascensión, que guardam bastantes semelhanças com as do Convento de Calabazanos. Foram construídas à base de pequenos cubos em taipal e comunicadas por portas com almofadas e decoradas com relevos em gesso, representando imagens religiosas. Cada cela consiste numa saleta e numa pequena alcova com um nicho de gesso para imagens e pinturas, uma prateleira e um armário. Infelizmente, perderam-se muitos outros tectos e obras mudéjares de Carrión, inclusivamente motivados por restauros desafortunados. É o caso do pórtico da fachada românica de Santa María, com um importante friso escultórico.
Alguns documentos falam-nos em numerosas ocasiões não só de muçulmanos, como também de judeus: "... a população do bairro de Santo Solo é formada tanto por cristãos, como por judeus e sarracenos..." (1220). São ainda referidos em 1465: "... que vivem dentro dos seus muros e viverão daqui para a frente", coisa que deve ter sido verdadeira, pois nos censos da Inquisição de 1594 e da expulsão de 1609, volta a falar-se de um certo número de mouriscos.
Uma das pessoas mais conhecidas desta localidade foi o rabi Sem Tob, conhecido também como Santos de Carrión. Os seus poemas, reunidos no livro "Proverbios Morales" dedicado ao rei D. Pedro, são uma boa amostra da hibridização da cultura medieval hispânica, da qual fazem parte a Bíblia, o Corão e o Talmude: "Nada há no mundo / tão principal como o saber: / vale mais do que heranças, / e não há tesouros nem bens / ... nem melhor companhia / do que o livro. / Entregar-se a Ele é o maior dos sossegos".

VII.8 VILLAMUERA DE LA CUEZA

VII.8.a Nuestra Señora de las Nieves

A 20 Km pela C-615. Em Villafolfo entrar no desvio para a P-963. Se a Igreja estiver fechada, perguntar pela Dª Jacoba. Telef.: 979 88 31 62.

A Igreja de Nuestra Señora de las Nieves, em Villamuera de la Cueza, é um templo formado por três naves em taipal, antigamente rebocada e estucada de maneira a imitar silhares e juntas. Incompreensivelmente, este trabalho foi disfarçado e tapado com tijolos modernos e sem graça nenhuma.
O interior é uma igreja colunária semelhante à de Campos. Perdeu, ou oculta atrás do tecto falso, o vigamento das naves, mas felizmente ainda se conserva o tecto de ochavo do presbitério, uma obra prima do Mudéjar castelhano. O seu autor assinou-a no *frechal*, no meio de um emaranhado de vegetação que a torna difícil de encontrar: "Esta obra foi feita por Juan Carpeil". A cobertura de ochavo que arranca da planta quadrangular do presbitério quebra-se em oito lados por meio de umas *trompas* de *estalactites* douradas,

quebrando-se de novo por outras peças mais pequenas até alcançar os dezasseis lados. Volta outra vez aos oito lados mediante um sistema que alterna peças triangulares e trapezoidais, fechadas num *almizate* octogonal com uma pinha de estalactites igualmente decoradas. O resultado é uma obra verdadeiramente engenhosa, parecida com as cúpulas de tipo sevilhano que, em gesso, se podem encontrar em Tordesilhas, La Mejorada de Olmedo e nas capelas sevilhanas de Quinta Angustia e Omnium Sanctorum. Igualmente mas com as cúpulas de madeira, no Patio de los Leones da Alhambra, em Granada; no salão dos embaixadores do Alcázar, em Sevilha; no tecto do Palácio de los Cárdena, em Torrijos, hoje em dia Museu Arqueológico Nacional de Madrid; e no tecto das escadas da casa de Pilatos, em Sevilha.

Este tipo de tecto foi muito bem recebido noutros edifícios da comarca, assinados provavelmente pelo mesmo autor. Juan Carpeil realizou, ainda, o tecto da Capela de la Virgen del Castillo, em San Facundo de Cisneros, e talvez o do presbitério da vizinha ermida de Villafilar.

No entanto, nada se sabe sobre o dono da obra. Pensa-se que talvez fosse uma das ricas doações que Luis Hurtado de Mendoza, abade de Covarrubias (Burgos) e do Santuário de Atocha (na cidade de Madrid), deixou em testamento em 1507. É certo que legou copiosas obras, móveis e ornamentos a vários mosteiros dos arredores, mas nada se sabe em relação ao templo. A suspeita de que possa ter sido ele o mandatário da obra reside no facto de, dois dias depois de lavrar o testamento, ter falecido na Igreja de Nuestra Señora de las Nieves, onde foi sepultado numa capela situada à entrada do templo. Se não foi ele quem deixou alguma coisa para

Nuestra Señora de las Nieves, pormenor do tecto do presbitério, Villamuera de la Cueza.

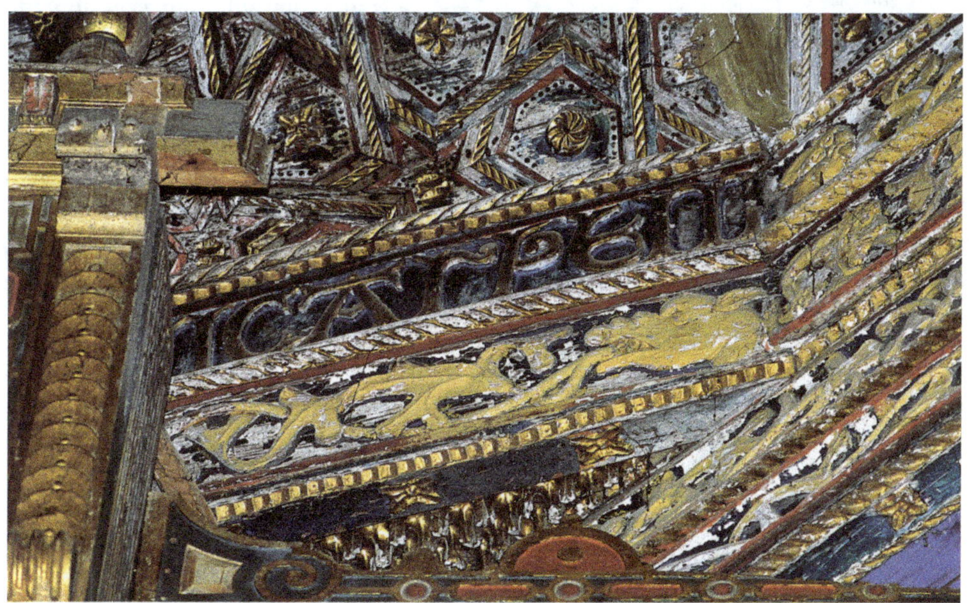

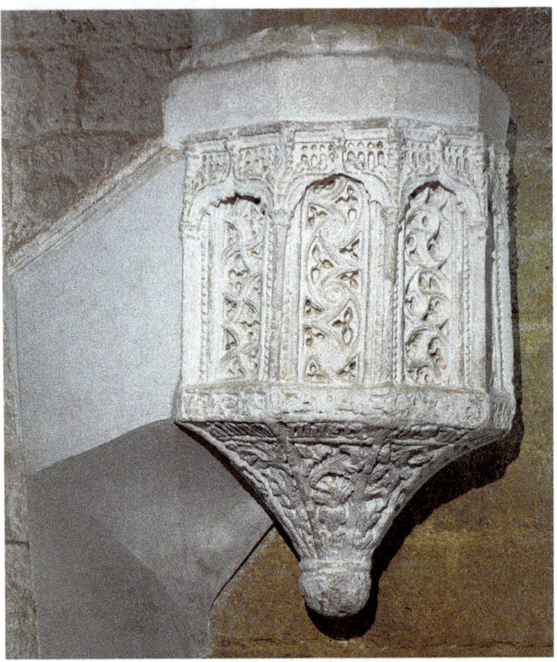

Igreja de Santa María e Museu, púlpito, Becerril de los Campos.

a construção da igreja, talvez tivessem sido os monges de San Zoilo de Carrión.

VII.9 BECERRIL DE CAMPOS

VII.9.a Igreja de Santa María e Museu

A 23 Km pela P-963, em direcção a Paredes de Nava. Depois, entrar na C-613.
Horário: das 11:30 às 13:30 e das 17 às 20; aos sábados, domingos e feriados, das 10:30 às 13:30 e das 17 às 20. Encerra às segundas-feiras.

Das sete igrejas de Becerril de Campos, já só se mantêm de pé duas: uma aberta ao culto (Santa Eugenia) e outra com um museu paroquial (Santa María). Os tectos originais de San Martín, de San Pedro e de Santa María perderam-se para sempre.

A conversão da Igreja de Santa María em museu salvou-a do abandono e das ruínas, embora à custa de um tipo de museu que esconde uma das mais singulares igrejas da Tierra de Campos.

Trata-se de um templo de uma só nave muito alta e ampla, com tectos de madeira apoiados sobre arcos transversais ao eixo da nave e que a separam em tramos. Há outra nave menor no lado do evangelho que albergava até há uns anos atrás restos de pinturas murais de um artista chamado Pedro Alfonso e que se perderam. Foram assinadas em 1432 e decoravam um arcossólio ao lado do qual, em começos do século XVI, se pintou outro.

A cobertura de madeira da igreja sofreu grandes danos, especialmente no *almizate*, após uma reforma barroca que a tapou com abóbadas e eliminou as pernas e as laçarias. Pertencia ao tipo *de par y nudillo* decorado com policromia ou dourado nos fundos. O sistema de cobertura de Santa María é muito parecido com o das igrejas franciscanas (algumas do Levante ou da Galiza) do século XV. O único exemplo nas imediações que também possuia um tecto soberbo era a igreja da abadia de Husillos.

Na entrada da nave ergue-se um coro alto de madeira, um dos mais singulares e divertidos de Castela. Pelas cachorradas desfila uma galeria interminável de tipos humanos —uns masculinos, com barba, bigode ou pera, e outros femininos, com colares e decotes— talhados e pintados, além de uma série de retratos de homens e mulheres pintados à moda de finais do século XV e começos do século XVI.

A obra também deve ter terminado por essa altura, embora o coro ainda se estivesse a remodelar em 1545, de acordo com um registo de baptizados. É possível que, nessa data, estivessem em fase de preparação o pórtico aberto e os tectos do lado Sul (epístola) da igreja. No entanto, as pinturas murais de Pedro Alfonso no lado do evangelho levam a pensar que o tecto foi iniciado por volta do primeiro quartel do século XV.
Outro dado importante é o trabalho em gesso de Alonso Martínez, que assinou o seu trabalho no púlpito: "Alonso Martines de Carrión me f...". Trata-se de um púlpito poligonal de cinco lados, com painéis que alternam traçados gótico-flamejantes com decoração à base de clarabóias, parecido com outros da mesma região. É provável que os trabalhos em gesso das janelas da ábside e do antigo púlpito de gesso de San Pelayo, em Becerril de Campos, tenham sido realizados pelo mesmo autor.
A vila foi um centro de venda de gado e um mercado. Os únicos vestígios que restam destas actividades são os soportais de madeira de uma praça e as ruas com pórticos. Os materiais utilizados são muito pobres: taipal, tijolo e madeira, praticamente os mesmos empregues na arquitectura popular da região e que sobreviveram até aos nossos dias, embora a ignorância e a incúria as estejam a condenar ao desaparecimento.

VII.10 FUENTES DE NAVA

VII.10.a Igreja de Santa María

A 13 Km, pela P-953. Para combinar as visitas, telefonar para o Padre Joaquín, de manhã muito cedo ou ao fim da tarde. Telef.: 979 84 20 27.

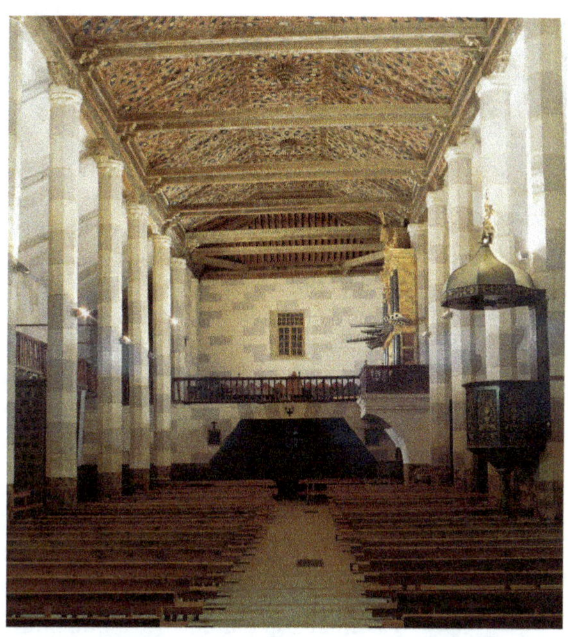

Igreja de Santa María, interior Fuentes de Nava.

A obra mudéjar mais importante da Tierra de Campos conserva-se no interior da Igreja de Santa María. O edifício pertence a um tipo comum de igreja colunária: três naves com um cruzeiro e com uma cabeceira única quadrada. Nesta, foi acrescentada uma cúpula (1562) e uma torre na entrada, actualmente descabeçada e isolada. Neste caso, os suportes que separam as naves são pilares octogonais muito estilizados, mas capazes de servir de apoio a um riquíssimo tecto *ochavado* de laço com rodas azuis e vermelhas e laços de dezasseis.
No cruzeiro, a igreja também foi coberta com um tecto *ochavado* apoiado sobre *trompas* e com um laço de doze, dezasseis e vinte e quatro. Curiosamente, no centro, em

vez de uma pinha, pende uma talha policroma que representa o Salvador, no centro de quatro estrelas e rodeada pelos animais que costumam acompanhar os quatro evangelistas com filactérios. Esta talvez seja a única vez em que se misturam, de maneira ostentosa, elementos das tradições muçulmana e cristã.

O mestre de Fuentes de Nava, nome por que é conhecido enquanto nenhum documento revelar o seu verdadeiro nome, influenciou incrivelmente as produções artísticas da região (Boada de Campos, Añoza e Villalcón), e a sua actividade chegou até Leão, como se pode comprovar pelo tecto da Asunción em Villacé, realizado sem sombra de dúvida pela mesma mão. No centro da laçaria do tecto também aparece uma figura que pode ser Cristo ou o Pai Eterno.

A hipótese da existência de um atelier de carpinteiros de certa categoria em Fuentes de Nava, activo até meados do século XVI, talvez se confirmasse se se pudesse observar o tecto da Igreja de San Pedro. Infelizmente, este tecto, conservado quase de maneira intacta, encontra-se emparedado entre a abóbada e o telhado. Assim, e embora se saiba que existe, não passa de uma certeza desconhecida. Um exame atento dos tectos e de outras obras de carpintaria da vila que só se perderam até há bem pouco tempo, como as existentes numa casa da rua Rodríguez Lagunilla, chegou à mesma conclusão. No entanto, hoje em dia, em Fuentes de Nava só é possível apreciar alguns beirais e casas brasonadas do século XVI.

Igreja de Santa María, pormenor do tecto, Fuentes de Nava.

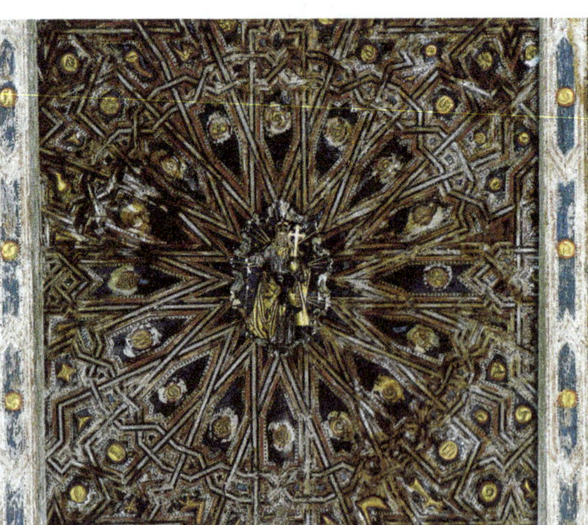

VII.11 CISNEROS

Cisneros é o nome de uma vila do distrito de Palença. É, também, o apelido de uma das famílias mais poderosas de finais do século XV e começos do seguinte. Aparentemente, o facto de uma família tão influente residir na vila pode explicar a presença de tantas obras de arte nas suas igrejas. No entanto, só há notícia fidedigna de três fidalgos de apelido Cisneros que lá foram enterrados: os ossos de Álvaro e Toribio Ximénez de Cisneros jazem na Igreja de San Pedro, e os de Antonio Ximénez de Cisneros estão na Igreja de San Facundo. Os túmulos dos dois primeiros datam de meados do século XV (no segundo inscreveu-se a data de 1455). O terceiro, que era primo e secretário do grande cardeal Frei Francisco Ximénez de Cisneros (1436-1517), descansa no presbitério da Igreja de San Facundo desde o dia da sua morte, ocorrida em Cisneros em 1517. É possível que o próprio cardeal

Cisneros tivesse sufragado algumas destas obras, mas não há nenhuma certeza a esse respeito.

VII.11.a Igreja de San Facundo e San Primitivo

A 25 Km pela P-944. Se a Igreja estiver fechada, contactar a Dª Maruja (vive ao pé do monumento) ou telefonar para o nº: 979 84 84 85. Há um interessante Museu Paroquial e Provincial na Igreja de San Pedro.

A Igreja de San Facundo e San Primitivo conjuga um novo tipo de tecto com um sistema ornamental completamente feito em madeira para o coro, as capelas e a tribuna. A cabeceira gótica, poligonal e coberta com meio tecto *ochavado* de laçaria policroma, está relacionada com a Igreja de Santo Tomás em Revellinos. Pelo menos em parte, parece repetir a solução do tecto da Igreja do convento de Santa Clara, em Tordesilhas. Todo o templo possui uma cobertura muito especial apoiada num tipo de estrutura colunária frequente na comarca de Campos. O tecto de madeira de pinho sem pintar, ochavado e ataujerado, possui formas biseladas desenhando pendentes de rombos e octógonos decrescentes. Foi todo decorado com ripinhas de madeira lavradas e com temas florais renascentistas. O sistema de transição entre a nave central e as laterais faz lembrar Mazuecos de Valdeginate, e a ornamentação não se afasta muito da da Igreja dos Santos Justo e Pastor, em Cuenca de Campos.

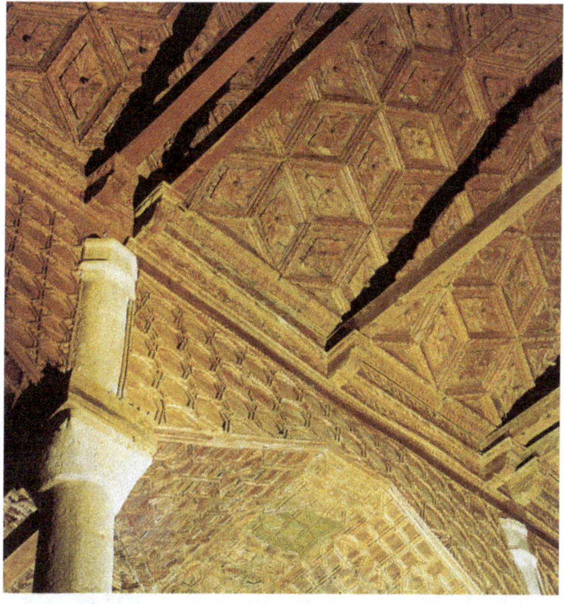

Igreja de San Facundo e San Primitivo, pormenor do tecto, Cisneros.

No primeiro tramo da nave da epístola encontra-se a Capela da Virgen del Castillo, provavelmente assinada por Juan Carpeil, pois repete as soluções estruturais e as decorações de Villamuera de la Cueza. O coro alto de um dos lados do templo, com as suas cabeças de animais e motivos heráldicos alusivos a Castela, possui uma relação de parentesco com a obra de Santa María, em Becerril de Campos.

É aconselhável passar a noite em Sahagún, de onde parte o próximo circuito.

Pedro Lavado Paradinas

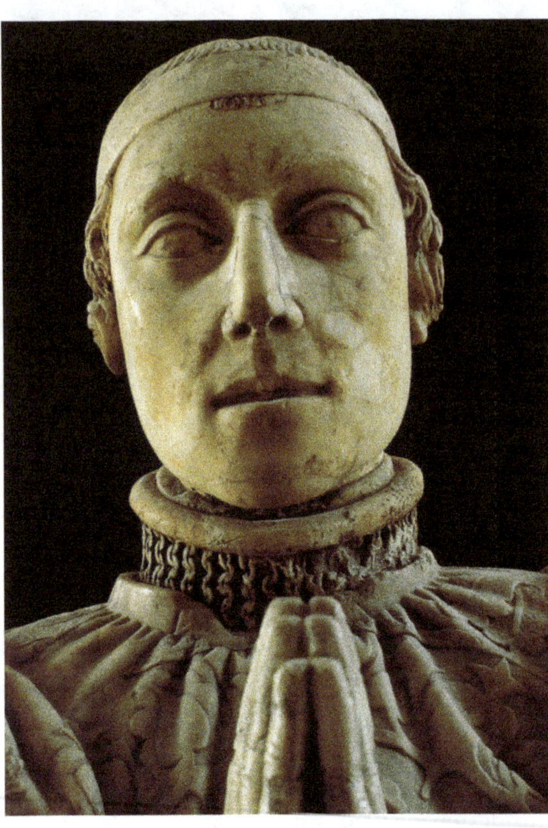

Retrato em oração de D. Pedro I de Castela, arquivo fotográfico do Museu Arqueológico Nacional.

A figura do rei D. Pedro I de Castela converteu-se numa lenda. Os seus inimigos chamavam-lhe "Cruel", e os seus partidários, "Justiceiro". Estes extremos reforçam a ideia de um personagem contraditório e historicamente controverso. Nasceu em Burgos, no ano de 1334, e era filho de D. Afonso XI de Castela e de Dona Maria de Portugal. Cresceu no seio de uma sociedade em permanente convulsão e num ambiente de sucessivas guerras civis. Foi coroado prematuramente com apenas dezasseis anos (1350). Nos primeiros tempos, os seus favoritos e as família destes —os Albuquerque e os Coronel— governaram o reino. Um anos após o começo do seu reinado, a mãe mandou assassinar a antiga amante do pai, Dona Leonor de Guzmán. Este episódio granjeou-lhe imensos inimigos internos, como o seu irmão bastardo, D. Henrique de Trastámara, filho de Dona Leonor. Mais tarde, colheu inimigos no exterior pela sua própria actuação em França e Inglaterra.

Toda a sua política interna e externa era terrivelmente pessoal, feita de decisões bastante contraditórias. Amancebou-se com Dona María de Padilla em 1352, mas, um ano mais tarde, combinou o seu casamento em Valhadolid com Dona Blanca de Borbón. Abandonou a mulher dois dias depois, encerrou-a em Toledo e foi ir ter com a amante. Esta loucura pôs termo à aliança com França e provocou a rebelião de Toledo. Nesse mesmo ano, voltou a casar-se com outra dama castelhana, Dona Juana de Castro, mas também a abandonou rapidamente. Até 1356 viveu em permanente crise, e os acontecimentos desenrolaram-se de maneira agressiva até descambarem numa guerra contra D. Pedro IV de Aragão.

A história da sua vida, tal como se conta nas crónicas, nas obras literárias e nos romances populares, é uma autêntica lenda romântica e fascinante da qual fazem parte D. Pedro IV de Aragão (1317/19-1387) e D. Pedro I de Portugal (1320-1367), ambos igualmente conhecidos como "Cruéis".

Chegaram até nós visões muito diferentes sobre o monarca castelhano, transmitidas pelo chanceler Pero López de Ayala ("Crónica de D. Pedro de Castilla"), por Félix Lope de Vega (em sete das suas comédias) e por Prosper Mérimée ("Histoire de Pedro I, roi de Castille", 1848), para citar apenas os mais conhecidos.

A sua relação com os judeus e com os muçulmanos também deu azo a situações difíceis e a inúmeras críticas, pois, por exemplo, entregou o cuidado das finanças reais a Jehuda Haleví, mas depois condenou-o e confiscou todos os seus bens. No caso dos muçulmanos granadinos, tomou o partido de Muhammad V contra Muhammad VI, o "Rey Bermejo", assassinando-o para ganhar a amizade do primeiro.

O seu comportamento amoroso colocou-o em situações assaz embaraçosas e muito reprováveis. Apesar das ameaças de excomunhão do Papa por causa do seu envolvimento com María de Padilla, em 1361, aquando da morte da esposa oficial (Dona Blanca) e da concubina, o rei declarou que só a segunda era legítima e que os seus herdeiros legais eram os filhos de ambos —Afonso, Beatriz, Constança e Isabel. Pedro de Portugal, seu contemporâneo, fez exactamente a mesma reivindicação para os filhos da sua amante, Dona Inês de Castro. No entanto, Pedro de Castela não consentiu que os partidários da esposa oficial lhe matassem a amante, como sucedeu no caso de Pedro de Portugal.

Em 1369, ano da morte de D. Pedro I de Castela, em Montiel, assassinado pelo irmão bastardo, D. Henrique de Trastámara com a provável ajuda do mercenário Beltrán Duguesclin, foram as filhas do monarca castelhano e de Dona María de Padilla que herdaram e passaram a administrar as casas e os palácios que os pais tinham construído entre 1354 e 1361 em Astudillo e em Tordesilhas. Converteram-se em conventos de clarissas e as filhas do rei D. Pedro foram as suas primeiras abadessas ou prioresas.

Estes edifícios, que ainda não estavam terminados no ano do falecimento da sua fundadora, Dona María de Padilla, são os mais claros exemplos de arquitectura civil mudéjar castelhana convertidos posteriormente em espaços conventuais. Na maior parte dos casos, constavam de muros e estruturas em taipal ou tijolo com fachadas simples de cantaria e vãos com arcarias de tijolo ou lavradas em gesso. No interior, a madeira policroma e o gesso decoravam os tectos e os arcos. Os principais requintes destes espaços sóbrios, embora dotados de bastantes comodidades, eram os pátios, com os seu estanques e repuxos, o balneário e o sistema de aquecimento. Provavelmente, foram desenhados e decorados por artesãos mudéjares de Granada. Outros autores pensam que foram concebidos por artesãos de Toledo ou, ainda, de Burgos.

De qualquer maneira, estas primeiras manifestações de arquitectura civil mudéjar em Castela verificaram-se em meados do século XIV, numa altura em que a região, bem como grande parte do futuro território espanhol, estava a ser fustigada pela peste negra e atravessava uma crise política e económica que muitas vezes resultava em guerras civis e conflitos entre os reinos cristãos da Península.

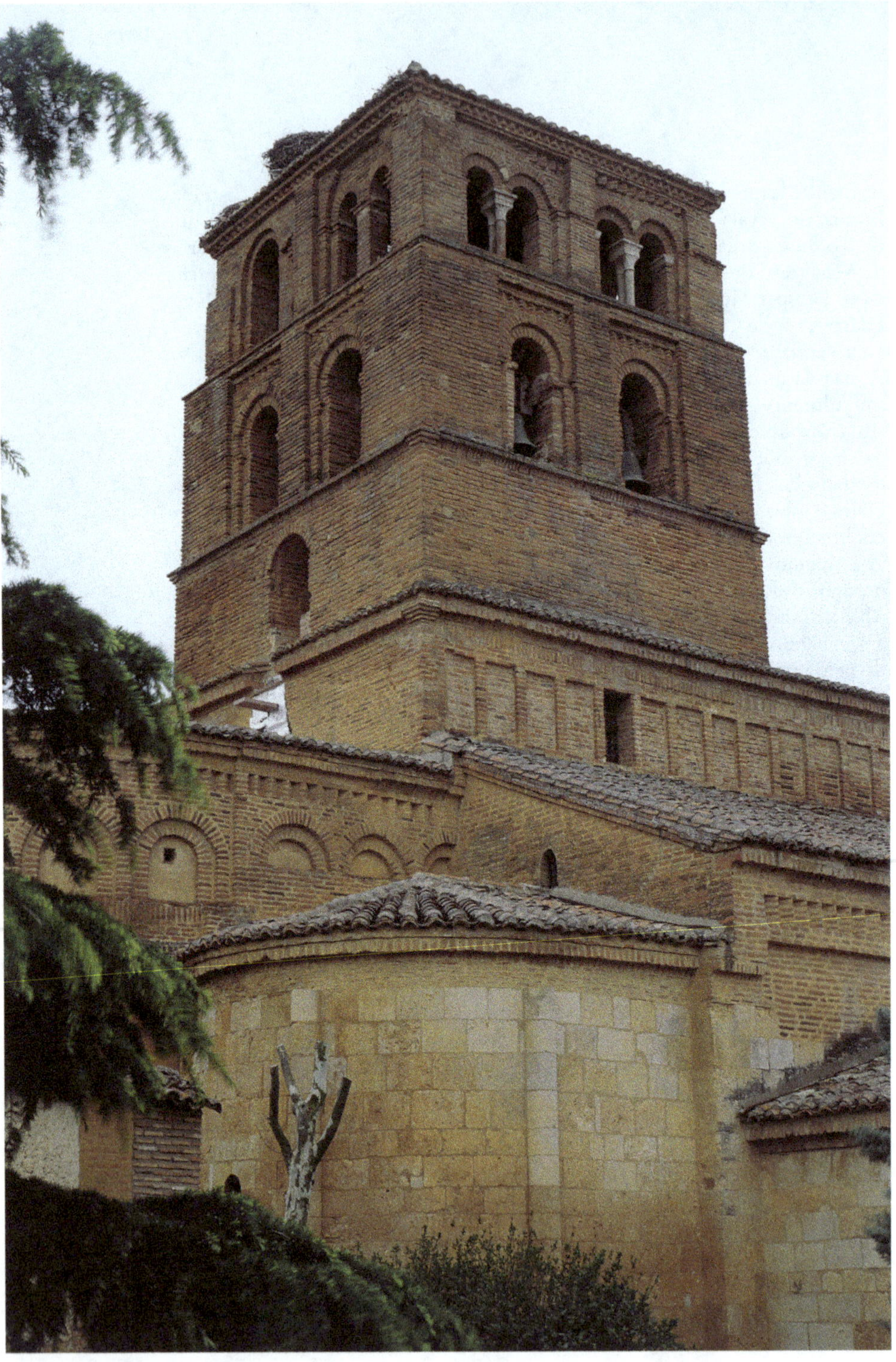

Consequências do nascimento das catedrais góticas: os trabalhos em tijolo

Pedro Lavado Paradinas

VIII.1 SAHAGUN
- VIII.1.a Igreja de San Tirso
- VIII.1.b Santuário de la Peregrina

VIII.2 SAN PEDRO DE LAS DUEÑAS
- VIII.2.a Mosteiro de San Pedro de las Dueñas

VIII.3 SANTERVÁS DE CAMPOS
- VIII.3.a Igreja Paroquial

VIII.4 VILLALÓN DE CAMPOS
- VIII.4.a Igreja de San Miguel

Feiras e mercados

VIII.5 MAYORGA DE CAMPOS (opção)
- VIII.5.a Igreja de Santa María de Arbás

VIII.6 VILLALPANDO
- VIII.6.a Igreja de San Nicolás (opção)
- VIII.6.b Igreja de Santa María la Antigua

VIII.7 TORO
- VIII.7.a Igreja de San Lorenzo
- VIII.7.b Ermida de Santa María de la Vega
- VIII.7.c Convento de Santa Sofía

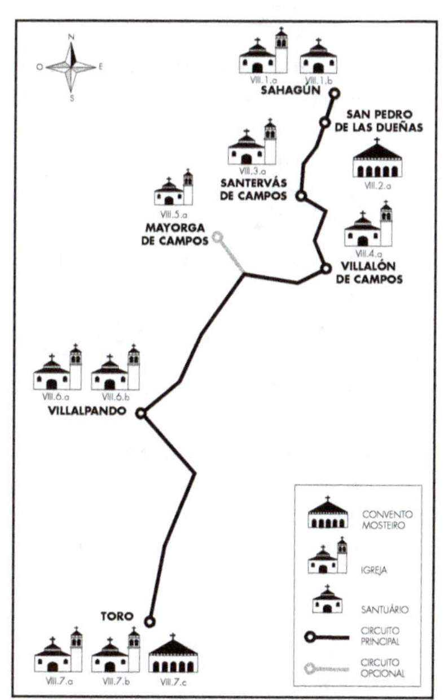

Vista geral do Mosteiro de San Pedro de las Dueñas.

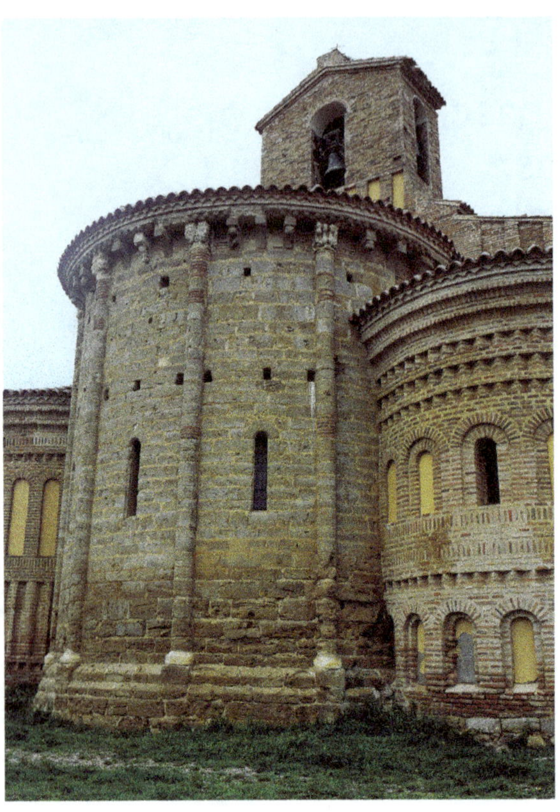

Absides da Igreja paroquial de Santervás de Campos.

Contrariamente à mensagem passada pelos manuais escolares, nos quais a história da arte se apresenta como um processo linear e os estilos artísticos só surgem após a extinção do seu precedente, o início das grandes catedrais góticas de Castela-Leão —Burgos (1222), Leão (1255), Palença (1321)— e dos grandes templos monásticos —Huelgas, Burgos (por volta de 1180)— coincidiu no tempo com a conversão das inacabadas obras românicas em arquitectura de tijolo. A enorme quantidade de dízimos e de tributos necessários para construir obras tão colossais, bem como o interesse de todos os grémios de mestres e artesãos envolvidos no processo —canteiros, carpinteiros, gesseiros, estucadores, pintores— em que o trabalho demorasse o máximo de tempo possível, foram sem dúvida as causas que levaram a que grande parte da arquitectura religiosa rural ficasse inacabada e em muito mau estado quanto a materiais, transportes e mão-de-obra.

Os escassos recursos das paróquias rurais e a falta de uma organização social ou ordem religiosa capaz de assumir os gastos das obras, que muitas vezes levavam mais de um século a ser construídas, fizeram com que muitas construções góticas (normalmente edificadas sobre obras anteriores românicas) não chegassem ao seu termo, à espera de tempos melhores.

Tirando o Caminho de Santiago e os grandes centros monásticos, é difícil encontrar edifícios românicos acabados, mas ainda é mais raro descobrir edifícios góticos começados em cantaria e com mão-de-obra especializada. Apenas no distrito de Burgos, centro do grande comércio lanífero, e ao longo do caminho entre Burgos e os portos do Cantábrico, se desenvolveu uma importante arquitectura gótica que, em parte, seguiu as pautas da catedral e se serviu dos mestres canteiros que nela intervinham. Foi o caso da Igreja de San Gil e San Esteban, na cidade de Burgos, ou da Asunción, em Laredo (Santander).

A aposta régia por Burgos e por Leão é bem patente em ambas as obras góticas. Por conseguinte, são autênticos islotes numa extensa zona que também estava a precisar de templos para a população rural e o clero secular. As escassas obras góticas existentes em Burgos devem-se ao próprio desenvolvimento da capital, como nos casos de Sasamón —

cópia da catedral de Burgos—, de Villamorón e de Grijalba. Por outro lado, na região apenas se edificaram obras góticas em lugares que dependiam de ordens militares, como a Ordem do Templo, em Villalcázar de Sirga, ou de Santiago, em Villamuriel de Cerrato (ambas em Palença). Normalmente, os edifícios românicos da região conservam as cabeceiras e o arranque dos primeiros tramos, cobertos com abóbadas nos primeiros anos do século XIII e deixados tal como estavam, à espera de uma oportunidade para serem fechados. Foi assim que, em Castela-Leão, surgiu uma arquitectura de tijolo que resolveu de maneira desembaraçada e barata a demanda de mão-de-obra para a construção destes edifícios rurais.

É muito provável que o primeiro foco da arquitectura mudéjar castelhana se situasse em Sahagún, como se pode deduzir pela observação dos edifícios conservados, que revelaram serem anteriores ao Mudéjar de Toledo. Nos dois casos, o processo foi o mesmo. A catedral de Toledo, iniciada em 1226, absorveu toda a mão-de-obra e todos os fundos disponíveis para a sua construção, deixando para a arquitectura secular o uso do tijolo, da madeira e de outros materiais menos caros.

No entanto, não se tratava de um problema meramente económico, mas, também, de adaptação ao meio, pois as canteiras estavam gastas, não havia meios de transporte e os principais caminhos dirigiam-se para as grandes catedrais. Os mestres forasteiros mais importantes e os seus ateliers ensaiavam novas formas na pedra, enquanto os artesãos, provavelmente de origem muçulmana, se inclinavam mais para o uso do tijolo e de elementos construtivo-ornamentais que, no caso da arquitectura secular, reproduziam as formas românicas da pedra no tijolo.

A arte mudéjar castelhana teve como primeiras manifestações os templos de Sahagún (Igreja de San Tirso), Santervás de Campos (Igreja de Santos Gervasio e Protasio), San Pedro de Dueñas (igreja do mosteiro), Fresno Viejo (Igreja de San Juan Bautista) e Alba de Tormes (Igreja de San Juan).

No entanto, as datas propostas para a construção destes edifícios revelam que são claramente anteriores ao início das catedrais góticas de Burgos, de Leão e de Palença. Por conseguinte, é necessário encontrar outras causas que expliquem o nascimento de uma arquitectura rural mudéjar e o facto de terem ficado inacabadas tantas obras góticas. Uma destas causas poderia ser o enorme prestígio e poder do Mosteiro de Sahagún, em cujos arredores e dependentes dele surgiram estes templos. Outra causa terá sido o facto de existirem tantas guerras, como as que se sucederam à morte de D. Afonso VI e as dos

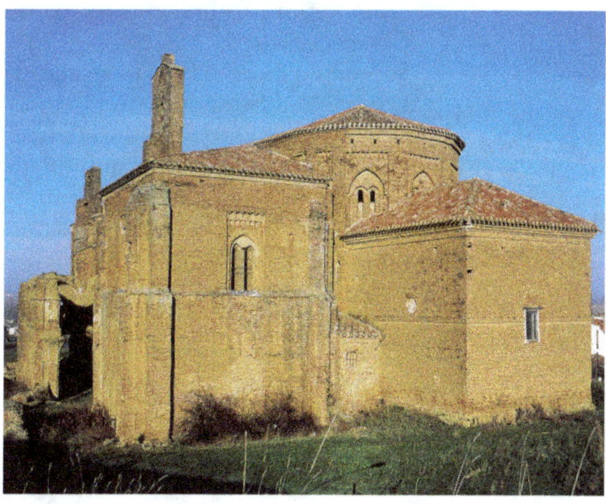

Igreja de la Peregrina, vista geral, Sahagún.

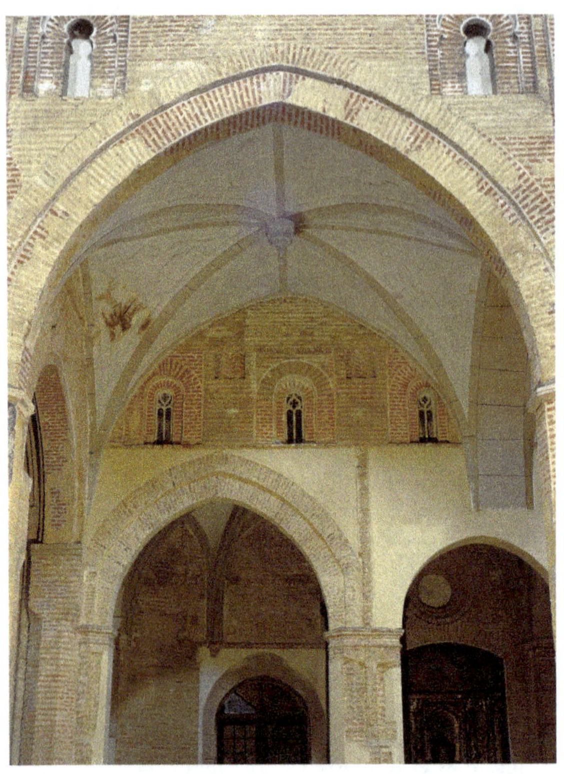

Igreja de San Miguel, tijolos pintados, Villalón de Campos.

reinados de Dona Urraca e de D. Afonso, o "Batalhador", que interromperam as obras das terras de Castela-Leão e de Aragão.

Sucedeu o mesmo com as igrejas de Daroca, em Saragoça, também iniciadas em estilo românico e concluídas em tijolo mudéjar, com motivos muitos semelhantes entre elas.

Em Castela-Leão há outras variantes em relação ao primeiro Mudéjar, inspiradas no românico das redondezas, que deram lugar a um tipo de edifícios muito especial. É o caso das igrejas de abside plana da zona de Villalpando (Zamora), que mantêm semelhanças com o românico de Zamora, concretamente com o do vale do rio Tera. Em Mayorga de Campos (Valhadolid) e arredores, abunda um tipo de absides semicirculares em taipal que responde a uma concepção românica do espaço e se serve de materiais locais.

O segundo período mudéjar de Castela-Leão caracteriza-se pela arquitectura de tijolo: pilares de tijolo cruciformes sobre os quais carregam arcos quebrados de apoio ao tecto de madeira. As absides realizam-se completamente em tijolo e, embora se cubram com arcos cegos no exterior, estes situam-se em dois ou três andares, sendo os do nível superior enquadrados com alfiz. As semelhanças com o Mudéjar de Toledo são mais do que evidentes neste caso. Os exemplos mais importantes são os das Igrejas de San Lorenzo e Santiago, em Sahagún; a Igreja de San Feliz, em Sahelices del Río; San Lorenzo de Villapeceñil e as Igrejas Paroquiais de Arenillas de Valderaduey e Gordaliza del Pino, todas em Leão.

Outros focos mudéjares surgem em diferentes povoações de Castela-Leão, criando variantes muito peculiares e com uma especial repercussão na sua área geográfica. É o caso de Toro e das suas igrejas de altas arcarias cegas em tijolo nos exteriores, ou as variantes de Olmedo (Valhadolid), Arévalo (Ávila) e Cuéllar (Segovia), que multiplicam no espaço limítrofe entre os três distritos um certo número de templos com mais variantes ornamentais que estruturais.

Mas, tal como Sahagún e a sua área de influência interpretaram o Românico criando uma primeira tipologia arquitectónica do Mudéjar, o chamado pré-clássico mudéjar ou o românico-mudéjar, bem como outras variantes locais desse Românico (a noção de Mudéjar com evidentes paralelos com o Mudéjar de Toledo já foi aqui estudada na passagem por Villalpando, Mayorga, Toro, Olmedo, Arévalo e Cuéllar), na segunda metade do século XIII dá-se em Sahagún uma nova versão da arquitectura gótico-mudéjar, com as suas absides poligonais e os seus *estribos* no exterior, facto que também é anterior a Toledo e que possui os seus melhores exemplares na Igreja de Franciscanos ou Santuário de la Peregrina, e na Ermida de la Virgen del Puente.

Curiosamente, há duas ordens não relacionadas com os beneditinos de Sahagún e que têm que construir extramuros os seus templos de estruturas góticas: os franciscanos e os cónegos de Santo Agostinho.

Outras variantes posteriores da arquitectura gótica de Castela-Leão, devidas a *alarifes* mudéjares, são exemplos singulares do gótico-mudéjar. O primeiro grupo de variantes é formado pelos edifícios de patronato régio posteriores ao período de D. Pedro I e de D. Henrique II de Castela (meados do século XIV), com reflexo em certos templos dos conventos das freiras clarissas. Um segundo grupo é formado pelos edifícios patrocinados pelos Enríquez, como a Igreja de San Andrés, em Aguilar de Campos (Valhadolid). Depois aparecem os templos patrocinados pela família Pimentel, em San Miguel e San Pedro de Villalón de Campos (Valhadolid). Em quarto e último lugar, figuram as adaptações de um gótico de raiz levantina, como a abadia de Husillos (Palença), de Santa María, em Becerril de Campos (Palença) e de alguns templos da cidade de Palença e outros lugares do distrito de Zamora, como Ayoo de Vidriales.

O que é certo é que as tipologias românicas sobreviveram ao longo dos tempos, adaptando-se ao tijolo nos trabalhos em que não era possível usar a cantaria, devido à falta de meios. Assim, foi possível transformar a epiderme dos templos rurais e assentar as bases para um grande desenvolvimento da arquitectura. Graças aos materiais empregues, simples e baratos, os artesãos muçulmanos criaram elementos estruturais novos: tectos de madeira mais leves, zimbórios-torre e temas ornamentais realizados ou pintados sobre o próprio tijolo. Lavores com um toque preciosista, que converteram os axadrezados em esquinados, os beirais de pequenos cachorros em nacelas, os arcos em tijolos recortados e enquadrados em alfiz, tijolos esquinados e fiadas de tijolos, reforçando as caixas de alvenaria e taipal e uma vasta gama de vãos ou pequenos arcos: polilobados, quebrados, entrecruzados, ogivais ultrapassados, duplos ou simples, além de variantes requintadas de tijolo cortado depois de cozido.

VIII.1 SAHAGÚN

VIII.1.a **Igreja de San Tirso**

A igreja já não celebra missas, mas há um guia.
Horário: de 1 de Maio a 1 de Novembro, das 10 às 14 e das 16:30 às 20; durante o resto do ano, das 10 às 14 e das 16 às 18. Encerra às segundas-feiras.

A Igreja de San Tirso é citada numas escrituras de 1123, o que a torna contemporânea das obras românicas do mosteiro (1100-1110), que parecem ter sido interrompidas após a

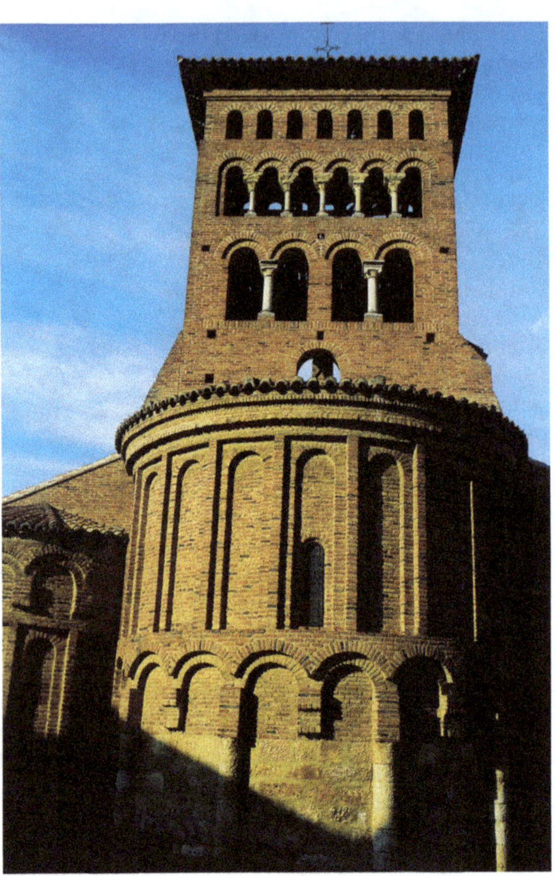

Igreja de San Tirso, abside e torre, Sahagún.

morte do abade Diego, ocorrida em 1111. A fábrica desta igreja possui uns alicerces românicos de pedra, mas prossegue em tijolo, mudança operada depois de um esforço de adaptação das pedras ao tijolo: pequenos arcos cegos com molduras em tijolo e nova proporção de materiais.

San Tirso é um edifício de planta pseudo-basilical, com três naves separadas por arcos de meio-ponto em tijolo, aproveitando restos de alicerces românicos. Sobre o primeiro tramo da nave central ergue-se uma torre de tijolo muito remendada, onde foram reutilizados alguns elementos românicos. O único documento que nos fala desta igreja é o correspondente à doação de Dona Sancha, irmã da D. Afonso VIII, ao Mosteiro de San Pedro de Dueñas: "Facta...huius... per manum adefonsi ecclesie sancte tyrsi in...", com data de 7 de Setembro de 1126.

VIII.1.b **Santuário de la Peregrina**

Horário: de 1 de Julho a 1 de Outubro, das 10 às 14 e das 16 às 20; no Inverno, é preciso combinar a visita com o guia de San Tirso. Telef.: 626 077 663.

O convento de franciscanos conhecido como Santuário de la Peregrina, por albergar dentro dos seus muros uma imagem desta Virgem, foi fundado em 1257. Mais ou menos por esta altura deve ter sido edificado o templo, que consta de uma só nave com cabeceira poligonal e, nos muros, possui um vasto repertório de arcos cegos de diferentes tipos, entre os quais destacam os polilobados e os ogivais em ferradura quebrada. Apesar de apresentar motivos típicos do Mudéjar de Toledo, o templo é anterior ao de Santa Fé, em Toledo, que se pode considerar o primeiro templo de tipo gótico. Por outro lado, os motivos ornamentais dos arcos voltarão a repetir-se um século mais tarde, em San Pablo de Peñafiel (Valhadolid).

Talvez a obra mais singular do santuário seja a capela funerária de Diego Gómez de Sandoval, situada ao lado da epístola. De planta qua-

drangular, foi decorada no interior com os trabalhos em gesso policromos de um grande arcossólio, revestindo totalmente os muros com frisos de gelosias geométricas alternadas na parte inferior com laçarias e temas vegetais góticos sobre um fundo de *arabescos* miudinhos. Ao longo dos muros fez-se uma inscrição em letras latinas: "DOMINE: JHS: XPE: FILI DE (I)... (P)ECATORI: Q(UI): MORIBU".
O escudo dos Sandoval, com uma banda, surge em diversas partes do gesso, fundamentando a documentação que nos diz que lá se encontra enterrado o primeiro conde de Castro, Diego Gómez Sandoval, que morreu em 1455, pois no testamento do seu segundo filho, que tinha o mesmo nome que o pai, diz-se o seguinte: "Deixo, também, 3200 maravedis ao Mosteiro de San Francisco de Sahagún, onde estão sepultados os meus Antepassados, para que rezem a Deus pelas suas almas e pela minha, e para que tratem de certas assuntos relacionados com os enterros do meu Pai e dos meus Irmãos...".
Os lavores em gesso, por outro lado, falam-nos de uma escola de gesseiros mudéjares que, entre 1430 e 1450, funcionava nesta zona e se dedicava a decorar capelas funerárias, deixando algumas obras importantes em Sahagún e em Mayorga de Campos (Valhadolid).

VIII.2 SAN PEDRO DE LAS DUEÑAS

VIII.2.a Mosteiro de San Pedro de las Dueñas

A 6 km, pela LE-941. Convento de clausura da ordem das Beneditinas. Se a Igreja estiver fechada, perguntar pela Dª Maruja, no bar da praça. Telef.: 987 78 08 50.

Apesar de não ter restado nada do mosteiro original, esta igreja é mais um exemplo do mudéjar primitivo ou do mudéjar pré-clássico de Sahagún. O templo é de planta quadrada e alçado românico de cantaria no exterior das três absides. As laterais foram cobertas com uma abóbada de meia-volta, mas, na central, optou-se por uma abóbada em estrela apoiada sobre paramentos de alvenaria. O trabalho das cachorradas e dos beirais de pedra não foi rematado em altura em nenhuma

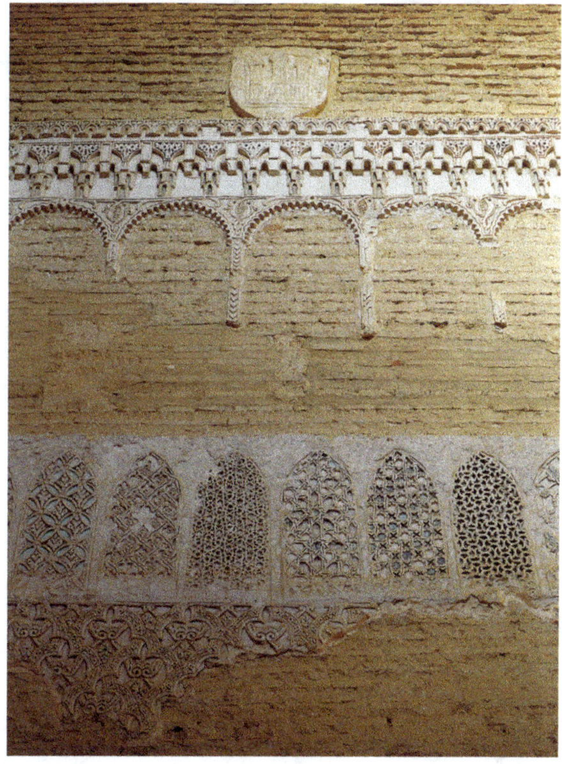

Igreja de la Peregrina, pormenor dos lavores em gesso, Sahagún.

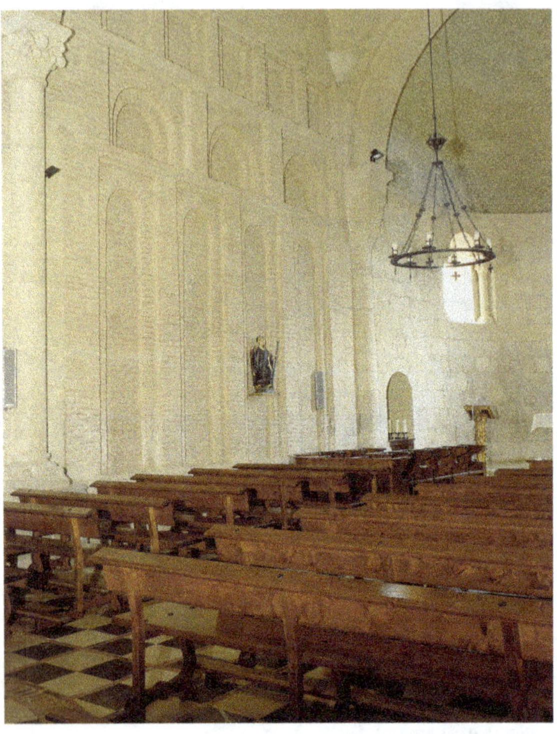

Interior do Mosteiro de San Pedro de las Dueñas.

das absides, optando-se por arcarias cegas apoiadas sobre colunas adossadas e mísulas na abside central, além de um remate de tijolo sem decorar nas laterais. Os paralelismos entre a abside principal e a obra de San Tirso de Sahagún são evidentes. Neste último caso, no entanto, continuou-se a abside principal em altura com um friso de nove arcos cegos duplos de meio-ponto e um tanto atarracados, feitos em tijolo. A torre, fabricada em tijolo, também foi edificada sobre o tecto da abside, de acordo com o modelo das torres que imitam *zimbórios*.

Outra semelhança evidente com Sahagún reside no facto de se terem valido dos mesmos ateliers de canteiros românicos e de *alarifes* mudéjares. Em San Pedro de Dueñas, a nave do evangelho foi destinada ao culto público, atribuindo-se as restantes às freiras.

Este lugar é citado entre os anos 973 e 976; em 1076, a sua abadessa era Dona Urraca, à qual se fez uma doação em nome do rei, em 1086. No entanto, só em 1107 é que passa a chamar-se Dueñas. No epitáfio do abade Diego de Sahagún, diz-se o seguinte: "Monasterium Sancti Petri de Dominabus construxit et moniales ibidem instituit...", e noutro documento de 1126, encontramos: "Basilica fundata extat super crepidinem aluei que dicitur ceia secus stratam in quo loco permanet ecclesia miro honore fabricata in qua presidet domna tarasia abbatisa cum magno agmine monachorum".

A igreja, que pertence ao tipo de templo conhecido como "de peregrinação", está relacionada com o mosteiro de Sahagún. Tal como o templo de San Tirso da referida localidade ou da vizinha Santervás, é uma boa amostra de como, depois da arte românica —inacabada por motivos económicos e sociais, numa primeira fase, e, posteriormente, devido ao excesso de mão-de-obra e de artesãos absorvidos pelos grandes mosteiros e catedrais da zona— surgiu e desenvolveu-se uma mão-de-obra local, rápida e barata. Trata-se do grupo de artesãos mudéjares que trabalhavam em toda esta região e que, posteriormente, foram substituídos por trabalhadores de outros ateliers (ladrilheiros e gesseiros, no século XV, e carpinteiros, no século XVI). Veja-se, por exemplo, o remate das abóbadas da Igreja de San Pedro de Dueñas, em cujas geométricas laçarias colaboraram gesseiros que combinaram temas góticos e mudéjares.

VIII.3 SANTERVÁS DE CAMPOS

VIII.3.a Igreja paroquial

A 15 km, pela LE-942. Entrar no desvio para Melgar de Arriba. Se a Igreja estiver fechada, perguntar pela Dª Jani ou pelo senhor Hipólito. Telef.: 987 78 50 97.

Esta Igreja, dedicada aos Santos Gervásio e Protásio, foi construída numa colina, pertencendo à área de influência do mosteiro de Sahagún. Das três cabeceiras, a do meio foi completamente edificada em cantaria românica com colunas adossadas e pequenas cachorradas figurativas no beiral. No entanto, o interior e as duas cabeceiras laterais foram erguidas em tijolo, facto que novamente nos remete para a crise na construção de começos do século XII, que coincidiu com a morte de D. Afonso VI, em 1109, e com o início da instabilidade que descambou numa guerra entre castelhanos e aragoneses.
A decoração do tijolo é assaz curiosa. O friso baixo da abside da epístola, tal como o interior da abside, joga com nichos e meias colunas de tijolo (material que aparece na arte românica francesa e em alguns exemplos do Românico do Norte de Aragão) combinado com decoração esquinada e arcos cegos de meio-ponto. Por sua vez, a abside do evangelho apresenta duas bandas de arcos cegos de meio-ponto e beiral de nacela dupla, com o tramo decorado com um friso de arcos entrecruzados.
Em 1130, a igreja foi doada, juntamente com a aldeia inteira, ao mosteiro de Sahagún. Os canteiros que trabalhavam neste templo pertenciam ao mesmo atelier que trabalhava para o mosteiro de Sahagún, como se pode apreciar nos lavores de alguns capitéis de ambos os lugares.

VIII.4 VILLALÓN DE CAMPOS

Villalón foi repovoada por um *moçárabe* chamado Alón, conforme dizem uns, ou por um Alfon ou

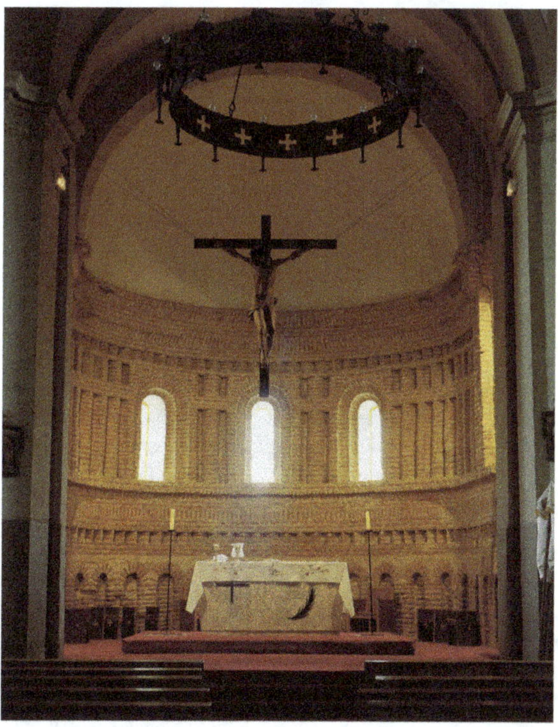

Abside central da Igreja paroquial de Santervás de Campos.

Igreja de San Miguel, interior, Villalón de Campos.

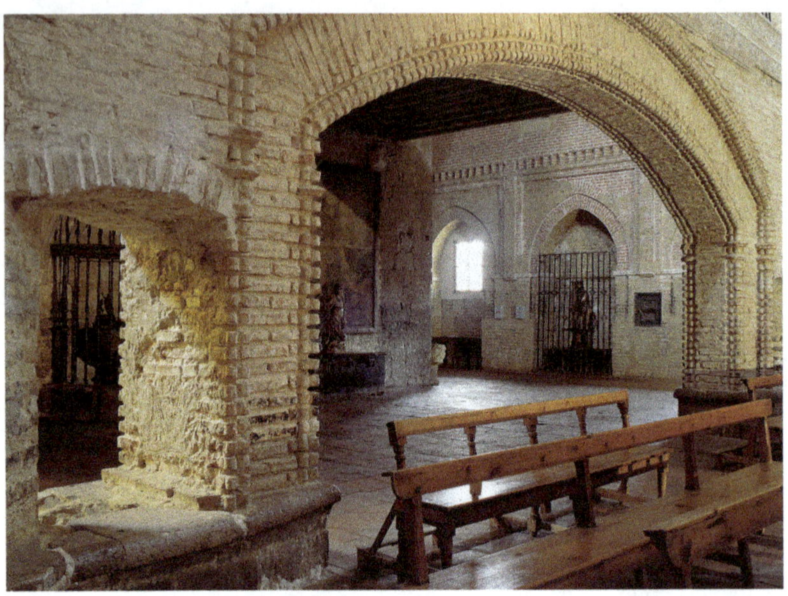

Alonsi cristão, conforme dizem outros. D. Fernando III e D. Fernando IV outorgaram privilégios comerciais à vila, e D. João II concedeu-a a Rodrigo Alonso Pimentel, conde de Benavente, em 1434. Os sucessores de Rodrigo foram os patronos e responsáveis pelas obras mais importantes da localidade.

O desenvolvimento comercial da vila resultou num traçado de praças e de soportais muito útil para as transacções agro-pecuárias, e a riqueza e o patrocínio dos Benavente reflectiu-se nos templos construídos e em todas as riquezas que estes encerram.

VIII.4.a **Igreja de San Miguel**

A 17 km. Tanto se pode ir por Villacarralón, como pela VA-930.
Combinar previamente a visita com a Paróquia. Telef.: 983 74 00 41. De 1 de Abril a 1 de Outubro, combinar a visita com o Posto de Turismo. Telef.: 983 74 00 11.

A Igreja de San Miguel é um importante edifício gótico de finais do século XIII ou inícios do século seguinte, como se pode ver na parte inferior da torre e numa capela construída, provavelmente, a partir de 1258. As obras prosseguiram entre fins do século XIV e começos do século XV, resultando numa fábrica de tijolo formada por três naves apoiadas sobre pilares oitavados com quatro arcos quebrados. As naves da epístola e do evangelho terminavam em abside poligonal de tijolo com *estribos* no exterior, e a do centro também devia ser semelhante. No entanto, tudo isto foi eliminado em reformas posteriores.

A característica mais importante do templo é que os muros de tijolo conservavam a pintura original, que imitava à perfeição paramentos de tijolo sobre o estuque branco, e os vãos e as janelas falsas repetiam formas de clarabóia.

O *madeiramento de par y nudillo* com

laçarias, cruzetas e vertentes é policromo, e os motivos heráldicos exaltam o patrocínio de Rodrigo Alonso Pimentel, conde de Benavente, e da sua esposa, Leonor Enríquez, neta de D. Henrique II. O escudo quartelado tornou-se comum na casa real, e a asa é o símbolo e lema da família e, mais tarde, da própria vila.
Quando o primeiro conde de Benavente rompeu relações com o seu senhor, o rei de Portugal, por causa de certas injustiças que este lhe tinha feito, o rei terá dito: "mais vale um pássaro na mão, que abutres a voar". Juan Pimentel terá respondido: "Mais vale voar". É por isso que a asa é o seu símbolo.
Também é palpável o patrocínio de Dom Juan Rodríguez, bispo de Leão. Num texto de 12 de Julho de 1422, este diz que "edificou a torre que hoje possui e onde se vêem as suas armas, que são uma flor de lis, o retábulo e o coro". Estas flores repetem-se no tecto.
Em finais do século XV, rasgou-se uma outra nave no templo, na zona do muro da epístola. A obra foi feita em tijolo, cobrindo-se com uma abóbada nervada, e deve ter sido encomendada ou sufragada pelo quinto conde, Alonso de Pimentel, e pela sua esposa, Ana de Velasco Herrera, que ostentaram o título de condes entre 1499 e 1527. É provável que tivessem ordenado a sua construção quando a igreja se converteu em colegiada, em 1513. O *alfarge* situado na entrada do coro alto também foi realizado nessa altura.
Os restos do tecto com caixotões do século XVI, conservado na Capela del Rosario e reutilizado posteriormente, são muito importantes. Pelo tipo de caixotões e pela decoração da obra com dourados, pode muito bem ser o antigo tecto da capela-mor, ou, segundo outros autores, da capela funerária do bispo Barco, que foi sepultado neste templo num túmulo de mármore situado ao lado do evangelho.
Esta igreja é, talvez, uma das mais representativas da influência gótica no Mudéjar de Castela-Leão, e aquela em que a cor dos muros, certas decorações em tijolo, o tecto de várias épocas e as pinturas originais melhor se conservaram.
É mais do que evidente a ligação dos artistas mudéjares que trabalharam nesta igreja com os que tinham realizado, anos antes, a Igreja de San Andrés, em Aguilar de Campos (Valhadolid), sob o patrocínio dos Almirantes de Castela.

VIII.5 **MAYORGA DE CAMPOS** (opção)

Dois factos marcaram, do ponto de vista artístico, Mayorga de Campos. Em primeiro lugar, a sua dependência em relação ao mosteiro de Sahagún, contra a qual se insurgiram os seus habitantes em 1270, demolindo as casas e os palácios do abade. Em segundo lugar, e a partir de 1430, a sua dependência em relação aos condes de Benavente.
A fortaleza e grande parte das muralhas construídas por D. Fernando II desapareceram, excepto a Puerta del Sol, e das suas paróquias pouco resta. Algumas fecharam-se ao culto e outras foram usadas para os mais disparatados fins.
A característica fundamental das igrejas de Mayorga é a abside semicircular de tipo românico, em taipal e estuque. O mesmo sucede com os templos da região, como o de Cas-

Igreja de Santa María la Antigua, vista geral, Villalpando.

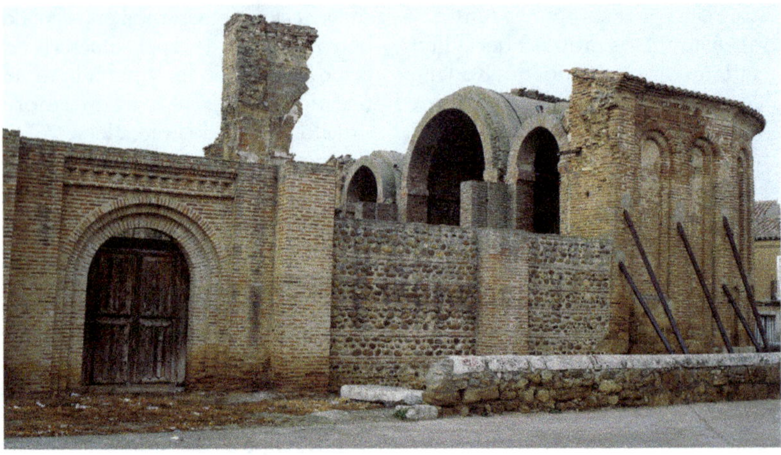

trobol (Valhadolid).

VIII.5.a Igreja de Santa María de Arbás

A 23 km, pela N-610. Encontra-se em processo de restauro.

A Igreja de Santa María de Arbás foi considerada Monumento Nacional não só devido à sua carpintaria, mas, sobretudo, aos trabalhos em gesso que a decoram. Uma referência de 1537 chama-lhe Igreja de San Nicolás de Arbás. Esta igreja, e a igreja original de San Andrés, documentadas desde 1191, converteram-se em parte da Paróquia de Santa María. Possui duas naves, havendo na principal uma abside característica semicircular em taipal. No lado da epístola, encontram-se a Capela de San Andrés e o pórtico.

A igreja foi coberta com *par y nudillo*, em cujos *frechais* há artifícios renascentistas como triglifos, arquinhos e rosetas. A nave do evangelho foi coberta com *limas* simples com quadrais, rematadas na cabeceira com um tecto em *taujel* de madeira sem pintar em forma de painéis com três panos. Na passagem para a nave, há um escudo com uma águia de asas abertas, dois caldeirões axadrezados e serpentes. Provavelmente, estão relacionados com uma das filhas do quinto conde de Benavente, casada com Juan Fernández Manrique, terceiro marquês de Aguilar. O que é estranho é que só apareça o escudo dos Aguilar, e não o dos Pimentel.

A obra mais representativa da igreja talvez seja a chamada Capela de San Andrés, no lado da epístola. Foi coberta com um tecto em *taujel* de *limas* duplas com laçarias e pinhas. O friso ou *frechal* que corre por baixo do tecto é um bom exemplo dos trabalhos em gesso desenvolvidos na região durante o século XV. Os escudos e a inscrição aludem a Pero García Dévila Gómez e à sua mulher, que mandaram fazer esta capela em 1422.

O uso de motivos geométricos com arcos polilobados, redes de rombos e motivos vegetais hispano-muçulmanos e cristãos parece dever-se ao facto de terem sido realizados em Sevilha, nos começos do século XV. Terão chegado a Castela por influência da família Velasco, no palácio de Medina de Pomar e na torre de Lomana (ambas no distrito de Burgos), ou através dos exemplos de Mayorga (1422), Valhadolid (1429) e Sahagún (1455), neste segundo caso até à comarca leonesa do Cea.

VIII.6 VILLALPANDO

Muito perto do caminho que leva a Villalpando encontra-se Castroverde de Campos, onde é recomendável fazer uma pausa para o almoço.

Infelizmente, as igrejas de Villalpando foram alvo de várias mutilações ao longo do tempo. No entanto, os restos que se conservam da sua etapa mudéjar são visíveis, sobretudo no exterior das cabeceiras, pois o resto dos muros e dos tectos desapareceu. Estas cabeceiras são planas e foram construídas em tijolo, sendo únicas no mudéjar de Castela-Leão. Devem a sua origem ao facto de os *alarifes* mudéjares que nela trabalharam terem decidido copiar as variantes românicas de cabeceira plana da cidade de Zamora (San Cipriano) e do vale do Tera.

VIII.6.a **Igreja de San Nicolás** (opção)

A 40 km, entrar na N-610 até Villanueva del Campo. Depois, seguir pelo desvio da ZA-511.
Combinar previamente a visita com a Paróquia da Inmaculada. Telef.: 980 66 02 72.

San Nicolás, actual igreja paroquial, apesar de ter sido completamente remodelada, conservou a testeira com arcos cegos em dois andares. Era uma igreja de três naves construída com o tijolo típico de Sahagún. Diz-se que foi edificada em 1164, a pedido dos irmãos Lorenzo e Domingo Pedro, cónegos de San Isidoro de León.

VIII.6.b **Igreja de Santa María la Antigua**

Monumento Nacional desde 1935. Encontra-se em muito mau estado de conservação. Combinar previamente a visita com a Paróquia de la Inmaculada.

A Igreja de Santa María la Antigua é mudéjar, do século XII. Possui três naves de tijolo e correspondentes ao segundo estilo de Sahagún. Há três absides com dois andares de arcarias cegas de tijolo, sendo proporcionalmente maiores os do andar de cima. Foi rematada com frisos esquinados e uma nacela no beiral. No interior, foi decorada com dois andares iguais que convergem numa abóbada. As naves e a zona das absides foram restauradas em tempos, mas já não conservam nem o tecto, nem a abóbada. Também desapareceram os lavores em gesso realizados pela família Corral de Villalpando. Na entrada ainda se conservam a torre e parte da muralha original, que cumpria uma dupla função religiosa e defensiva. Trata-se de uma muralha de fins do século XII, provavelmente construída na época da repovoação da vila, em 1170.

Lagoas de Villafáfila
*A 18 km de Villalpando, encontra-se a Reserva Nacional de Caça das Lagoas de Villafáfila, declarada Zona de Interesse Especial para as Aves. Destaca a presença de pernas-longas, abetardas, sisões, cortiçóis, paneireiros de dorso liso, grous e alfaiates, mas a população de abetardas (*otis tarda*), que pode alcaçar os 1500-1800 indivíduos, é sem dúvida a de*

Villalpando

Igreja de San Lorenzo, abside, Toro.

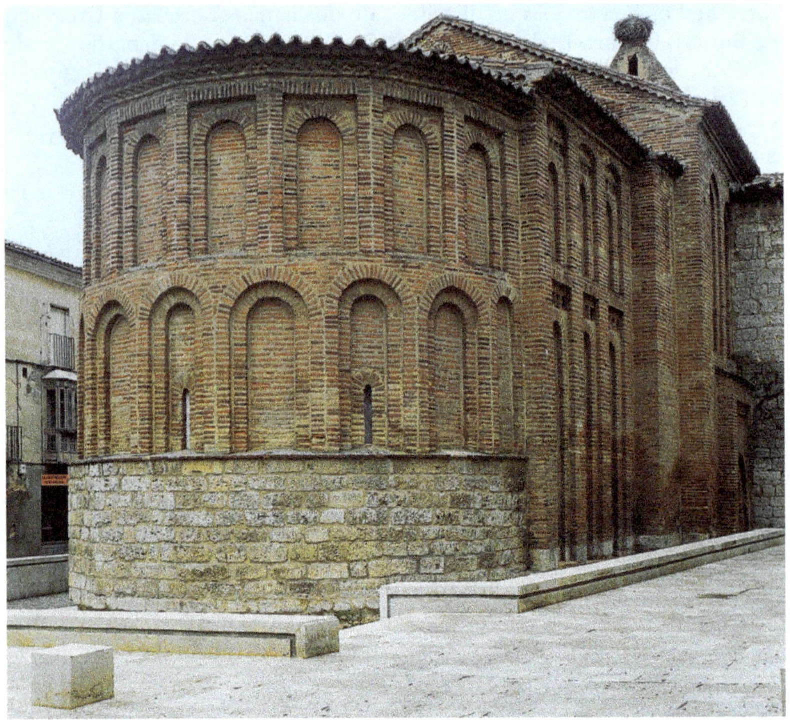

maior interesse na zona.
Urueña

Pela N-IV, ao quilómetro 211, encontra-se o desvio para a singular e encantadora aldeia de Ureña. Estrategicamente situada numa colina, conservou o aspecto medieval devido às muralhas. Diversos cultivos extendem-se em seu redor, oferecendo uma magnífica panorâmica do campo, muito variado conforme a altura do ano. Dos seus quatro museus, destaca o original Museu de Sinos.

VIII.7 TORO

Repovoada a partir do século X, Toro era uma cidade "próspera, fértil y de buen vino" no século XVI, de acordo com o historiador Marineo Sículo. Sobrevivem restos das muralhas de betão com calhaus, que Gómez Moreno classificou como sendo *mouriscas*, e que albergavam uma comunidade cristã, outra judaica e uma terceira mudéjar. Pensa-se que foi no seio desta comunidade judaica que nasceu Samuel Haleví, o famoso tesoureiro de D. Pedro I. Quanto à existência de muçulmanos, é mais aconselhável observarmos os edifícios que nos legaram, do que tentar reflectir nos seus nomes ou actividade social, embora os censos da Inquisição de 1581 e 1589 mencionassem *mouriscos* vindos de Granada.
O aspecto fundamental de Toro é a

sua arquitectura de tijolo, que faz desta aldeia um dos núcleos mais importantes do mudéjar de Castela-Leão. Contrariamente à colegiada românica de pedra, as absides das igrejas de Toro possuem arcarias cegas em tijolo.

As igrejas arrancam de uma base de pedra nada semelhante ao primeiro estilo de Sahagún. Trata-se de um sistema simples de alicerces e isolamento contra as humidades do chão. Geralmente, os muros destes templos correspondem aos séculos XII e XIII, mas os seus tectos, aqueles que se conservam, pertencem aos séculos XV e XVI. Há uma certa influência de outro templo da região, o de San Lorenzo, com dupla arcaria no exterior da abside e longos frisos corridos na nave, como é costume ver-se nas cabeceiras e nas naves dos restantes templos de Toro.

VIII.7.a **Igreja de San Lorenzo**

A 50 km, pela N-VI, até à C-519. Encontra-se em processo de restauro. Combinar previamente a visita com o Posto de Turismo. Telef.: 980 69 18 62.

A Igreja de San Lorenzo consta de uma só nave com arcos cegos simples e duplos no exterior, janelas diminutas e molduras esquinadas. Num arcossólio do lado do evangelho da capela-mor, jazem Beatriz de Fonseca (?-1487) e o seu esposo, Pedro de Castela (?-1492), neto de D. Pedro I de Castela. O tecto de madeira de *par y nudillo* com tirantes e a tribuna do coro alto, são obras dos últimos anos do século XV.

VIII.7.b **Igreja de Santa María de la Vega**

Também chamada Igreja do Cristo de las Batallas. A 1,5 km, pelo Camino de la Estación. Não há missas.
Horário: aos sábados, das 16 às 18. Combinar previamente a visita com o Posto de Turismo.

Santa María de la Vega é conhecida

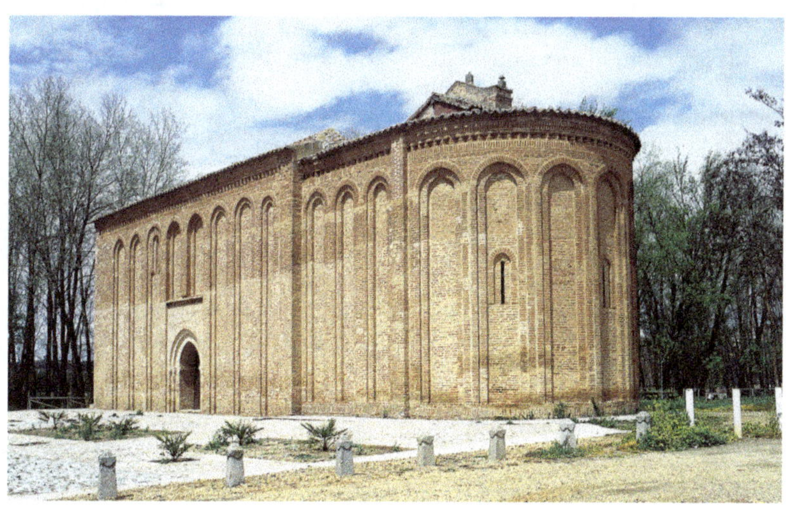

Igreja de Santa María de la Vega, vista geral, Toro.

Convento de Santa Sofía, tecto do presbitério, Toro.

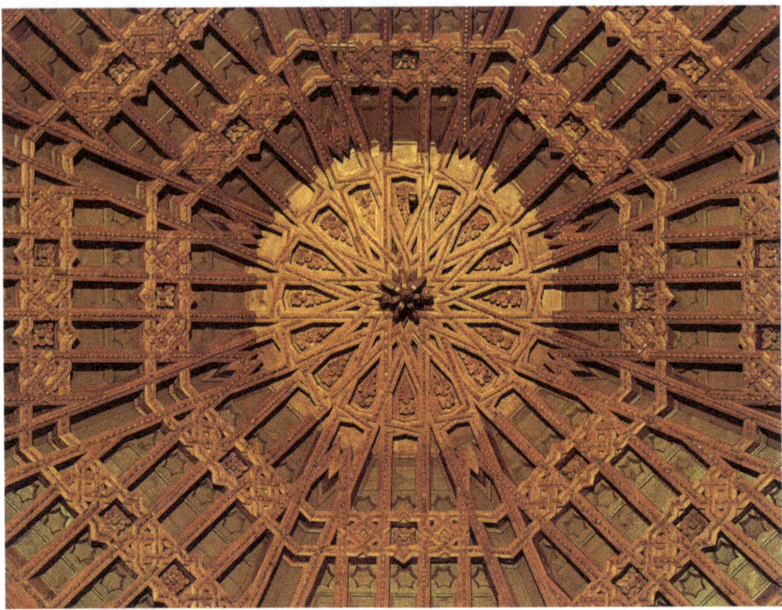

também como Cristo de las Batallas. Foi construída nos arredores de Toro, nas margens do rio Douro. Consta que, em 1208, foi entregue pelo bispo de Zamora à Ordem do Hospital. Possui uma só nave com arcarias altas duplas, excepto na empena, que é lisa. As portas laterais têm arcos quebrados e molduras de nacela. As abóbadas são de meia-volta e o interior foi decorado com dois andares de arcarias cegas. No tempo dos Reis Católicos (1479-1504), pintaramse cenas em têmpera da Coroação da Virgem, e uma inscrição na cornija faz alusão a um retábulo que mandaram fazer Rodrigo de Ulloa e Aldonza de Castela, em 1481.

VIII.7.c **Convento de Santa Sofia**

Convento de clausura da Ordem de Santa Sofia Premostratense.
Horário: das 10 às 13 e das 16 às 20.
Para visitar a torre e o pátio, dirigir-se ao torno.

O Convento de Santa Sofía é uma obra do século XIV, assente sobre as casas de María de Molina. Em 1316 recebeu os bens do abade de San Andrés, Nuno Pérez, e do seu irmão Alfon, bispo de Coria, em troca da autorização para que os seus corpos lá fossem sepultados. As casas originais e a porta do século XIII conservaramse até que, no início deste século, um incêndio as destruiu. No entanto, ainda se conservam em perfeito estado os tectos da igreja: um *madeiramento* oitavado no presbitério e outro na nave, realizados no século XVI, embora nada se saiba sobre os seus autores ou patrocinadores.

A má qualidade dos transportes e as péssimas vias de comunicação da Espanha medieval fizeram com que fosse imprescindível acumular mercadorias em determinados pontos da Península. Estas só eram requisitadas uma ou duas vezes por ano. A celebração de feiras supunha uma isenção de tributos que estimulavam a actividade dos comerciantes e dos compradores. Desde a época de D. Afonso VII, tornaram-se abundantes os privilégios régios que concedem feiras a diversas localidades castelhanas. D. Afonso VIII concedeu a Sahagún uma feira celebrada no dia da Natividade da Nossa Senhora (8 de Setembro). Para a celebração destas reuniões era costume escolher datas situadas entre os dias de São Miguel (29 de Setembro) e de São Martinho (dia 11 de Novembro), pois desse modo já estavam disponíveis os produtos da colheita e da vindima.

Uma decisão das "Partidas" de D. Afonso X, o "Sábio", recorda-nos a faculdade de estabelecer novas feiras e mercados correspondentes aos reis: "As feiras ou mercados nos quais os homens costumam vender, comprar e trocar, apenas devem ser montados nos espaços que antigamente costumavam ocupar. Fora destes, só se o Rei autorizar". (Partida V, tít. VII, lei III).

A isenção tributária é mencionada na obra "Tratos y contratos de mercaderes tratantes", de Frei Tomás del Mercado: "As feiras são coisas livres, isentas e desembaraçadas, porque o que se vende naqueles lugares nessas ocasiões não paga alcavalas."

O recinto das feiras estava protegido por um regime jurídico especial que garantia a paz enquanto estas durassem. Quem pusesse em causa essa mesma paz devia ser castigado com multas e outras sanções. A cidade que desfrutava de tal privilégio tinha assegurado um rápido florescimento mercantil e industrial, pois contava com uma saída para os produtos do seu alfoz e podia manufacturar bens técnicos e de consumo com as matérias primas básicas que chegavam de todo o lado. As feiras escoavam os produtos agrícolas locais e os dos ganadeiros transumantes, como a lã, a manteiga ou os queijos.

A partir do século XV, as feiras castelhanas desenvolveram-se muito.

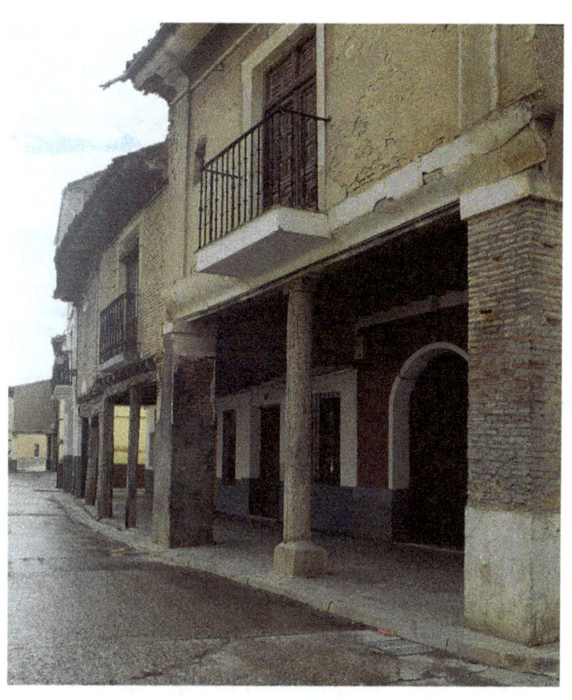

Rua com pórticos, Villalón de Campos.

Segóvia, Valhadolid, Alcalá, Salamanca, Sevilha, Villalón, Medina de Rioseco e Medina del Campo foram os lugares onde se celebravam as feiras mais importantes.
Medina del Campo foi, provavelmente, a mais importante de todas. A sua origem não é fácil de precisar. Pensa-se que o seu criador terá sido Fernando de Antequera, no tempo em que governava Castela em nome de D. João II. A propósito desta feira, disse o cronista de Álvaro de Luna: "Era a época da feira de Medina del Campo, que costuma ser visitada e concorrida por grandes trupes de gentes de várias nações, tanto de Castela, como de outros reinos...". Era o lugar de contratação mais importante de Espanha, e este facto determinou, de certa maneira, o urbanismo da cidade. Abriram-se praças com soportais para o mercado e construíram-se templos, cujas cerimónias podiam ser seguidas ao longe pelos comerciantes e pelos compradores sem necessidade de abandonarem os seus postos de trabalho na praça pública. A esta lista, há ainda que acrescentar um enorme florescimento de casas particulares, pertencentes a alguns dos mercadores mais importantes, como os Dueñas ou os Quintanilla.
Nestas feiras, era frequente o uso de letras de câmbio. Trata-se de uma prática muito antiga por detrás da qual sempre se quis ver a presença, aberta ou clandestina, de uma comunidade judaica. Outro modo de manter a confiança mútua entre os vendedores e os compradores era a existência de cambistas e de banqueiros nas feiras, cuja missão era zelar por todas as moedas utilizadas nas transacções comerciais. As pragmáticas de 1551 e 1552 pretenderam regular a emissão de letras de câmbio, proibindo que circulassem de feira em feira. Foram a principal causa da degradação da feira de Medina. Mais tarde, no tempo de D. Felipe II, aumentaram as alcavalas e desapareceram as vantagens e as isenções fiscais do período medieval. Quando deixaram de ter crédito, os mercadores de Medina abandonaram a feira. A criação de um Banco específico para a feira foi uma tentativa de reanimação da vida comercial de Medina, mas os resultados não foram os esperados. Finalmente, a feira mais famosa da Espanha medieval renascentista foi transferida para Burgos.
As leis de Medina del Campo (1421) estabeleciam cem dias francos para a celebração da feira. Posteriormente, fixaram-se os meses de Maio e de Outubro para a venda de produtos agrícolas e de gado, para não interferir com as datas em que se celebravam as feiras de outras cidades que gozavam do mesmo privilégio.
Os Enríquez, em Medina de Rioseco, e os condes de Benavente, em Villalón de Campos e em Benavente obtiveram os privilégios reais para a celebração das feiras.
Alonso Pimentel, conde de Benavente, obteve do rei D. Felipe, o "Formoso", duas feiras para Villalón. Uma era na Quaresma e, a outra, depois dos Mistérios (Páscoa). Estas férias duravam vinte dias cada, e, numa delas, os mercadores não pagavam alcavalas. Depois da morte do rei, o conde de Benavente tentou ganhar os favores do regente, D. Fer-

nando, o "Católico", que lhe deu uma encomenda de 200.000 maravedis e lhe confirmou a feira de Villalón. No entanto, em 1519, quando Villalón tomou o partido da causa comuneira, perdeu os privilégios da sua feira. Estes passaram para Medina de Rioseco, que os conservou até ao século XVII. Em 1644, D. Felipe IV tentou recuperar a feira de Villalón através de um decreto emitido em Saragoça, que concedia a esta localidade o privilégio perpétuo de não pagar direitos de fontes ou de reconstruções, pois o facto de afluir à feira um enorme número de pessoas acabava por sacrificar as casas situadas por cima das adegas e dos silos. Esta tentativa do monarca não prosperou.

Em Medina de Rioseco, as feiras celebravam-se em Abril e em Agosto. Havia um mercado franco concedido pelos Reis Católicos em 1477. Este facto, aliado às indústrias têxteis e a outras actividades mercantis, deu vida à aldeia até ao século XVIII. As ruas Pañeros e Rúa são desse tempo. Nelas, instalaram-se feiras e mercados sob os soportais com estruturas de madeira. Hoje em dia não é difícil imaginar as bancas e os *zaquizamis* montados pelos mercadores. Estes, "com serapilheiras, esteiras e tábuas colocadas por cima das barracas, tentavam escurecer o interior para que o comprador não pudesse ver bem os géneros". Perante qualquer denúncia, o regimento de Medina de Rioseco actuava de modo inapelável, desembaraçando as barracas deste tipo de estorvos.

Os mercados também marcaram as cidades castelhanas. Podiam ser mensais ou semanais, tanto para produtos agrícolas de abastecimento, como para outro tipo de mercadoria de demanda mais restrita. Além da concessão de paz para estes mercados, as isenções de dízimos e de portagens foram fundamentais para o seu desenvolvimento. Em Castela-Leão, os mercados diários receberam o nome árabe de *azogues* ou *azoques*. É esta a explicação para alguns dos topónimos da geografia urbana: Azoguejo, em Segóvia, ou as variantes de Azogue ou Azoague das terras de Zamora (Santa María de Azogue, em Benavente, ou Villanueva de Azoague, nas imediações desta aldeia). Em Benavente convivem os dois termos: Santa María de Azogue e San Juan del Mercado, como se se quisesse fazer a distinção entre dois mercados: um, de raiz islâmica, e outro, de raiz cristã.

O rolo que presidia estes mercados era o símbolo do poder real, uma evocação da justiça e da autoridade omnipresente. Era, também, a transformação da cruz que os tinha presidido inicialmente em instrumento de castigo público e exemplar. Dele chegou até nós um exemplar bastante ilustrativo em Villalón de Campos. Os alcaides do mercado (*zabazoques*) eram os olhos e os ouvidos dos juízes e dos inspectores do mercado, e contavam com alguns funcionários encarregues de vigiar os pesos e as medidas, além de zelarem

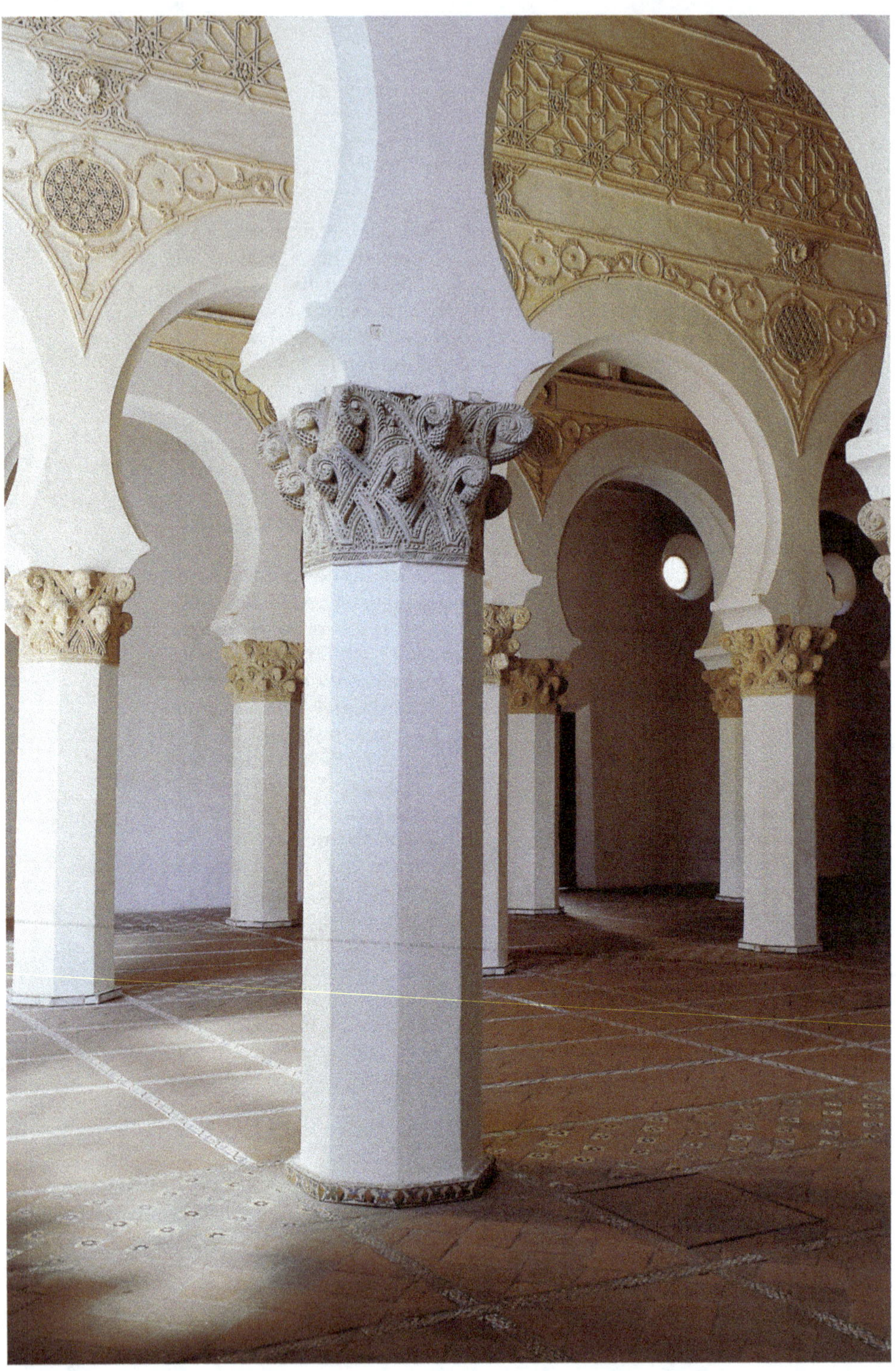

Vestígios do passado: igrejas, sinagogas e palácios

María Teresa Pérez Higuera

IX.1 TOLEDO

IX.1.a Puerta del Sol
IX.1.b Mesquita do Cristo de la Luz
IX.1.c Igreja de San Román
IX.1.d Sinagoga de Santa María la Blanca
IX.1.e Sinagoga do Trânsito
IX.1.f Palácio do Taller del Moro
IX.1.g Palácios dos Toledo Ayala
IX.1.h Igreja de San Andrés
IX.1.i Igreja de Santiago del Arrabal

Yeserías del mudéjar toledano

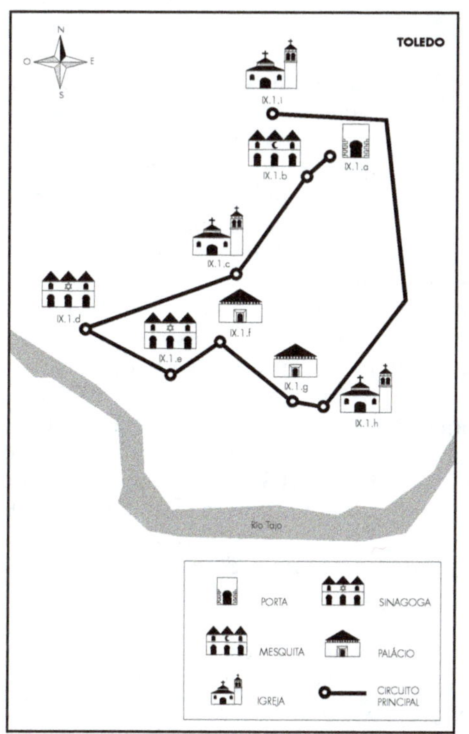

Interior da Sinagoga de Santa María la Blanca, Toledo.

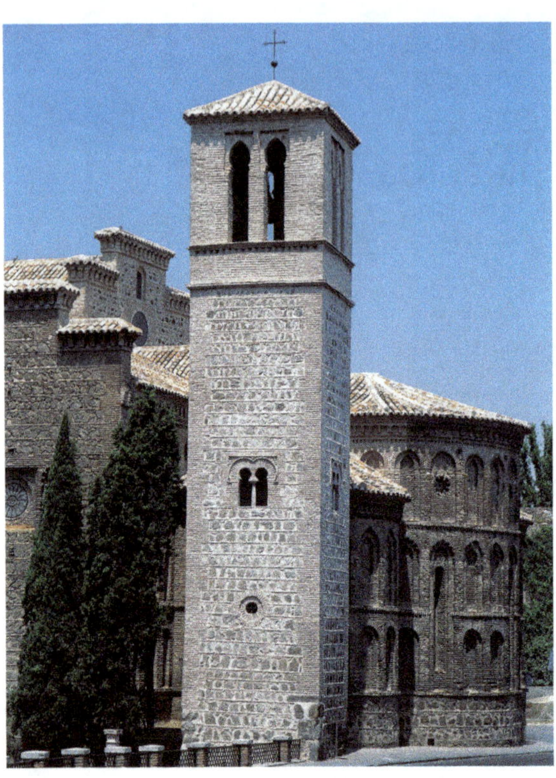

Igreja de Santiago del Arrabal, cabeceira e torre, Toledo.

Este circuito apresenta uma selecção dos edifícios mudéjares mais representativos que se conservam em Toledo, baseada em diversos tipos —igrejas, palácios, sinagogas, portas de muralhas— e na evolução dos modelos. De acordo com este critério, foram escolhidos uma igreja típica do Mudéjar toledano, Santiago del Arrabal, e outros edifícios que ilustram bem os diversos processos construtivos: a adaptação de uma mesquita ao culto cristão, conhecida como Cristo de la Luz; uma igreja correspondente à fase inicial do Mudéjar, San Román; e outra, San Andrés, que é hoje o resultado de várias reformas posteriores, embora ainda conserve parte do aspecto mudéjar original. Quanto às sinagogas, Santa María de la Blanca e a do Trânsito, que são as únicas que se conservam em Toledo, o seu interesse reside no facto de serem muito diferentes entre si, tanto no tocante ao modelo arquitectónico a que respondem, como no que diz respeito ao modo como foram decoradas.

Para uma introdução ao interior dos palácios mudéjares, visitaremos um deles, o Taller del Moro, que, além do mais, é um Museu de arte mudéjar toledana. Como exemplo de exterior, observaremos as portadas dos palácios dos Ayala, situados na praça do rei D. Pedro. Finalmente, a Puerta del Sol é uma bela amostra da reconstrução, realizada durante a época mudéjar, de parte do recinto fortificado da cidade. A localização destes edifícios em diversos pontos da cidade permite-nos deambular pelas suas ruas e constatar a marca deixada pelo período islâmico no traçado urbano. É fácil apreciar as diversas funções cumpridas pelos vários sectores em que se divide —área comercial, residencial, judiaria—, e que definiram Toledo como uma cidade mudéjar, herdeira do período hispano-muçulmano.

Antiga capital do reino visigótico, Toledo foi conquistada pelos muçulmanos em 711, permanecendo sob o domínio islâmico até 1085. Numa primeira fase, dependia do poder central instalado em Córdova, mas, desde 1031, tornou-se capital de uma taifa governada pelos Bem Dul Nunis. Em 1085, foi incorporada na coroa de Castela, e as condições da sua capitulação garantiram aos muçulmanos que permaneceram na cidade o direito a conservar os bens, a religião, a língua e juizes próprios. Estas garantias explicam o elevado número de mudéjares que, juntamente com os judeus e os antigos núcleos de *moçárabes*, formaram a base da população, à qual se incorporaram os novos repovoadores castelhanos, leoneses, galegos e francos.

Assim, Toledo converteu-se no protótipo daquilo a que Torres Balbás chamou "cidades mudéjares", fruto da transformação sofrida pelas cidades muçulmanas ao serem ocupadas pelos cristãos. Pouco a pouco, a cidade foi-se adaptando ao estilo de vida dos seus novos habitantes, que construíram igrejas, ruas e praças fortificadas... No entanto, Toledo conservou para sempre a marca do passado islâmico, que ainda hoje se respira ao passar pelas suas ruas estreitas e tortuosas, muitas vezes desembocando em becos sem saída, e nos famosos *cobertizos* que cobrem as ruas e comunicam os andares elevados das casas situadas em ambos os seus lados.

O principal e mais original atractivo da cidade de Toledo é, sem sombra de dúvida, ter sido capaz de perpetuar a recordação dos diversos sectores que integraram a cidade muçulmana, definidos pelas suas funções específicas: alcáçova, *zocos* ou mercados e bairros de casas na *medina*, arredores e, já fora das muralhas, os cemitérios e as hortas ou *almunias*. Hoje em dia, é fácil distinguir a área comercial da cidade das zonas residenciais e dos arrabaldes. Os antigos *zocos* transformaram-se em mercados situados em redor da catedral, que ocupou o lugar da mesquita principal. Tanto os arrabaldes a Norte, como a judiaria, mantêm-se no mesmo lugar desde o século X. Por outro lado, em redor da cidade ainda se podem apreciar hortas de tipo muçulmano.

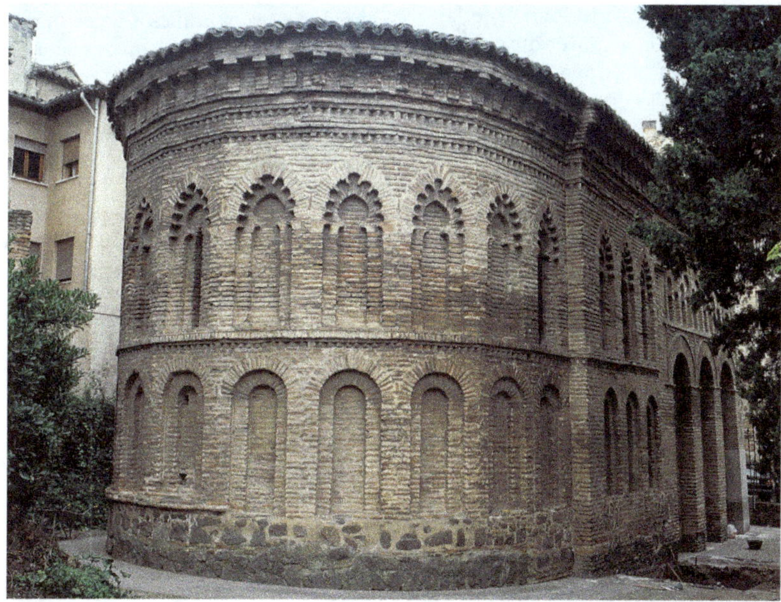

Mesquita do Cristo de la Luz, abside, Toledo.

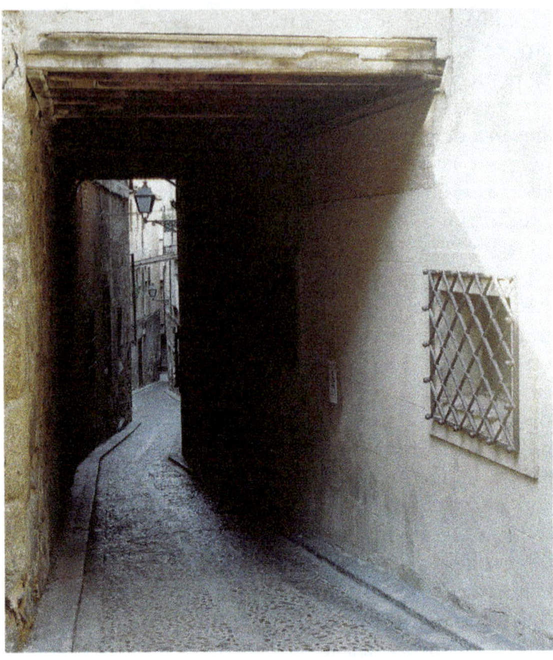

Cobertizo, Bairro de San Blas, Toledo.

A identificação da cidade com o seu passado islâmico justifica plenamente a expressão "mudéjar toledano" aplicada à sua arquitectura. É neste sentido que se deve interpretar a contraposição entre a arte gótica da catedral, imposta pelo poder episcopal e identificada com o ocidente cristão europeu, e a preferência pelo Mudéjar nos palácios, vivendas e edifícios de culto utilizados pelo povo, tais como as igrejas paroquiais e as sinagogas.

No processo de formação do Mudéjar toledano é possível distinguir uma primeira etapa, correspondente ao século XII, época em que a insegurança do domínio castelhano perante o assédio dos almorávidas e dos almóadas limitou as obras arquitectónicas à reconstrução das antigas paróquias *moçárabes* e à adaptação ao culto cristão de algumas mesquitas. Estas obras integram a chamada "primeira fase" do Mudéjar toledano, caracterizada pelo emprego de certos elementos arcaizantes, como o arco em ferradura semicircular na divisão das naves e a reutilização de colunas visigóticas nos suportes. Mais tarde, após a vitória das Navas de Tolosa, em 1212, a consolidação definitiva da conquista justificou a construção de novos edifícios que acusam a influência castelhana. O modelo arquitectónico mudéjar deriva do Românico, embora apareça sempre modificado pelo uso de fórmulas locais, tais como o tipo de aparelho de alvenaria, a decoração em tijolo baseada na combinação de arcos em ferradura e polilobados ou em arcarias entrecruzadas, os revestimentos em gesso nos interiores e o emprego de vigas talhadas nos tectos e nos beirais. A partir do século XIV, observam-se traços comuns com a arquitectura nazari de Granada, visíveis sobretudo na extraordinária riqueza dos lavores em gesso que decoram os edifícios desse período, tanto os palácios como as sinagogas (a do Trânsito, por exemplo). É precisamente nessa capacidade de assimilação de novas formas que reside a explicação para a sobrevivência da arte mudéjar em Toledo durante os séculos XV e XVI, em estreita convivência com o fim da arte gótica e com a introdução do Renascimento italiano.

IX.1 TOLEDO

IX.1.a Puerta del Sol

Situada na rua Real del Arrabal. É preferível arrumar o carro no parque de estacionamento situado defronte da

Puerta del Sol e fazer o resto do percurso a pé.

A Puerta del Sol foi completamente reconstruída na época do arcebispo D. Pedro Tenorio (1375-1399), mas faz parte do recinto fortificado que, desde o século X, rodeou a *medina* islâmica na altura em que era o principal acesso à mesma desde o arrabalde Norte. É mesmo provável que o arco em ferradura que serve de passagem, e que aproveitou a construção mudéjar, seja dessa época.

A porta está formada por um corpo central ladeado por duas torres, sendo a que está unida à muralha de planta quadrada, e outra de forma semicircular para facilitar a defesa. Tanto esta função militar, como a de controle permanente dos acessos à cidade, explicam a sua estrutura interna: um andar mais alto para facilitar a vigilância, com janelas e mata-cães no torreão arredondado, e uma açoteia na parte de cima, ao nível das ameias. O próprio acesso pertence ao tipo de porta fortificada com uma trapeira na separação entre o arco inferior em ferradura e o superior quebrado. No tramo inferior ainda conserva a ranhura na qual se encaixava uma grade de ferro.

Esta função de defesa está camuflada em parte pela fachada de tijolo com frisos de arcos entrecruzados, que repete o esquema ornamental do Mudéjar toledano de certas igrejas e palácios. Desta maneira, a função militar de defesa une-se ao conceito de entrada monumental inspirada nos arcos de triunfo. Em 1575, durante o mandato do corregedor Tello, acrescentou-se, por cima da porta, um medalhão com o tema da Imposição da casula de Santo Ildefonso, como elemento simbólico da Toledo visigótica.

IX.1.b **Mesquita do Cristo de la Luz**

Situada na rua Cristo de la Luz. Subir as escadas do lado direito.
Combinar previamente a visita com o senhor Manzanares. Telef.: 925 22 30 81.

Este monumento está formado por dois edifícios unidos um ao outro. Um deles é a mesquita de Bab al-Mardum, construída em 999 (390 da Hégira), de acordo com uma inscrição. De planta quadrada e

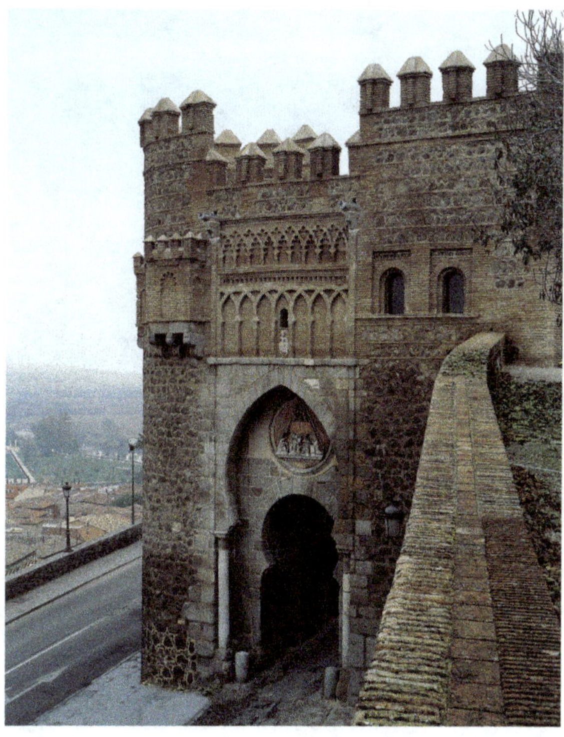

Puerta del sol, vista geral, Toledo.

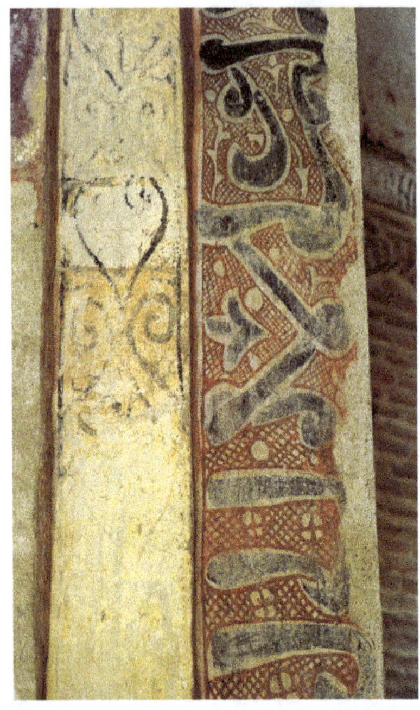

Mesquita do Cristo de la luz, pintura do interior, Toledo.

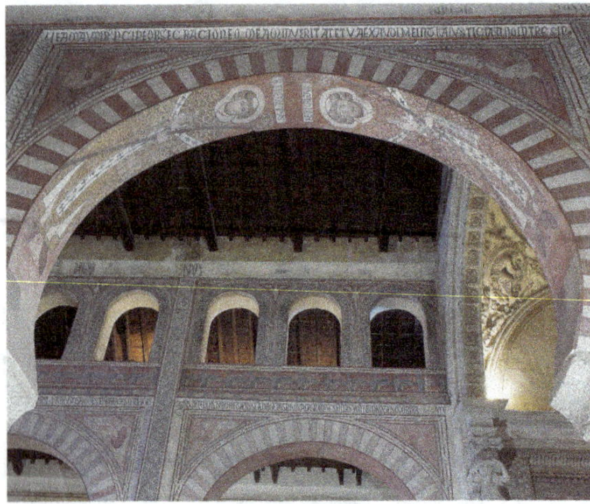

Igreja de San Román, pormenor de um arco, Toledo.

coberta por nove pequenas cúpulas, tem precedentes islâmicos no Norte de África, e o seu carácter arquitectónico entronca directamente com a obra califal da mesquita de Córdova.

Após a conquista de Toledo por D. Afonso VI, em 1085, a mesquita foi consagrada como templo cristão, e, em 1182, foi doada à Ordem dos Cavaleiros do Hospital de São João, sob a advocacia da Santa Cruz. Foi por essa altura que se edificou a abside, pegada ao lado Este da antiga mesquita. Esta solução, que consistia em converter em igrejas edifícios já existentes, mesmo que fossem mesquitas, era muito frequente em Toledo durante o século XII, por causa de instabilidade decorrente da permanente ameaça dos almorávidas e dos almóadas, fortemente empenhados em reconquistar a cidade. No caso do Cristo de la Luz, a junção dos dois edifícios resolveu-se de maneira absolutamente uniforme, devido ao uso dos mesmos materiais (tijolo e alvenaria) e dos mesmos elementos formais (arcos em ferradura e polilobados). Este facto prova que a mesquita do século X foi o modelo seguido pelas igrejas mudéjares. Por sua vez, a abside estabelece o protótipo toledano, com a base em alvenaria e o corpo alto em tijolo e decorado com arcarias cegas sobrepostas que repetem, na parte mais alta, os arcos em ferradura apontados sob arcos polilobados, e estão separadas por frisos de tijolos esquinados. O beiral apoia-se em tijolos que sobressaem dos muros.

No interior, ainda se conservam restos de pinturas murais com as figuras do Pantocrátor e do Tetramorfos, à boa maneira da tradição românica, realizadas na primeira metade do século XIII.

IX.1.c **Igreja de San Román**

Rua San Román, s/nº. Subir pela encos-

ta das Carmelitas até à Igreja de San Román, actual sede do Museu dos Concílios e da Cultura Visigótica, onde também se realizam exposições temporárias. Horário: das 10 às 14 e das 16 às 18:15; aos domingos e feriados, das 10 às 14. Encerra às segundas-feiras.

É bastante provável que a igreja já existisse na época visigótica. Se assim fosse, seria fácil explicar a reutilização de vários capitéis do mesmo estilo no edifício mudéjar. Nos anos que se seguiram à conquista da cidade, em 1085, aparece citada entre as chamadas paróquias latinas de culto cristão. A ela pertencia a família Illán, cuja linhagem descendia dos reis de Castela. Um dos seus antepassados foi caudilho de D. Afonso VI. Estes testemunhos provam a existência de uma igreja anterior a 1221, data em que foi consagrada pelo arcebispo de Toledo, D. Rodrigo Ximénez de Rada, segundo os Anais Toledanos.
Tendo em conta todos estes dados, é fácil apreciar, no edifícios, dois projectos arquitectónicos diferentes. Um deles, coincide com o corpo das naves e devia fazer parte da igreja utilizada no século XII. A essa época correspondem os arcos em ferradura apoiados em pilares de tijolo com colunas —as colunas e os capitéis visigóticos anteriormente referidos—, e também a organização, na parte alta, de vãos cuja função não é iluminar, mas, sim, aliviar o muro. Estas características coincidem com as de outros templos de Toledo pertencentes à chamada "primeira fase" do Mudéjar toledano, como as Igrejas de San Lucas, de Santa Eulalia e de San Sebastián. A outra obra posterior, que poderia coincidir com a data em que o templo foi consagrado, em 1221, corresponde a cabeceira. Apesar da remodelação interior realizada em 1553 por Alonso de Covarrubias, ainda se conservam restos da decoração exterior da abside primitiva, com arcarias cegas de tipo castelhano do século XIII, ou seja, da "segunda fase" do Mudéjar toledano. As pinturas murais descobertas em 1940 também foram executadas durante a primeira metade do século XIII, provavelmente para unir as antigas naves à nova cabeceira. Apesar de se inserirem na tradição românica, certos pormenores denunciam a influência da decoração islâmica, como o uso fingido de aduelas brancas e vermelhas nos arcos das naves, os arcos polilobados

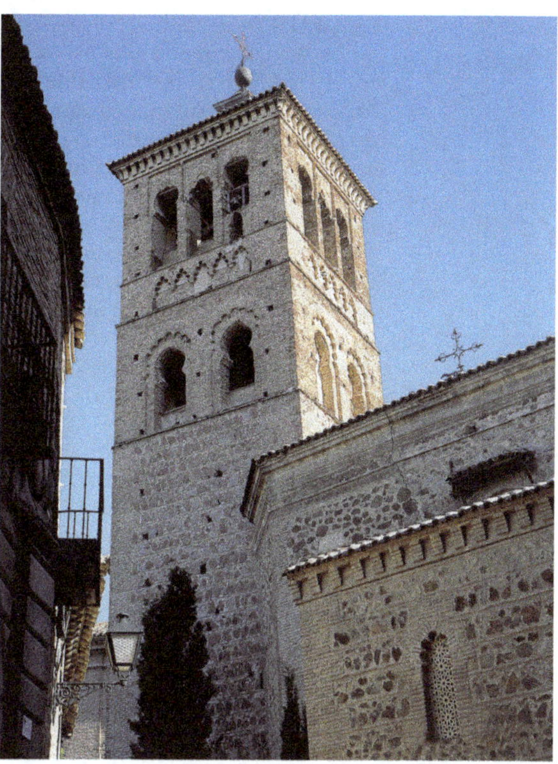

Igreja de San Román, torre, Toledo.

nas janelas ou os motivos vegetais de *arabescos* nas *enjuntas* dos arcos. A torre deve ter sido construída em finais do século XIII ou nos começos do século XIV. Nela, destaca o uso de arcos polilobados apoiados em pequenas colunas de cerâmica vidrada. Esta solução, embora não seja frequente em Toledo, também se pode encontrar noutros edifícios, tais como a Torre de Santo Tomé.
A partir de 1971, o Museu de Concílios de Toledo e da Cultura Visigótica instalou-se no interior da Igreja.

IX.1.d Sinagoga de Santa María la Blanca

Rua Reis Católicos nº 4. Seguindo pela rua de San Clemente, dar um passeio pelas ruas até à Sinagoga. A entrada é paga. Horário: das 10 às 14 e das 15:30 às 18; no Verão, até às 19.

Situada na antiga judiaria, que já na época muçulmana era um bairro independente rodeado por uma muralha, a "madinat al-yahud" ou cidade dos judeus. Durante a Baixa Idade Média, chamava-se Judiaria-mor. Foi uma das cidades mais famosas de Castela até à expulsão dos judeus, em 1492. Há referências documentais que nos falam da existência de várias sinagogas em Toledo, e uma delas deve ter sido esta. Desde que foi consagrada como templo cristão, em 1401, conhece-se pelo nome de Santa María, mas, apesar de todos os nomes anteriores a esta data citados em vários documentos, a verdade é que não se sabe qual terá sido o seu verdadeiro nome. É provável que se trate da Sinagoga-mor ou da Sinagoga Nova. De qualquer maneira, um exame atento dos seus aspectos artísticos situa-a na primeira metade do século XIII.
A Sinagoga de Santa María la Blanca é um edifício singular, a respeito do qual também se discute se será almó-

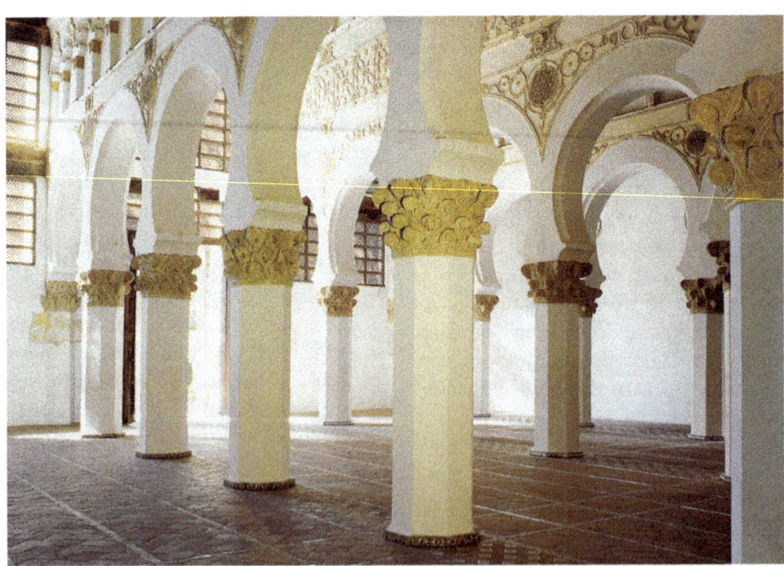

Interior da Sinagoga de Santa María la Blanca, Toledo.

ada ou mudéjar. Aqueles que defendem a primeira hipótese, baseiam-se nos evidentes paralelismos que possui em relação a obras do período almóada. Os partidários da segunda, muito generalizada ultimamente, agarram-se ao facto de que foi construída em Toledo na época em que a cidade já tinha sido tomada pelos cristãos, e, também, à sua semelhança em relação a outras construções mudéjares castelhanas localizadas no Mosteiro das Huelgas de Burgos.

O espaço interior, encerrado por um exterior de paramentos lisos, oferece uma planta rectangular ligeiramente irregular, dividida em cinco naves separadas por arcos em ferradura traçados sobre uma circunferência e muito semelhantes aos de San Román. No entanto, a impressão visual é completamente diferente, devido à presença dos grandes capitéis de estuque decorados com enormes pinhas que coroam os pilares baixos. Gómez-Moreno classificou-os como sendo uma "invenção soberana" do mestre que assinou a obra. Rodeando os arcos, e por cima deles, há uma delicada ornamentação que reveste os paramentos, onde se misturam os motivos vegetais com outros de tipo geométrico, entre os quais destacam uns medalhões com diversas laçarias. A estas naves foi acrescentada uma cabeceira formada por três capelas com revestimento interior renascentista, realizada entre 1550 e 1556, possivelmente por Alonso de Covarrubias.

IX.1.e **Sinagoga do Trânsito**

Rua Manuel Leví, s/nº. Seguir pela rua Reyes Católicos. Actual sede do Museu Sefardita. A entrada é paga. Horário: das 10 às 13:45 e das 16 às 17:45; aos domingos e feriados, das 10 às 13:45. Encerra às segundas-feiras.

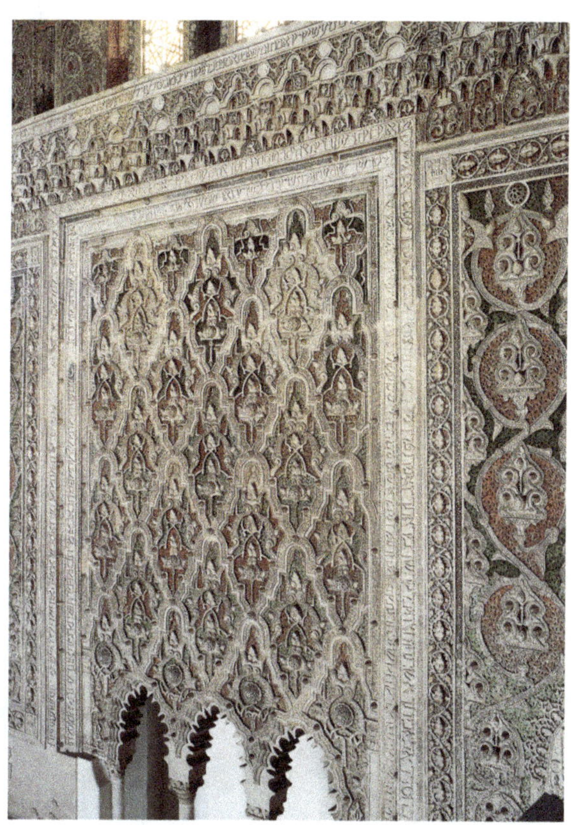

Sinagoga do Trânsito, pormenor dos trabalhos em gesso, Toledo.

A outra sinagoga que se conserva em Toledo é conhecida como Sinagoga do Trânsito. À semelhança da anterior, deve igualmente o seu nome ao facto de ter sido reaproveitada para o culto cristão, após a expulsão dos judeus, em 1492. Foi mandada construir em 1357 por Samuel ha-Leví, tesoureiro e conselheiro do rei D. Pedro I de Castela e membro da família ha-Leví Abulafia, estabelecida desde havia várias gerações em Toledo.

Este edifício, além de algumas

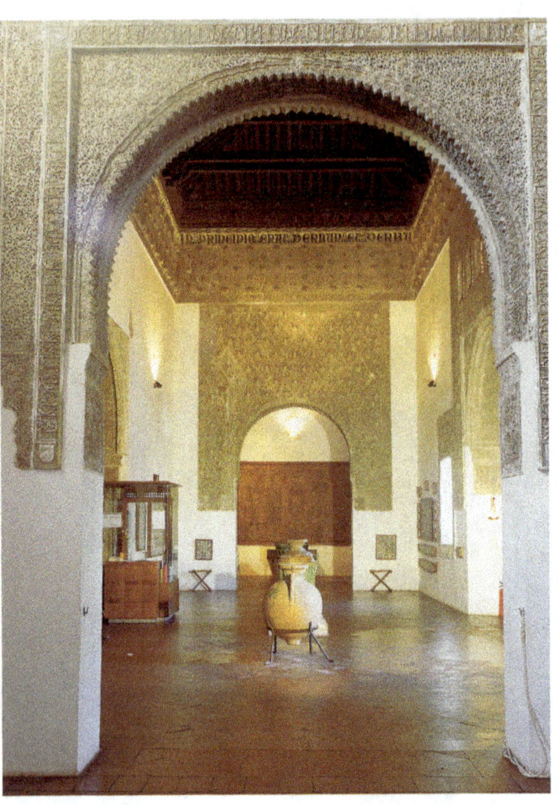

Interior do Palácio do Taller del Moro, Toledo.

dependências que foram utilizadas como *yesibah* ou escola de formação religiosa, consta de uma enorme sala rectangular destinada à oração, em cujo muro oriental está situado o *heckal* ou tabernáculo onde se depositam os rolos sagrados da Torah. Para dar mais realce a esta função, o paramento foi revestido por uma rica decoração em gesso distribuída sobre três corpos. O do meio inclui um nicho com três pequenos arcos polilobados. Todo o conjunto revela evidentes semelhanças com a arte nazari de Granada, sobretudo no esquema de rombos ou *sebkas* com os fundos completamente recheados com uma minuciosa decoração vegetal de *arabescos*, e na cornija de *estalactites* que serve de remate. Nas paredes restantes, um grosso friso percorre a parte mais alta dos muros. A temática vegetal de inspiração muçulmana funde-se, aqui, com motivos naturalistas, tais como as folhas de videira ou de carvalho, claramente inspiradas no repertório da arte gótica toledana. Por cima e em redor de toda a sala, há uma galeria de arcos polilobados, alguns cegos e outros com gelosias para a iluminação, que serve de apoio a um esplêndido tecto de madeira de *par y nudillo*. No lado meridional, abrem-se umas tribunas concebidas para receber as mulheres, onde ainda se conservam uns lavores em gesso semelhantes aos da sala.
O Museu Sefardita instalou-se neste museu em 1971.

IX.1.f **Palácio do Taller del Moro**

Rua Taller del Moro, s/nº. Subir pelo Paseo del Tránsito até à rua Taller del Moro. A entrada é paga.
Horário: das 10 às 14 e das 16 às 18:30; aos domingos, das 10 às 14. Encerra às segundas-feiras.

Do antigo palácio mudéjar, apenas se conservam uma sala central rectangular e duas alcovas quadradas nos extremos. Desapareceu o pátio ajardinado, também de planta rectangular, em cujos lados menores estariam, provavelmente, os salões principais precedidos de um pórtico ou galeria, como aquele que ainda se conserva. Certos elementos denotam soluções frequentes na arquitectura doméstica nazari, tais como o uso do arco *angrelado* ou a disposição de pequenas janelas com gelosias sobre a porta para arejar e dar passagem a uma luz cálida. De acordo com o modelo de casa hispano-muçulmana, os muros também deviam estar completamente decorados: um lambrim na parte inferior e paramentos revestidos com tecido ou com couro, onde destacam os enquadramentos dos vãos em gesso policromo, tal como o grosso friso que percorre a parte superior da sala e as alcovas, a modo de apoio do tecto. Hoje em dia, a ornamentação dos lambrins e das paredes perdeu-se, e apenas se conservam os lavores em gesso, que revelam diferentes sistemas decorativos. Nos arcos, pode apreciar-se uma rede simples de rombos, repleta de motivos vegetais, enquanto que no friso mais alto se desenham laçarias. Nestas, em vez de estrelas ou de rodas, estão os escudos dos Palomeque e dos Meneses. Este facto permitiu identificar o palácio como propriedade de Llope González Palomeque, senhor de Villaverde, casado com María Téllez de Meneses, e situar a obra numa data compreendida entre 1325 e 1350. Por último, nos *alfizes* que enquadram os arcos, aparecem inscrições, o que quer dizer que estão reunidos os três elementos básicos da decoração islâmica —geométricos, vegetais, epigráficos—, e que, neste caso, numa clara expressão do mudejarismo, se entrelaçam as características árabes, que repetem elogios e desejos de prosperidade, com a letra gótica, nas inscrições latinas das primeiras palavras do Evangelho de São João.

A primeira parte do nome actual —Taller [oficina, atelier] del Moro—, deve-se a que, no século XVI, depois de os seus proprietários terem partido, foi alugado pela catedral, que transformou o terreno circundante num espaço em que se trabalhava a pedra e utilizou o salão como armazém. No entanto, desconhece-se a origem da segunda parte do nome —del Moro [do Mouro]—, que também designava a rua e a praça vizinhas. O Museu do Mudéjar instalou-se no Taller del Moro em 1963. Entre todas as amostras de artesanato mudéjar toledano, destacam as séries de azulejos e os vasos e parapeitos de poço em barro, por vezes vidrado. Na alcova direita, reuniram-se peças de madeira talhada procedentes de diversos edifícios de Toledo.

IX.1.g **Palácios dos Toledo e Ayala**

Praça de Santa Isabel. Seguir pela rua de

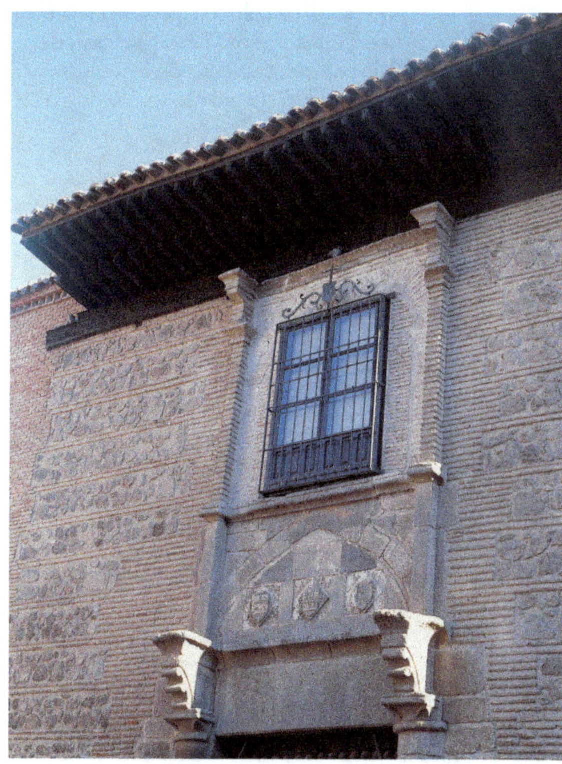

Palácio de D. Pedro I, fachada, Toledo.

Santa Úrsula até ao fundo e virar à esquerda, na rua de San Marcos; depois, virar à direita, na Travesía de San Marcos; virar novamente à esquerda, na Travesía de Santa Isabel. No lado direito, está a praça. A Igreja do Convento de Santa Isabel está aberta durante todo o dia.

Apesar de o interior dos palácios estar incluído na clausura do Convento de Santa Isabel de los Reyes, que ocupa um dos seus lados, é interessante visitar esta pequena praça, um dos lugares mais típicos e representativos do urbanismo toledano, entendido como exemplo da contínua transformação da cidade medieval. No período islâmico, fazia parte do bairro dos Tintoreros [Tintureiros], que ainda lá estavam instalados no século XII. A partir do século XIII, passou a chamar-se Tintes Viejos [Tintas Velhas], devido ao deslocamento dos mesmos para a zona Sul da cidade. A Paróquia de San Antolín deve ter sido construída por essa altura, e foi reformada em começos do século XVI, convertendo-se em igreja conventual do Mosteiro de Santa Isabel. No entanto, ainda conserva uma pequena abside mudéjar do edifício original, na qual se repetem as características habituais do Mudéjar toledano, muito parecida com a do Cristo de la Luz.

Palácio de Santa Isabel de los Reyes, abside de San Antolín, Toledo.

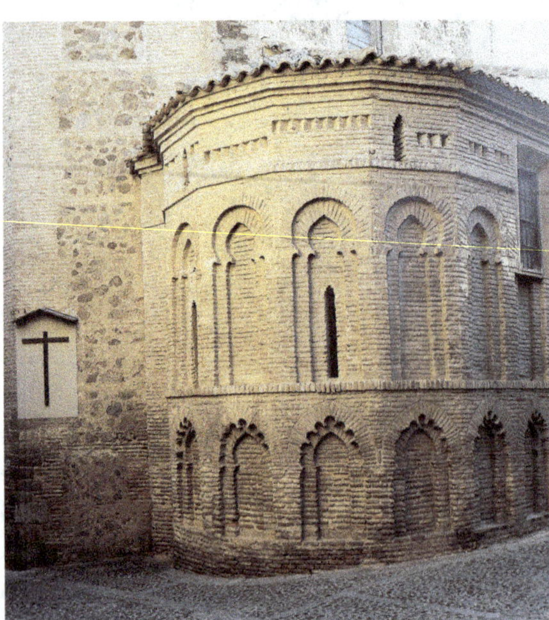

Na Idade Média, os palácios dos Toledo e Ayala, duas das linhagens mais importantes de Castela desde meados do século XIV, encontravam-se mesmo ao pé da igreja. Cada um dos membros da família construiu, neste lugar, a sua própria residência, e ainda se conservam quatro destas casas. Em 1488 foram doadas para nelas se fundar o convento. Hoje em dia, vale a pena contemplar a pequena portada de fins do século XIV e correspondente ao Palácio de Pedro Suárez de Toledo e Ayala, cujos escudos compõem a decoração ressaltando a combinação de arco e dintel, numa versão mudéjar do esquema hispano-muçulmano que remonta às fachadas da mesquita de Córdova. Em cada um dos lados, pequenas pilastras rematadas em mísulas em forma de leões, muito mutiladas, sustentavam antigamente um beiral de madeira. A fórmula é muito usada na arte toledana, e uma variante deste mesmo esquema, incluindo a janela do andar superior, repete-se no chamado Palácio do rei D. Pedro, situado no outro lado da rua, e que ainda conserva o antigo beiral de madeira. Embora seja conhecido pelo nome do rei, este palácio pertenceu a Teresa de Ayala, esposa de Fernán Álvarez de Toledo, senhor de Higares, tal como demostram os escudos por cima da portada. Na vizinha travessa de Santa Isabel encontrava-se outro palácio, o de Inés de Ayala, que comunicava com os outros através de uma passagem elevada coberta que ainda se pode apreciar desde a rua. Deste palácio chegou até aos nossos dias um pátio e parte de um dos salões. Finalmente, ao lado da actual entrada da igreja, há restos de uma porta de outro palácio ainda, pertencente a Juana Enríquez, neta da referida Inés de Ayala e que doou o conjunto de todas estas casas à fundação do convento.

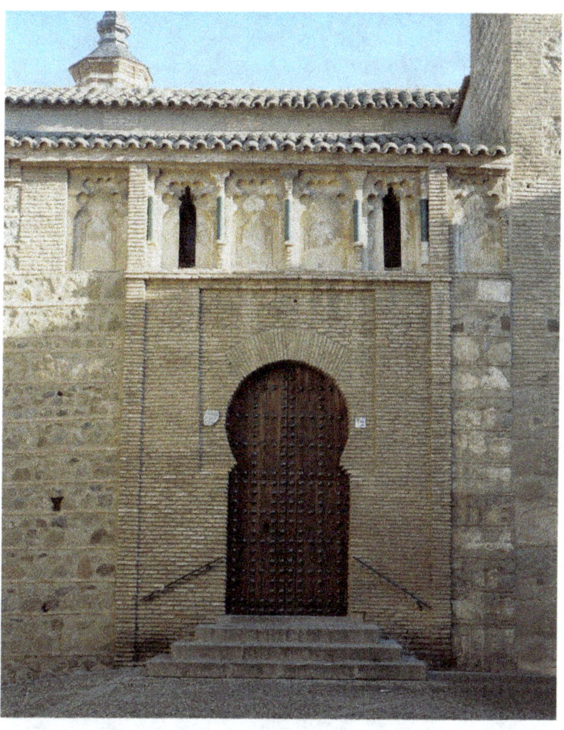

Igreja de San Andrés, portada, Toledo.

IX.1.h **Igreja de San Andrés**

Rua Ave María, s/nº. Contornar o palácio e descer até à Igreja.
Horário: das 18:30 às 20; aos domingos e feriados, das 9 às 13:30.

O seu estado actual deve-se a uma série de períodos artísticos que nela deixaram a sua marca, num processo semelhante ao do desenvolvimento histórico da cidade de Toledo. É provável que, já na época dos visigodos, existisse neste lugar uma igreja, à qual deviam pertencer um relevo embutido agora na fachada e duas pilastras guardadas no interior. Deve ter sido uma mesquita muçulmana nos começos do século XI, época da qual ainda se conserva um cipo funerário de 1001 e, muito provavelmente, a parte inferior da torre. Após a conquista de D. Afonso VI, em 1085, foi consagrada ao culto cristão, e, em 1150, o edifício sofreu um incêndio, conforme contam os Anais Toledanos. Muito provavelmente, foi reparada logo a seguir, pois, em 1156, aparece citada em certos documentos *moçárabes*. Dois dos elementos que a compõem remontam, possivelmente, ao século XII, devido à influência almóada evidente: a portada, única entre todas as de Toledo devido ao tipo de pequenos arcos cegos do friso da parte superior da mesma, e às duas abóbadas de *estalactites* do cruzeiro, relacionadas com outras existentes nas Huelgas de Burgos. Também correspondem ao período mudéjar as três naves com arcos em ferradura de tijolo e um claustro que foi destruído há alguns anos.

Na nave do evangelho conserva-se um sepulcro do último terço do século XIV, decorado com trabalhos em gesso que representam um fundo vegetal sobre o qual se situam personagens sentadas em tronos. O tema, interpretado como alusão aos bem-

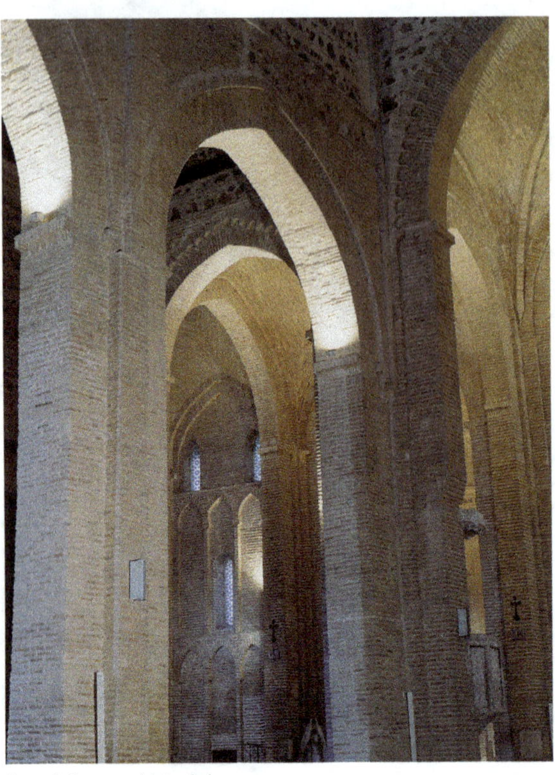

Igreja de Santiago del Arrabal, pormenor da abóbada de estalactites, Toledo.

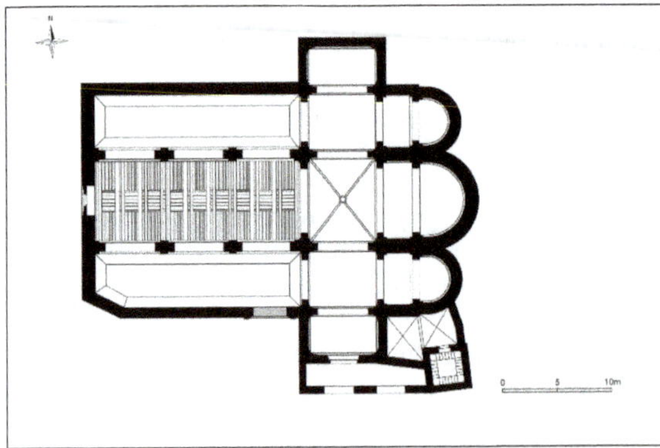

Igreja de Santiago del Arrabal, secção, Toledo.

aventurados no Paraíso, repete-se noutros exemplos toledanos, igualmente mudéjares, desses anos.
Ao corpo da nave foi acrescentada uma cabeceira gótica com umas abóbadas de cruzaria magníficas, construída a partir de 1507 por Francisco de Rojas, embaixador dos reis Católicos, como capela funerária familiar. Finalmente, entre 1630 e 1637, reformaram-se as naves, substituindo os suportes por colunas dóricas bem ao gosto classicista da época, de acordo com um projecto de Bernardo del Portillo executado por Francisco Espinosa. O aspecto que a igreja tem presentemente deve-se ao restauro efectuado em 1975, altura em que se decidiu eliminar um pórtico colado ao lado Norte que ocultava a portada mudéjar.

IX.1.i Igreja de Santiago del Arrabal

Rua Real del Arrabal. Recomenda-se um passeio a pé pelo centro até à Igreja, subindo até à Catedral e percorrendo a rua Comercio (é possível visitar a Mesquita de Tornerías) e a praça de Zocodover. Depois, pegar no carro e ir até à Igreja.
Horário das missas: às 8 e às 19:30 (no Verão, às 20); aos domingos, às 8:30, às 12:30, às 13:15 e às 19:30.

O nome desta igreja deve-se ao facto de estar situada nos arrabaldes da zona Norte da cidade, que já existiam na época muçulmana. É a única paróquia mudéjar toledana que conserva intacta a estrutura original, recuperada após os restauros de 1958 e de 1973.
Neste mesmo lugar houve edificações anteriores, da qual dão fé os fragmentos de frisos da época visigótica encas-

trados na abside. Também é possível que se utilizasse o *minarete* de uma mesquita como torre, devido ao facto de ser uma construção isolada, de aparelho muçulmano e duplo arco em ferradura na janela. O corpo superior do campanário deve ter sido acrescentado em meados do século XIII, quando se construiu o actual edifício da igreja. Este facto concorda perfeitamente com a tradição que atribuiu a iniciativa da obra ao rei D. Sancho II de Portugal, por volta de 1245.

O modelo de igreja é representativo da chamada "segunda fase" do mudéjar toledano, caracterizada pela influência do Românico castelhano no tipo de planta com três absides semicirculares e pela incorporação da nave do cruzeiro. Esta mesma origem explica a organização decorativa da cabeceira, com séries sobrepostas de arcarias cegas. Estes aspectos, claramente arcaizantes na data de construção, misturam-se com referências à arte gótica, tais como as proporções esbeltas ou o emprego de uma abóbada de cruzaria no tramo central do cruzeiro. As naves cobrem-se com tectos de madeira mudéjares, e a nave central conserva um antigo *madeiramento de par y nudillo*. Quanto à herança islâmica, é bem patente no tipo de fachadas, cujo esquema deriva da arquitectura califal cordovesa: arco em ferradura dentro de um arco polilobado e friso de arcos entrecruzados por cima. A nota original é dada pelas duas pequenas pilastras que enquadram a portada, uma solução que se tornou frequente nos edifícios toledanos posteriores.

É recomendável, ao sair da cidade, dar um salto ao miradouro que se encontra perto do Parador Nacional. *Especialmente ao entardecer, a vista panorâmica sobre a cidade e o rio é espectacular.*

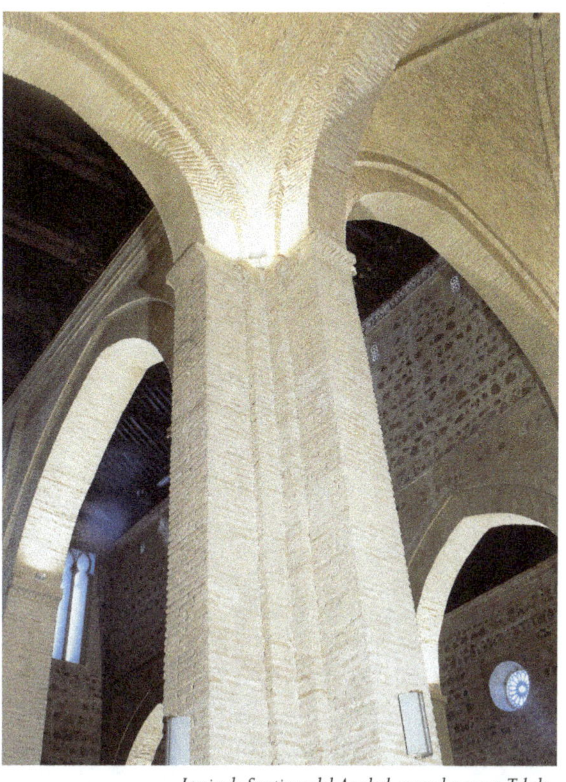

Igreja de Santiago del Arrabal, arcos das naves, Toledo.

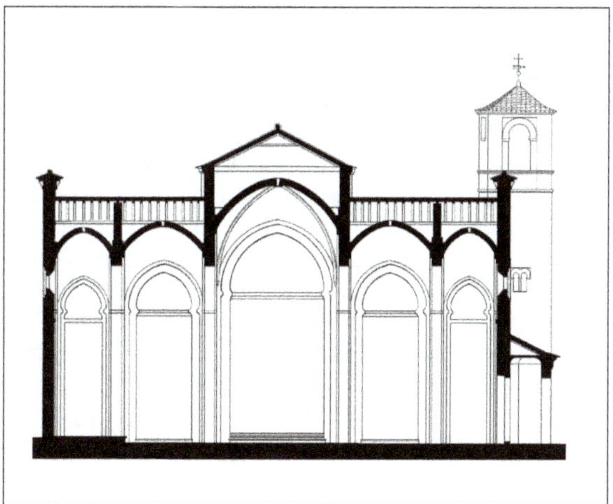

Igreja de Santiago del Arrabal, planta, Toledo.

YESERÍAS DEL MUDÉJAR TOLEDANO

María Teresa Pérez Higuera

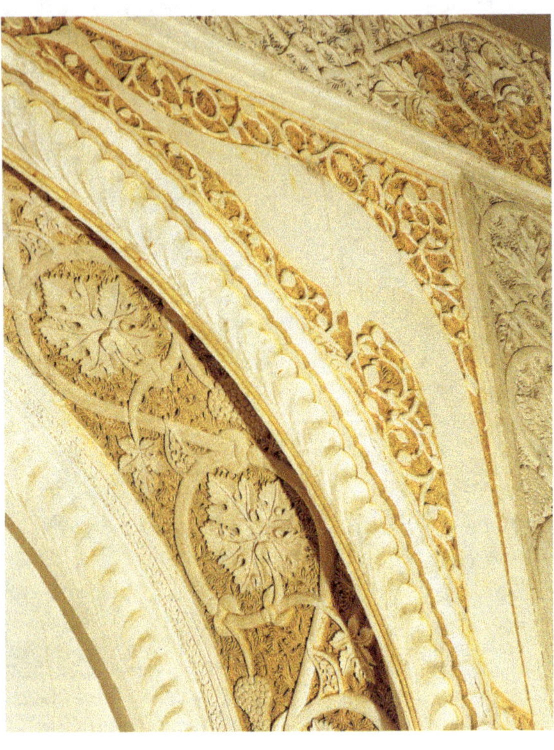

Convento da Concepción Franciscana, arco lavrado em gesso da Capela de San Jerónimo, procedente do Palácio de D. Pedro I, pormenor do pavão, Toledo.

O uso de lavores em gesso para revestir os paramentos interiores dos edifícios foi um sistema de decoração frequente na arte hispano-muçulmana, e, como tal, foi muito utilizado na arquitectura mudéjar. Os exemplos que ainda se conservam perderam a policromia, mas o que é certo é que, originalmente, foram coloridos abundantemente com vermelhos e azuis. A ideia era simular o efeito, nas paredes, dos tapetes e dos tecidos de seda que enfeitavam os salões dos palácios, com a vantagem de ser muito mais barato e resistente que os tecidos.

O interesse dos trabalhos em gesso de Toledo deve-se, sobretudo, ao facto de, para eles, se ter imaginado um vasto repertório de motivos muito próprio e original, que se difundiu para além da sua área geográfica. É mesmo legítimo classificar como obra de mestres toledanos grande parte dos trabalhos em gesso localizados no Norte de Castela e da Andaluzia. Por outro lado, a datação dos mesmos, exacta nalguns casos e bastante aproximada noutros, permite conhecer a evolução dos temas, desde os restos mais antigos, correspondentes ao século XI, até aos que são típicos do Renascimento, passando pelos de meados do século XV. De maneira geral, o estudo destas obras toledanas permite estabelecer duas grandes etapas. Na primeira, predominam os elementos de influência islâmica, apreciáveis especialmente na decoração de pequenos motivos vegetais parentes do repertório almorávida, como aqueles que se encontram em Santa María la Blanca ou num palácio conservado na clausura de Santa Clara. Por vezes, estes motivos combinam-se com laçarias almóadas, como sucede em vários sepulcros do claustro da Concepción Francisca. Estas características perduraram até à primeira metade do século XIV, no chamado Salón de Don Diego, situado na praça da Magdalena, e no Taller del Moro, embora incorporando motivos semelhantes aos utilizados na arte nazari. Desde meados do século XIV, a partir da decoração da sinagoga do Trânsito (1357), à tradição islâmica foram incorporadas formas inspiradas directamente na flora naturalista gótica, como a folha de videira ou a

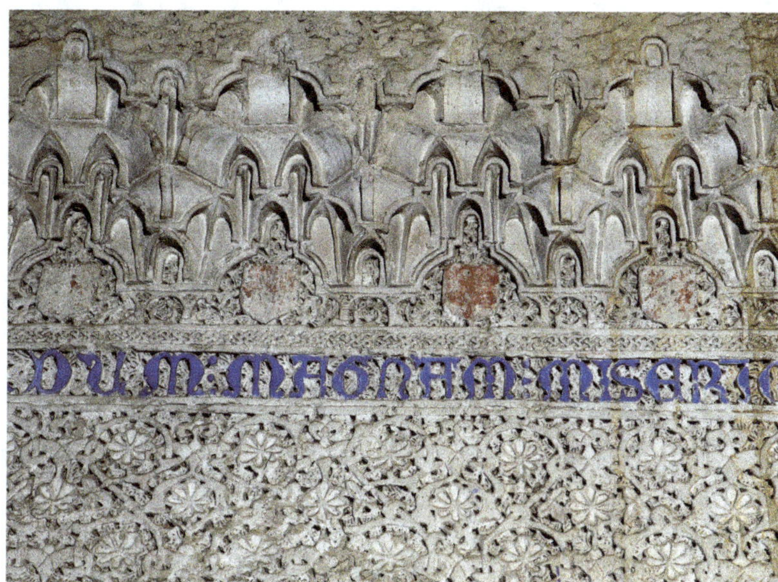

Igreja de San Andrés, pormenor dos trabalhos em gesso do sepulcro, Toledo.

de carvalho. Esta combinação define perfeitamente o repertório toledano em obras como o Salón de Mesa e em diversos aposentos dos palácios dos Ayala, em Santa Isabel de los Reyes. Uma nota característica e original já de fins do século XIV é a presença de silhuetas de figuras em plano. Estas figuras representam pavões ou pessoas. Exemplos do primeiro caso são o arco da Capela de San Jerónimo, na Concepción Francisca, e outros que se localizam fora da cidade de Toledo: em Tordesilhas e no alcáçar de Sevilha. As silhuetas de pessoas, por sua vez, aparecem no chamado Arco do Bispo, na Encosta de San Justo; num sepulcro da Igreja de San Andrés e num friso conservado no interior do Seminário Menor, na praça de San Andrés. Este último é um exemplo excepcional, pois conserva restos de policromia. Os trabalhos em gesso de meados do século XV incluem motivos do gótico flamejante, tais como os do Palácio de Fuensalida. E os renascentistas pertencem ao chamado estilo Cisneros, como, por exemplo, os magníficos trabalhos da Sala Capitular da Catedral de Toledo.

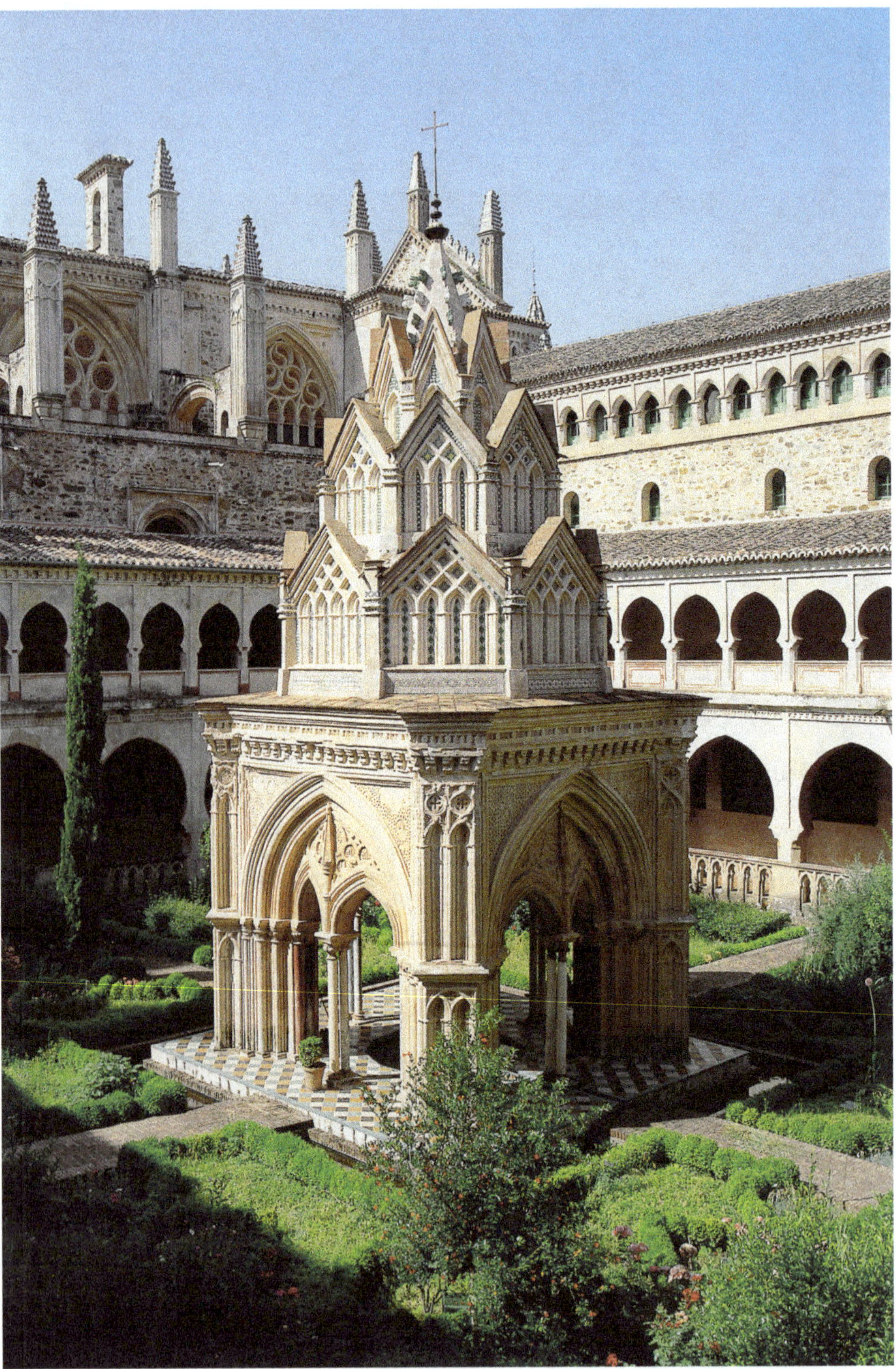

Mecenato nobiliário e monástico

María Pilar Mogollón Cano-Cortés

Este circuito forma parte do programa **"Uma entrada para o Mediterrâneo"** co-financiado pela União Europeia no âmbito da Acção Piloto Espanha-Portugal-Marrocos. Art. 10 FEDER.

Primeiro dia

X.1 GUADALUPE

- X.1.a Real Mosteiro de Nossa Senhora de Guadalupe
- X.1.b Colégio das Humanidades ou de Gramática e Canto (opção)
- X.1.c Granja de Mirabel

X.2 LLERENA

- X.2.a Torre da Igreja Paroquial de Nuestra Señora de la Granada
- X.2.b Casa Zapata - Residência do Tribunal da Inquisição
- X.2.c Casa Prioral
- X.2.d Casas da zona histórica

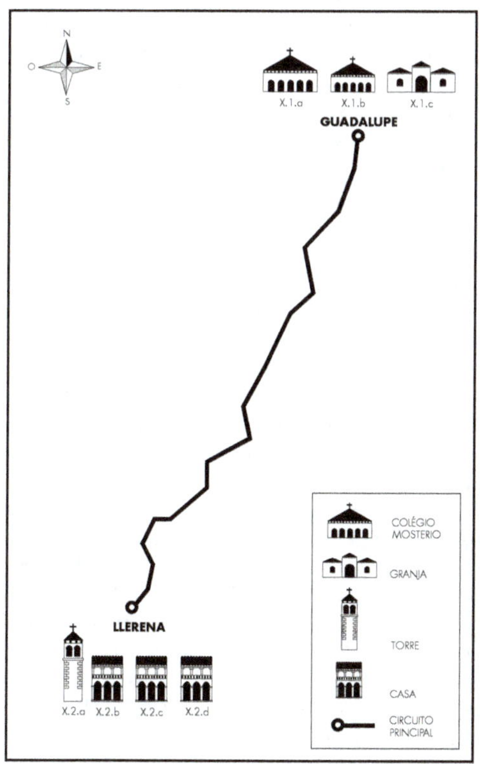

Real Mosteiro de Nossa Senhora de Guadalupe, oratório central do Claustro de los Milagros, de estilo mudéjar, Guadalupe.

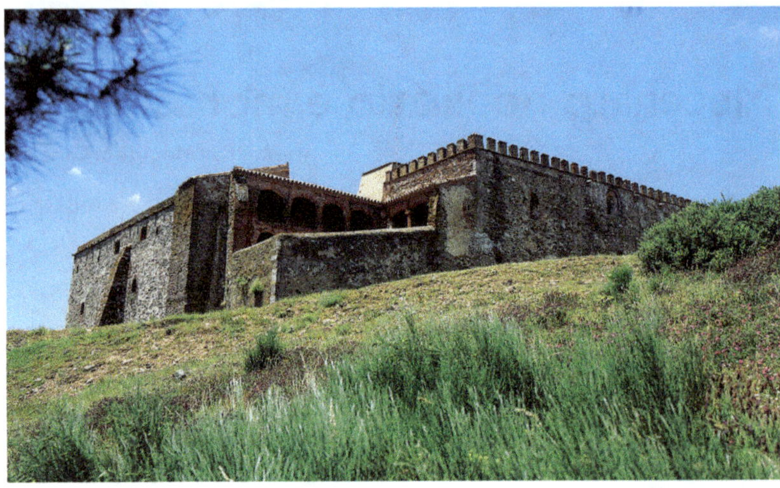

Mosteiro de Santa María de Tentudía, vista geral, Calera de León.

Quando os almóadas dominavam al-Ândalus, a actual Estremadura era a fronteira militar entre os territórios cristãos, a Norte do rio Tejo, e os territórios muçulmanos, a Sul da Serra Morena. Por conseguinte, os povoados da região exerceram uma função essencialmente militar, como se pode constatar pela existência de importantes postos de defesa almóadas que ainda se conservam em lugares estratégicos, como Cáceres e Badajoz, ou, em menor escala, em Montemolín e em Reina.

O domínio definitivo deste território fronteiriço era extremamente importante, mesmo para a definição das demarcações políticas e eclesiásticas das coroas de Castela e de Leão. Em meados do século XIII, quando a Transierra foi definitivamente reconquistada, grande parte da actual Estremadura, na época praticamente despovoada, foi entregue a vários senhores e às Ordens militares do Templo, de Alcântara e de Santiago, com o objectivo de consolidar o avanço cristão. A primeira destas Ordens extinguiu-se nos primeiros anos do século XIV, e as suas posses passaram para as mãos das outras Ordens e de outros senhores, que foram ampliando os seus territórios ao longo do século XV.

As Ordens militares foram as que acolheram o maior número de mudéjares. No fim do século XV, nos territórios a elas submetidos concentravam-se mais de 80% dos mudéjares estremenhos, ocupando as férteis terras da Baixa Estremadura. O senhorio mais extenso e próspero da região era o de Feria, que abarcava treze localidades e, comparado com os restantes, era o que albergava o maior número de mudéjares.

A maioria das produções artísticas mudéjares da Estremadura deve-se a estas organizações político-religiosas, e a elas é preciso acrescentar o espectacular priorado conventual de Guadalupe, centro mariano de especial devoção e singular transcendência histórica durante a Idade Média e a Idade Moderna.

X.1 GUADALUPE

No extremo Sul do distrito de Cáceres, no lado oriental, a meio caminho entre Badajoz e Toledo, encontra-se a comarca das Villuercas. Assenta numa zona montanhosa, no ponto em que os Montes de Toledo penetram em Cáceres. Banhada pelas águas de vários rios, as suas ladeiras e os seus montes e vales formam uma paisagem agreste, incólume e um lugar privilegiado para a caça.
Guadalupe é uma das localidades mais importantes desta comarca. A sua origem medieval e o seu posterior desenvolvimento estão relacionados com a veneração da Virgem de Guadalupe, que lhe deu o nome e lhe determinou completamente o destino.
A primeira impressão que deslumbra o viajante ao aproximar-se de Guadalupe é a de um frondoso vale rodeado de montanhas. No topo de um monte, ergue-se uma enorme fortaleza de pedra rodeada por casas caiadas de branco. Trata-se da Puebla de Guadalupe, em cujo centro sobressai o Real Mosteiro de Nossa Senhora de Guadalupe, declarado pela Unesco Património da Humanidade, no dia 8 de Dezembro de 1988.

X.1.a Real Mosteiro de Nossa Senhora de Guadalupe

A entrada é paga. Visita guiada ao Museu e à Igreja.
Horário: das 9:30 às 13 e das 15:30 às 18:30.

O Mosteiro é uma obra complexa, cuja construção, dominada pelos contrastes, passou por momentos diferentes. Sob o seu aspecto defensivo exterior, oculta um ar palatino, com amplos salões e pátios refrescados por plantas e muita água. Apesar da aparência austera dos seus muros de pedra, no interior deslumbrante brilham as policromias dos azulejos, pinturas e outros adornos. Face ao rigor militar do seu perfil, o viajante que se adentra no Mosteiro não pode deixar de maravilhar-se com os ricos tesouros artísticos custodiados no seu seio.
As origens deste insigne monumento remontam à Idade Média, a uma época na qual, diz a lenda, foi descoberta a imagem de Santa Maria. Alguns cronistas afirmam que a imagem foi talhada pelo próprio evangelista São Lucas e que, mais tarde, passou a ser propriedade do arcebispo de Sevilha, São Leandro. Depois, diz-se que foi enterrada em

Real Mosteiro de Nossa Senhora de Guadalupe, torre-campanário e abside do templo mudéjar original, Guadalupe.

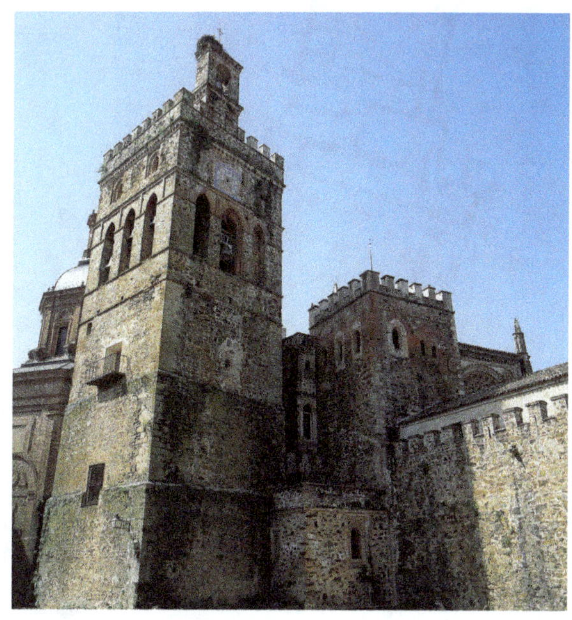

Villuercas, para a proteger da invasão árabe. Permaneceu no seu esconderijo durante séculos, até que, no terceiro quartel do século XIII, a Virgem apareceu a um pastor de Cáceres, Gil Cordero, para lhe indicar o lugar exacto em que a sua imagem estava enterrada. Pouco tempo depois, construiu-se no local uma pequena ermida, que passou a ser frequentada por peregrinos.
Guadalupe, além de ser um importante centro de devoção e peregrinação, desempenhou um papel fundamental durante as Idades Média e Moderna, como sede de proveitosos encontros diplomáticos, panteão real e lugar de descanso de alguns monarcas.

Real Mosteiro de Nossa Senhora de Guadalupe, planta, Guadalupe.
1-Basílica de Santa María de Guadalupe.
2-Capela de Santa Paula
3-Sacristia
4-Campanário
5-Claustro de los Milagros
6-Pavilhão da mordomia e portaria
7-Pavilhão da botica e da enfermaria

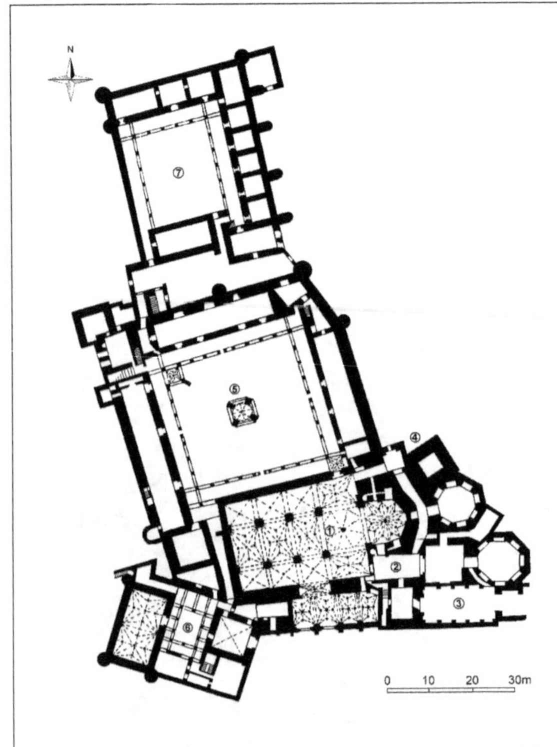

Na sua igreja foram enterrados o rei D. Henrique IV e a sua mãe, a rainha Maria de Aragão, devotos da Virgem de Guadalupe. Os Reis Católicos visitaram-na várias vezes e, para eles, construiu-se a Hospedaria Real, no último quartel do século XV, tendo sido destruída em meados do século XIX. Muito perto dali, em Madrigalejo, faleceu o rei D. Fernando, o "Católico", quando se deslocava a Guadalupe. O almirante Cristóvão Colombo também visitou o local, e baptizou com o nome de Santa Maria de Guadalupe uma das ilhas das Antilhas. Felipe II e o seu sucessor, Felipe III, visitaram-na em repetidas ocasiões, e esta tradição de visitas régias perdurou até aos nossos dias.
O poder económico do mosteiro chegou a atingir enormes proporções, devido às numerosas esmolas, doações e privilégios régios que possibilitaram a compra de várias quintas e reses pelos monges e a construção de importantes edifícios. As obras que se sucederam no mosteiro, e que o foram configurando durante os seus três primeiros séculos de vida (XIV-XVI), possuem o denominador comum de serem todas mudéjares. Este facto converte todo o conjunto no exemplar mais significativo do Mudéjar estremenho.
No entanto, o conjunto monacal foi ampliado em etapas posteriores, e é por isso que não lhe faltam interessantes elementos renascentistas e barrocos. Estes acrescentos situam-se no seu lado oriental, onde, em meados do século XVI, foi erguida a capela de São José ou relicário. Em meados do século XVIII, construiu-se a sacristia, e, nos fins desse mesmo século, o camarim da Virgem.

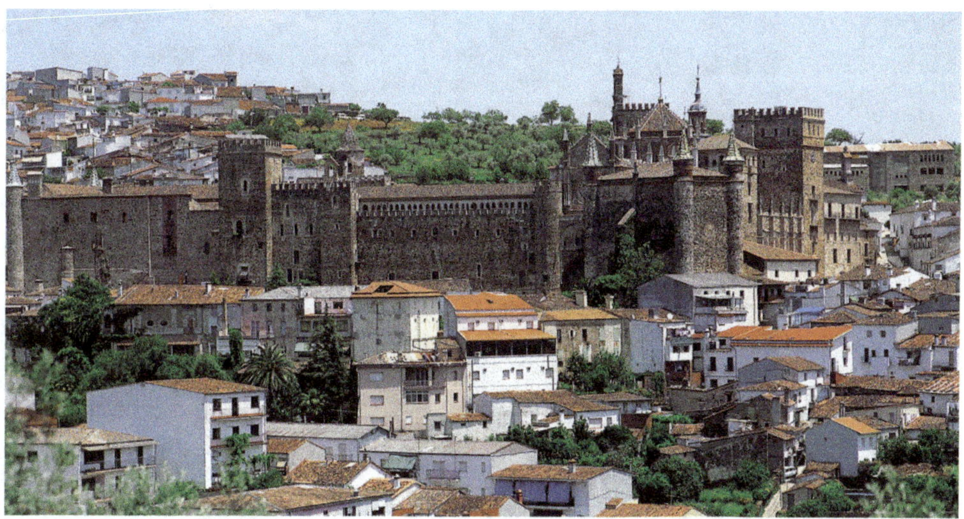

Vista geral da aldeia e do Real Mosteiro de Nossa Senhora de Guadalupe.

Finalmente, Manuel de Larra Churriguera construiu a nova igreja (o actual Auditório).
A complexidade do mosteiro levounos a optar por desenhar um circuito pelo Mudéjar guadalupense seguindo uma ordem cronológica.
O primeiro espaço que propomos é o templo, edificado sobre o ponto em que foi encontrada a imagem da Nossa Senhora de Guadalupe e onde nasceu o monacato. Depois, visitaremos a zona setentrional do templo, onde está situado o magnífico claustro mudéjar, realizado após a chegada da Ordem dos Jerónimos a Guadalupe, entre 1389 e 1405. No ângulo sudoeste do conjunto foram acrescentadas, durante o século XV, a sala capitular e a biblioteca, no interior, e a portaria e a mordomia, no espaço que dava para o átrio da igreja. A última grande obra mudéjar substituiu, durante o primeiro terço do século XVI, a construção existente no século XIV: o pavilhão da enfermaria e a botica.

O primeiro lugar que os visitantes recém-chegados costumam visitar é o templo de Nossa Senhora de Guadalupe, edificado sobre o lugar em que foi descoberta a estátua da Virgem. Trata-se de uma escultura proto-gótica de fins do século XII ou começos do seguinte, realizada em madeira de cedro e vestida há muitos séculos.
No Arquivo Histórico Nacional conserva-se um documento de 1340, no qual o rei D. Afonso XI, após a vitória do Salado, concedeu uma série de privilégios e de doações ao santuário. O documento informa-nos, também, sobre o facto de o monarca ter mandado edificar um templo em Guadalupe, para substituir o original, que era de pequenas dimensões e estava muito deteriorado. É possível que estes dados se refiram aos restos de uma abside mudéjar conservada na zona oriental do actual templo, ao pé do camarim e do campanário.
A parte conservada do semicilindro está feita de tijolo, e possui

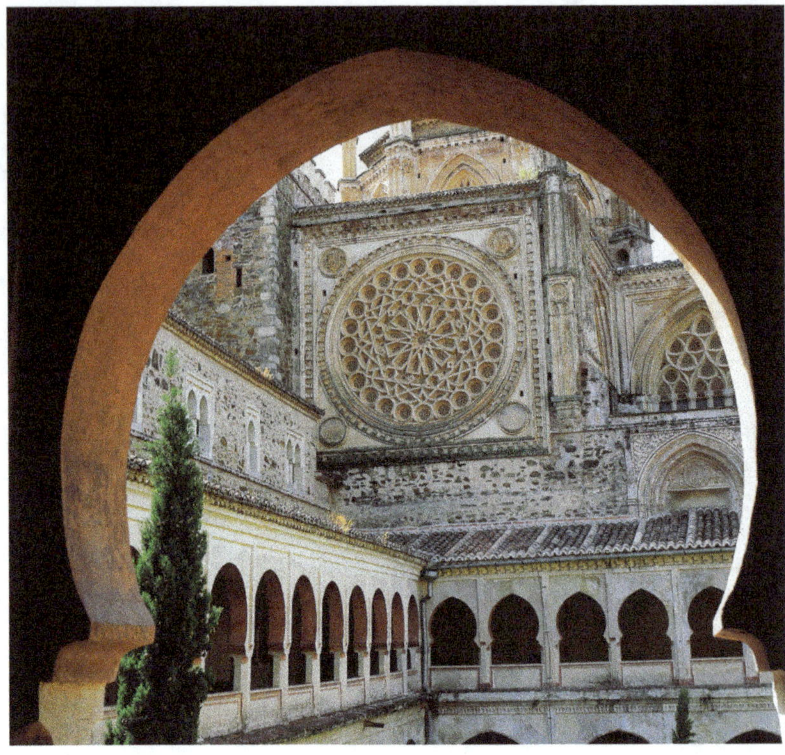

Real Mosteiro de Nossa Senhora de Guadalupe, rosácea do hastial do templo, Guadalupe.

modilhões em forma de lóbulos que sustêm o beiral do telhado. A parte dianteira da abside é configurada por arcarias cegas enquadradas em rectângulo, sucedendo-se, de baixo para cima e com eixos alternados, um arco em ferradura, um arco de meio-ponto, um arco quebrado e, novamente, um arco em ferradura. O tipo de arco utilizado, a sua forma semicircular e a alternância dos eixos dos arcos, resultam numa obra que combina elementos típicos do Mudéjar toledano e do Mudéjar de Castela e Leão. Deste facto é possível deduzir que se trata de um exemplar independente em relação a outras zonas mudéjares, embora esta independência não implique o desconhecimento das obras que se estavam a realizar noutros lugares, bem pelo contrário, como observou o professor Borrás.

Este templo foi substituído por outro que, como nos informam as crónicas do século XVI, foi construído nos começos do século XV, aquando da chegada dos jerónimos a Guadalupe. Na opinião de alguns estudiosos, as obras realizadas na altura pelo padre Yáñez limitam-se a certas modificações de um templo já existente, da época do priorado secular, no terceiro quartel do século XIV. É muito provável que as obras de adaptação e de ampliação do templo, efectuadas durante os primeiros anos do século XV, se devam ao Mestre Rodrigo

Alfonso, autor do claustro da catedral de Toledo, começado em 1389. É provável que o epitáfio fúnebre realizado num azulejo do século XVIII e situado na entrada do templo se refira a ele.
A actual igreja é uma construção gótica de três naves com um cruzeiro que não consta na planta. As naves estão separadas por arcos quebrados enquadrados por *alfiz* e apoiados sobre sóbrios pilares fasciculados góticos. A parte mais alta do templo alegrou-se com numerosos vãos quebrados com rica traceria gótica e com rosáceas de laçaria mudéjar nos braços do cruzeiro, realizados em tijolo e em gesso, como era costume nas zonas altas e na fachada principal da igreja. Diversos tipos de abóbadas —de cruzaria, simples, estrelada, etc.— cobrem diversos espaços do templo. Com a chegada dos jerónimos, realizou-se também o magnífico coro alto, imprescindível numa nutrida comunidade religiosa que dedicava largas horas da jornada aos ofícios litúrgicos.
No lado da epístola, na parte oriental do templo, edificou-se a Capela de Santa Paula, que conserva restos de pinturas murais feitas à base de laçaria mudéjar e uma inscrição ilegível em caracteres góticos. Esta sala comunicava com a antiga sacristia, que hoje em dia serve de passagem para a nova e que acabou de ser construída, de acordo com uma inscrição, em 1647. Nela destacam os oito quadros realizados pelo pintor estremenho Francisco de Zurbarán.
O campanário do templo situa-se extramuros, mas comunicado com a muralha de protecção do mosteiro através de dois arcos-ponte, como uma torre *albarrã*. A torre do campanário conta com um primeiro corpo maciço sobre o qual se sobrepõem diversas câmaras. Esta torre original foi construída em 1363, na época do prior Toribio Fernández, de acordo com uma inscrição tapada pelo camarim.
Quando os jerónimos chegaram a Guadalupe, tiveram que adaptar as edificações existentes às necessidades de uma ordem regular. Por esta razão, é de supor que, por volta do ano de 1389, data da chegada dos monges, tivessem começado as obras do claustro mudéjar, no muro Norte da igreja.
Esse muro fazia parte da muralha defensiva construída no terceiro quartel do século XIV, durante o priorado secular. Os sóbrios lenços da muralha são de alvenaria, e a eles foram acrescentadas torres quadrangulares e semicilíndricas coroadas por merlões. De planta rectangular, a fortaleza é percorrida por andaimes que permitem a comunicação com a zona alta, de acordo com necessidades defensivas bastante frequentes nos castelos da época.
O claustro instalou-se dentro do recinto amuralhado, contando com diversas câmaras, cozinha, refeitório, vestuário, sala capitular, celas e capelas. As obras devem ter terminado por volta do ano de 1405, altura em que acabou de ser construído o templete central, uma obra de Frei Juan de Sevilha.
O conjunto evoca o paraíso exactamente com os mesmos elementos presentes num pátio palatino muçulmano: andaimes cruciformes, um castelejo central que faz lembrar uma *qubba* islâmica e uma vegetação rica, salpicada por fontes "cantarinas".
O célebre claustro mudéjar ou Claustro de los Milagros, por causa das

telas que pendem dos seus muros, é uma obra singular da arte mudéjar mais pura e brilhante. Na sua construção, os monges colaboraram com os mestres, conforme nos conta um manuscrito do século XV.

De planta rectangular, o claustro consta de dois corpos de arcarias em ambos os lados, e duas vezes mais arcos na zona alta que na baixa. As galerias possuem arcos em ferradura com os saiméis muito salientes, bem ao estilo almóada, embora no lado Este se possam apreciar alguns arcos em ferradura simples, provavelmente porque o claustro terá começado a ser construído por esta banda. Os arcos estão enquadrados com *alfiz*, e carregam sobre pilares quadrados com as arestas chanfradas, conservando a sua policromia particular. As galerias foram cobertas com *alfarges* mudéjares decorados com pinturas de temática vegetal e emblemas reais.

Em 1405, Frei Juan de Sevilha construiu, no centro do claustro, um templete ou castelo para proteger uma fonte que desapareceu durante o século XVIII. O templete é a peça mais rica do Mudéjar estremenho, e assemelha-se a alguns trabalhos aragoneses. A feliz combinação entre o tijolo, o gesso e os azulejos, devido à sua original tipologia, resultou numa obra excepcional destinada ao culto da Virgem.

A diversas alas situadas na parte baixa do claustro são hoje museus, onde se expõem as riquezas artísticas do mosteiro: bordados, escultura, pintura e livros ilustrados com iluminuras.

Nas galerias altas, situavam-se os quartos de dormir.

O acesso ao mosteiro desde o átrio faz-se através do pavilhão da biblioteca e da mordomia. O conjunto foi realizado em dois momentos muito próximos entre si da segunda metade do século XV. Numa primeira fase, construiu-se a biblioteca, com o dinheiro que, para o efeito, tinha destinado um antigo prior de Guadalupe, o padre Illescas, na altura bispo de Córdova.

Poucos anos depois, o edifício degradou-se e teve que ser reformado. Foi então que se acrescentaram uns torrões cilíndricos nas esquinas. A comunidade aproveitou para realizar obras e mandou-se construir a mordomia, incluindo vários escritórios (um deles, pertencente ao prior), a arca onde se depositava o dinheiro e a portaria. Na entrada desta, de acordo com o padre Talavera, havia umas estátuas da Nossa Senhora, de São Jerónimo e de Santo Agostinho, actualmente inexistentes.

A obra realizada incluía um pequeno claustro que ligava ambas as construções, conhecido como "Patio de la Mayordomía". Este, apesar das diversas reformas que sofreu, ainda conserva o carácter mudéjar do seu único corpo. Os arcos são de meio-ponto, ligeiramente ultrapassados, enquadrados por um *alfiz* muito pronunciado que se prolonga até ao nascimento dos pilares octogonais. Os corredores foram cobertos inicialmente por tectos de madeira, mas, no século XVIII, foram substituídos pelas abóbadas actuais.

A última grande intervenção mudéjar aconteceu durante o primeiro terço do século XVI. Trata-se de um recinto novo que servia de enfermaria, farmácia e escola de medicina. Conhecido como "Pabellón de la Botica y la Enfermería", substituiu um hospital de meados do século XIV que agora é uma pousada.

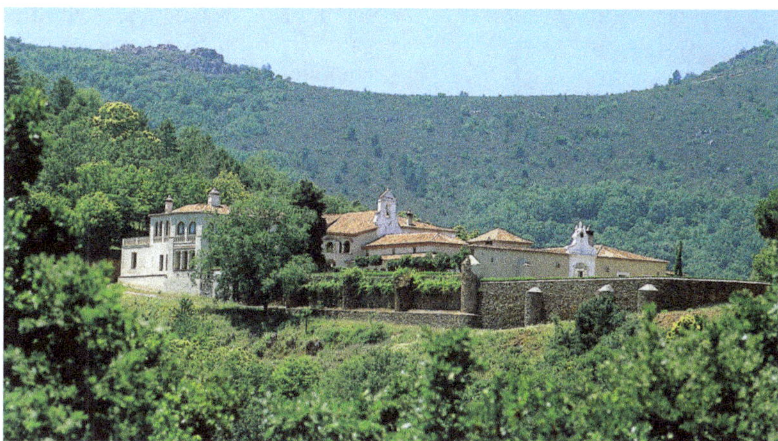

Granja de Mirabel, vista geral da Granja, Guadalupe.

O resultado final, muito afastado do projecto inicial, é um conjunto de planta rectangular com muros de alvenaria e pequenas torres semicilíndricas coroadas por chapitéis policromos em três dos ângulos. Um pátio espaçoso, com triplo corpo de arcaria em três lados, regula as diversas câmaras. Apesar do pátio ter sido quase sempre classificado como gótico, na verdade é uma obra mudéjar, pois nele encontramos elementos próprios deste estilo. Estes elementos, presentes no mosteiro desde a construção do primeiro claustro, são o tipo de emprego do tijolo, o uso de pilares chanfrados de origem almóada e os trabalhos em gesso. Devido à data tardia da sua construção, no pátio existem também outros elementos compositivos e decorativos que não são mudéjares.

X.1.b **Colégio das Humanidades ou de Gramática e Canto** (opção)

Defronte do Mosteiro. Actualmente, funciona como Pousada Turística, mas é possível visitar o pátio e as partes comuns do mesmo.

No segundo quartel do século XVI, os jerónimos construíram um novo edifício onde se instalou um colégio destinado a um nutrido número de crianças de coro, aprendizes de canto e de gramática. O colégio estava separado do conjunto monacal por uma rua, e situava-se perto da Praça Mayor. Desde 1990 converteu-se em Pousada Nacional, tendo sido alvo de várias reformas.

O pátio principal apresenta numerosos contactos com o claustro mudéjar e com o da mordomia do mosteiro vizinho. Do antigo claustro mudéjar aproveitou os arcos em ferradura que configuram o corpo alto, e, do pátio da Mayordomía, os arcos de meio-ponto enquadrados por *alfiz* da galeria baixa. Os arcos ultrapassados do corpo alto duplicam, em número, os de meio-ponto da arcaria baixa, mas, contrariamente a estes últimos, não estão enquadrados com *alfiz*. O pátio do colégio também segue o claustro mudéjar no tipo de suporte (pilares chanfrados) utilizado em ambos os andares.

Recomenda-se um passeio a pé pelo chamado bairro velho, em cujo traçado urbano medieval abundam as típicas casas com pórticos.

X.1.c **Granja de Mirabel**

A 6 km, entrar na antiga estrada e, depois de uma curva muito apertada, apanhar o desvio para um caminho de terra batida, que atravessa uma paisagem espectacular,
Horário: às quintas-feiras, das 9 às 12:30 e das 17 às 20.

A Granja de Mirabel servia de lugar de descanso e de retiro para os monges jerónimos e alguns personagens ilustres. Actualmente, é uma propriedade privada e foi declarada Monumento Nacional.
Do lado de fora não apresenta demasiados elementos artísticos, mas, no seu interior, os tanques, as rítmicas galerias, os pátios espaçosos, os cómodos aposentos e a íntima capela justificam, por si sós ou aliados às excelências do lugar, o facto de este aprazível lugar ter sido escolhido como retiro pelos monges.
O núcleo principal da granja foi construído durante a última vintena do século XV. Trata-se de um pátio que segue as fórmulas compositivas do mosteiro vizinho e que centraliza várias câmaras. É um espaço quadrado limitado por galerias com dois corpos de arcos de meio-ponto, na parte baixa, e escarções, na parte superior, enquadrados todos por *alfiz* e apoiados sobre pilares chanfrados. Três das galerias dão para estâncias, mas a quarta delas projecta os seus perfis sobre as águas de um tanque situado no meio de um jardim. É bastante interessante uma capela dedicada à Madalena, que possui uma passagem para uma das galerias do claustro, na qual encontramos uma porta de madeira decorada com laçarias mudéjares e um *madeiramento de limas* que fecham o presbitério. Algumas obras de restauro recentes descobriram pinturas góticas na mesma.

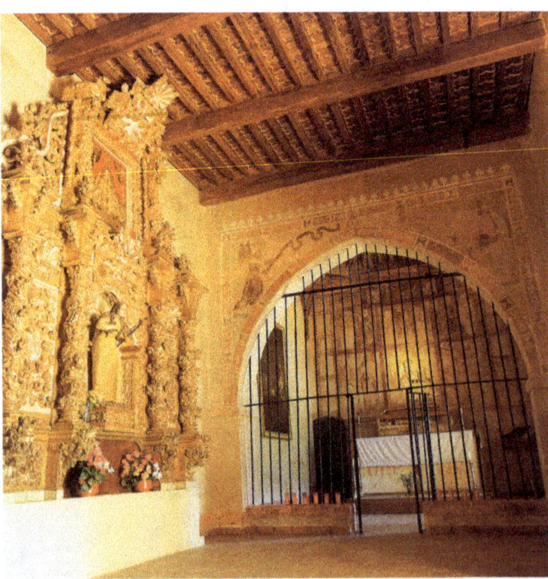

Granja de Mirabel, Capela da Madalena, Guadalupe.

Villuercas-Ibores
A Norte de Guadalupe, encontram-se a Serra das Villuercas e a comarca de Los Ibores. Uma paisagem repleta de azinheiras, sobreiros, carvalhos e castanheiros convive com zonas ocupadas por montes baixos, estevas e urzes. Os ressaltos das serras quarcíticas de sentido Noroeste-sudeste conferem a toda esta região um carácter agreste, cuja importância em caça maior é reconhecida.
O clima destas comarcas é um dos mais suaves da Estremadura. Assim, a paisa-

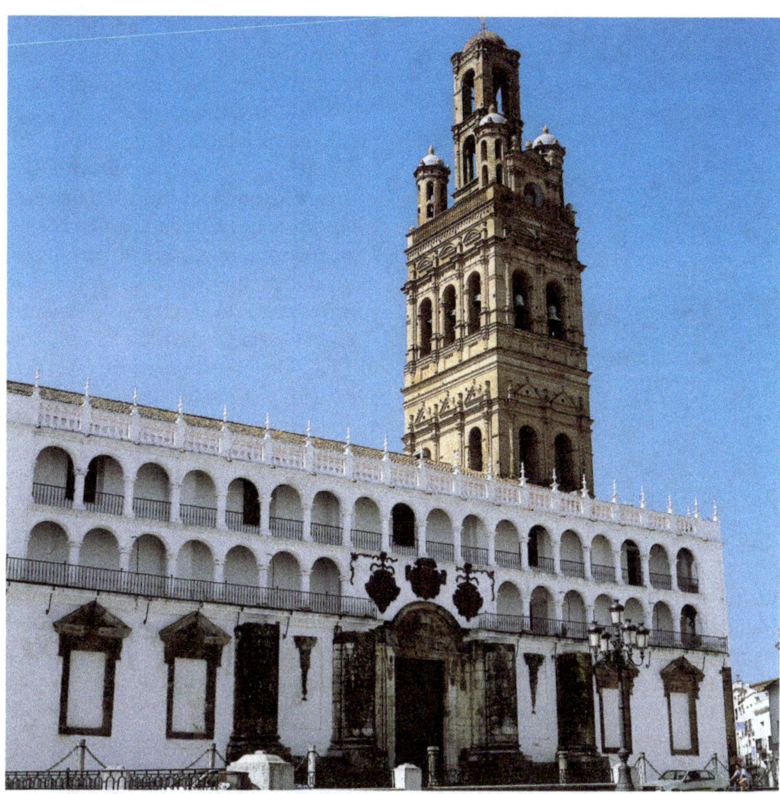

Torre da Igreja Paroquial de Nuestra Señora de la Granada, fachada e torre, Llerena.

gem agrária está muito humanizada, caracterizando-se pela presença de oliveiras, cerejeiras, castanheiros e pinheiros. As construções típicas da zona empregam, há séculos, materiais disponíveis na região (piçarras, madeiras de árvores de fruto), dando lugar a um património arquitectónico bastante interessante.

X.2 LLERENA

Situa-se a Sul do distrito de Badajoz, na comarca com o mesmo nome. A sua paisagem é variada, desde as planícies do Norte a relevos mais abruptos na parte Sul, onde começa a Serra Morena. A povoação assentou sobre uma planície com vastos campos de cereais.

Tanto quanto se sabe, a origem da cidade (título que lhe foi concedido pelo rei D. Felipe IV em 1641) de Llerena remonta à Idade Média, e desde então a sua história vinculou-se à Ordem militar de Santiago. Após a sua reconquista, em meados do século XIII, foi entregue à referida Ordem por Fernando III, para que se encarregasse da sua defesa e repovoação. Em 1297 foi-lhe outorgado o foro. Desde o século XIV, residiram nela alguns dos mestres santiaguistas que contribuíram para o aumento do seu prestígio, ao tornar-se sede de alguns acontecimentos importantes para a Ordem. No século XV, converteu-se na capi-

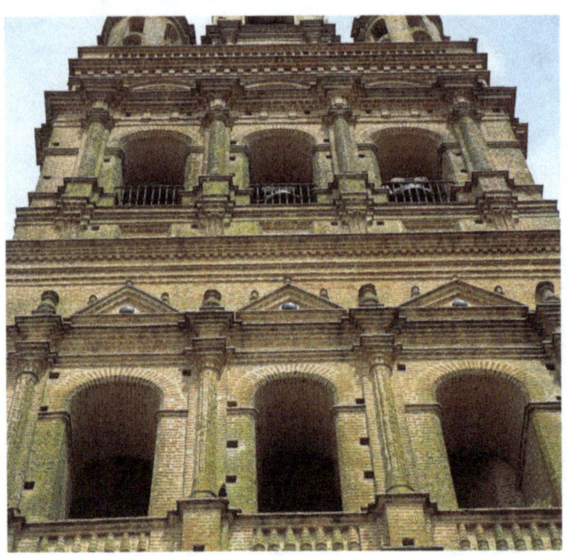

Torre da Igreja Paroquial de Nuestra Señora de la Granada, pormenor da torre, Llerena.

tal da diocese do priorado de San Marcos de León, da Ordem de Santiago, da qual dependia meia centena de povoações. Em 1478, os Reis Católicos estabeleceram em Llerena o Tribunal da Inquisição, com uma vasta jurisdição. Tudo isto fez com que, no século XVI, Llerena fosse uma vila activa e próspera, com uma economia florescente e uma população numerosa. O facto de ser um dos núcleos mais importantes da região deu lugar a uma demanda arquitectónica variada e a uma subsequente dinâmica construtiva.

X.2.a Torre da Igreja Paroquial de Nuestra Señora de la Granada

Situada na Praça Mayor. É possível visitar o interior da Torre.
Horário: das 10 às 12 e das 19 às 21, todos os dias da semana; aos sábados, das 19 às 21; aos domingos, das 12 às 14.

O templo paroquial ocupou o centro da povoação amuralhada, desenvolvendo-se em seu redor a Praça Mayor. Na documentação existente a seu respeito, aparece citada sob a advocacia da Nossa Senhora até começos do século XVI, altura em que passou a chamar-se Nuestra Señora de la Granada.
De acordo com alguns documentos, a fundação do templo remonta ao último terço do século XIV, a mando do mestre da Ordem de Santiago na altura, García Fernández Mexía y Guzmán. Graças aos dados facultados pelos livros de visitas da Ordem de Santiago, sabemos que, em finais dos século XV, o templo compunha-se de três naves separadas por arcos e com coberturas de madeira, a do meio com laçarias. É bastante provável que se tratasse de uma edificação mudéjar, da qual apenas chegou até nós a parte inferior da torre paroquial.
Trata-se da torre-fachada mais antiga conservada na Estremadura. Foi realizada em pedra silhar e ainda se mantêm os dois corpos inferiores. O campanário repete pontualmente a tipologia dos *minaretes* almóadas, com rampas de acesso em redor de um corpo no qual se sucedem diversas câmaras, como acontece no caso do *minarete* da Giralda de Sevilha. No entanto, a decoração e a composição dos vãos, duas portas e uma janela geminada, informam-nos de que se trata de um edifício cristão. O lado ocidental da torre ergue-se formando a fachada da entrada do templo. Na parte inferior, situa-se a porta da entrada, afunilada e com o arco apontado, decorada nas últimas arquivoltas com temas vegetais, heráldicos e pontas de diamante. A separação entre ambos os corpos faz-se através de uma fiada de cachorradas de tradição islâmica, sobre a qual devia

existir um beiral com dentes de diamante. No segundo corpo, destaca uma janela geminada com arcos polilobados apoiados sobre mainéis de mármore, incluída num arco apontado de perfil rendilhado através do qual passa a luz para o interior da torre. Na segunda metade do século XVI, devem ter sido acrescentados os corpos superiores.

X.2.b **Casa Zapata**

Na rua Corredera. Actual sede do Palácio da Justiça.
Horário: das 9 às 14. Encerra aos domingos.

O actual Palácio da Justiça foi, em tempos, a residência do licenciado Luis Zapata, natural de Llerena e do Concelho dos Reis Católicos. Foi um homem activo, responsável por importantes intervenções na política do Reino.
O palácio, realizado durante o primeiro terço do século XVI, tornou-se na sede do Santo Ofício, que começou por o arrendar, em 1570. Vinte e oito anos mais tarde, decidiu comprá-lo e remodelá-lo.
Os restos da edificação do século XVI que se conservam, da qual se chegou a dizer que era "a melhor casa de cavalheiros... e melhor que a de muitos fidalgos", são muito escassos. Contava com duas portas de entrada, uma situada no lado oriental, hoje em dia tapada e da qual apenas possuímos algumas informações fidedignas acerca do seu carácter gótico-flamengo, e outra situada no lado setentrional, que agora serve de acesso desde a rua Corredera. Esta fachada apresenta dois alinhamentos de arcos de meio-ponto apoiados sobre colunas de fustes torci-

Casa Zapata, arcada da fachada principal, Llerena.

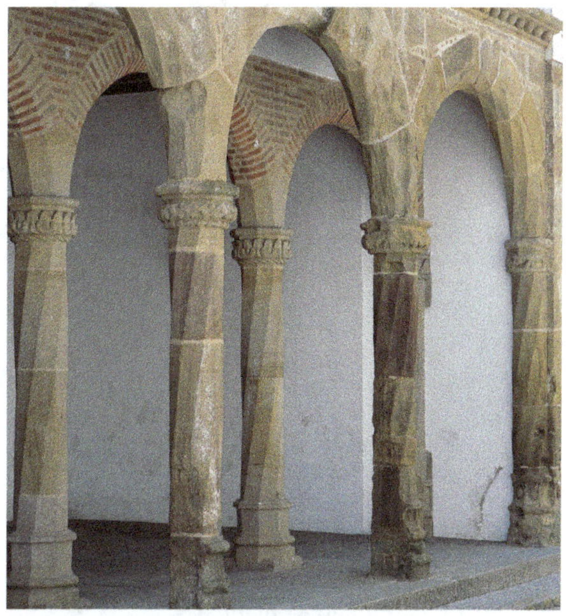

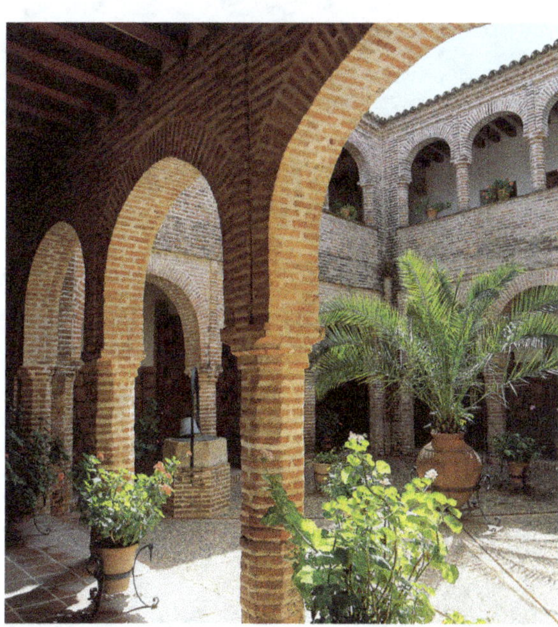

Casa Zapata, pátio, Llerena.

dos e uma cornija de bolas.
Sabemos, devido aos livros de visitas da Ordem, que, durante o século XVI, o palácio tinha três pátios, dois deles com corredores, um curral e duas torres com trinta e quatro dependências. A sala principal do palácio de Luis Zapata, que na documentação existente a seu respeito é denominada "sala dourada", estava situada no segundo andar, possuía um oratório e é muito provável que estivesse fechada por uma cobertura mudéjar.
No entanto, de tudo isto apenas sobreviveu um claustro quadrado de dois andares com arcarias de tijolo. As galerias do primeiro andar estão formadas por três arcos ultrapassados enquadrados por *alfiz* e apoiados sobre pilares octogonais, e as do segundo, por quatro arcos de meio-ponto rebaixados, igualmente com *alfiz*.

X.2.c **Casa Prioral**

Acesso desde a Plaza de España, através da rua Zapatería.
Horário: das 10 às 14 e das 17 às 20, de segunda à sexta.

Esta edificação foi construída em duas etapas diferentes. A primeira grande intervenção efectuou-se em finais do século XV, no priorado de García Ramírez, pois as casas estavam em mau estado e eram pouco apropriadas para a sua função. A fachada é da mesma época, um pouco retraída em relação à rua, com uma porta em arco sobre a qual há um escudo do priorado de San Marcos de León.
Esta porta dá passagem a um beco que leva até à zona principal do palácio, distribuída em redor de um pátio que, no início, apenas contava com uma galeria de arcos na parte oriental. Esta galeria é uma construção mudéjar formada por dois andares de arcarias com uma combinação que, posteriormente, foi muito repetida nas obras de ampliação realizadas em meados do século XVI.
Nos começos do século XVI, a casa converteu-se na primeira sede do Santo Ofício de Llerena, que a utilizou até meados do século, altura em que se converteu na residência do prior, após uma série de obras que lhe imprimiram o seu aspecto definitivo.
O aspecto mais destacado destas obras é a conclusão do pátio principal, ao qual foram acrescentadas as galerias laterais. Finalmente, configurou-se numa planta quadrada com dois corpos de arcarias em três dos seus lados. Os arcos do andar inferior são de meio-ponto ultrapassado, e os do andar superior são arcos escarções, em ambos os casos enquadrados por *alfiz* e apoiados sobre pilares octogonais com base e capitel. Antigamente, o pátio costumava

Casa Prioral, pátio, Llerena.

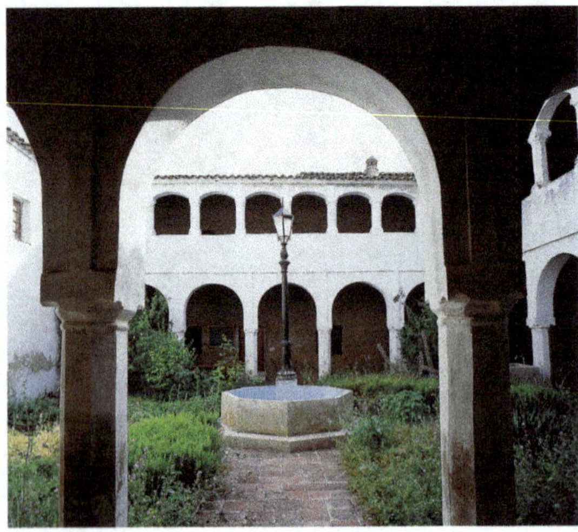

caiar-se e as galerias estavam cobertas por um tecto de madeira. À volta do pátio, há trinta estâncias, e nas traseiras havia uma horta e uma nora.

X.2.d **Casas da zona histórica**

Passear pela zona histórica (ruas Bodegones, Cristóbal Colón, Rodrigo de Osuna, San José, Cristo de Palma, Sánchez Prieto, praceta de la Fuente,...). Actualmente, o edifício da Câmara Municipal está a desenvolver um plano de restauro das fachadas mudéjares.

Llerena conserva interessantes vestígios das casas domésticas mudéjares. Este facto converteu-a num dos melhores conjuntos estremenhos do género, apesar das numerosas obras de recuperação que se levaram a cabo ao longo de séculos nestas casas.
Se passearmos pelas ruas da zona histórica medieval, encontramos fachadas equilibradas e brancas de dois andares, com janelas geminadas no corpo alto. Estas janelas estão formadas por arcos em ferradura polilobados ou em ferradura apontados, enquadrados por *alfiz*. O rectângulo da fachada está definido por linhas de impostas e, no remate, suportando o beiral, há modilhões islâmicos polilobados ou de perfil em nacela. As casas estavam animadas também por esgrafiados e por pinturas murais, dos quais ainda restam amostras, embora quase completamente apagados.
É possível contemplar estes vestígios passeando pelas ruas Cristóbal Colón, Rodrigo de Osuna, San José, Cristo de Palma, Sánchez Prieto, Bodegones ou na praceta de la Fuente. É recomendável parar na Praça Mayor, com os seus rítmicos soportais formados por galerias mudéjares documentadas ao longo do século XVI.

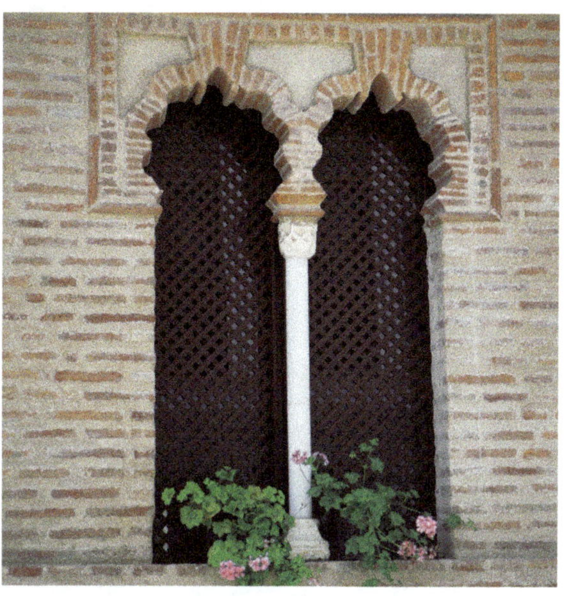

Casas da zona histórica, janela geminada na rua Corredera, nº 10, Llerena.

A dehesa *estremenha*

A dehesa *é um tipo de exploração agro-pecuária em latifúndio, fonte de bio-diversidade e de qualidade ambiental. Os terrenos da região, demasiado pobres para a agricultura, utilizam-se como pasto para a pecuária de tipo extensivo. As azinheiras e os sobreiros, plantados com bastante espaço entre eles para que se desenvolvam à vontade, produzem a sombra que permite a conservação dos pastos durante o estio e a bolota que alimenta os rebanhos. Desta maneira, obtém-se um equilíbrio produtivo e em sintonia com o meio ambiente, que dá lugar a um tipo de paisagem muito especial.*

CIRCUITO X

Mecenato nobiliário e monástico

María Pilar Mogollón Cano-Cortés

Segundo dia

X.3 ZAFRA

X.3.a Alcáçar
X.3.b Convento de Santa Clara
X.3.c Convento de Santa Catalina
X.3.d Praça Chica
X.3.e Hospital de San Miguel (opção)

X.4 CALERA DE LEÓN

X.4.a Mosteiro de Santa María de Tentudía

As ordens militares

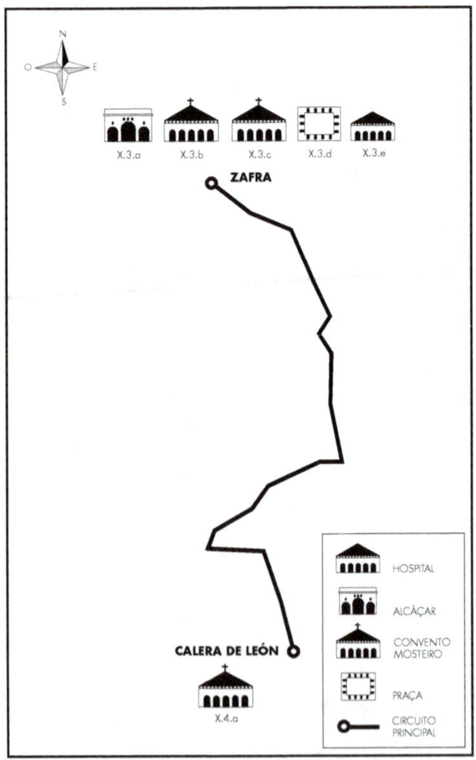

X.3 ZAFRA

Situada num vasto vale a Sul do distrito de Badajoz, Zafra é uma aldeia que conserva vestígios interessantes do mecenato da casa de Feria. Por essa razão, em 1965 foi declarada conjunto de interesse histórico-artístico.
Pensa-se que foi fundada na época da ocupação islâmica, pois gozava de uma situação estratégica privilegiada, localizada perto de três caminhos, e que foi reconquistada definitivamente por D. Fernando III, em 1241. A partir desta data, passou por um grande desenvolvimento comercial e artesanal. Passou a ser propriedade de vários nobres, até que, em 1394, foi entregue, tal como outras aldeias da região, a Lorenzo Suárez de Figueroa, que foi para lá viver. A família Suárez de Figueroa dominou o destino da cidade, primeiro como parte do seu senhorio, e, mais tarde, como parte do condado e ducado de Feria. Ao converter-se no centro de um grande feudo, Zafra foi favorecida pela construção de importantes edificações, tais como o alcáçar, a muralha, vários conventos, hospitais e outras obras públicas, boa parte delas mudéjares. No século XVII, o ducado de Feria uniu-se ao marquesado de Priego, e, no século XVIII, ao ducado de Medinaceli.

X.3.a **Alcáçar**

Pousada Nacional. Combinar previamente a visita com o Posto de Turismo. Telef.: 924 55 10 36.
Os acessos à Capela, actual sala de reuniões, e à Sala Dorada, que é um quarto, depende de estarem ou não ocupadas. O torreão, recentemente restaurado, pode ser visitado, e, no café, há um interessante tecto artesoado.

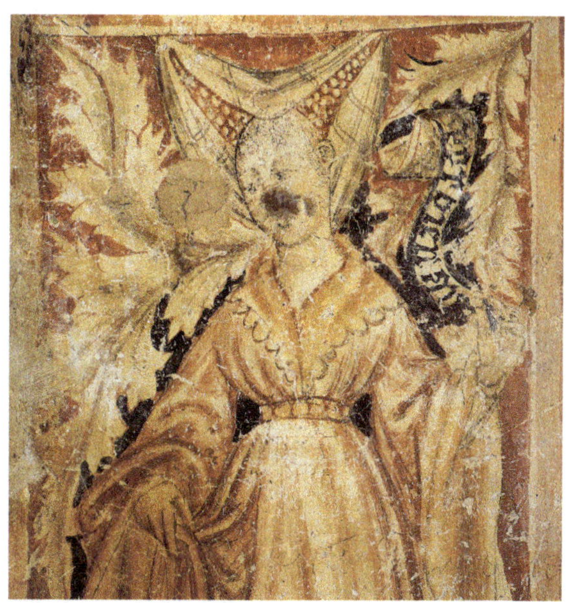

Alcáçar, pinturas murais da torre de menagem, Zafra.

No extremo Sudeste do antigo espaço urbano amuralhado, encontra-se o alcáçar, onde residiam os duques de Feria.
A construção, uma edificação castrense, foi realizada, de acordo com duas inscrições existentes na mesma, na época de Lorenzo Suárez de Figueroa, conselheiro do rei e mordomo-mor da rainha. A inscrição situada por cima da porta da entrada do alcáçar refere-se à data do início da sua construção, 1437, e a da torre de menagem, à data da conclusão da obra, em 1443.
O edifício sofreu importantes reformas no século XVI, com especial destaque para a construção de um pátio de mármore branco de linhas clássicas. Respeitaram-se

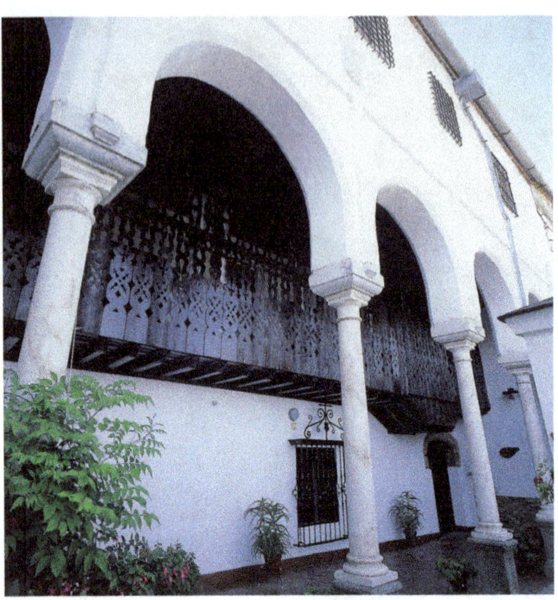

Convento de Nuestra Señora del Valle, galeria e ajimez do pátio da portaria, Zafra.

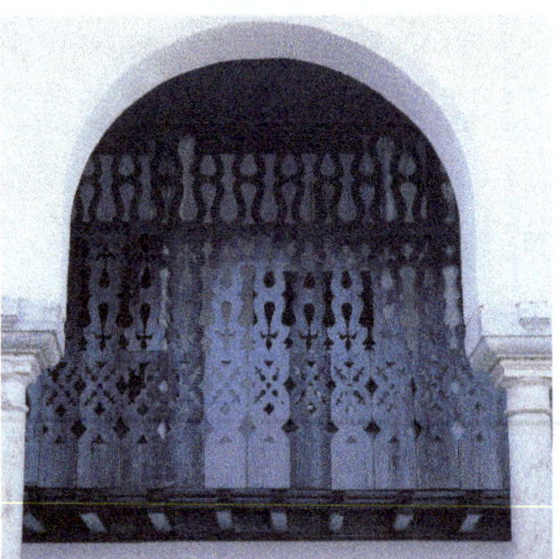

Convento de Nuestra Señora del Valle, pormenor da galeria e ajimez no pátio da portaria, Zafra.

algumas estâncias do antigo edifício, como o presbitério da capela, no andar superior, e as pinturas murais que decoravam a torre de menagem cilíndrica.
No interior desta torre conserva-se um lambrim policromo com temas figurativos, vegetais, heráldicos e geométricos, com várias laçarias que fazem lembrar os azulejos mudéjares. A cobertura da capela, presentemente uma sala de reuniões, é uma interessante obra na qual predomina a decoração gótica flamejante e uma estrutura de tradição islâmica. Trata-se de uma cúpula de madeira apoiada sobre uma base octogonal formada por oito águas quebradas a meio e coroadas por uma pinha de *estalactites*. Toda a composição está coberta por um delicado trabalho vegetal dourado que contrasta com o azul do fundo, semelhante a uma deslumbrante abóbada celeste.
A chamada Sala Dorada é uma câmara que conserva uma cobertura de madeira mudéjar. Trata-se de um *artesoado* no qual sobressai uma composição geométrica à base de estrelas de oito pontas, no meio das quais há caixotões com belos florões dourados. Possui uma rica policromia com decoração vegetal e escudos heráldicos alusivos à casa de Feria.

X.3.b **Convento de Santa Clara**

Na praça Corazón de María, entrar na rua Sevilla. Convento de clausura da Ordem de Santa Clara, antigo Mosteiro de Santa María del Valle. É possível visitar a igreja.
Horário das missas: das 17 às 19; no Verão, das 18 às 20.

O templo do Mosteiro de Santa Clara foi concebido como panteão funerário da casa de Feria. Até ao século XVIII, as urnas de mármore dos primeiros senhores de Feria, Gómez Suárez de Figueroa e Elvira Laso de Mendoza, encontravam-se no presbitério, tendo sido transferidas mais tarde para um dos lados. No coro das freiras repousam os restos de outros membros da família, como García Laso, falecido na guerra de Baza em meados do século XV.

De acordo com uma inscrição feita na porta da clausura, as obras começaram em 1428. Dois anos depois, o bispo de Badajoz tomou posse do mosteiro, que ainda não estava terminado.
A obra original foi reformada muitas vezes. As obras mais importantes foram as que se realizaram durante o século XVII. No entanto, ainda hoje é possível contemplar o presbitério primitivo, uma construção mudéjar que repete os modelos das *qubbas* islâmicas que tanta projecção tiveram nas capelas funerárias mudéjares. A cabeceira apresenta forma de cubo tapado por uma cúpula de dezasseis panos apoiados sobre duas linhas de *trompas*, a inferior com arestas e a superior com pequenas *trompas* triangulares.
Há ainda outros trabalhos mudéjares, como é o caso do primeiro pátio de clausura, situado por detrás da portaria, que possui num dos lados uma elegante galeria formada por cinco arcos de meio-ponto ultrapassados e enquadrados em *alfiz*, apoiados sobre colunas clássicas de mármore realizadas tardiamente, nos últimos anos do século XVI. Nesta galeria encontra-se o único *ajimez* que sobreviveu até aos nossos dias na Estremadura.

X.3.c Convento de Santa Catalina

Na rua Sevilla, virar à esquerda, na rua Fuente Grande, e continuar até à rua Santa Catalina. Convento da Ordem Dominicana, encontra-se actualmente desocupado. Combinar previamente a visita com o Posto de Turismo.

Pensa-se que este edifício foi mandado construir por Inês de Santa Paula, em 1500.

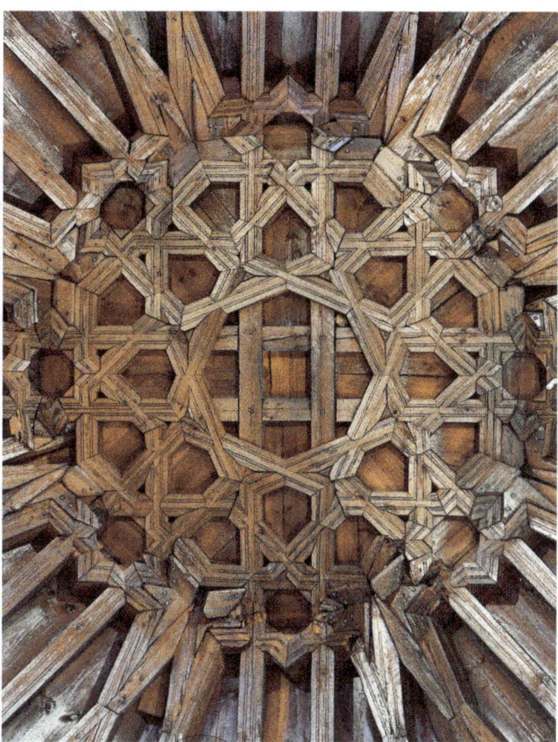

Convento de Santa Catalina, pormenor da cobertura oitavada da Capela do presbitério, Zafra.

A beleza da sua sóbria fachada, rematada por uma espadana do século XVII, dá uma ideia do rigor da parte de dentro do templo conventual, formado por uma só nave limitada por uma severa caixa de muros coberta com um *madeiramento de par y nudillo*, com pares de tirantes unidos por laçarias. A cobertura do presbitério é mais rica, com a sua forma oitavada de águas unidas por *limas moamares* percorridas por duas faixas de *frechais* em forma de estrelas de oito e aspas. O *almizate* apresenta um sistema de laço bastante complexo à base de uma dupla malha quadrada sobreposta com laços de oito. A madeira conserva o seu tom natural.

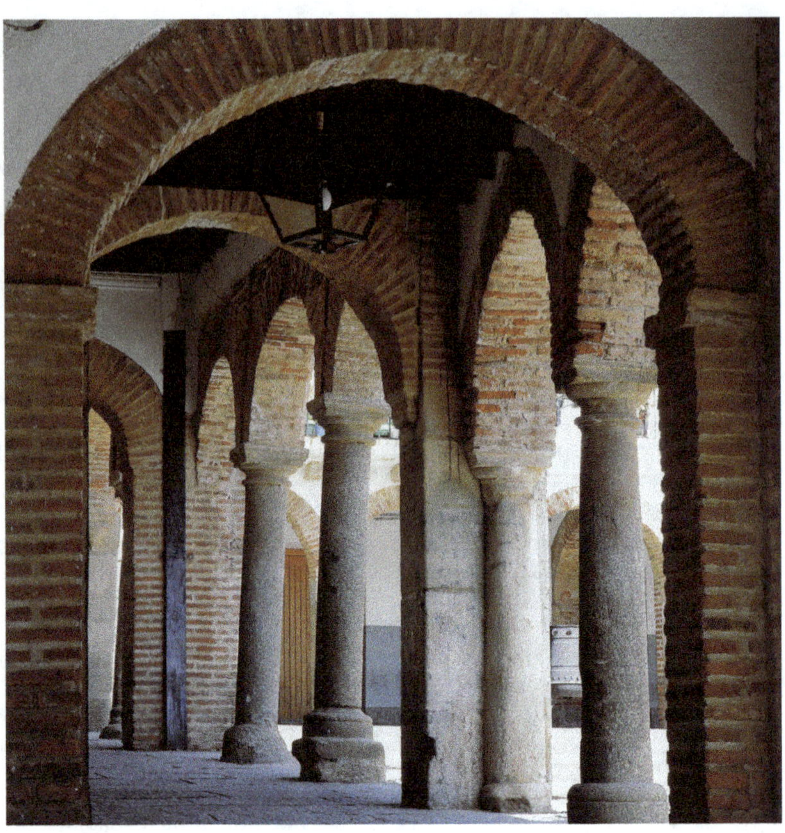

Praça Chica, soportais, Zafra.

X.3.d **Praça Chica**

Subir pela rua Santa Catalina até à Praça Grande, e virar à esquerda.

Desde a época árabe, a cidade manteve sempre uma fervilhante vida comercial, desenvolvida sobretudo na Praça Chica. Testemunho centenário dessa actividade é a vara de medir gravada no chamado "Arquillo del Pan".

Esta praça era o centro da cidade, e nela foi instalada, em 1430, a Casa Consistorial. Rodeada de soportais realizados em arcos de tijolo de meio-ponto rebaixados, apoiados sobre pilares ou colunas graníticas com capitéis variados. Nalguns tramos das galerias os vãos estão enquadrados de maneiras diferentes, alguns com *alfiz* ou com rectângulos, à boa maneira muçulmana. Na opinião de José Ramón Mélida, as fachadas de um ou de dois andares projectadas sobre as galerias estavam decoradas com azulejos parecidos com os de uma janela da vizinha rua Pedro de Valencia. No entanto, apenas algumas fachadas conservam elementos de tradição islâmica.

As principais ruas que partiam das oito portas da muralha confluíam nesta praça. Através do "Arquillo del Pan y de la Esperanza", acedia-se ao espaço presidido pela Igreja Paroquial da Candelaria. Quando esta última foi demolida, no século XVI, devido ao seu avançado estado de degradação, construiu-se, no mesmo lugar, a chamada Praça Grande. Embora de época mais tardia, esta praça mantém vivos os elementos compositivos mudéjares da Praça Chica.

X.3.e **Hospital de San Miguel** (opção)

Por detrás do edifício da Câmara Municipal, na esquina da rua San José e da Ronda de la Maestranza, encontra-se o abandonado Hospital de San Miguel, que pode ser visitado graças à iniciativa da Câmara e do Plano de Dinamização de Zafra.
Combinar previamente a visita com o Posto de Turismo.

Foi fundado por Constancia Osorio, conforme consta no seu testamento de 1480. Apesar de o edifício estar em mau estado desde princípios do século passado, é possível apreciar como a capela dedicada à Madalena segue a tipologia das *qubbas* islâmicas descrita no Convento de Santa María del Valle, e as arcadas de tijolo mudéjares da capela e da sala dos doentes.

X.4 CALERA DE LEÓN

Este município, situado a Sul do distrito de Badajoz, na fronteira com Huelva, encontra-se numa zona montanhosa de grande beleza paisagística na qual predomina a floresta mediterrânica, com os seus sobreiros e azinheiras. A poucos quilómetros, na Serra Morena estremenha e coroando o ponto mais alto do distrito de Badajoz, no monte de Tentudía (1.104 m), venera-se a padroeira da localidade.

X.4.a **Mosteiro de Santa María de Tentudía**

Na N-630, em direcção a Sevilha, recomendamos seguir pelo desvio existente no quilómetro 716. Trata-se de um caminho de terra batida que passa por uma bela paisagem de dehesa. *A 9 km desde a aldeia, desde o alto do monte mais elevado, a paisagem é espectacular.*
Horário: das 10:15 às 17:15; de quinze em quinze dias, pode ser visitada aos domingos. Se o Mosteiro estiver fechado, contactar a Câmara Municipal. Telef.: 924 58 41 01.

Dizem as crónicas que este Mosteiro foi fundado em meados do século XIII, após um milagre acontecido

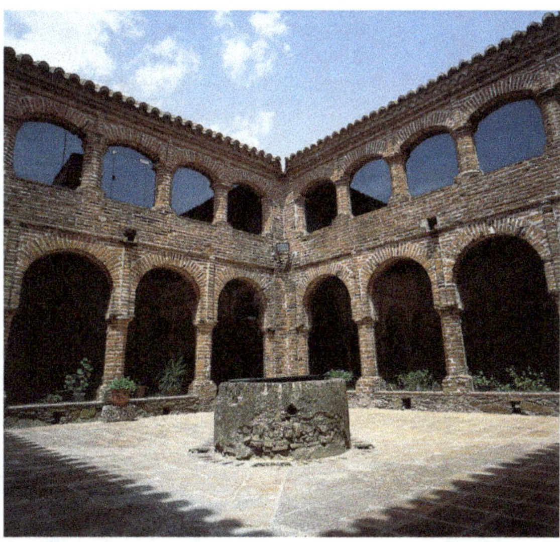

Mosteiro de Santa María de Tentudía, Claustro, Calera de León.

numa época em que a zona era o palco de lutas entre muçulmanos e cristãos. Segundo a tradição, o mestre da ordem de Santiago, Pelay Pérez Correa, logrou uma importante vitória sobre as tropas islâmicas devido à intervenção da Virgem Maria, que deteve o crepúsculo do Sol para prolongar a batalha, cujo resultado pendia a favor dos cristãos, e impedir que os muçulmanos aproveitassem a escuridão da noite para escapar. Em memória deste episódio, o mestre mandou construir uma ermida dedicada à Virgem.

O Mosteiro de Tentudía ou de Tudía, declarado monumento nacional, foi em tempos vicariato da Ordem militar de Santiago, pertencente ao provisorado de Llerena.

Trata-se de um conjunto muito sóbrio na parte de fora, com vãos escassos e simples e muros de alvenaria, fiadas de tijolos em algumas zonas e silhares irregulares de granito nas esquinas. O aspecto que oferece pelo seu lado oriental é o de uma fortaleza, devido ao remate com ameias, provavelmente realizado na altura em que se construíram as capelas laterais. Estas igrejas-fortaleza são relativamente frequentes no distrito de Badajoz e bastan-te comuns nos territórios da Ordem de Santiago.

O conjunto é uma obra mudéjar formada por uma igreja com duas capelas funerárias em ambos os lados do presbitério, um claustro abobadado no lado meridional do templo e uns aposentos na parte oriental, com um corredor e uma entrada independente.

O templo é a parte mais antiga do Mosteiro, apesar de ter sido modificado no século XVII. A caixa dos muros responde a uma edificação anterior, do século XIV, que foi substituída nos começos do século XVI, e a nave foi remodelada no século seguinte. O templo original contava com três naves separadas por arcos de tijolo e cobertura de madeira, até que uma reforma barroca converteu as três naves numa só.

O presbitério é oitavado no interior e coberto com abóbada de cruzaria estrelada. Possui um sepulcro bastante simples no qual jaze o mestre Pelay Pérez Correa, uma das personalidades mais destacadas da Ordem e da Reconquista da região. O sepulcro limita-se a uma urna elevada e colada ao muro, revestida por azulejos sevilhanos. A peça mais interessante do templo é o retábulo cerâmico encomendado a Francisco Niculoso Pisano, em 1518.

Em ambos os lados da capela-mor encontram-se duas capelas funerárias de planta quadrada, cobertas por umas interessantes cúpulas de clara tradição islâmica. As suas abóbadas de dezasseis panos apoiados sobre duas linhas de pequenas *trompas* com arestas foram realizadas nos finais do século XIV ou durante os primeiros anos do século seguinte. Os retábulos, as grades e as mesas dos altares das capelas laterais estão decoradas com azulejos pintados da segunda metade do século XVI, e Hernández Díaz atribui a sua autoria a Alonso García.

Na Capela de los Maestres conservam-se os sepulcros de dois mestres da Ordem do século XIV, Gonzalo Mexías e Fernando Ozores. Sob um arcossólio, jaze o camareiro de Enrique II, García Hernández. No centro da abóbada há uma grande cruz da Ordem, a única pintura que resta dos frescos que decoravam a capela.

A capela de Juan Zapata, comendador de Medina de la Torre, mantém uma

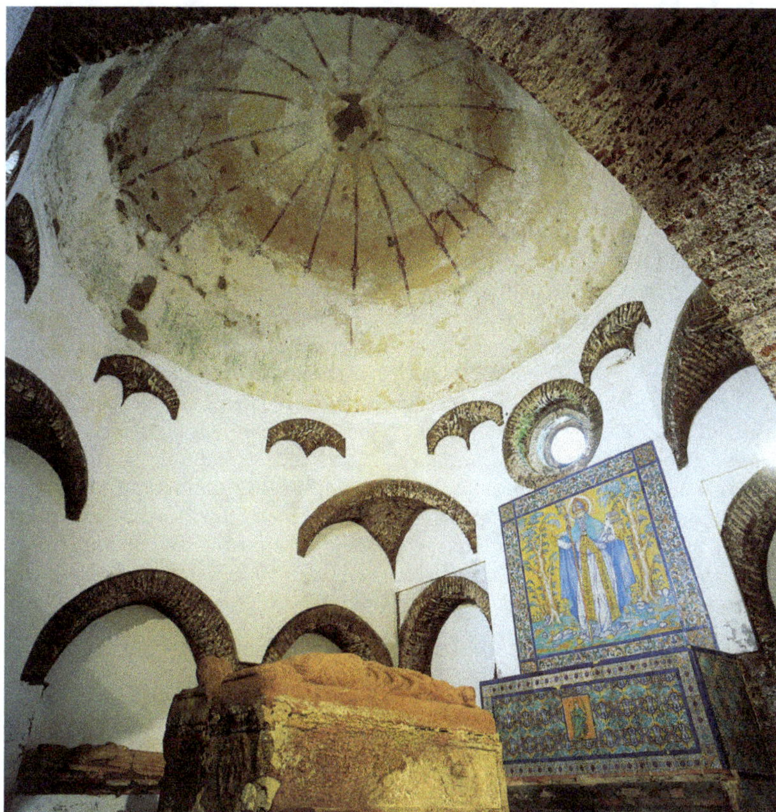

Mosteiro de Santa María de Tentudía, capela de los Maestres, Calera de León.

composição de laço mudéjar semelhante às coberturas de madeira.
No lado meridional do templo há um claustro mudéjar que foi realizado na primeira década do século XVI. Trata-se de uma obra de grande simplicidade, de proporções quadradas e de pequenas dimensões, formada por dois corpos de galerias em cada um dos quatro lados, cobertos por um *alfarge* de madeira simples. Os arcos do corpo inferior são de meio-ponto ultrapassado, apoiado sobre pilares octogonais. Os do corpo inferior são arcos escarções apoiados sobre o mesmo tipo de suporte, e em todos os casos estão enquadrados por *alfiz*. O modelo é comum a outros pátios da Baixa Estremadura dos últimos anos do século XV e do século XVI, de evidente influência andaluza. Em seu redor foram construídas várias dependências, tais como a cozinha, os quartos e o refeitório.
Em 1511, no lado oriental do claustro, foi construída uma hospedaria com uns aposentos para os cavaleiros da Ordem devotos da Virgem, e uma galeria parecida com as do claustro.

Parque Natural da Serra de Aracena e Picos de Aroche
Na N-630, em direcção a Sevilha, encontra-se o Parque Natural da Serra de Aracena e Picos de Aroche, com uma extensão de 184.000 hectares. Faz parte da zona ocidental da Serra Morena.
O efeito orográfico produzido pela disposição do relevo favorece as precipitações, dando lugar a umas condições climatéricas idóneas para as comunidades de espécies frondosas, entre as quais destacam o castanheiro, com uma extensão superior aos 4.000 hectares. A vegetação está formada especialmente por sobreiros, azinheiras, salgueiros amieiros e freixos nas zonas mais húmidas.

Apesar da intervenção humana na serra, a bio-diversidade do parque é extraordinária. Ainda é possível observar o lince ibérico e javalis, ginetas, gardunhas ou cervos. Quanto às aves, destaca a presença da cegonha preta, da águia real e do abutre preto.
A economia da zona baseia-se no aproveitamento agrícola e pecuário. As actividades mais importantes da região são a produção de cortiça de sobreiro e de presunto de grande qualidade.
Desde a Estremadura, é possível seguir para Portugal, para visitar a Exposição MSF ***Terras da Moura Encantada. Arte islâmica em Portugal****, ou continuar rumo ao Sul, atravessando a Serra Morena, até à região dos circuitos sevilhanos.*

AS ORDENS MILITARES

María Pilar Mogollón Cano-Cortés

As Ordens militares surgiram na Europa medieval por causa das Cruzadas à Terra Santa. A sua missão foi proteger os Lugares Santos e assegurar a chegada dos peregrinos aos mesmos. Foi assim que nasceram, nos começos do século XII, as Ordens do Templo e a dos Cavaleiros do Hospital ou de São João, em Jerusalém. Em 1123, o Concílio de Latrão declarou a Península terra de Cruzada. Este facto fez com que nascessem as novas Ordens militares, que colaboraram com os monarcas cristãos na reconquista, defesa e repovoação dos territórios recentemente tomados aos muçulmanos. Entre as várias Ordens criadas na Península, foram especialmente importantes as de Calatrava, de Santiago e de Alcântara. Estas duas últimas nasceram no território estremenho, no século XII.

As Ordens militares eram Ordens religiosas cujos membros faziam votos de pobreza, de castidade e de obediência, e se submetiam a regras monásticas. Eram governadas por mestres, personagens de grande importância social e económica, eleitos no capítulo geral da Ordem. Os seus territórios estavam divididos em comendas, cada qual com as suas correspondentes fortalezas, aldeias e vilas. À frente destas governavam os comendadores, que tinham a obrigação de passar algum tempo nos territórios que dominavam e que lhes rendiam copiosos lucros.

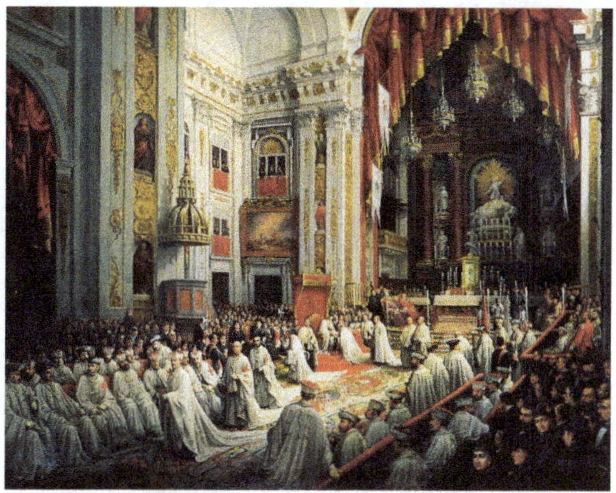

Reunião das Ordenes Militares, quadro de J. Sigüenza y Chavarrieta, (Propriedade: Património Histórico-Artístico do Senado).

No plano eclesiástico, a máxima hierarquia era ostentada pelo prior da ordem, que recebia o título de abade do mosteiro matriz —um priorado— e de prelado de uma diocese exempta. Em 1873, Pio IX suprimiu a jurisdição eclesiástica das Ordens militares, que passaram a depender das respectivas dioceses.

A sua principal missão era lutar para que a estabilidade reinasse nos territórios cristãos. Esta actividade militar foi recompensada pelos monarcas com a entrega de vastos territórios, castelos, vilas e aldeias inteiras. Graças a este imenso património, as Ordens depressa se converteram numa potência económica poderosíssima. Após a conquista de Granada, os Reis Católicos incorporaram à Coroa estes domínios.

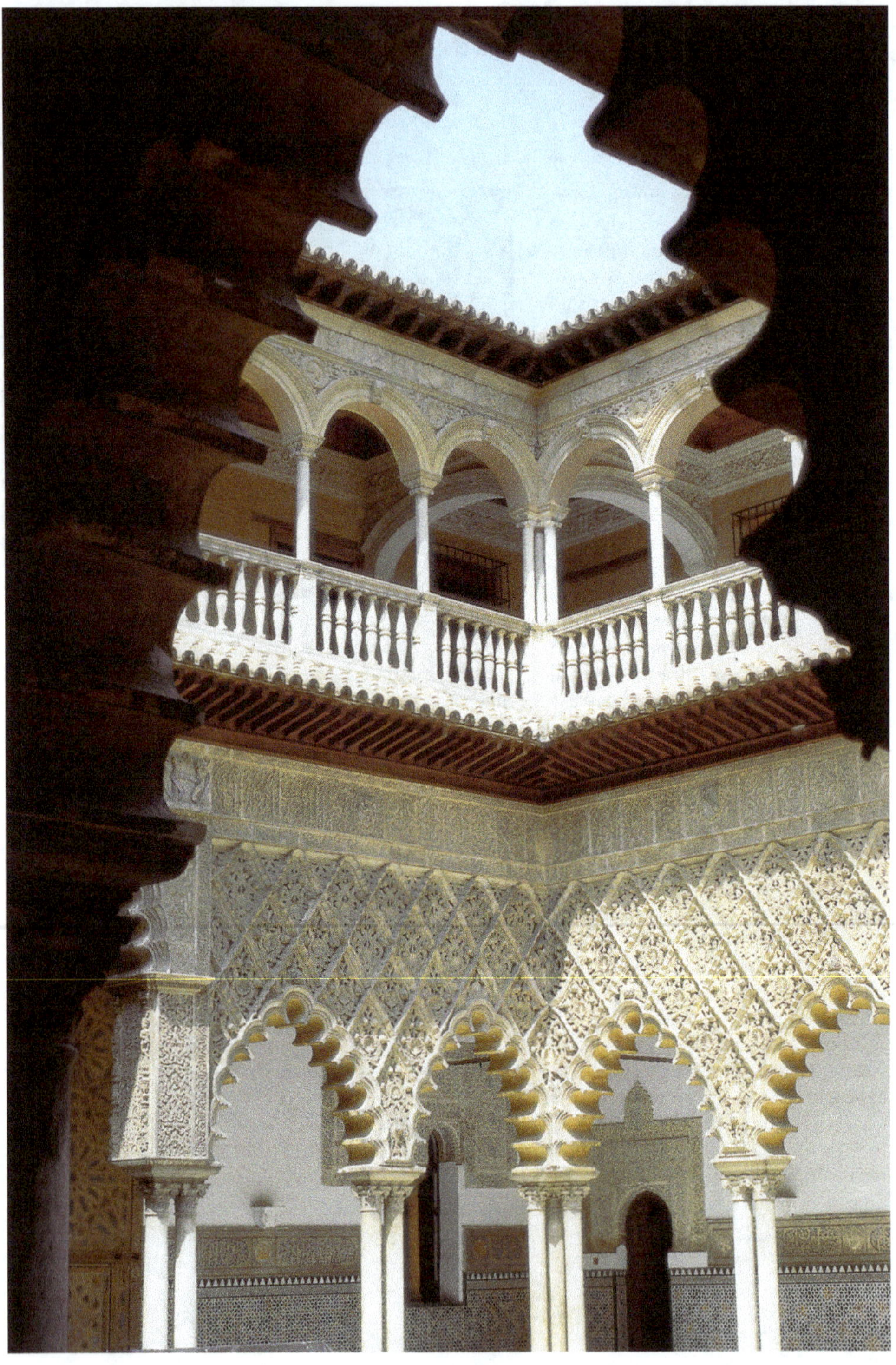

CIRCUITO XI

Templos e palácios sevilhanos

Alfredo J. Morales, Alfonso Pleguezuelo

Este circuito forma parte do programa **"Uma entrada para o Mediterrâneo"** co-financiado pela União Europeia no âmbito da Acção Piloto Espanha-Portugal-Morrocos. Art. 10 FEDER.

XI.1 SEVILHA

- XI.1.a Igreja de Santa Marina
- XI.1.b Igreja de Omnium Sanctorum
- XI.1.c Igreja de San Marcos
- XI.1.d Igreja de Santa Catalina
- XI.1.e Casa de Pilatos
- XI.1.f Palácio dos Condes de Altamira
- XI.1.g Real Alcázar

Natura y arquitectura

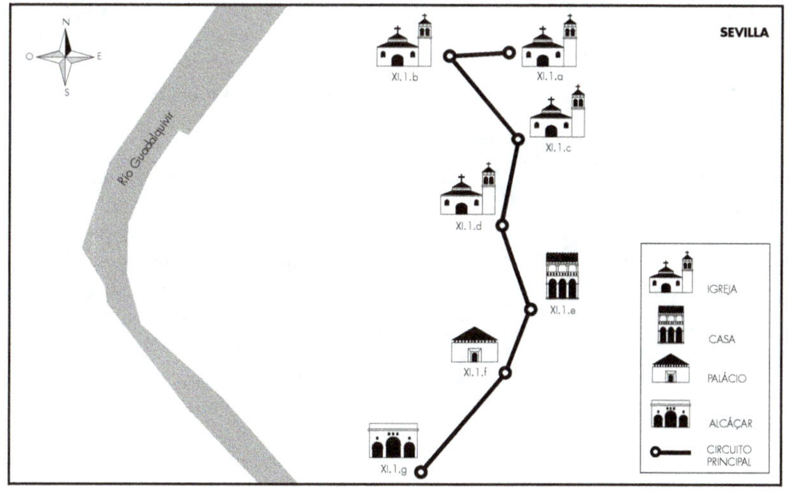

Real Alcázar, vista geral das arcadas do Pátio das Donzelas, Sevilha.

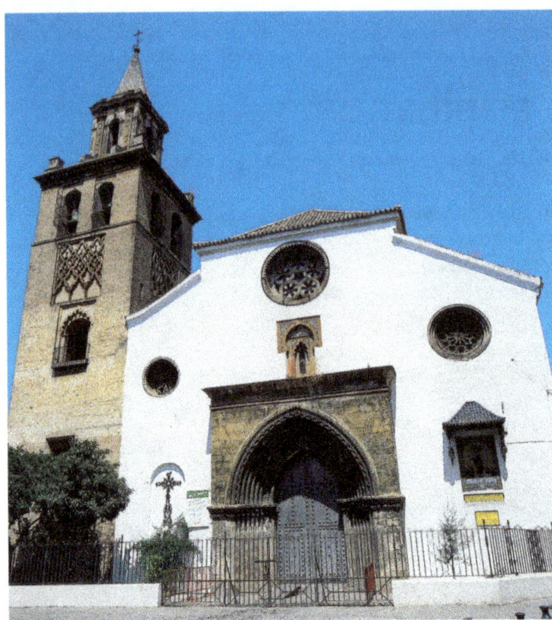

Igreja de Omnium Sanctorum, fachada e torre, Sevilha.

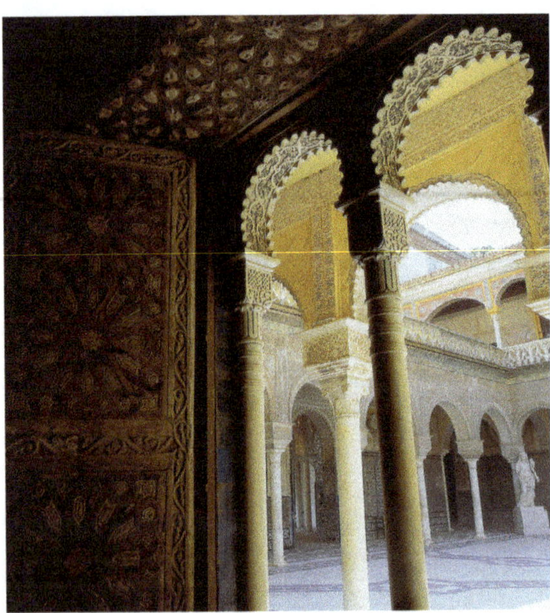

Casa Pilatos, vista do pátio, Sevilha.

Pouco tempo depois da conquista de Sevilha, em 1248, começou o processo de conversão das mesquitas em igrejas cristãs. Muitas destas fábricas muçulmanas, reparadas e actualizadas esteticamente em vários momentos, duraram até muito tarde. Enquanto se reciclavam estes edifícios muçulmanos, construíam-se novas igrejas, nas quais se adverte uma clara dependência em relação ao gótico cortesão, embora sem se chegar a ocultar a sobrevivência de certas técnicas construtivas e de certos esquemas compositivos claramente de origem islâmica. Partindo destas experiências e sob a influência, cada vez mais forte, da arte hispano-muçulmana, surgiu, durante o século XIV, o modelo de igreja mudéjar sevilhana. No tipo paroquial sevilhano entrelaçam-se de maneira harmoniosa, e compensando-se mutuamente, a herança muçulmana almóada e os postulados góticos. Esta síntese, plena de equilíbrio, alcançou um êxito considerável e perdurou durante muito tempo. O modelo não só se expandiu pelas terras do arcebispado hispalense e, em geral, por toda a Andaluzia ocidental, como também serviu de inspiração para as paróquias mudéjares de Málaga, e, ligeiramente evoluída, para as das Ilhas Canárias e as do Novo Mundo.

Os palácios muçulmanos converteram-se, igualmente, em casas senhoriais e em mosteiros. Esta silenciosa apropriação foi favorecida pelo escasso número de novos povoadores e pela necessidade de concentrar os investimentos económicos em tarefas mais prementes que a supérflua remodelação de umas residências que, muito provavelmente, se situavam acima do nível médio das condições de vida a que estava acostumada a classe guerreira castelhana. Isto implicava um grau de familiaridade com a arquitectura muçulmana que se traduziu na adopção de muitas das formas de vida e da cultura do povo politicamente vencido.

XI.1 SEVILHA

XI.1.a Igreja de Santa Marina

Rua de Santa Marina, nº 3. É aconselhável fazer o percurso a pé. Entrando pelo Arco da Macarena, aberto na muralha muçulmana, e pela rua de San Luis.
Horário: das 11 às 13 e das 18 às 20; aos sábados, das 11 às 13.

A Igreja Paroquial de Santa Marina possui uma planta rectangular com três naves separadas por oito pilares que suportam arcos apontados, além de uma abside poligonal dividida em três tramos desiguais, com contrafortes exteriores. As naves foram cobertas com modernas estruturas de madeira. A abside apresenta abóbadas nervadas. Três das janelas geminadas góticas iluminam este espaço. Do lado de fora, a cabeceira apresenta contrafortes de tijolo e uma cornija apoiada sobre modilhões de rolo.
A torre, de planta quadrada, foi construída em tijolo e apresenta, na base, reforços angulares de cantaria. A escada desenvolve-se em redor de um pilar central quadrado e foi coberta com abóbadas de vários tipos. Um andaime de ameias, acrescentado nas obras de restauro de 1885, coroa o campanário.

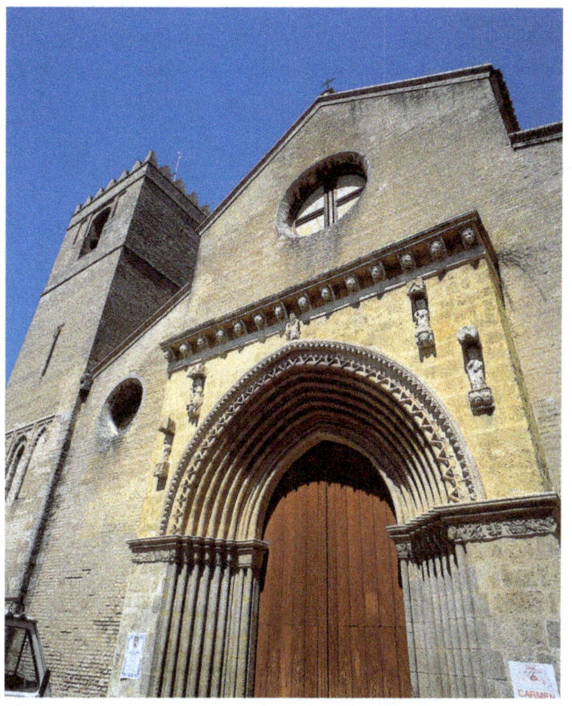

Igreja de Santa Marina, planta, Sevilha.

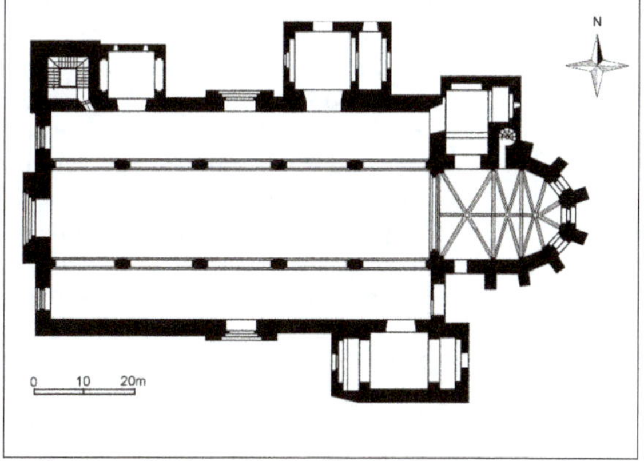

Igreja de Santa Marina, fachada e torre, Sevilha.

Igreja de Santa Marina, pormenor de laçaria dumadas capelas laterais, Sevilha.

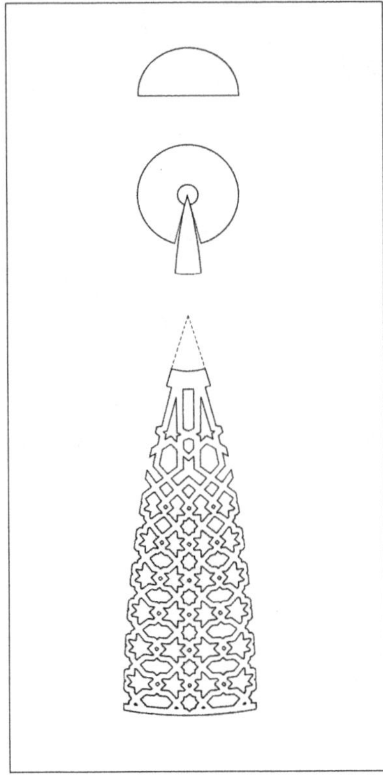

No hastial da igreja abrem-se três óculos de pedra que servem para iluminar as naves interiores. No entanto, o elemento mais destacado do muro Oeste é a portada, construída em cantaria. As jambas estão rematadas por capitéis figurativos com motivos vegetais, animais e humanos. Na altura dos capitéis, desenvolve-se um friso de temas geométricos e vegetais, além de duas cenas figurativas que alguns estudiosos interpretaram como correspondendo a episódios da vida de Santa Marina, de Santa Margarida, de Santa Catalina e de Santa Bárbara, cujas imagens aparecem sob dosséis à volta da porta. A cornija apoia-se numa série de cabeças de leões, entre as quais se distribuem arcos em ferradura. Todos os motivos em relevo caracterizam-se por um grande esquematismo e são muito toscos.

A igreja oferece, ainda, outra portada, situada na fachada Norte e que sobressai da linha do muro. Foi construída em tijolo e apresenta três arquivoltas apontadas sobre impostas de pedra. A sua ornamentação consiste numa orla de pontas de diamante. Sobre a portada há uma rosácea cuja rosca de pedra também foi decorada com o mesmo motivo. A traceria, de desenho modernista, corresponde a um dos restauros levados a cabo no templo. A portada aberta no muro meridional é semelhante a esta, mas sem decoração, e a sua rosácea ainda conserva a traceria original.

O interior acusa fortemente a separação entre o presbitério e o corpo de naves. Estas estão separadas por pilares rectangulares de tijolo, sobre os quais se erguem arcos apontados e duplos, que arrancam das impostas de pedra.

As capelas abertas situadas nas naves laterais são elementos fundamentais na configuração espacial do templo. Respondem todas ao modelo das *qubbas* muçulmanas. A mais simples é aquela que alberga, desde 1704, a imagem da Divina Pastora. Abre-se para a nave do evangelho e possui planta quadrada e um arcossólio na cabeceira. O espaço é coroado por uma abóbada de dezasseis panos apoiados sobre *trompas*. A Capela Sacramental possui um esquema semelhante, embora de proporções mais reduzidas, e tem uma passagem para o presbitério. O acesso à capela foi coberto por uma abóbada de tradição almóada, solução esta que se repete no arcossólio que faz as vezes de cabeceira. O âmbito central, de planta quadrada, oferece uma cúpula que recorda os gomos de uma laranja, apoiada sobre *trompas* apeadas em arcos de meio-ponto. Tanto o arco de acesso, como o do arcossólio, descansam sobre ábacos de pedra e capitéis românicos tardios ou visigóticos, dispostos sobre colunas de mármore branco. Durante o restauro efectuado na igreja em 1964, localizou-se, no subsolo desta capela, um túmulo triplo forrado com cerâmica vidrada de cor verde, branca e manganés. As peças correspondem a aspas e a estrelas de oito pontas, além de azulejos em relevo com motivos heráldicos que parecem corresponder aos da família Hinestrosa. Este facto leva a pensar que a capela servia de panteão fúnebre da mesma. Actualmente, estas peças de cerâmicas, realizadas na segunda metade do século XIII, fazem parte do frontal do altar da capela.

A Capela de la Piedad, que dá para a nave da epístola, de planta rectangular e abóbadas nos arcossólios dos lados menores, possui o espaço central coberto com uma abóbada de dezasseis panos apoiada sobre um sistema duplo de *trompas*. No arranque destas últimas há uns trabalhos em gesso que se devem ao restauro de 1885, realizados a partir de um fragmento que tinha logrado resistir ao tempo. O intradorso da abóbada está coberto por uma densa laçaria de tijolo na qual foram incrustadas peças de cerâmica vidrada. Por outro lado, *estalactites* de gesso pendem dos arranques das abóbadas dos arcossólios. Os trabalhos efectuados durante o ano das

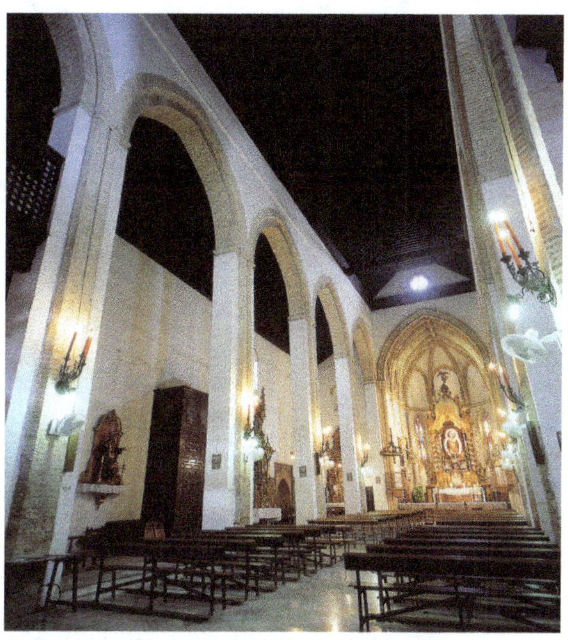

Igreja de Omnium Sanctorum, nave central, Sevilha.

obras de restauro anteriormente citada permitiram localizar fragmentos de um pavimento e o soco de azulejos com laçarias, além de uns pequenos azulejos com águias e castelos correspondentes às armas do infante D. Filipe, arcebispo de Sevilha entre 1249 e 1258. Esta descoberta permitiu estabelecer a data de construção da capela, situada em meados do século XIII, embora se saiba que foi redecorada por volta de 1415, altura em que nela foi sepultado o armador Juan Martínez.

XI.1.b **Igreja de Omnium Sanctorum**

Rua Peris Mecheta, nº 2. Ao sair da Igreja de Santa Marina, seguir sempre em frente, por uma ruela chamada Arrayán. Horário: das 10:30 às 12:30 e das 19 às 20; aos domingos, das 10:30 às 12.

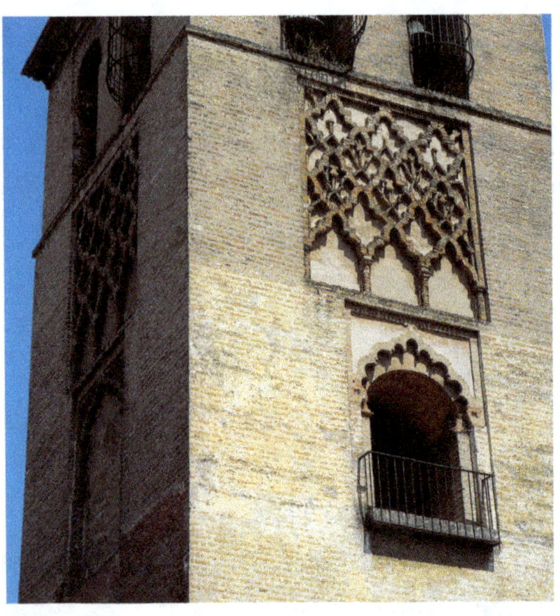

Igreja de Omnium Sanctorum, janela e painel com lavores de sebka na torre-campanário, Sevilha.

Este templo é tão parecido com as Igrejas de San Andrés e de San Esteban, que se chegou a pensar que eram todas obras de um mesmo autor. Tal hipótese é difícil de provar, pois há certos elementos e circunstâncias divergentes que dificultam a tarefa. Por outro lado, as relações e dependência em relação à Igreja de Santa Marina são tão evidentes, que alguns investigadores concluíram que a Igreja Paroquial de Omnium Sanctorum era uma consequência directa da mesma. Em relação ao processo de construção, há notícias de um importante donativo entregue pelo infante de Portugal, D. Dinis, durante a sua estadia em Sevilha, ocorrida na década de sessenta do século XIII. Finalmente, consta que foi alvo de importantes trabalhos de remodelação um século mais tarde, durante o reinado de D. Pedro I de Castela.

A igreja apresenta uma planta rectangular, com três naves de cinco tramos separadas por oito pilares que suportam arcos apontados, além de uma profunda cabeceira poligonal. A abside foi coberta por abóbadas nervadas e enlaçadas. No lado de fora, a cabeceira possui contrafortes de tijolo e uma cornija apeada em cachorradas e coroada por ameias. O acesso à cobertura da capela-mor é possível através de uma escada situada numa pequena torre quadrada pegada ao muro setentrional da abside. Este âmbito está iluminado por três janelas com o vão apontado e mainel. As naves estão cobertas por estruturas de madeira realizadas durante as obras de restauro de 1936.

A torre possui planta quadrada e foi construída em tijolo. O acesso à mesma faz-se através de uma escada em caracol situada lateralmente na parte oriental, pois o corpo inferior da torre está ocupado por uma capela. No lado de fora, os vãos do segundo andar são de meio-ponto, enquadrados por um arco polilobado com *alfiz*; em algumas *enjuntas*, ainda se conservam os *arabescos* decorativos. Por cima destes vãos há um enorme ábaco, que se repete em todos os lados da torre e onde se desenvolve uma *sebka* enriquecida por *arabescos* de tradição almóada e inspirados na Giralda. Na passagem para o campanário, que consta de duas aberturas em cada um dos lados, há uma moldura em lintel. A cornija assenta sobre umas mísulas estilizadas, e sobre ela construiu-se, em finais do século XVIII, um remate piramidal forrado com azulejos.

A portada principal do templo abre-se sobre a fachada poente e foi fabricada em cantaria, sobressaindo em relação à linha do muro. Apresenta jambas formadas por pequenas molduras redondas coroadas por capitéis figurativos. As suas arquivoltas são apontadas e foram decoradas com dentes de serra. Por cima da entrada, há uma janela realizada em tijolo fino e enriquecido com lavores em azulejo. Os vãos restantes são três óculos de pedra. Os correspondentes às naves laterais ainda conservam a traceria primitiva.

Nos muros Norte e Sul abrem-se duas portadas que repetem, de maneira geral, a organização do acesso principal, embora a do lado Sul possua uns nichos onde antigamente devia haver esculturas. As mísulas de suporte ainda se conservam, e apresentam a forma de leões e artísticos dosséis. As cabeças de leão e os motivos vegetais lavrados nos capitéis também sobreviveram até aos nossos dias. Dos conjuntos de janelas que iluminam o corpo das naves, destaca o do muro ocidental, situado ao pé da cabeceira, configurado por um arco em ferradura apontado, com as *enjuntas* decoradas com *arabescos*.

No interior do templo, destaca a pequena capela que ocupa o corpo baixo da torre. Mantém o esquema da *qubba* muçulmana, ou seja, planta quadrada e abóbada octogonal apoiada em *trompas*. O recinto foi concedido a Gonzalo Gómez de Cervantes, em 1416, como capela funerária para ele próprio e para os seus descendentes.

Após o incêndio de 1936, descobriram-se, nuns arcossólios muito antigos, fragmentos de trabalhos em gesso com *arabescos* e laçarias de estética mudéjar, realizados por volta de 1400.

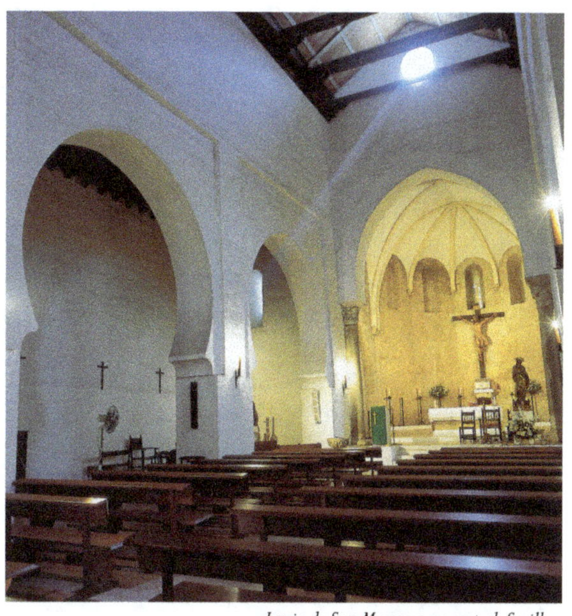

Igreja de San Marcos, nave central, Sevilha.

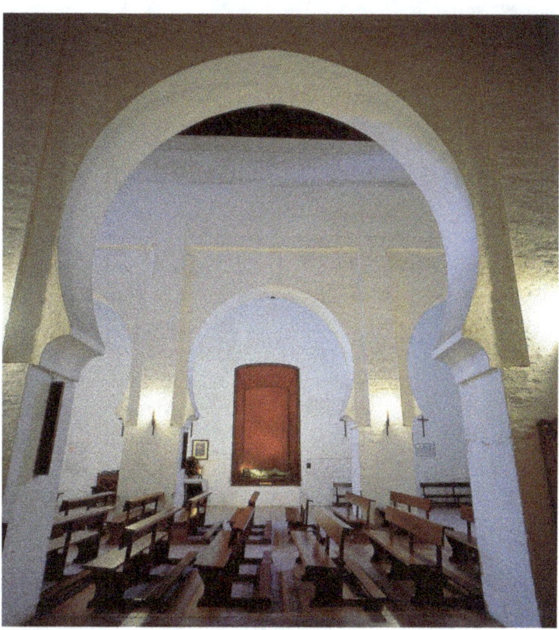

Igreja de San Marcos, pormenor de um arco, Sevilha.

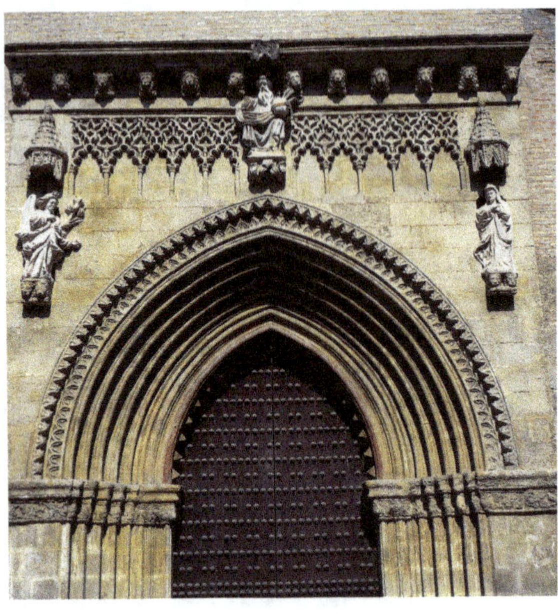

Igreja de San Marcos, pormenor da portada, Sevilha.

XI.1.c Igreja de San Marcos

Praça de San Marcos. Seguir pela rua Feria até à rua Castelar, à esquerda. Horário: das 17 às 20. Se a Igreja estiver fechada, combinar previamente a visita. Telef.: 954 21 14 21.

A peculiar síntese entre a herança muçulmana almóada e os postulados góticos que caracteriza o Mudéjar sevilhano da segunda metade do século XIV, encontra um dos seus expoentes máximos neste templo. Apesar de, na organização geral, não ser muito diferente do esquema dos demais templos mudéjares, San Marcos oferece-nos uma série de peculiaridades que fazem dela um caso único na cidade. De facto, o grau de islamismo de certas soluções construtivas levou a que fosse classificada, erroneamente, como sendo uma antiga mesquita.

A igreja apresenta três naves, sendo a central mais alta e mais larga que as dos lados, separadas por pilares rectangulares sobre os quais descansam arcos em ferradura enquadrados por *alfiz* de proporções almóadas. As naves estão cobertas por simples estruturas de construção moderna. A cabeceira, que é bastante mais baixa do que o corpo da igreja, consta de dois tramos, um rectangular e outro poligonal, ambos cobertos por abóbadas nervadas. O arco triunfal apontado e de estética gótica apoia-se em colunas e em capitéis romanos reutilizados.

O hastial manifesta por fora a estrutura basilical das naves. No centro, há uma portada muito chamativa, que sobressai do muro e possui uma disposição afunilada. Por cima dela, abriu-se um pequeno óculo cuja função é iluminar o interior. A portada, construída em cantaria, apresenta uma decoração de pontas de diamante, além de relevos figurativos e um friso com arcos polilobados apoiados sobre pequenas colunas e decorados com *sebka*, a modo de remate. Por cima deste, há uma fiada de cachorradas em forma de cabeças de leão, que servem para suportar a cornija. Nos três nichos com dosséis e pedestais em forma de cabeça de leão situados na portada há umas imagens de pedra do século XVIII, que substituíram as originais, em avançado estado de deterioração.

Um dos elementos mais singulares do templo é a torre, construída em tijolo e com os lados meridional e oriental perfeitamente rematados, facto que levantou a hipótese de ser uma obra exempta. Uma escada interior foi construída nos muros perimetrais, com vários tipos de abóbadas na cobertura dos tramos.

Igualmente peculiar é a configuração dos vãos, com arcos polilobados e lambrequins enquadrados por *alfiz* e decorados com *arabescos*. Um friso decorado com *sebka*, que arranca de arcos polilobados apoiados em pequenas colunas, remata os quatro lados, tudo claramente inspirado na Giralda. A torre mudéjar termina num beiral apoiado em mísulas, muitas delas em forma cabeça de leão, por cima do qual se construiu um parapeito. O campanário, do século XVIII, coroa a torre.

XI.1.d **Igreja de Santa Catalina**

Rua Almirante Apodaca, s/ nº. Acesso pela rua Bustos Travera.
Horário das missas: às 12:30 e às 19; aos domingos, às 10:30, às 12, às 13 e às 19.

Este templo deve ter sido construído na segunda metade do século XIV, por cima de uma antiga mesquita, pois o arranque da torre actual corresponde a uma obra islâmica dos séculos IX ou X. Trata-se de uma fábrica feita de silhares diatónicos, de planta quadrada no exterior. No interior, uma escada em caracol desenvolve-se à volta de um pilar cilíndrico. Por conseguinte, responde ao esquema dos chamados *minaretes* sevilhanos da época dos emires.

O novo templo mudéjar segue o esquema habitual neste tipo de construções: três naves separadas por quatro pilares de secção cruciforme e uma profunda cabeceira formada por dois tramos. Esta última está coberta por abóbadas nervadas, mas as naves apresentam estruturas de madeira em forma de *par y nudillo*, na do meio, e pendulares, nas laterais. Este *madeiramento* enriqueceu o seu *almizate* com uma decoração de laços e de pinhas de *estalactites*.

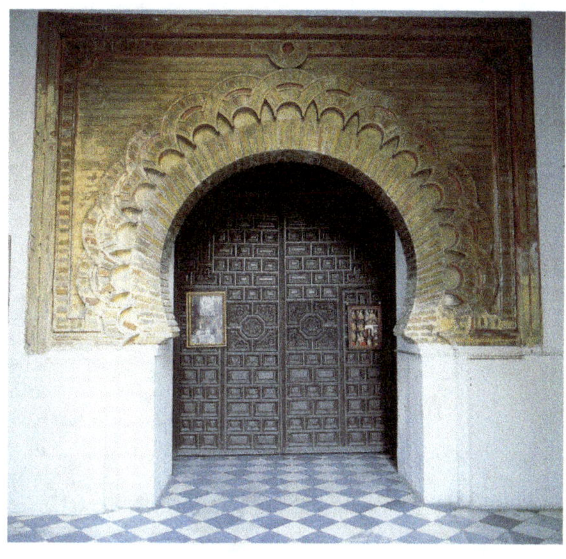

Igreja de Santa Catalina, portada interior, Sevilha.

O templo possui três acessos. O principal situa-se na entrada, e foi fabricado em tijolo e organizado em arcos polilobados entrelaçados e enquadrados por *alfiz*. Esta solução é uma excepção nos templos mudéjares sevilhanos, pois deriva de esquemas claramente almóadas seguidos por outros templos contemporâneos do Aljarafe. A portada aberta do muro setentrional deve ter seguido o mesmo esquema, como se pode deduzir pelos elementos ainda perceptíveis situados à volta do vão com dintel que ainda se conserva. A portada correspondente à nave meridional está formada por um arco simples apontado, fabricado em tijolo.

Actualmente, destes três acessos originais apenas é visível o último deles desde o exterior, pois os restantes ficaram escondidos por detrás de certas obras adossadas posteriormente ao templo. O mais importantes deles todos ficou tapado por um novo hastial, para onde, em 1930, foi transferida uma portada procedente da antiga Igreja de Santa Lucía. Esta nova fachada também tapou uns vãos cegos fabricados em tijolo e formados por arcos polilobados enquadrados por *alfiz*, presentemente apenas visíveis desde a tribuna do coro. A portada acrescentada foi realizada em cantaria, e tanto o seu esquema compositivo, como os seus motivos escultóricos, oferecem uma estreita relação com os que correspondem à portada da Igreja de Santa Marina, que chegou a ser considerada oriunda do mesmo atelier. Umas pequenas imagens de pedra, protegidas por dosséis, situam-se em ambos os lados da mesma, e, na chave, há uma imagem do Pai Eterno. A portada é rematada por cachorradas em forma de modilhões de rolo com uma banda central.

A construção mudéjar da torre assentou sobre os restos de um antigo *minarete*. Do lado de fora, apresenta arcos cegos polilobados inscritos em *alfiz* e uns panos em nicho que devem ter sido ocupados por motivos de *sebka*, em parte destruídos durante as obras de restauro de 1881. O campanário oferece, em cada um dos lados, um vão em ferradura apontado, enquadrado por *alfiz* e coroado por um andaime com merlões.

Os arcos existentes na fachada são semelhantes aos da fachada. Estes últimos, em forma de absides semicirculares, correspondem a uma dependência existente mesmo ao lado do muro setentrional. Apenas o primeiro delas pertence à construção original; o segundo data de começos do século XX. Um elemento mudéjar importante nesta igreja é a capela construída ao lado do muro meridional aproximadamente em 1400, e ocupada pela Irmandade da Exaltação. Trata-se de uma estrutura que, seguindo o modelo da *qubba*, possui planta quadrada, abóbada apoiada sobre *trompas* e decoração à base de laçarias com incrustações de peças de cerâmica vidrada.

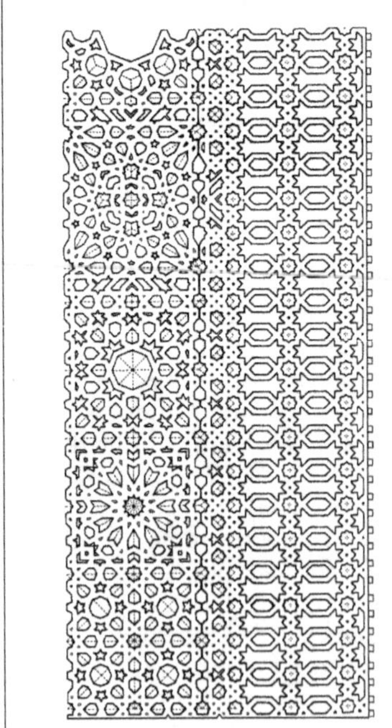

Igreja de Santa Catalina, desenho do madeiramento da nave central, Sevilha.

XI.1.e **Casa de Pilatos**

Situa-se na Praça de Pilatos, nº 1. Na rua Alhóndiga, continuar até à praça San Leandro. Prosseguir pela rua Caballerizas. A entrada é paga (excepto às terças-feiras, das 13 às 17).
Horário: andar inferior, as 9 às 19; visitas guiadas no andar de cima, das 10 às 14 e das 15 às 19.

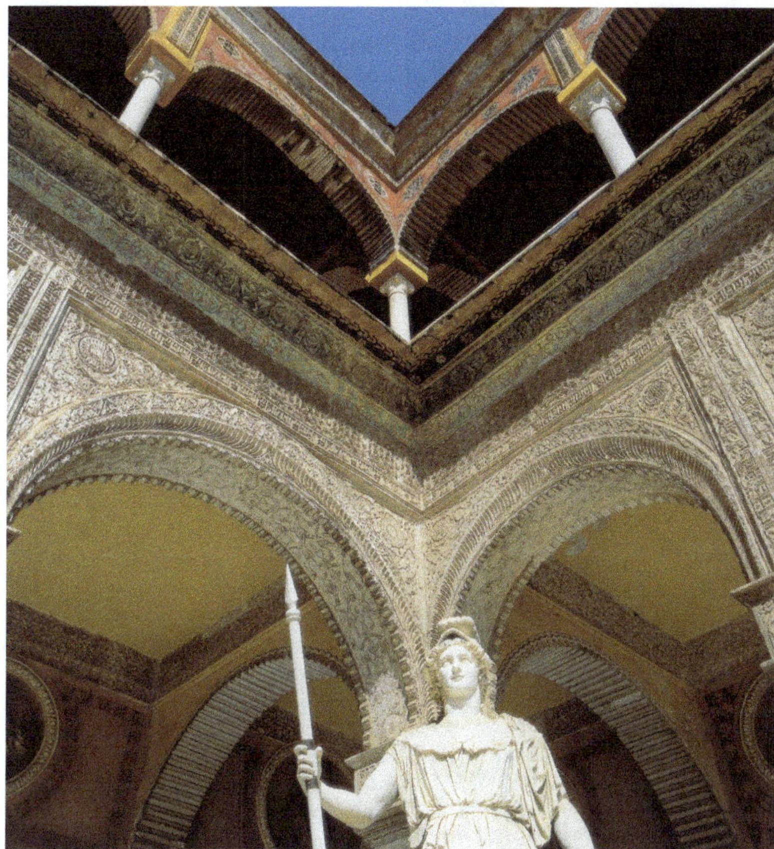

Casa de Pilatos, pormenor do pátio, Sevilha.

A Casa de Pilatos é um complexo conjunto arquitectónico iniciado em finais do século XV por iniciativa de Pedro Enríquez, um alto cargo da Andaluzia. O projecto foi continuado pela sua viuva, Catalina de Ribera, pelo filho de ambos, o marquês de Tarifa, e terminado em começos do século XVII pelo duque de Alcalá.

À primeira vista, a organização da Casa de Pilatos pode parecer desordenada, mas o visitante é surpreendido constantemente por deliciosas sensações de luz, cor, som, cheiro e vistas inesperadas. Arquitectura e natureza entrelaçam-se neste edifício, formando um conjunto muito parecido, no fundo, com outras residências medievais. No entanto, certas formas da ornamentação conferem-lhe um ar "romano" que, em muitos aspectos, faz lembrar mais as casas imperiais da vizinha cidade de Itálica, do que os supostos modelos renascentistas italianos citados por vezes como seu modelo. A fonte situada no centro é, agora, o eixo vertical de todo o espaço do pátio, em vez das

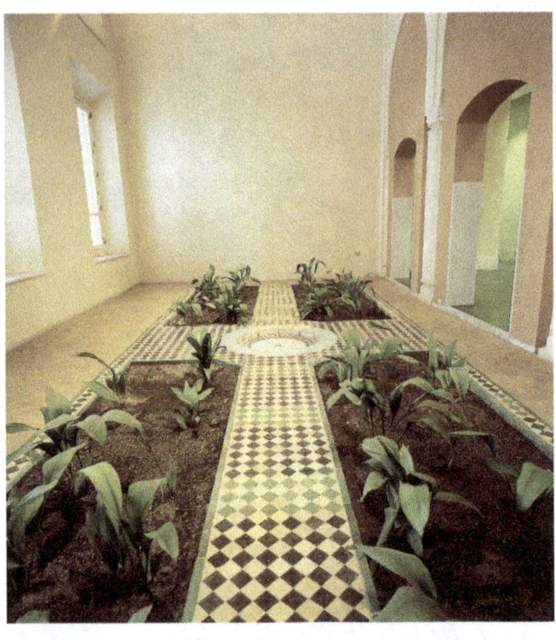

Palácio dos Condes de Altamira, jardim do cruzeiro no interior, Sevilha.

composições à base de eixos longitudinais e horizontais das versões medievais. As esculturas de mármore trazidas da Itália pelo marquês, as colunas genovesas, as pinturas murais do andar superior e outros detalhes, falam-nos da introdução, em Sevilha, de formas importadas de Roma, mas o aspecto geral do edifício exala perfumes orientais que a ninguém escapam, e que se podem resumir a algumas características fundamentais. A primeira delas, é a indiferença do arquitecto em relação ao aspecto exterior do conjunto, que permaneceu hermeticamente fechado até que, no século XVII, alguém se lembrou de abrir as varandas da rua Caballerizas. Outra característica oriental é o traçado labiríntico e a sucessão de pátios de vários tamanhos com fontes e jardins no interior. Uma terceira característica islamizante é a utilização de delicados trabalhos em gesso, nos quais se podem ler textos em caligrafia árabe ao lado de temas nazaris e alguns motivos góticos. Por último, e principalmente, é preciso não esquecer os revestimentos cerâmicos de azulejos realizados por Diego e Juan Polido na década de 1530, que completam a imagem de um palácio que foi renovado sem deixar de ir beber aos modelos estéticos orientais.

XI.1.f **Palácio dos Condes de Altamira**

Praça de Santa María la Blanca, nº 1. Dirigir-se à Paróquia de San Esteban, também mudéjar, e entrar na rua Vidrio, que passa pela antiga judiaria e leva até Santa María la Blanca. Ao pé desta encontra-se o Palácio, actual sede dos Serviços Culturais da Junta da Andaluzia. Para combinar a visita, contactar os escritórios do MSF.

Este palácio, propriedade da família Zúñiga, duques de Béjar e, mais tarde, condes de Altamira, é, sem dúvida, o exemplo mais notável de arquitectura doméstica mudéjar, sem contar com o Real Alcázar.
Do lado de fora, ninguém pode imaginar que, para além daqueles muros, existe a estrutura de uma casa medieval. O que se pode apreciar desde o exterior é uma fachada monumental anónima, construída no século XVII. Para além da porta e do grande apeadeiro, abre-se um interior repleto de sabor medieval, revalorizado há pouco tempo com o objectivo de o converter numa das sedes dos Serviços Culturais da Junta da Andaluzia.

O conjunto interior é um palácio edificado por Diego López de Stúñiga num terreno formado por sete ou oito parcelas onde decidiu instalar as suas "casas principais", numa escala surpreendente para a época, pois não se tratava de um palácio real. Formavam todas parte da judiaria, e destacavam as dos judeus Yusaf Pichon e Samuel Abrabaniel. O primeiro era contador-mor e homem de confiança de Enrique III, e, o segundo, ocupou o mesmo posto na corte de D. João II, convertendo-se ao cristianismo antes do pogrom de 1391, ano em que a judiaria, onde se encontrava este palácio, foi assaltada e destruída.

Um dos aspectos de maior interesse destas casas medievais subjacentes ao actual palácio é a valiosíssima colecção de pavimentos cerâmicos descobertos nas escavações que antecederam a reabilitação de 1998. Apesar da sua riqueza, tiveram que ser enterrados de novo, pois encontravam-se a mais de um metro do actual pavimento. Tijoleira amarela e vermelha alternada, decorada com as mais variadas formas geométricas e misturada com pequenos *alizares* vidrados em preto, branco, verde ou em tons de mel, formam aquela que hoje em dia pode ser considerada a melhor colecção de pavimentos cerâmicos mudéjares de toda a Espanha. Embora poucos tivessem sobrevivido até nós, as ordenanças medievais permitem-nos imaginar a exuberância dos pavimentos mudéjares sevilhanos. A intensidade decorativa concentra-se nos pontos de união entre as divisões e nos "tapetes" situados na entrada das salas, chamados *almatrallas* em língua mudéjar ou "mesas de azulejos", para os cristãos. Os restos de pavimento mais visíveis encontram-se numa pequena sala em cujo centro foi instalada uma fonte, situada acima do seu nível original e rodeada por uma cópia do pavimento que se teve que voltar a enterrar.

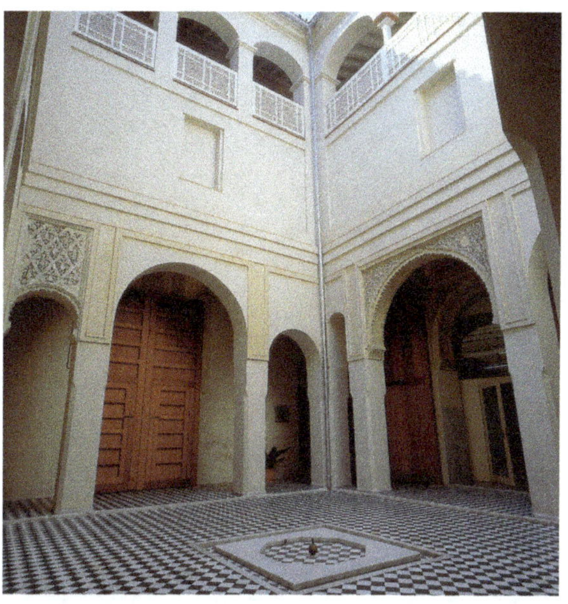

Palácio dos Condes de Altamira, pátio dos azulejos, Sevilha.

O palácio do século XV foi organizado em redor de um enorme pátio com colunas, amplamente reformado nos finais do século XVII, mas no qual ainda é possível identificar a estrutura geral mudéjar e alguns elementos do mesmo estilo. A galeria, orientada a Este, possui vários capitéis almóadas dispostos sobre colunas romanas reaproveitadas, que revelam a construção medieval da mesma. O espaço aberto do pátio centra-se à volta de um tanque largo ou "alberca perlongada", tal como é referida pelas ordenanças medievais dos *alarifes* sevilhanos, que nos faz lembrar o do pátio dos Arrayanes da Alhambra de Granada e que é único em Sevilha. Esta alverca foi rematada com dois

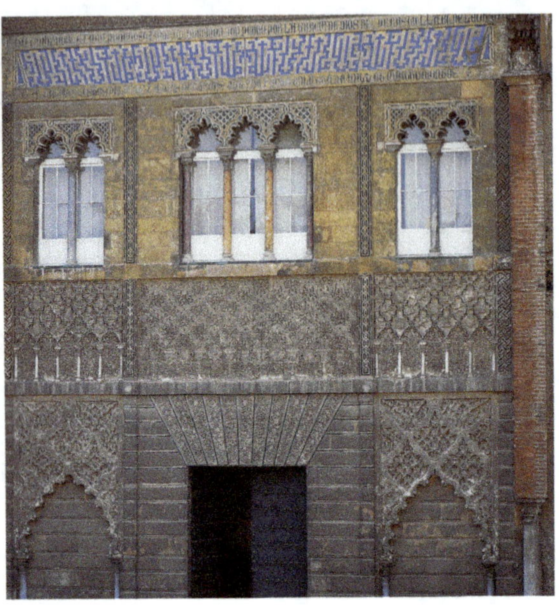

Real Alcázar, pormenor da portada do Palácio de D. Pedro I, Sevilha.

repuxos ou pias erguidas pouco acima do pavimento. O extremo Sul do pátio está ocupado por uma solene sala rectangular com dois espaços abobadados separados por arcos decorados com gessos do século XV e restos dos antigos *madeiramentos* dos tectos.
Os revestimentos verticais também deviam ser notáveis, embora haja poucos vestígios dos mesmos. A melhor amostra é a jamba esquerda da entrada da *qubba* real, que possui um alicatado de tipo granadino de proporções muito reduzidas e que faz lembrar o miradouro de Daraja, na Alhambra, embora a sua execução seja menos cuidadosa.
O palácio medieval conta, ainda, com um pátio mais pequeno, com arcos apoiados sobre pilares e planta quadrada, que, nos documentos existentes a seu respeito, é conhecido como "patio dos azulejos". Este nome alude, sem dúvida, aos revestimentos cerâmicos originais que foram descobertos após as escavações. O pavimento de mármore preto e branco que hoje em dia forra o chão substitui os azulejos brancos e verdes da época medieval. Trata-se, provavelmente, de um pequeno pátio construído para fins domésticos, por oposição ao outro, de uso mais público. Esta organização do palácio em redor de um pátio maior e de outro mais pequeno responde a um esquema que também se pode observar no Alcáçar de Don Pedro (Donzelas-Bonecas), e que se conservou nos palácios marroquinos com a designação de *wast al-dar* e *dwira*, respectivamente.
Situado ao pé da fachada, encontra-se um belo e pequeno jardim de cruzeiro, descoberto na altura das escavações e um dos exemplos mais perfeitos que chegaram até nós deste tipo de jardim doméstico, com quatro canteiros divididos por dois andaimes entrecruzados no centro, onde há um repuxo.

XI.1.g **Real Alcázar**

Praça do Triunfo. A entrada faz-se pela Puerta de los Leones. Seguir pela rua Fabiola e descer a rua Mateos Gago, até à Catedral. A entrada é paga.
Horário: no Verão, das 9:30 às 19; aos domingos e feriados, das 9:30 às 13; no Inverno, das 9:30 às 17; aos domingos e feriados, das 9:30 às 13.

Este palácio é, talvez, o mais antigo palácio activo da Europa. Sempre fascinou os seus visitantes, e converteu-se em modelo para outros palácios e residências reais e senhoriais de Sevilha e de Castela.
O Real Alcázar foi palco de acontecimentos históricos e culturais de

grande importância, antes e depois do período mudéjar. Nele nasceram alguns infantes e celebraram-se as bodas do Imperador Carlos V.

O conjunto do Real Alcázar reúne os melhores exemplos da arquitectura mudéjar palatina, numa fusão orgânica de restos de palácios califais, taifas, almóadas, góticos e mudéjares que nenhuma das inúmeras intervenções posteriores desvirtuou.

O Alcázar é um palácio formado por muitos palácios, entre os quais podemos destacar quatro conjuntos especialmente significativos para a arte mudéjar: o Quarto do Caracol, a Sala da Justiça, o Palácio do rei D. Pedro e o Cenatório da Alcova.

De maneira abreviada, pode dizer-se que o Quarto do Caracol e o seu jardim de cruzeiro, construídos durante o reinado de D. Afonso X, o "Sábio", na segunda metade do século XIII, é um palácio almóada traduzido em linguagem gótica. É nesta maridagem artística que reside o seu sentido mudéjar, embora não o seu estilo. Algumas obras de consolidação realizadas durante o século XVIII desvirtuaram lamentavelmente o seu aspecto original. Nada se sabe acerca das circunstâncias que envolveram a construção deste estranho e fascinante conjunto. Tanto pode ser o resultado de um reaproveitamento de umas estruturas preexistentes do século XII, como o fruto do trabalho de *alarifes* muçulmanos. As suas formas ostentam a sobriedade gótica dos palácios de Burgos, mas o espírito e as proporções do conjunto são claramente muçulmanas. Não existe em nenhum lugar da Península nenhum palácio gótico ou almóada parecido com este. Tanto a estrutura em U das solenes salas abobadadas, dispostas em paralelo algumas delas, e em ângulo recto as laterais, como o jardim para o qual todas dão, deixam bem patente esta feliz fusão entre as duas culturas da Espanha medieval.

Segundo as crónicas da época do rei D. Pedro, o palácio do Caracol albergava os aposentos da Rainha enquanto o monarca estava vivo. O rei, por seu lado, ocupou o palácio almóada denominado Quarto do Gesso, onde se encontrava a chamada "cuadra de los azulejos". É provável que esta "cuadra" seja a mesma que hoje em dia se encontra revestida com azulejos renovados no século XVI, conhecida como Sala da Justiça.

A Sala da Justiça é um pavilhão quadrado anexado ao terreno do antigo Quanto do Gesso e perto do Curral das Pedras. Dantes também se

Real Alcázar, pormenor da portada do Palácio de D. Pedro I, Sevilha.

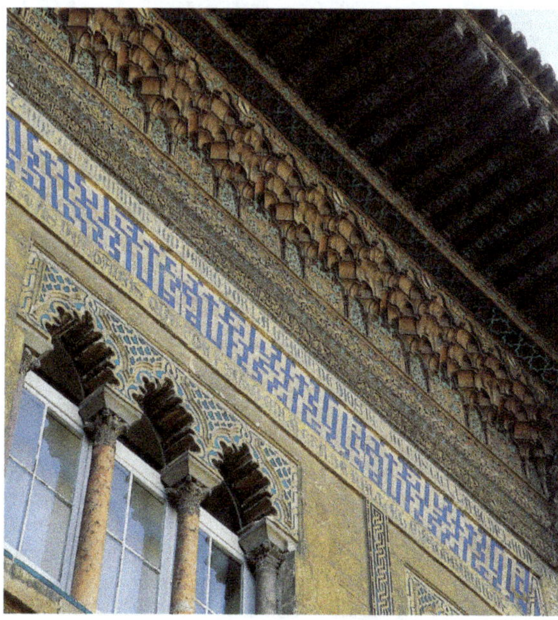

chamava Sala dos Conselhos, pois, supostamente, era o local em que o monarca se reunia com os seus mandatários e tomava as decisões de Estado. Trata-se, em suma, do espaço que, nos palácios muçulmanos, se conhecia como *mexuar*, e é lógico que se situasse ao pé dos aposentos do rei, num local relativamente afastado das zonas mais privadas.

A hipótese de que esta *qubba* real tivesse sido edificada sobre estruturas almóadas é bem plausível. Carriazo especulou sobre a possibilidade de que esta sala tivesse sido construída por Afonso XI, mas Gómez considera que não existem dados históricos fidedignos nem características estilísticas que desmintam a sua inserção no programa de construções de D. Pedro I, cujo estilo é denunciado pelos revestimentos em gesso das paredes.

O conjunto, verdadeiramente extraordinário, do Real Alcázar é o citado Palácio do rei D. Pedro, antigo *Al-qsar al-Mubarak* (ou seja, Palácio da Benção), da época taifa. A sua majestosa fachada pode vislumbrar-se desde o Pátio de la Montería, e é, sem dúvida, a mais importante da arte mudéjar espanhola. Encerra em si mesma o melhor da arte deste período, e nela se fundem elementos de origem sevilhana (estrutura tripartida de estirpe almóada, base pétrea, arcos cegos nos lados da entrada, janelões polilobados), toledana (o lintel da porta) e granadina (friso de pequenos arcos cegos e um grande friso superior com epigrafia cúfica e o lema da dinastia nazari). Ao lado desta inscrição muçulmana há uma outra em letras góticas, onde se exalta a figura do rei e aparece a data de conclusão das obras (1364).

As repercussões posteriores desta portada não tiveram só importância na arte sevilhana, mas também em todos os reinos cristãos e muçulmanos da Península. Para alguns autores, serviu de modelo para o Palácio de Tordesilhas (Valhadolid), e, inclusivamente, parece que exerceu certa influência sobre o palácio de Comares (Granada), que Muhammad V mandou construir após uma visita a Sevilha. Por outro lado, parece que também inspirou a decoração interior da Sinagoga do Trânsito, em Toledo, uma construção promovida por Juan Sánchez de Sevilla, tesoureiro de D. Pedro I.

Para além da porta, depois do corredor da entrada em cotovelo, acede-se ao chamado Pátio das Donzelas. Trata-se do resultado da combinação de múltiplas reformas, sendo a mais importante a que implicou a renovação do pavimento original e a substituição das colunas de mármore originais, ao que parece muito diferentes umas das outras, por umas colunas italianas coríntias e mais homogéneas, executadas no atelier genovês dos Aprile em meados do século XVI. A galeria superior, realizada na mesma altura, foi modificada e reformada há poucos anos, numa tentativa de lhe devolver o seu aspecto original, usando os gessos platerescos em parte conservados.

Os esplendorosos lambrins alicatados deste monumento sempre deram nas vistas. Apesar das várias remodelações parciais levadas a cabo ao longo do tempo, os lambrins das galerias do pátio remontam ao século XIV. A seguir ao conjunto da Alhambra, trata-se do exemplo mais importante da arquitectura

medieval espanhola e o modelo de muitos outros palácios construídos posteriormente.
Em redor do pátio agrupam-se vários espaços. Tudo leva a crer que o mais antigo, o chamado Salão de Embaixadores, é um resíduo da antiga *qubba* real do palácio de al-Mutamid, chamada na altura Salón de las Pléyades e integrada agora no palácio do rei D. Pedro, que encomendou as portas de madeira (1363) a carpinteiros de Toledo, os lambrins e provavelmente os pavimentos inexistentes hoje em dia a artesãos de Granada, e o resto da colecção mural a gesseiros que misturaram traços nazaris com traços cristãos. Belas inscrições poéticas alusivas ao palácio, ao seu mecenas e a Alá misturam-se com medalhões onde se podem apreciar cenas da *Crónica Troyana* e do *Libro de la Montería*, duas obras que faziam parte da biblioteca pessoal do rei D. Pedro e que devem ter marcado a sua formação, pois discorrem sobre duas facetas essenciais na vida de qualquer príncipe: a guerra e a caça.
Entre os elementos mais espectaculares do palácio, destaca a enorme cúpula de meia laranja construída por Diego Ruiz em 1427 para substituir a original. No seu desenho, baseado em estrelas de laço, alguns viram uma metáfora da abóbada celeste. Situa-se por cima de um friso de retratos de reis que diz muito sobre a função que esta sala pode ter cumprido no palácio como Salão de Linhagens. Arcos em ferradura triplos estabelecem a comunicação entre as salas laterais e o salão do trono, onde eram recebidos os emissários do rei.
As outras duas galerias do pátio dão acesso a duas salas rectangulares com cúpulas. Tratam-se das Sala do Tecto, de Carlos V, e dos aposentos dos Reis Mouros. Ambas foram encomendadas por D. Pedro e foram completadas e reforçadas na zona dos tectos e de alguns lambrins na época dos Reis Católicos e do Imperador.
Ao lado do grande Quarto do Rei D. Pedro, zona pública do palácio, situa-se o Pátio das Bonecas, de dimensões mais domésticas. Nele destacam as galerias apoiadas sobre colunas de mármore com alguns capitéis califais, os lavores em gesso de sabor granadino e os lambrins alicatados da época dos Reis Católicos.
Situado numa zona afastada do núcleo palatino e antigamente rodeada de Laranjeiras, embora actualmente seja um jardim maneirista, encontra-se o Pavilhão de Carlos V, denominado em tempos Cenatório da Alcova, por ser essa a sua função e por também se chamar da mesma maneira o jardim em que foi construído. A sua planta quadrada, o espaço cúbico coberto por uma abóbada de madeira, a galeria circular, o alto e policromo lambrim de azulejos, o repuxo no meio de um requintado pavimento de azulejos e a fluida relação entre o exterior e o interior, convertem-no numa versão tardia e original de uma *qubba* ou pavilhão de jardim, no qual se fundem de maneira inextricável elementos muçulmanos e renascentistas, dando lugar a uma das mais refinadas expressões da última fase da arte mudéjar da Península.

Alfredo J. Morales

Na opinião de Norbert Shultz, "a arquitectura é a concretização do espaço existencial do homem". Neste mesmo sentido, a casa pode ser considerada como um passo dado no caminho que leva à materialização do lugar que o homem reserva para si mesmo dentro do cosmos e desde o qual contempla outras esferas da natureza: a que diz respeito ao seu lugar na Terra e à sua condição de ser humano. Na arquitectura mudéjar é possível constatar elementos nos quais se vêem reflectidos estes três níveis da natureza de maneira particularmente significativa.

O primeiro deles relaciona a Arquitectura com a Natureza Cósmica. A forma arquitectónica que materializa com mais fidelidade esta ideia do universo é a Sala Cúbica ou *qubba*, definida pela arte islâmica e adoptada pelo Mudéjar. Nela, o cubo representa a Terra, e a semi-esfera que a coroa, a abóbada celeste que a protege e domina. As estrelas que salpicam do lado de dentro estas coberturas representam os astros do firmamento. O melhor exemplo desta metáfora arquitectónica no Mudéjar sevilhano é o Salão de Embaixadores do Real Alcázar. Na cobertura, doze estrelas giram à volta do centro da abóbada e representam as doze constelações do zodíaco. Sob ela, situa-se a galeria dos retratos reais, elemento que confere a este espaço uma componente de origem cristã e faz deste Salão do Trono um Salão de Linhagens. As efígies dos reis assumem aqui, física e simbolicamente, uma posição intermédia entre o mundo celestial e o mundo terrenal, legitimando o poder de quem ocupa a tarefa real. A perfeição que atingiram estas *qubbas* fez com que cada palácio senhorial possuísse um espaço deste tipo, que às vezes era designado como Sala dos Retratos e, noutras ocasiões, como Sala da Meia Laranja, por causa da forma do seu tecto.

O segundo nível põe em contacto a Arquitectura e a Natureza Terrestre. Para o Homem medieval, a natureza selvagem é a consequência da expulsão do Paraíso. Por conseguinte, os seus elementos são hostis para os seres humanos. Pelo contrário, no Jardim do Éden tudo foi pensado em função do Homem, para que o usasse e dele se servisse sem esforços nem canseiras. Os jardins, urbanos ou periféricos, são encarnações desse Paraíso perdido e que se deve recuperar para além da vida. Nos pomares suburbanos e nos grandes jardins que rodeiam as residências mudéjares, surge como elemento incontornável o Pavilhão, mínima unidade arquitectónica inserida neste pedaço de natureza manipulada. Aqui, o jardim é entendido, não no sentido laico moderno, mas, sim, na sua sagrada acepção medieval de Horto Fechado. Nele, de uma maneira ainda mais fiel do que na tradição edénica, materializa-se a ilusão de um espaço onde reina a harmonia. Além do pavilhão, entendido como expressão mínima arquitectónica inserida no grande jardim, há também um pequeno fragmento da própria natureza integrado no âmbito estrito da casa: o jardim de cruzeiro. O mundo muçulmano recebeu da antiga tradição do Próximo Oriente esta concepção de jardim doméstico estruturado como um rectângulo dividido em quatro partes por dois caminhos que se cruzam no centro, legando-a ao ocidente. No

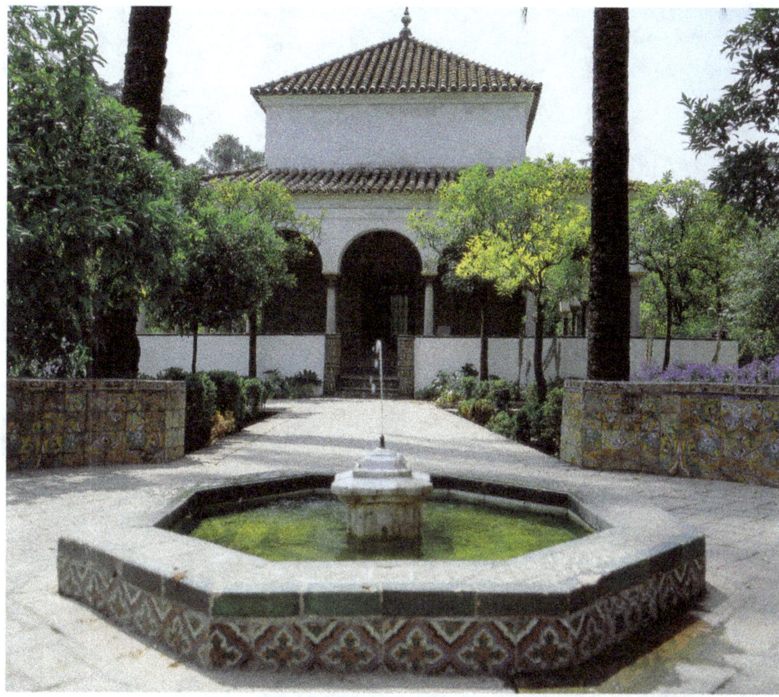

Real Alcázar, vista do cenatório da Alcoba, Sevilha.

meio, um repuxo faz brotar a água, distribuída por regueiros pelos quatro cantos. Sevilha conta com vários exemplos de jardins deste tipo, que dão fé do seu passado muçulmano e das suas posteriores versões cristãs.

No terceiro nível, a própria casa e as partes que a constituem põem em relação a Arquitectura e a Natureza Humana, assumindo, assim, a primeira delas um derradeiro valor metafórico. No mundo muçulmano, e, mais tarde, no Mudéjar, a casa é o território da mulher, por oposição à rua, que pertence aos homens. O sentido misterioso e insondável que a divindade possui para o mundo muçulmano vincula-se de maneira predominante à esfera da alma. Esta, por sua vez, encarna na natureza feminina como ser fluido, difuso e receptivo. É por isso que a casa, entendida como receptáculo sagrado, deve permanecer, tal como a mulher, velada, oculta, invisível. Alma, casa, mulher são pura interioridade sem limite, paradigmas de uma cultura que procura a perfeição na intimidade. O laconismo exterior da casa mudéjar, por oposição ao seu resplandecente e adornado interior, são como uma esposa que se oculta por detrás do véu sempre que sai à rua, e cujas graças só se devem revelar aos olhos do esposo. A obsessão pela honra como valor supremo do fidalgo cristão e da sua família é, talvez, o melhor testemunho da hibridização cultural da Espanha mudéjar.

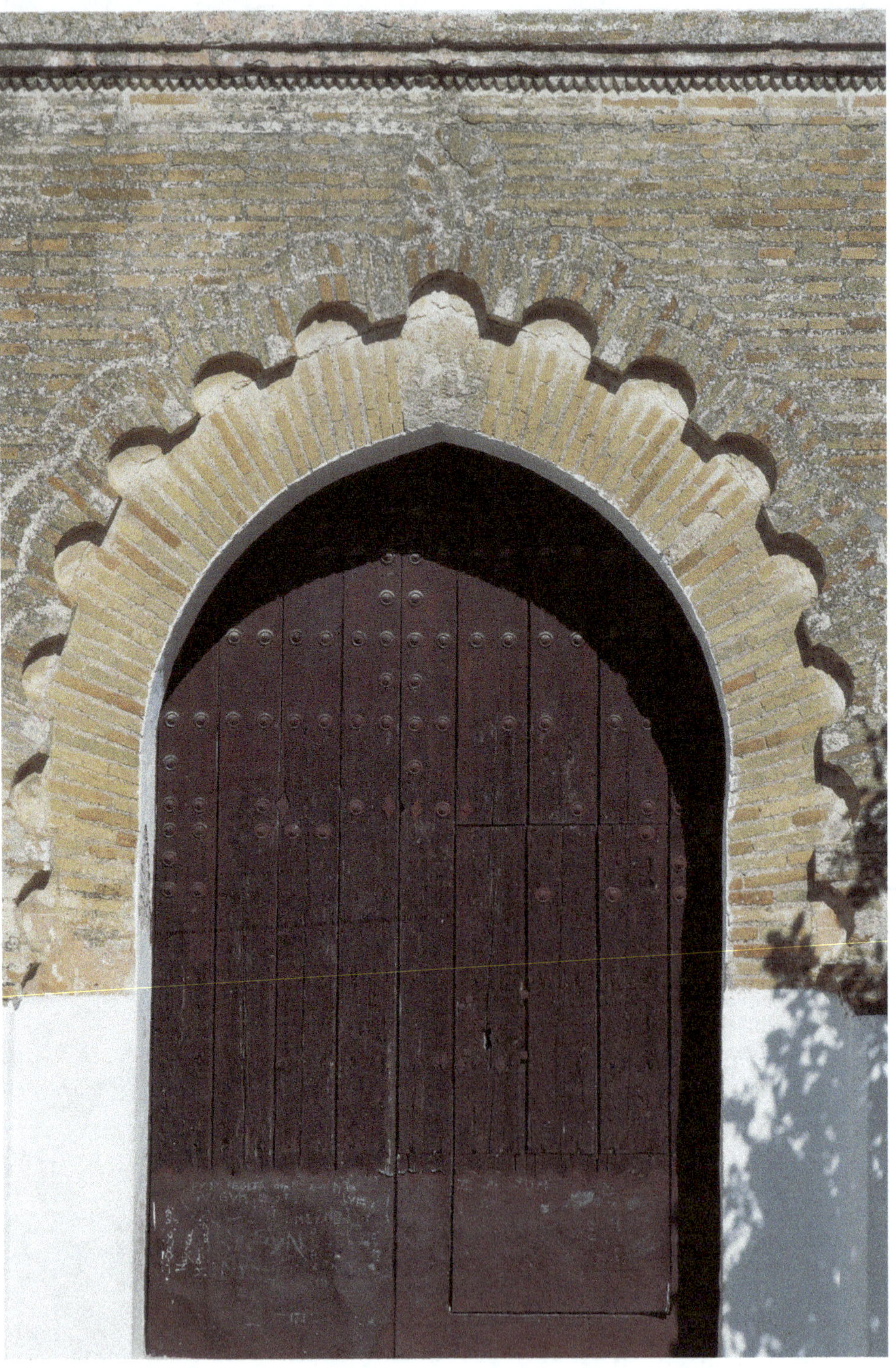

O Aljarafe sevilhano

Alfredo J. Morales

Este circuito forma parte do programa **"Uma entrada para o Mediterrâneo"** co-financiado pela União Europeia no âmbito da Acção Piloto Espanha-Portugal-Morrocos. Art. 10 FEDER.

XII.1 GERENA
XII.1.a Igreja da Inmaculada Concepción

XII.2 AZNALCÓLLAR
XII.2.a Capela do Cemitério

XII.3 SANLÚCAR LA MAYOR
XII.3.a Igreja de Santa María
XII.3.b Igreja de San Eustaquio
XII.3.c Igreja de San Pedro

XII.4 BENACAZÓN
XII.4.a Igreja de Santa María de las Nieves

XII.5 ERMITA DE CASTILLEJA DE TALHARA

XII.6 AZNALCÁZAR
XII.6.a Igreja de San Pablo

XII.7 ERMITA DE GELO (opção)

Capillas funerarias y presbiterios de tradición musulmana

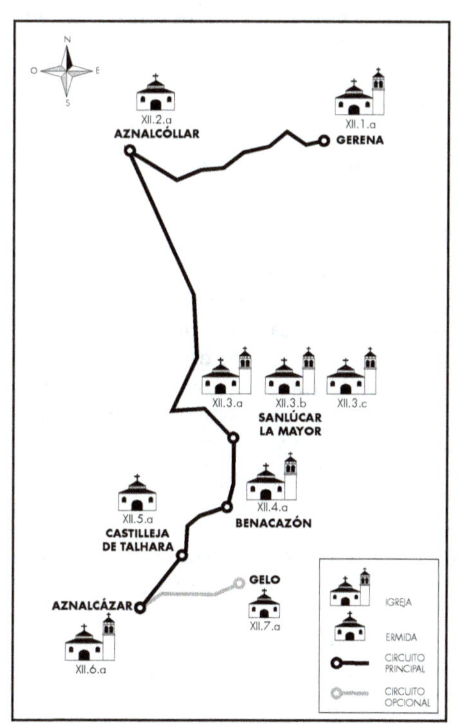

Igreja de San Eustaquio, portada lateral, Sanlúcar la Mayor.

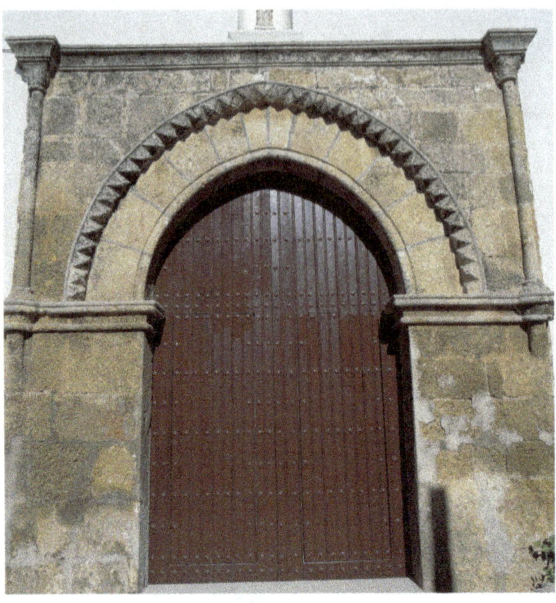

Igreja da Inmaculada Concepción, portada lateral, Gerena.

O Aljarafe é uma das comarcas mais importantes do distrito de Sevilha, a mais estreitamente vinculada com a metrópole. O seu nome deriva do termo árabe *as-saraf*, que pode ser traduzido como "altura" ou "pequena elevação no terreno". De facto, trata-se de uma espécie de atalaia da qual se domina a cidade de Sevilha e boa parte da várzea do Guadalquivir. Já na época muçulmana, as crónicas davam notícia dos seus extensos olivais, dando assim origem à assimilação entre o termo "aljarafe" e a designação "campo de oliveiras", facto que provocou numerosos erros geográficos na delimitação da comarca. No entanto, aceita-se sem grande polémica a identificação entre o Aljarafe e os terrenos altos que separam os rios Guadalquivir e Guadiamar.
Nesta zona, localizada a Oeste da cidade de Sevilha, as ordens militares, a Igreja e a nobreza possuíam, desde tempos medievais, grandes propriedades e senhorios. A sua população mudou significativamente após a reconquista da cidade de Sevilha em 1248, momento em que um forte contingente de cristãos se instalou nas povoações onde numerosos grupos de muçulmanos tinham decidido ficar. A situação deu uma reviravolta aquando dos levantamentos de 1264-1266, que acabaram na expulsão dos muçulmanos e no desaparecimento dos seus assentamentos. O fracasso do repovoamento implicou uma descida notável na população da zona, dando lugar a uma maior concentração urbana e ao desaparecimento de muitas alcarias. Até meados do século XV não se constata um crescimento importante da população, mas acentuou-se a concentração humana nos núcleos mais povoados e um maior abandono das aldeias e alcarias. Todos esses aspectos tiveram uma incidência significativa na cronologia e carácter das obras mudéjares da comarca.

XII.1 GERENA

Embora o município seja regado pelo rio Guadiamar, a vila forma parte da comarca da Serra Norte. No entanto, recomenda-se culminar aqui o circuito do Aljarafe, devido ao facto de podermos admirar na sua paróquia uma solução excepcional para a cabeceira, estreitamente relacionada com os padrões mudéjares do Aljarafe.

XII.1.a Igreja da Inmaculada Concepción

Horário: todos os dias da semana, das 6:30 às 21; aos domingos, das 9:30 às 12:30. Se a igreja estiver fechada, combinar a visita com a Paróquia. Telef.: 95 57 82 023.

A Igreja da Inmaculada Concepción é uma construção mudéjar do século XIV. O edifício apresenta planta rectangular em três naves, separadas umas das outras por seis pilares em cruz com arcos quebrados. Na cabeceira, a abside é rematada por uma linha recta onde acabam também as capelas correspondentes às três naves. A da nave central é quadrangular e está coberta por uma grande abóbada de panos com trompas nos ângulos. Nas naves laterais, o espaço, relativamente estreito e fundo, está dividido em dois quadrados cobertos, o primeiro por um tecto plano e, o segundo, pelo tipo de abóbada da cabeceira central. Ou seja, solucionou-se a cabeceira do modo mais complexo: adoptando o modelo da *qubba* muçulmana.
A igreja, coberta na actualidade com estruturas que tentam imitar as mudéjares originais, foi ampliada durante o século XVI, juntando mais um tramo. Explica-se, assim, a maior largura dos arcos colocados junto ao muro na zona dos pés, que apresenta, aliás, um aparelho diferente dos do resto do edifício. Esta ampliação foi levada a cabo pelo arquitecto Hernán Ruiz, o "Jovem".
A igreja abre-se para o exterior através de três portadas. As laterais são em pedra, de estética gótica. O muro ao Sul apresenta uma arquivolta decorada com pontas de diamante. Uns colunelos e a cornija fazem as vezes de *alfiz*.
A portada dos pés é de estilo renascentista. Está datada de 1569, o que quer dizer que pertence à remodelação encomendada a Hernán Ruiz, o "Jovem". Está feita em tijolo bicromo, uma característica que deve interpretar-se como herança técnica e estética do estilo mudéjar.
A torre, erguida sobre a abóbada oitavada da cabeceira da nave meridional, consta de um corpo e é encimada pelo campanário e o coruchéu do remate. Algumas das janelas, autênticas ou cegas, possuem um grande interesse, apresentando arcos polilobados entrecruzados, semelhantes aos utilizados em outras igrejas da comarca do Aljarafe.

XII.2 AZNALCÓLLAR

XII.2.a Capela do Cemitério

A 12 km, pela A-477, na parte mais alta da povoação. Conhecida popularmente como "zawira". O encarregado do cemitério tem a chave da capela.
Horário: no Verão, das 8 às 12 e das 12 às 20; no Inverno, das 10 às 13 e das 15 às 18.

A capela do cemitério encontra-se dentro do recinto da antiga cidade amuralhada muçulmana. Trata-se de um edifício que se foi estruturando ao contrário das outras construções que posteriormente comentaremos (de Gelo, Benacazón e Castilleja de Talhara) nas quais se construiu primeiro uma capela-mor com forma de *qubba* e, depois, juntou-se-lhe o corpo das naves.
Actualmente, a capela, construída em tijolo e taipal, apresenta uma planta quadrada e está coberta por uma abóbada de oito panos sobre trompas. Nos lados oriental e setentrional entrevê-se ainda os restos de antigas janelas, das quais

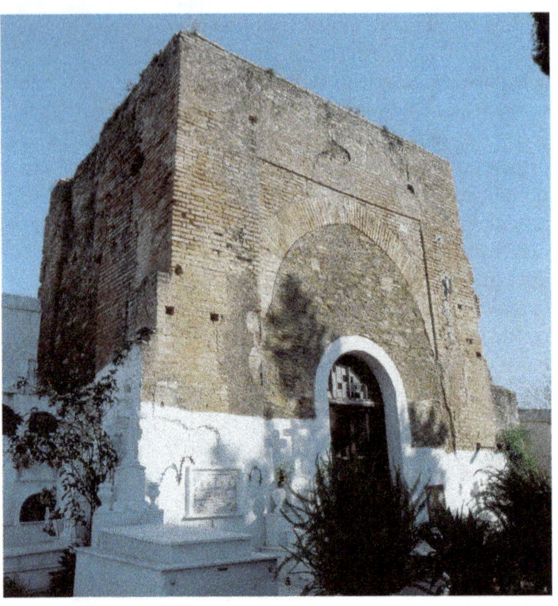

Capela do Cemitério, conjunto, Aznalcollar.

só se conserva completa a do lado meridional. Trata-se de um arco de ferradura quebrado, apoiado sobre talos e emoldurado num *alfiz* de proporções quadradas.

Neste mesmo lado está adossado o volume de planta rectangular da escada que sobe ao terraço do telhado. A planta das escadas, no seu desenvolvimento interno, é poligonal, e o espaço aparece iluminado por uma janela similar à descrita anteriormente.

No lado de poente, hoje em dia a fachada, ficava um corpo de naves. Ainda são visíveis as linhas da cobertura a duas águas da nave principal e o arranque dos muros externos. Quando as naves foram derrubadas, o vão quebrado e emoldurado por *alfiz* que servia de arco triunfal teve que tornar-se cego em parte, estreitando-se o acesso para a cabeceira. Com esta remodelação, o espaço recuperou a tipologia de *qubba* que estava na sua origem, e é assim que hoje o podemos admirar.

Pelo estilo, a igreja poderia datar-se de fins do século XV. A sua edificação talvez esteja relacionada com o crescimento experimentado nessa altura pela população de Aznalcóllar no final desse século. Provavelmente, foi em fins do século XVIII, data da inauguração da nova paróquia da vila, que se abandonou o templo mudéjar, eliminando-se os elementos arruinados, como seria o caso do corpo das naves. No entanto, as pinturas que decoram a abóbada do antigo presbitério fazem supor a existência de uma outra intervenção durante o século XIX, responsável também pelo definitivo isolamento da capela-mor.

XII.3 SANLÚCAR LA MAYOR

A povoação vizinha de Sanlúcar la Mayor fica no extremo do planalto do Aljarafe, ao pé da rápida descida que acaba no rio Guadiamar. Tratava-se de um local de grande valor estratégico, já que controlava o caminho de Sevilha até Niebla, uma das praças-fortes mais importantes do ocidente andaluz. Nela existem três importantes igrejas mudéjares: Santa María, San Eustaquio e San Pedro. São edifícios nos quais podemos detectar soluções compositivas, recursos plásticos e um repertório formal herdado da arte hispano-muçulmana da época almóada. Desse mesmo estilo existiram, certamente, outros importantes edifícios na povoação, mas apenas chegaram até nós os imponentes restos das muralhas.

XII.3.a **Igreja de Santa María**

A 19 km, pela A-477. Situada no centro da vila. Combinar as visitas com o acólito da Paróquia. Telef.: 95 57 00 107. Horário: no verão das 10 às 12 e das 19 às 21; no Inverno, das 10 às 12 e das 19 às 20:30.

A Igreja de Santa María apresenta o chamado modelo paroquial sevilhano, embora com algumas peculiaridades de grande interesse. Assim, e seguindo o padrão, apresenta cabeceira poligonal com dois tramos cobertos por abóbadas de nervuras. O arco triunfal que liga a cabeceira ao corpo das naves é quebrado, apoiado sobre fustes clássicos sobrepostos, com capitéis alegadamente visigóticos.

As três naves estiveram separadas por dez pilares, mas, durante a reforma realizada em inícios do século XVII, alguns foram substituídos por pares de colunas de mármore. Os arcos, de estilo evidentemente almóada, eram lanceolados e emoldurados por *alfiz*, mas numa remodelação, coincidindo talvez com a substituição dos pilares, foram cortados os arranques, transformando-os assim em quebrados.

Dos *madeiramentos* das coberturas destaca o tecto da nave central, em que se seguem os modelos mudéjares de *par y nudillo*; no entanto, é preciso assinalar que se trata de uma obra tardia, de 1773, e nela aparecem também motivos decorativos barrocos.

Na nave setentrional fica uma capelinha de planta quadrada, coberta por uma abóbada de panos sobre trompas, segundo o modelo da *qubba* muçulmana.

A portada de poente, uma das três que possui o templo, perdeu a sua fisionomia primitiva durante uma reforma, provavelmente no século XVI. No entanto, nessa mesma fachada conservam-se dois óculos e um grande janelão com um arco polilobado que iluminava o interior das naves.

É de grande interesse a portada meridional, feita de tijolos e composta por dois arcos polilobados sobre *alfiz*, fórmula compositiva de origem almóada.

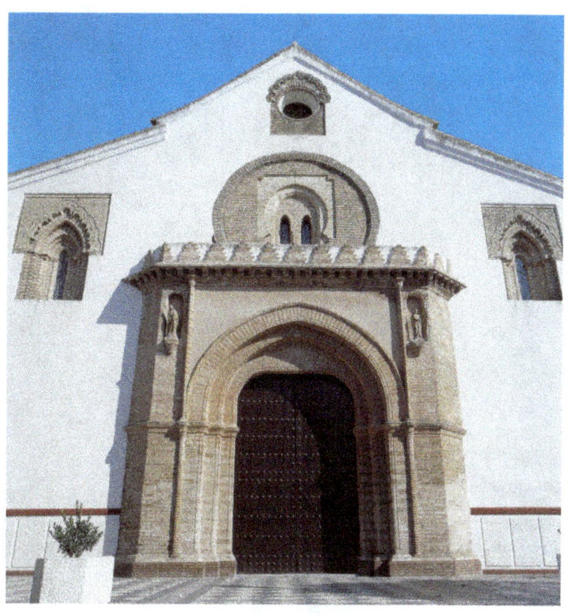

Igreja de Santa María, fachada da entrada, Sanlúcar la Mayor.

XII.3.b **Igreja de San Eustaquio**

*Se a igreja estiver fechada, combinar a visita na Paróquia.
Horário: aos domingos, das 11 às 13:30.*

A Igreja de San Eustaquio segue também o modelo paroquial sevilhano. Apresenta cabeceira poligonal e três

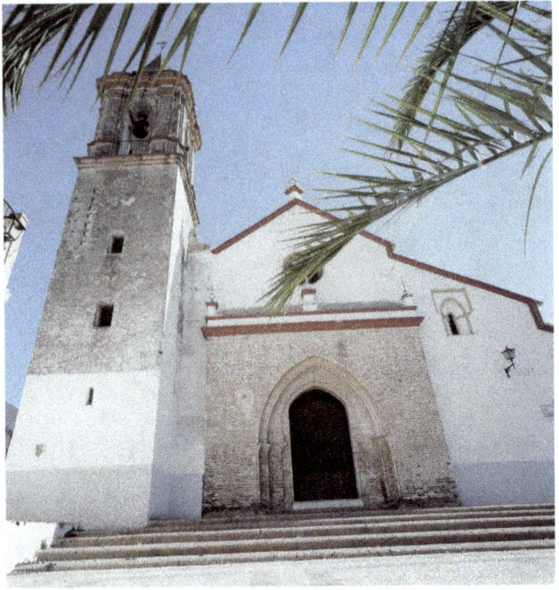

Igreja de San Eustaquio, fachada e torre-campanário, Sanlúcar la Mayor.

naves. Na parte exterior da cabeceira aparecem contrafortes, adarve e janelas com arcos polilobados.
No interior, apresenta abóbadas estreladas, e um arco triunfal quebrado apoiado sobre pilares com capitéis góticos. As três naves são separadas por oito pilares que recebem a carga de arcos quebrados, com coberturas de madeira: vigamento de "*par y nudillo*" na principal e pênsil nas laterais.
Das três portadas do templo, as duas abertas nos muros laterais são em tijolo e apresentam um esquema compositivo muito semelhante: arco quebrado ao qual se sobrepõe um segundo arco polilobado que, por sua vez, está emoldurado por um *alfiz* de grandes proporções, ou seja, uma solução semelhante à da portada lateral da Igreja de Santa María e a de Castilleja de Talhara. Sobre cada uma dessas duas portadas abre-se um óculo.

A portada dos pés está formada por quatro arcos sobrepostos, dois quebrados e um lanceolado. A forma do mais baixo, embora modificado posteriormente, devia ser também lanceolada.

XII.3.c **Igreja de San Pedro**

Combinar previamente a visita com a Paróquia

A Igreja de San Pedro foi considerada a mais antiga da povoação, tendo sido relacionada com uma antiga mesquita. Embora esta identificação careça de rigor científico, a sua singular estrutura, a sua torre isolada e a sua ubiquação dentro do primitivo alcácer almóada (cujas muralhas se erguiam nas imediações), devem ter influenciado esta mistificação. Contudo, trata-se de um templo mudéjar que segue o modelo paroquial sevilhano, do qual apenas se afasta no perfil do seu elevadíssimo presbitério, sob o qual existia uma passagem que ligava a rua e o antigo cemitério, situado junto do lateral esquerdo e cercado por um muro.
A igreja apresenta a cabeceira dividida em dois tramos, um rectangular e outro poligonal, ambos cobertos por abóbadas de nervuras e três naves separadas por quatro esbeltos pilares sobre os quais descansam arcos quebrados com janelas cegas nas *enjuntas,* delimitadas por arcos de ferradura quebrados. A passagem entre o corpo central das naves e o presbitério está marcada por um arco quebrado sustido por colunas com capiteis góticos e decoração vegetal.
O *madeiramento* dos tectos das naves é de *par y nudillo*, mas, nos laterais,

o vigamento é pênsil. Sobre a nave Norte abrem-se duas capelas, uma das quais segue o esquema da *qubba*: planta quadrada e abóbada de panos sobre trompas angulares.

No presbitério conservam-se alguns restos dos trabalhos em gesso que originalmente deviam adornar toda a cabeceira, e também algumas peças de cerâmica vidrada que estariam possivelmente no rodapé. Além destes revestimentos, há a assinalar a existência de decoração figurativa em todo o interior do templo, embora cobertas por várias camadas de cal; no entanto, nas zonas onde esta se desprendeu, podem ver-se fragmentos das primitivas pinturas. Esta imagem rica e colorida é provável que fosse a que verdadeiramente ofereciam os templos mudéjares antes das modificações sofridas durante a Idade Moderna e dos infelizes restauros acometidos contemporaneamente.

Das três portadas do templo, destacam a do muro orientado a Sul e a da fachada dos pés. Nelas pode-se apreciar com nitidez como a arte mudéjar é o resultado da assimilação e síntese de elementos procedentes da arte hispano-muçulmana, do Românico e do Gótico.

A portada meridional, a mais moderna, tem uma origem claramente cristã. Sobressai da linha dos muros e possui uma forma abuzinada, com arquivoltas apoiadas em baquetões. O enorme óculo que encima a composição responde também a modelos góticos.

A portada dos pés segue modelos almóadas: duplo arco polilobado emoldurado num *alfiz* e ornamentada nos vértices com cerâmica vidrada. Numa reforma posterior, alterou-se o vão do portal. Das três janelas abertas nesta fachada, a principal segue de perto os modelos góticos, mas as laterais apresentam arcos em ferradura quebrados e emoldurados em *alfiz*, bem ao gosto muçulmano.

A terceira portada segue o esquema da anterior, conservando a forma lanceolada do vão de acesso. Rente à cornija, sobre ela, aparece lavrado um óculo. Esta fachada, pela sua simplicidade, parece ter sido a primeira que se construiu no templo.

A torre, como se disse anteriormente, está isolada. É de planta quadrada e oferece várias entradas, duas delas na mesma face, criando

Igreja de San Pedro, presbitério, Sanlúcar la Mayor.

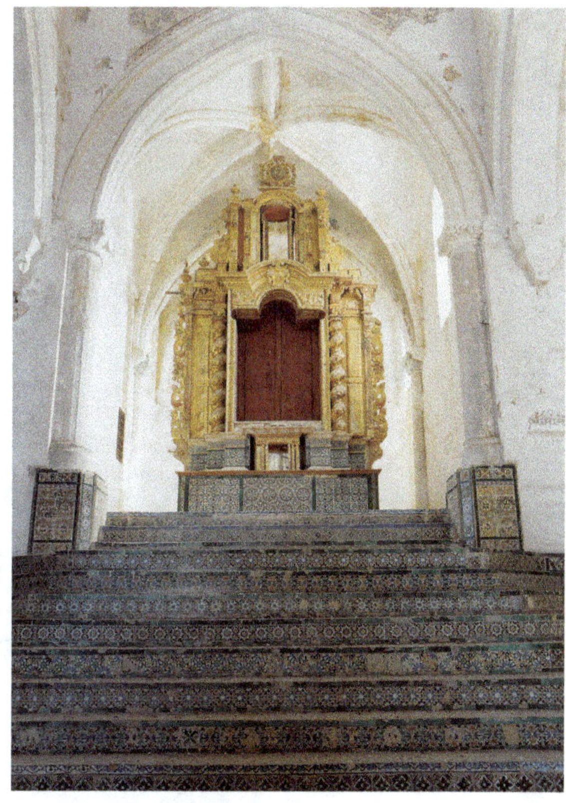

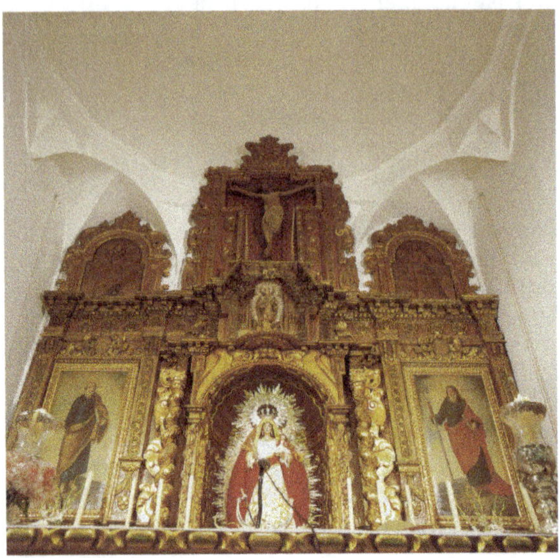

Igreja de Santa María de las Nieves, abóbada do presbitério, Benacazón.

uma passagem entre as frentes. Os vãos são lanceolados, forma que se repete nalgumas das janelas. Outros vãos são apenas troneiras.

XII.4 BENACAZÓN

XII.4.a Igreja de Santa María de las Nieves

A 5 km, pela A-477.
Horário: no Verão, das 19 às 21; no resto do ano, das 18 às 20; aos domingos, das 10 às 12. Encerra às quintas-feiras.

A Igreja paroquial de Santa María de las Nieves, em Benacazón, foi originariamente um templo mudéjar. Trata-se de um edifício profundamente transformado durante os séculos XVII e XVIII. Na actualidade, apresenta uma cabeceira quadrada e duas naves.
A cabeceira foi coberta por uma abóbada de panos apoiada sobre um sistema de trompas duplas. Entre o muro oriental e o meridional há uma escada relativamente íngreme, coberta por tramos de volta e aresta e que permite ascender ao terraço da cobertura, protegido por parapeito e ameias em degraus.
Por sua vez, as naves foram cobertas com estruturas de madeira: a principal é apainelada e a lateral é pênsil.
O presbitério responde ao modelo da *qubba* muçulmana. Foi construído com carácter monumental e com uma altura considerável, para servir de atalaia. Antigamente, a esta estrutura quadrada adossou-se uma outra nave, mais curta que as actuais e cuja ligação visual com o presbitério não deve ter sido feliz, pois esbarrava com as reduzidas dimensões do arco triunfal que os separava.
A igreja foi construída por volta de finais do século XV. Da nave original, quase não há vestígios na actual nave principal do templo. Esta última deve ter sido edificada durante a primeira metade do século XVII, ao mesmo tempo que se construía a nave lateral.
As estruturas de madeira que cobrem ambas as naves resolvem-se de acordo com modelos da carpintaria mudéjar. A nova nave principal, mais alta que a anterior, e a remodelação do arco triunfal para tornar o presbitério mais visível, obrigaram a recortar as *trompas* em que se apoiava a abóbada. Na nova configuração do edifício, tais elementos pareciam arestas de diamantes que se empregaram profusamente nas decorações em gesso da primeira metade do século XVII.

XII.5 ERMIDA DE CASTILLEJA DE TALHARA

Pela A-477, a 4 km, há um desvio à direita que leva até uma estrada de terra batida. Pertence ao município de Benacazón. A ermida está rodeada de campos de oliveiras e de laranjeiras, além dos jardins da capela, recentemente restaurados. Combinar a visita com a Câmara Municipal. Telef.: 95 57 05 173.

Em 1371, estas terras, foram declaradas senhorio e, em 1477, converteram-se em morgadio, aquando da sua compra por Fernando Ortiz e Leonor Fernández de Fuentes.

A Ermida de Castilleja de Talhara, actualmente incompleta e meio arruinada, está feita de tijolo e taipal. Possui cabeceira e corpo quadrados, distribuído este último em três naves. A cabeceira estava coberta com abóbada de panos apoiada sobre *trompas*, e as naves, embora não se conservem vestígios, com vigamentos de madeira. As naves estão separadas por pilares cruciformes apoiados sobre arcos quebrados. O templo tem duas portadas, uma na fachada dos pés e outra no lateral esquerdo. A primeira é uma das mais interessantes do mudéjar sevilhano, com arquivoltas apontadas e um arco quebrado e polilobado emoldurado por *alfiz*. Nela, combinaram-se elementos realizados com tijolos finos com outros rebocados, imitando um ritmo bicromo. O esquema compositivo faz lembrar as portadas das paróquias da vila vizinha de Sanlúcar la Mayor, embora enriquecido por uma experiente combinação de materiais e os subsequentes jogos de texturas. Esta portada deve ser considerada como mais um elo na cadeia evolutiva das portadas realizadas com tijolo à vista e laçarias embutidas ou em relevo, que foram surgindo pela região sevilhana.

A portada lateral é bem mais simples, com dupla volta, jambas rectas e *alfiz*. Das várias janelas para iluminação interior do templo, há que destacar a do muro Norte da capela-mor, cujo esquema compositivo, provavelmente, se repetia nas outras faces do presbitério. Apresenta um arco em ferradura quebrado, emol-

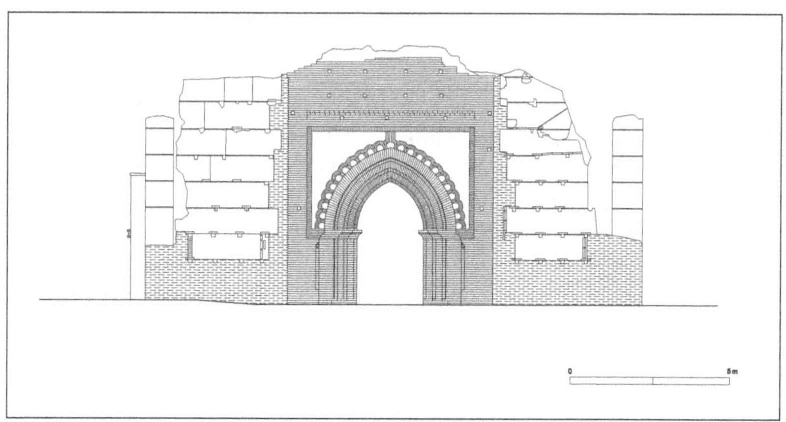

Ermida de Castilleja de Talhara, alçado, Benacazón.

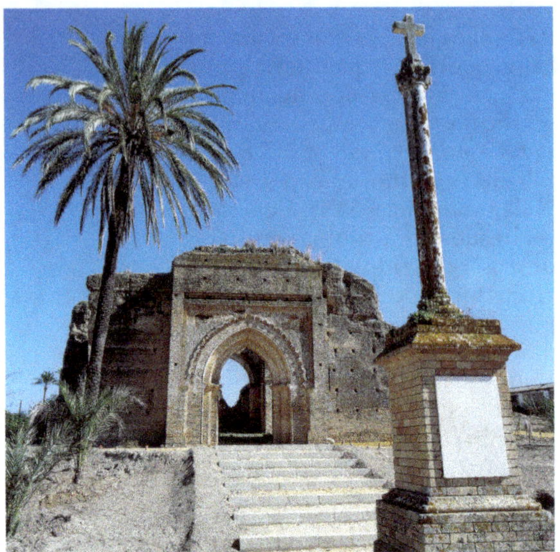

Ermida de Castilleja de Talhara, conjunto, Benacazón.

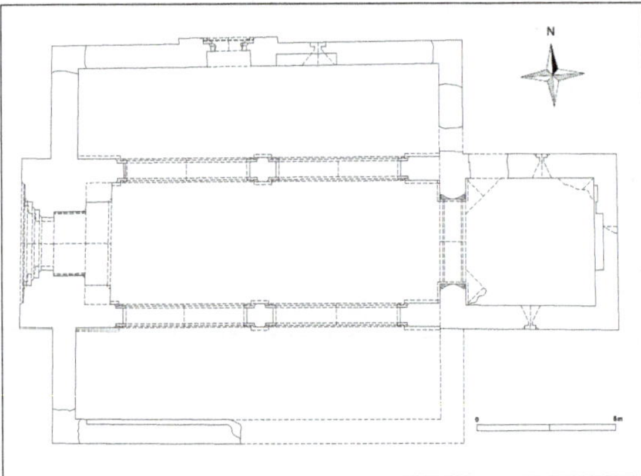

Ermida de Castilleja de Talhara, planta, Benacazón.

durado por *alfiz*, e que engloba um vão apontado, realizado em tijolo e ornamentado com peças de cerâmica vidrada a verde e azul cobalto. Relativamente ao processo construtivo do templo, é possível estabelecer duas fases diferentes. O sector mais antigo do conjunto é a cabeceira, uma estrutura em forma de *qubba* que talvez estivesse isolada ou ligada por uma nave de escassa altura. A conexão devia estar coberta por um vão apontado, permitindo assim manter a autonomia espacial do presbitério, típico da *qubba*.

O edifício poderia datar de 1371, ano em que foi instituído o senhorio de Castilleja de Talhara, por Alfonso Fernández de Fuentes.

O conjunto foi profundamente remodelado um século mais tarde. As obras deveram-se, provavelmente, ao aumento da população, servindo, ao mesmo tempo, para deixar constância da autoridade dos, nessa altura, únicos senhores do lugar, os Ortiz, que fundaram em 1477 o morgadio. Talvez então se tenha acometido a construção do actual corpo de três naves da igreja, obra aparentemente desligada da cabeceira e que obrigou a remodelar o arco triunfal, elevando a sua altura e incorporando novos suportes. Dessa forma, pretendia-se uma ligação espacial e visual entre o presbitério e as naves, mais fluída.

XII.6 **AZNALCÁZAR**

XII.6.a **Igreja de San Pablo**

A 4 km, pela A-477.
Horário de culto: aos sábados, às 19:30 (no Verão, às 20:30); aos domingos, às 10 e às 12. Durante a semana, combinar a visita com o pároco. Telef.: 95 57 50 635.

A Igreja Paroquial de San Pablo foi considerada uma das obras-primas da arquitectura mudéjar sevilhana. A sua capela-mor consta de dois tramos, um rectangular e outro poligonal, ambos com abóbadas de nervuras. O corpo da igreja possui três naves separadas por esbeltos pilares que recebem arcos quebrados, sustentando, na actualidade, vigamentos modernos de estilo mudéjar.

A portada a poente está realizada em tijolo, emoldurada por um talo grosso, com arquivoltas apontadas rematadas por uma cornija com mísulas e ameias. A portada meridional está feita de tijolos finos ocres e avermelhados alternados. As arquivoltas são apontadas, flanqueadas por talos, com laçarias de factura esplêndida nas *enjuntas*. Uma cornija com mísulas e um friso com cartelas rematam esta fachada.

A torre, na zona da cabeceira, aparece isolada. A escada interior, em torno a um eixo central quadrangular, está coberta por abóbadas de aresta e de berço apontado. O campanário é do século XVIII, coincidindo com as reformas que se levaram a cabo em todo o edifício.

Esta igreja apresenta elementos estreitamente relacionados com os de outras paróquias sevilhanas erguidas por volta de 1356, como a de Omnium Sanctorum, San Andrés e San Esteban. No entanto, pensa-se que é posterior a estas. A cabeceira do templo data de começos do século XV, mas o corpo da nave parece ser um pouco posterior. Os últimos elementos a serem construídos foram, talvez, as portadas, por volta de 1500.

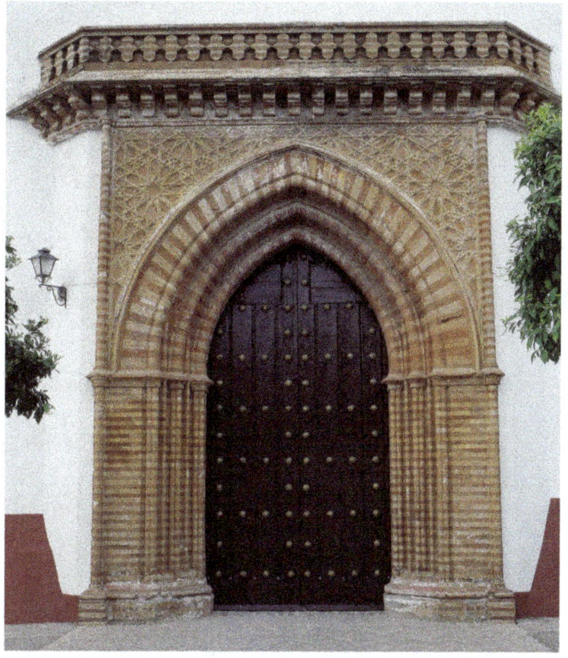

Igreja Paroquial de San Pablo, portada lateral, Aznalcázar.

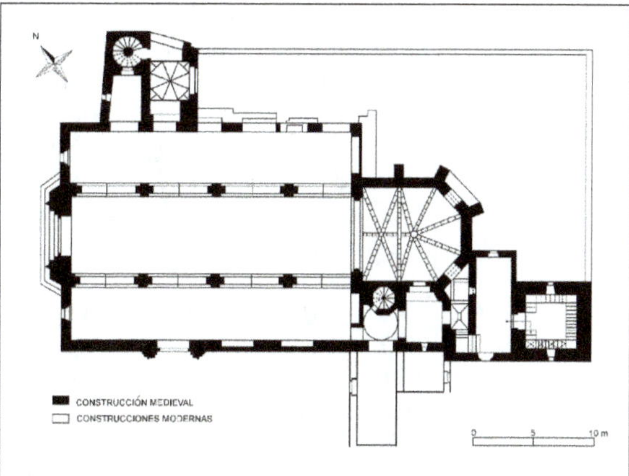

Igreja de San Pablo, planta, Aznalcázar.

Doñana

São muitos os motivos que justificam a importância do Parque Nacional de Doñana, *mas, essencialmente, deve-se à sua riqueza ecológica e zoológica. Relativamente fauna, Doñana é um local fundamental para a invernada a um local de passagem e nidificação para numerosas espécies de aves. São três os ecossistemas que conformam o Parque: a praia e os sistemas dunares,*

o bosque mediterrânico e a zona lacustre e de esteiros, áreas que lhe conferem uma diversidade e riqueza únicas.
Recomenda-se visitar o Centro de Interpretação "José Antonio Valverde" a partir de Aznalcázar. Chega-se à povoação por uma pista de terra batida sinalizada. Também há outras maneiras divertidas de visitar o Parque: de jeep, a partir da aldeia de El Rocío (telef.: 959 36 38 13), ou de barco, no Buque Real San Fernando, que percorre o rio Guadalquivir (saída de Sanlúcar de Barrameda, telef.: 956 36 38 13).

Centro de Interpretação do "Corredor Verde"

Em fins dos anos 90, desabou o muro de contenção de uma barragem onde se acumulavam resíduos de minareção, situada muito próxima das "marismas" do Parque de Doñana. *A grande quantidade de limos altamente contaminantes, galgou o curso do rio Guadiamar e atingiu diversas zonas do parque, que ainda hoje sofre as consequências desta tragédia, apesar dos incessantes trabalhos de eliminação da lama tóxica.*
Na actualidade, a Junta da Andaluzia está a desenvolver, com fundos da UE, um dos programas de restauro paisagístico mais ambiciosos e complexos da Europa. Especialistas de todas as áreas de estudos ecológicos estão a realizar numerosas análises e estudos destinados a recuperar a flora, a fauna e as águas. Toda esta operação ficará em exposição num Centro de Interpretação aberto ao público em Aznalcazar.

XII.7 ERMIDA DE GELO (opção)

A 4 km, pela A-474. Pertence ao município de Benacazón. Combinar a visita com a Câmara Municipal de Benacazón.

Este edifício, um destacado exemplar da arquitectura religiosa mudéjar, é quase o único vestígio arquitectónico de uma povoação que foi propriedade do cabido da catedral de Sevilha até à sua venda, em meados do século XV, ao cavaleiro sevilhano Gonzalo de Saavedra e D.ª Inés de Ribera, sua esposa.
Este pequeno templo, recentemente restaurado, apresenta planta rectangular com três naves separadas por pilares rectangulares e capela-mor quadrada, à qual aparecem adossadas, lateralmente, a sacristia e uma vivenda. Os *madeiramentos* modernos, inspirados nas antigas formas mudéjares, cobrem o interior das três naves e, sobre a capela-mor, ergue-se uma abóbada de oito panos sobre *trompas*. No edifício, há que destacar a portada do lado de poente, construída em tijolo, com arquivoltas apontadas e rematada por uma cornija com ameias escalonadas. Na cabeceira, há que assinalar também uma janela cega formada por um arco quebrado e polilobado, apoiado sobre talos e emoldurado por um *alfiz* decorado com laçarias.
O edifício actual é o resultado de um complexo processo histórico articulável em quatro etapas fundamentais. À fase inicial corresponde um templo de uma nave com cobertura de madeira, além de uma capela-mor quadrada, segundo o

modelo da *qubba* muçulmana. A abóbada deste espaço provavelmente emergia sobre um terraço da cobertura. A entrada seria pelo portal Oeste. Esta portada, mais a janela da cabeceira, permitem situar a primeira fase construtiva num momento avançado do século XV.

Durante a segunda etapa, construíram-se as três naves, ampliando o arco triunfal para facilitar a ligação da cabeceira com o corpo das naves. A altura da nave central obrigou a dar maior altura aos muros da cabeceira, o que originou a substituição do antigo terraço por uma cobertura de quatro águas. Também durante esta fase construiu-se o campanário sobre a fachada de poente e abriu-se um outro portal no lado Sul do templo. Estas obras parecem corresponder ao primeiro terço do século XVII.

Uma nova fase do edifício corresponde já ao século XIX, momento em que se acometem obras de reparação geral das estruturas e de remodelação do campanário e da portada lateral.

Contudo, foram mais decisivas as intervenções realizadas no século XX, correspondentes à quarta fase da história do edifício. Na década de quarenta teve lugar uma intervenção de teor historicista, afectando fundamentalmente os *madeiramentos* e o chão. O último restauro levado a cabo na ermida, em 1998, foi motivado pelo abandono a que estava votado e ao seu avançado estado de degradação. Tratou-se de uma intervenção integral que procurou recuperar as estruturas e os elementos antigos, mas mantendo os acrescentos das diferentes fases.

Recomenda-se voltar à cidade de Sevilha pela auto-estrada de Sevilha-Huelva.

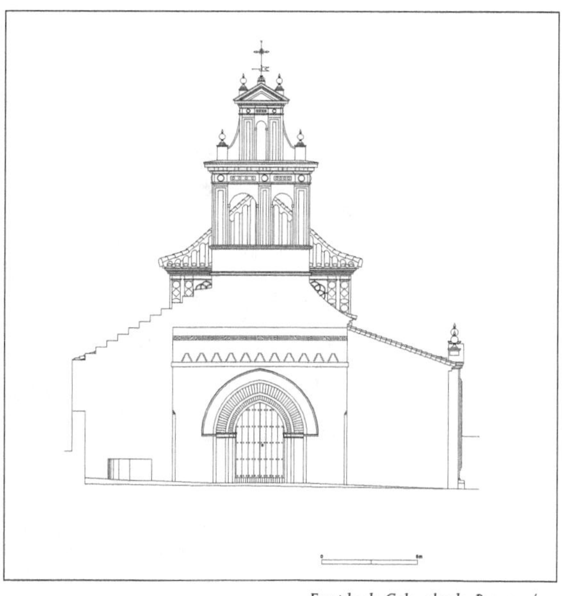

Ermida de Gelo, alçado, Benacazón.

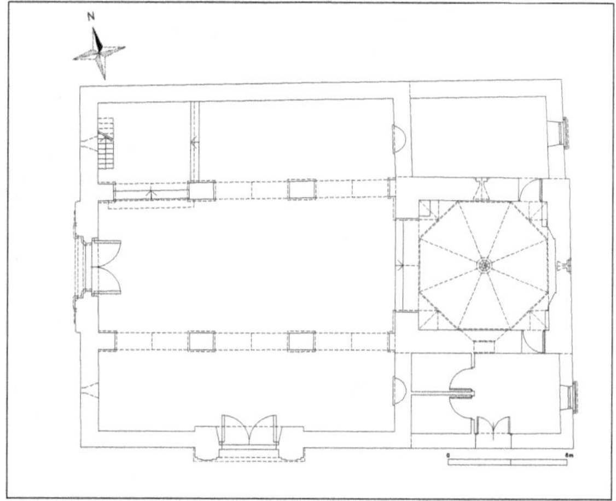

Ermida de Gelo, planta, Benacazón.

De Sevilha, pode-se continuar com a exposição MSF de Marrocos, ***O Marrocos Andalusí. A descoberta de uma arte de viver,*** *ou seguir o roteiro mudéjar de Granada.*

CAPILLAS FUNERARIAS Y PRESBITERIOS DE TRADICIÓN MUSULMANA

Alfredo J. Morales

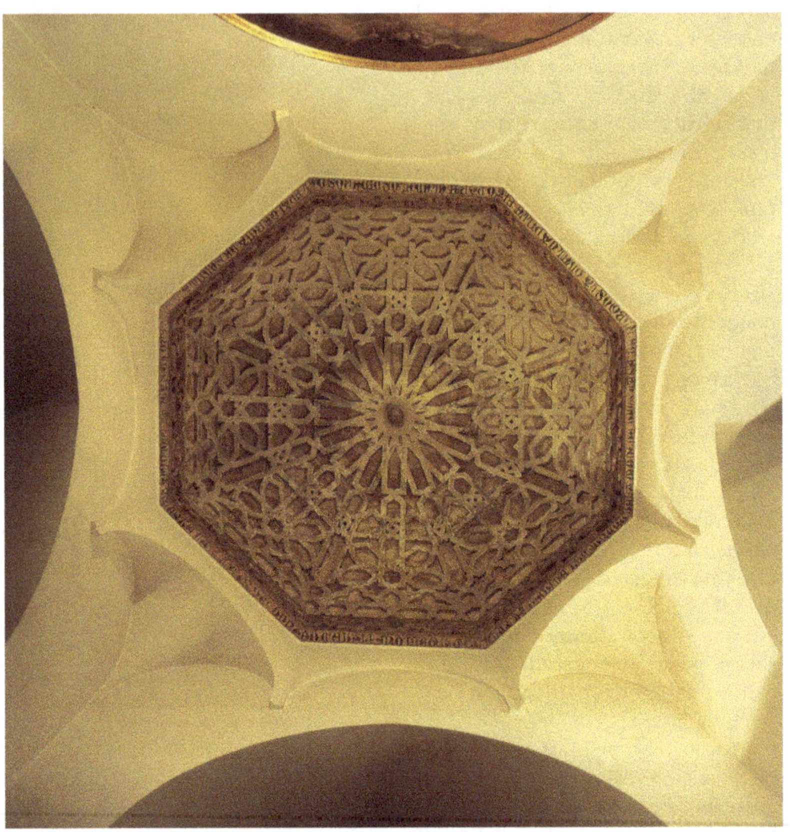

Igreja da Magdalena, abóbada da Capela da Quinta Angustia, Sevilha.

Alguns dos nobres sevilhanos que construíram as suas capelas funerárias nos templos paroquiais, repetiram a fórmula da *qubba* muçulmana, um espaço coberto por cúpulas de carácter polivalente e que, às vezes, servia de sepultura, organizando-se em planta quadrada com abóbadas apoiadas sobre *trompas*. Este tipo de construção generalizou-se nos começos do século XV, difundindo-se por todas as povoações do arcebispado hispalense e até por Castela. Uma vez abertas as naves laterais das igrejas, as capelas funcionavam como espaços independentes e autónomos, contribuindo para dilatar transversalmente o espaço interno e para enriquecer volumetricamente o perfil exterior dos templos.

Nas suas manifestações mais simples, estas capelas costumam apresentar uma planta quadrada e um sistema de cobertura resolvido mediante abóbadas de panos apoiadas sobre *trompas* angulares. Este esquema foi-se enriquecendo progressivamente, fragmentando-se e dobrando-se as

trompas, e multiplicando-se os nervos que se cruzam no intradorso. Obtinham-se, assim, complexas composições dominadas pela ornamentação de laçarias. No exterior, é normal que a abóbada esteja trasdorsada e os muros estejam rematados por um adarve com merlões. As poucas janelas que iluminam o interior costumam resolver-se a modo de troneiras, com especial destaque para os diversos tipos de arcos enquadrados com *alfiz* que as emolduram.
Actualmente, pensa-se que a mais antiga capela funerária deste tipo que ainda se conserva seja a que existe na paróquia sevilhana de San Pedro, na qual aparece uma inscrição com a data de 1379. No entanto, é bem possível que a Capela da Quinta Angustia, do antigo Convento de San Pablo, hoje em dia Paroquia de la Magdalena, seja anterior, pois é sabido que foi construída depois de um incêndio ter destruído a igreja conventual, em 1353. De qualquer maneira, a mais importante, deixando de lado a questão da antiguidade, é a Capela da Piedad, na Igreja de Santa Marina, construída por volta de 1415.

Embora não rivalizem em riqueza decorativa com esta última, há muitas outras capelas funerárias em igrejas pertencentes ao arcebispado de Sevilha, como em San Pedro de Sanlúcar la Mayor, San Pablo de Aznalcázar, San Jorge de Palos de la Frontera e San Marcos de Jerez de la Frontera.
A difusão destas capelas funerárias chega até Cordova, como as das Igrejas de San Miguel, de San Pablo e de Santa Marina. Já em terras castelhanas, o modelo recuperou a complexidade e a riqueza ornamental das melhores criações sevilhanas. Uma boa prova disso são a Capela de San Jerónimo, no Convento de la Concepción Francisca de Toledo; a Mejorada, em Olmedo; e a Capela Dorada, no Convento de Santa Clara de Tordesilhas.
Mais tarde, quando perderam o seu carácter funerário, estas estruturas em forma de *qubba* serviram de modelo para o presbitério de algumas igrejas mudéjares sevilhanas, especialmente na comarca do Aljarafe. As soluções mais complexas e originais encontram-se nas Paróquias de Hinojos e de Gerena.

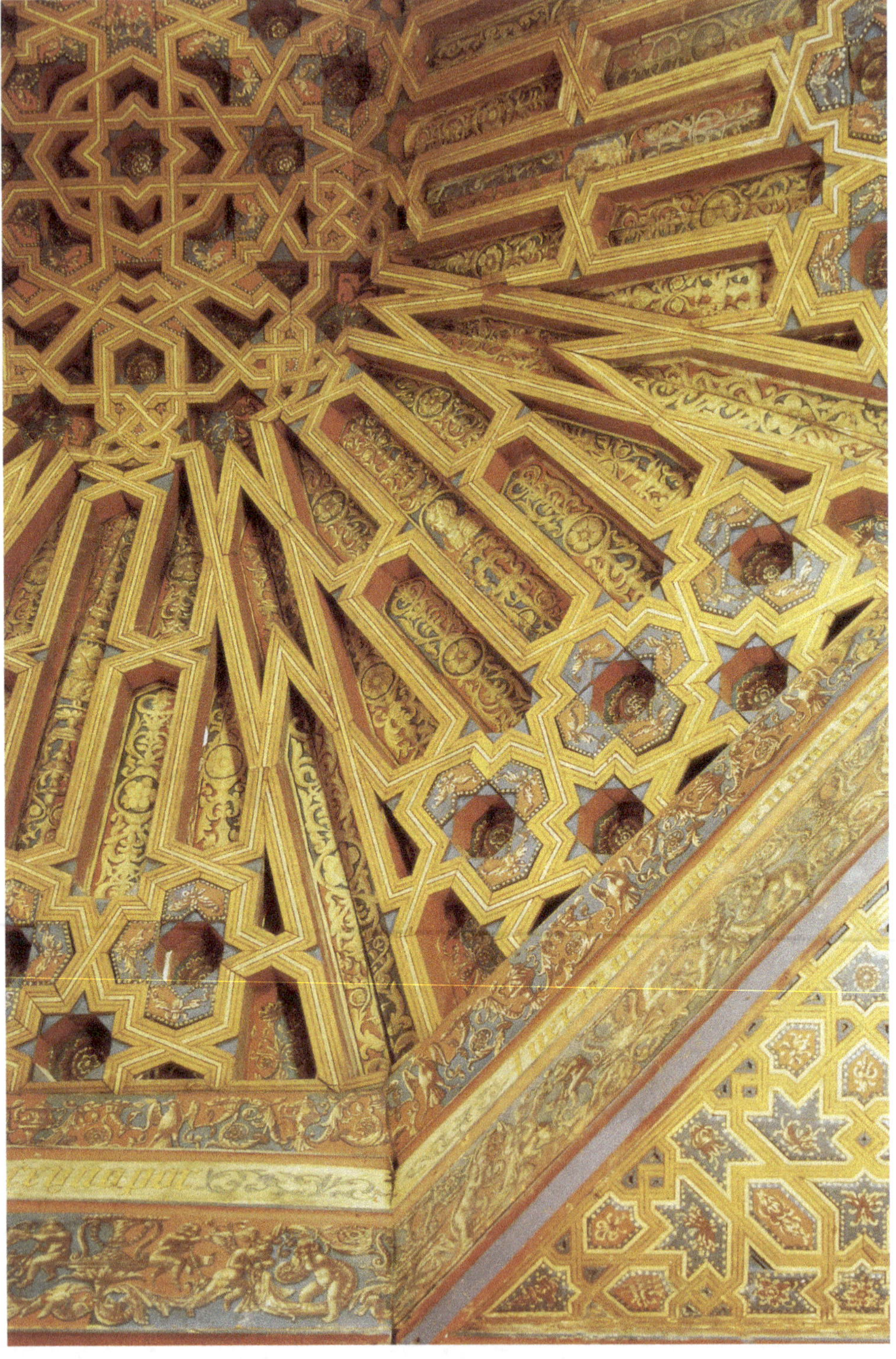

Rodrigo de Mendoza, Marquês do Zenete: do castelo de La Calahorra até ao Albaicín

Rafael López Guzmán, Miguel Angel Sorroche Cuerva

Este circuito forma parte do programa **"Uma entrada para o Mediterrâneo"** co-financiado pela União Europeia no âmbito da Acção Piloto Espanha-Portugal-Marrocos. Art. 10 FEDER.

Primeiro dia

XIII.1 LA CALAHORRA

- XIII.1.a Castelo-palácio
- XIII.1.b Igreja de La Calahorra

XIII.2 LANTEIRA

- XIII.2.a Igreja de Lanteira

XIII.3 JEREZ DEL MARQUESADO

- XIII.3.a Igreja de Jerez del Marquesado

XIII.4 GUADIX

- XIII.4.a Igreja de Santa Ana
- XIII.4.b Igreja de Santiago
- XIII.4.c Igreja de San Miguel
- XIII.4.d Igreja de San Francisco (opção)

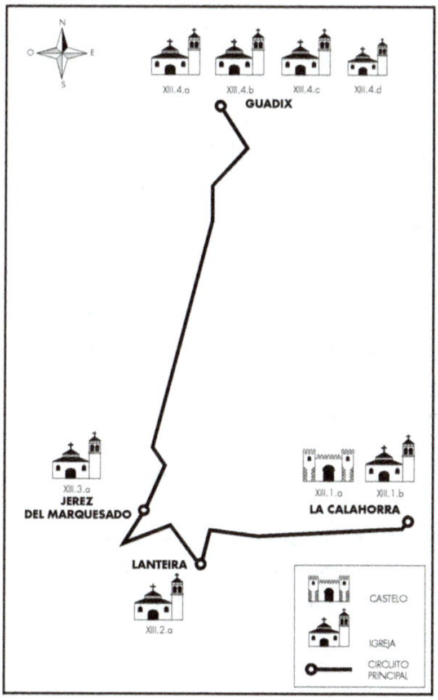

Palácio do Madraçal, salão de Caballeros Veinticuatro, pormenor do artesoado, Granada.

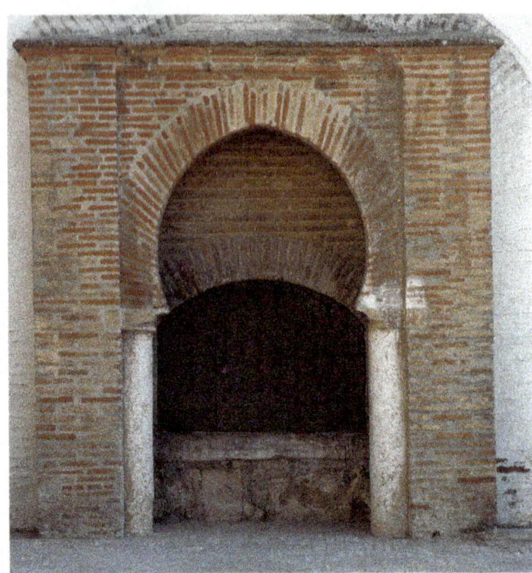

San Miguel Bajo, bocal de poço-cisterna, Granada.

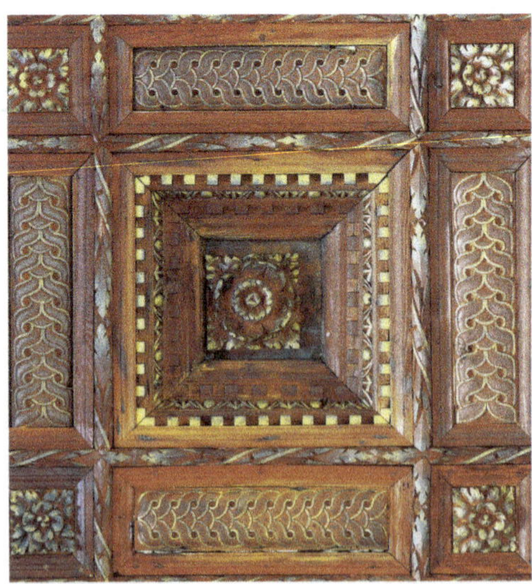

Hospital Real, pormenor da escada do Pátio de los Mármoles, Granada.

De certa forma, este circuito, de dois dias de duração, é uma recriação do itinerário histórico entre a comarca do marquesado do Zenete e a cidade de Granada. O percurso ligava o retiro do marquês, o castelo-palácio de La Calahorra e os edifícios que tinha começado a construir em Granada: uma moradia erguida nos arredores da cidade sobre uma antiga fortaleza muçulmana, e um palácio de tipologia *mudéjar* no centro do Albaicín.

Visitaremos um conjunto de edifícios civis e religiosos que evidenciam o modo como a arte *mudéjar* se integrou no processo de domínio e controlo do território, e como o seu sistema de trabalho oferecia soluções rápidas, baratas e seguras quando se pretendia reutilizar espaços medievais. Este sistema estava estruturado em ofícios e manejava uma terminologia muito precisa. Enraizado nos sistemas gremiais e baseado na aprendizagem consuetudinária, dava perfeita conta da complexidade e especificidade do rico legado *mudéjar* que propomos nesta visita.

O lado Norte da Serra Nevada converteu-se num polo de atracção para os muçulmanos espanhóis desde fins do século XV até à expulsão dos *mouriscos,* no século XVII, graças à carta outorgada pelo cardeal Mendoza no ano 1490, na qual se convidavam os muçulmanos que fugiam da fronteira com Castela a instalarem-se nessa zona de Granada. A promulgação dessa carta supôs, além de um motivo de confronto com a Coroa, pela política de tolerância que nela se anunciava, a manutenção da arte *mudéjar*. Os sistemas construtivos do *Mudéjar*, caracterizados por uma maneira peculiar de trabalhar a

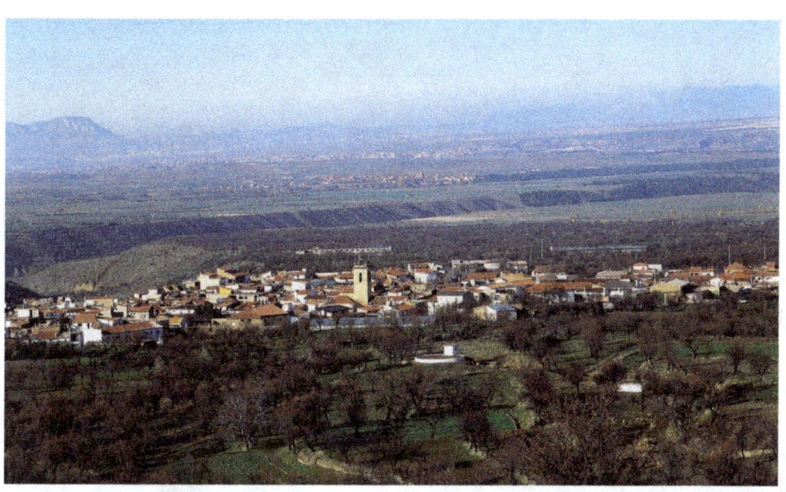

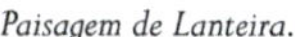
Paisagem de Lanteira.

madeira dos tectos e dos vigamentos, reflectiam-se também na fisionomia urbana e nos edifícios presentes de um número considerável de povoações da região, testemunhando com a sua presença um passado cultural caracterizado pela simbiose cultural. O filho do cardeal primaz, Dom Rodrigo de Mendoza, nutria uma especial predilecção por esta comarca, da qual foi nomeado herdeiro e marquês em 1491. Dom Rodrigo foi uma das figuras mais notáveis do reino de Granada na transição da Idade Média para a Idade Moderna. Foi protagonista de uma série interessante de acontecimentos que revelam o seu perfil contraditório: por um lado, bateu-se pela conservação das estruturas feudais do Medievo, enfrentando-se mesmo ao poder real; por outro, com as obras levadas a cabo no seu castelo-palácio de La Calahorra, foi um dos primeiros mecenas a introduzir a arte do Renascimento.

No centro do marquesado do Zenete construiu um dos edifícios mais singulares da nossa Idade Moderna. Erguido sobre uma antiga fortaleza muçulmana, o castelo-palácio de La Calahorra ia permitir-lhe controlar o tráfego procedente de Almería e da comarca da Alpujarra, no outro lado da Serra Nevada. Uma cartela sobre a entrada do castelo rezava assim: "Para a defesa dos cavalheiros que os seus reis quiseram ofender". Estas palavras indignaram o rei D. Fernando, o "Católico", que para lá enviou um exército comandado pelo conde de Tendilla, primo do marquês. A entrevista entre ambos os primos, uma vez eliminado o texto ofensivo, acabou em festejos familiares.

XIII.1 LA CALAHORRA

XIII.1.a Castelo-palácio

Do castelo avista-se um panorama impressionante dos campos salpicados de amendoeiras e, ao fundo, a Serra Nevada.

La Calahorra

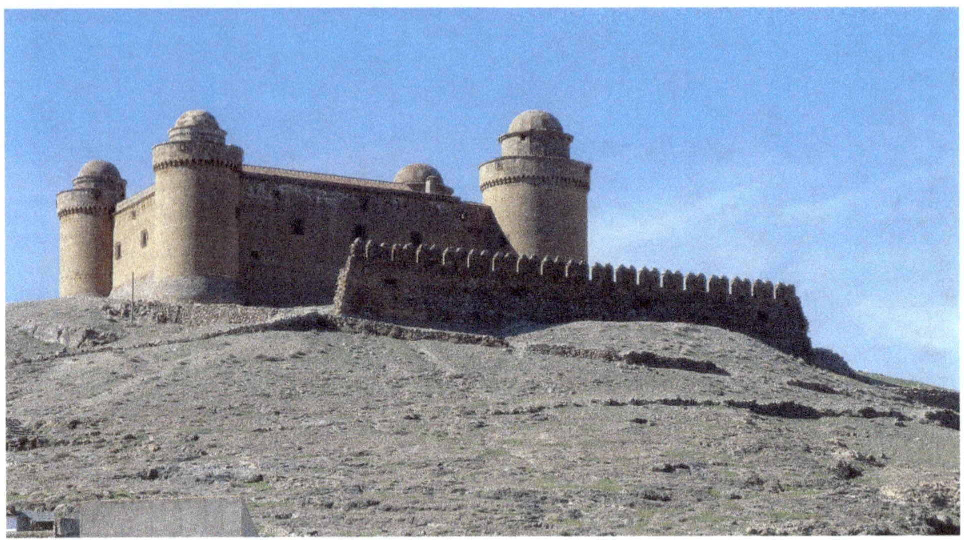

Castelo - Palácio de La Calahorra, vista geral, La Calahorra.

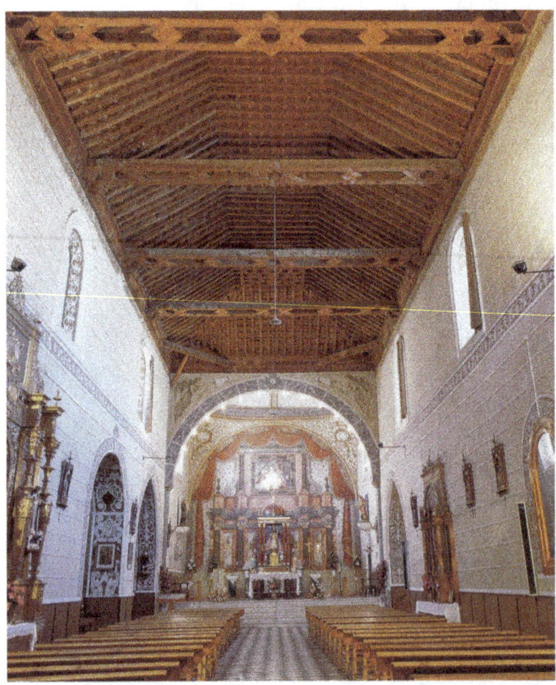

Igreja de La Calahorra, interior, La Calahorra.

Horário: às quartas, das 10 às 13 e das 14 às 18.

Encomendado por Rodrigo de Mendoza, em 1509, e terminado três anos mais tarde, o castelo converteu-se num dos exemplares mais destacados da arquitectura renascentista espanhola do século XVI. A sua construção ia contra o programa real da época, que apostava na destruição das fortalezas existentes para, desse modo, consolidar o seu poder sobre todos os súbditos, inclusive a velha nobreza feudal. Nesse sentido, a tentativa de Rodrigo resultava num anacronismo apenas explicável pelos interesses políticos e estratégicos duma coroa que ainda pensava vir a precisar da velha casta feudal e militar.

O exterior do castelo, fechado e militar, contrasta com um interior requintado e cortesão, fiel reflexo do ideário humanista italiano. O espírito renascentista fica bem patente no pátio com arcadas nos dois andares (cinco arcos sobre colunas coríntias em cada nível). As superiores descansam sobre pedestais e a toda a volta corre uma balaustrada de mármore. A escadaria ocupa o centro do lado Oeste e condiciona, devido à sua largura, os restantes espaços, modelo este seguido por grande parte das construções renascentistas espanholas.

No aspecto decorativo destacam as portadas, as janelas e os frisos, nos quais se pode apreciar um rico programa escultórico. As inscrições latinas fazem referência ao mecenas e à sua esposa, e alternam com esculturas inspiradas na mitologia greco-romana. Tudo, em definitiva, obriga a uma leitura do edifício em clave humanística. Os tectos de madeira das divisões prenunciam os trabalhos de carpintaria que vamos encontrar a partir de agora no nosso itinerário.

No edifício colaboraram numerosos artistas e artífices espanhóis e italianos. Deles destacaremos Michele Carlone, que dirigiu os trabalhos, primeiro desde Génova e, mais tarde, no próprio palácio. Em Génova, Carlone controlou o corte e a talha dos mármores de Carrara, que foram sendo enviados de barco até ao porto de Almería. Uma vez transportados até La Calahorra, o arquitecto italiano preocupou-se de incorporar aos materiais utilizados, mesmo os extraídos no local, reminiscências da Antiguidade clássica, temática que o Renascimento tentava resgatar.

XIII.1.b Igreja de La Calahorra

Horário: segundas, terças e sábados, das 19:30 às 21; às sextas, das 17 às 21; aos domingos, das 11 às 13. Se a Igreja estiver fechada, telefone para a Paróquia. Telef.:958 67 71 26.

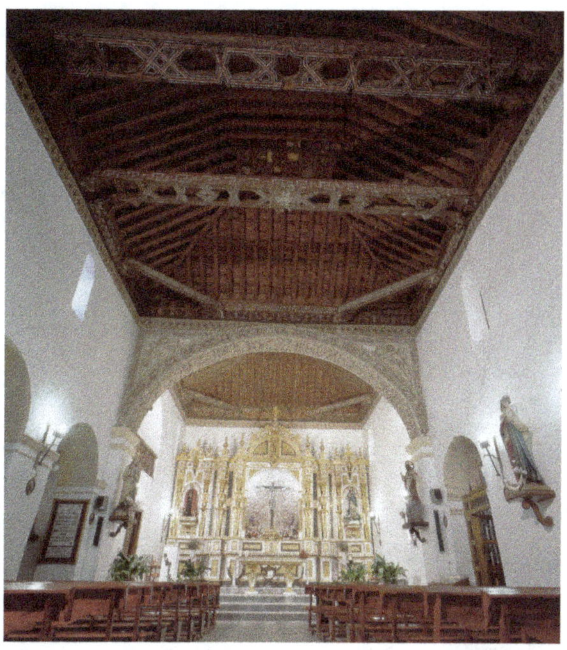

Igreja de Lanteira, interior, Lanteira.

Sobre o núcleo urbano ergue-se a igreja, construída no ano 1550 a partir do projecto elaborado em 1546 por Francisco de Antero. A sua torre de tijolo é um dos melhores exemplares de toda a comarca. Quando chegamos ao local, comprovamos que a igreja só possui uma nave, com o coro logo à entrada. Na cobertura empregou-se uma das soluções mais sábias dos tectos do *Mudéjar*: *limas* duplas com quadrais simples e cinco pares de tirantes em *peinazo* sobre cachorradas. Possui duas portadas trabalhadas em tijolo, uma aos pés da igreja e uma outra num dos laterais, que vai dar à praça. A capela-mor, separada do resto do edifício por um arco toral, foi completamente remodelada no século XVIII.

Esquemas de um madeiramento de lima bordón.

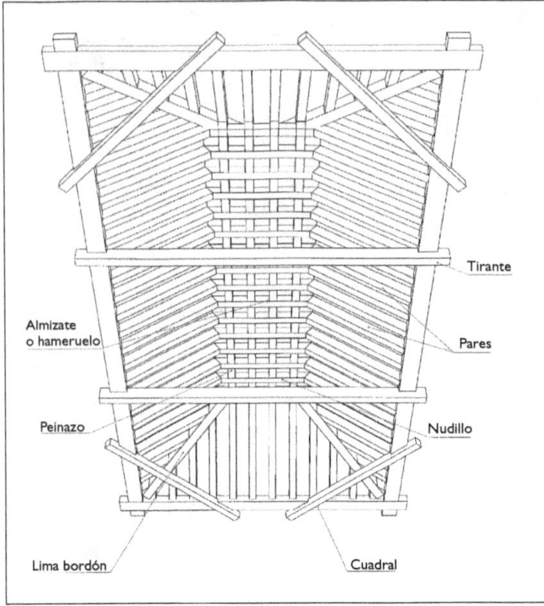

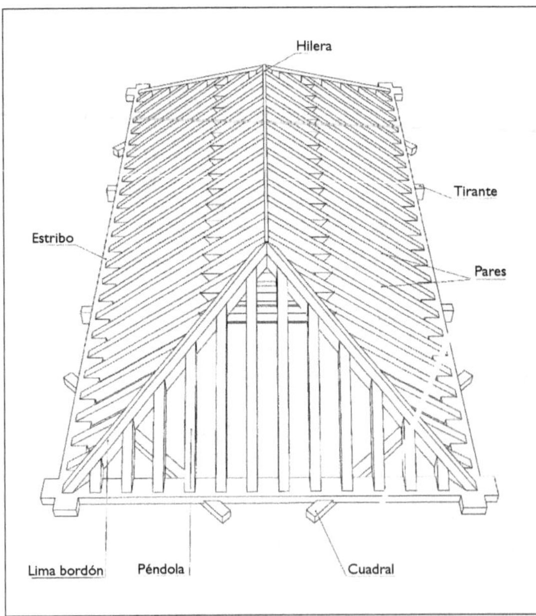

XIII.2 LANTEIRA

XIII.2.a **Igreja de Lanteira**

A 7 km, pela SE-19.
Horário: às terças, quartas, quintas e sábados, das 17:30 às 18:30; aos domingos, das 11 às 12:30. Se a igreja estiver fechada, perguntar pela D.ª Angelina. Telef..: 958 67 36 99.

A igreja, posterior a 1626 —nesse ano estava ainda arruinada—, possui uma das melhores coberturas *mudéjares* da comarca. A sua existência é a prova do uso destas técnicas após a expulsão dos mouriscos (1610), ao mesmo tempo que a convertem num claro legado da cultura islâmica. A sua estrutura é de *limas* simples, com quadrais e quatro pares de tirantes em *peinazo* e laçaria de oito apoiada sobre cachorradas. Junto ao *frechal* ainda se podem observar alguns restos da policromia original, de formas geométricas e *grutescos* de uma complexidade que ilustra bem a incontestável riqueza das técnicas artísticas de origem árabe. A capela-mor, separada da nave por um arco toral rebaixado, está coberta por um *madeiramento de limas bordones* com quadrais apoiados sobre cachorradas maneiristas invertidas. O *almizate* apresenta pinhas de *estalactites* no centro. Conta com um coro e, junto ao presbitério, há uma varanda reservada para os notáveis da povoação. No exterior, destacam as duas portadas de acesso: uma delas, na entrada, e, a outra, num dos lados da praça. Ornamentadas com molduras simples, ficam integradas com grande naturalidade na sobriedade do casario circundante.

XIII.3 JEREZ DEL MARQUESADO

XIII.3.a Igreja de Jerez del Marquesado

A 6 km, pela SE-19.
Para combinar a visita, contactar a Paróquia. Telef..: 958 67 21 10.

A Igreja de Jerez del Marquesado, juntamente com a de Llantera, são duas das obras *mudéjares* mais importantes do distrito de Granada. Possui duas portadas, uma aos pés da nave, em tijolo, e outra lateral, de estilo renascentista, com arco de meio-ponto, colunas coríntias, entablamento e nicho. As enjuntas, decoradas com escudos bispais, deixam entrever que estamos perante o autêntico centro institucional e religioso da comarca. A sua situação geográfica e o grande número de *mouriscos* que formavam parte da sua população foram, certamente, elementos determinantes.
No interior deparamo-nos com três naves separadas por pilares de tijolo com meias colunas adossadas, que criam uma visão compartimentada do espaço interior do templo. As capelas e retábulos estão adornados com uma riqueza sugestiva, sem ser excessiva, dando fé da devoção popular. Sobre o *madeiramento* monumental dos tectos desenvolve-se um interessante programa pictórico, bastante obscurecido na actualidade devido ao fumo das velas e candeias e à passagem do tempo. Sobre laçarias e *arabescos*, aparecem *grutescos* renascentistas: juntam-se as tradições italianas introduzidas pelo Marquês do Zenete e a herança muçulmana nos trabalhos de carpintaria.

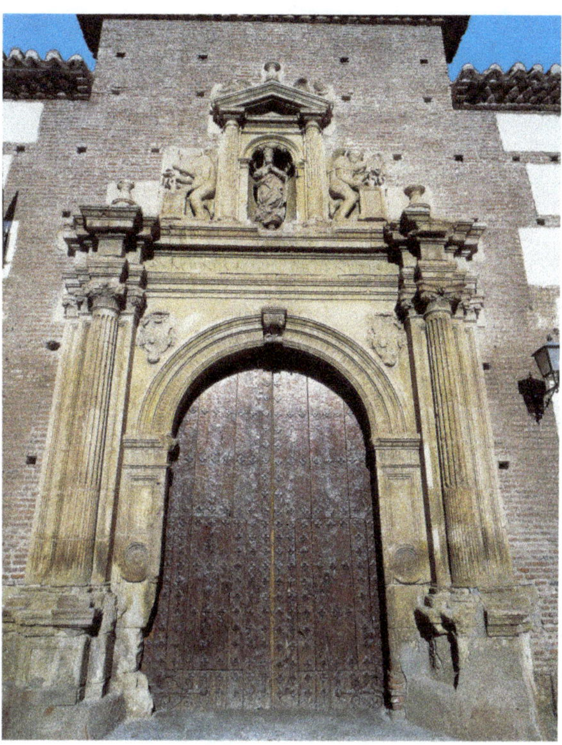

Igreja de Jerez del Marquesado, portada lateral.

Parque Nacional da Serra Nevada
A imponente mole da Serra Nevada alcança os 3.481 m de altura no monte Mulhacém, além de mais de vinte picos por cima dos 3.000 m. O parque ocupa uma extensão com cerca de 170.000 ha, e formam parte dele mais de sessenta municípios.
A altura da serra favoreceu a formação de glaciares no Pleistoceno, o que quer dizer que estamos perante o reduto mais meridional do glaciarismo ibérico. A acção do gelo deu lugar a interessantes formas, esculpindo arestas, vales, e criando circos, áreas de depósito de pedras originadas pelos glaciares e vários conjuntos de lagoas, próprios das paisagens alpinas.

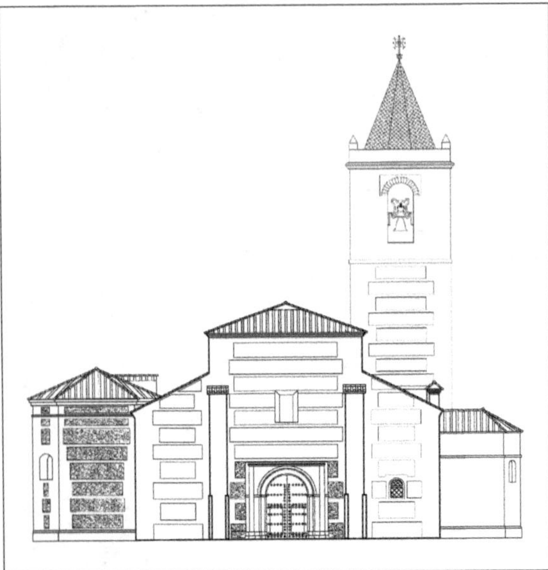

Igreja de Jerez del Marquesado, alçado, Jerez del Marquesado.

Igreja de Jerez del Marquesado, Planta, Jerez del Marquesado.

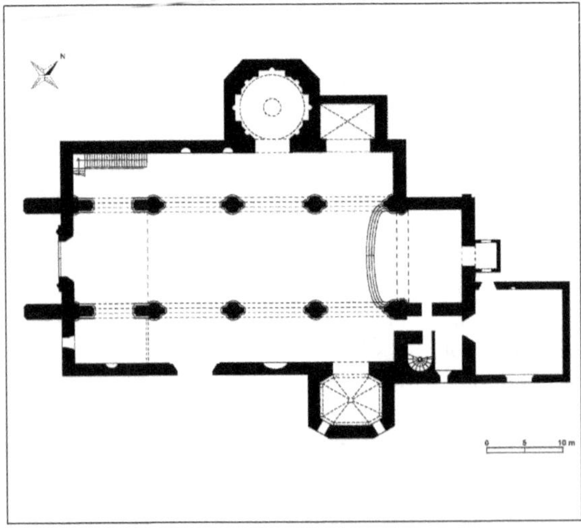

XIII.4 GUADIX

Durante a época islâmica, Guadix foi um importante centro urbano. Chegou a ser capital em várias ocasiões, quando o reino de Granada estava dividido pelas guerras civis. Assim aconteceu durante a guerra de disputa pelo poder entre Zagal e Boabdil, último rei de Granada, em fins do século XV. A conquista da cidade produziu-se em 1489. Os Reis Católicos encontraram uma cidade completamente islâmica. Todo o núcleo urbano, do qual formavam parte a alcáçova, a *medina* (com uma mesquita *aljama*) e vários arrabaldes, estava cercado por fortes muralhas.

XIII.4.a **Igreja de Santa Ana**

A 11 km, pela SE-19. Situada na Rua Santa Ana.
Horário: às segundas, das 18 às 20; às terças, das 18 às 21; às quartas, das 16:30 às 20; às quintas, das 17 às 20; às sextas, das 16 às 20; aos sábados, das 16:30 às 20; e aos domingos, das 8:30 às 13:30.

Uma das portas da muralha muçulmana (o chamado Arco de la Imagen), serve de entrada para o lugar que ocupa a Igreja de Santa Ana. Foi construída sobre os terrenos de uma antiga mesquita. Após a sua consagração, permaneceu como igreja paroquial até ao ano de 1500. Possui planta de basílica dividida em três naves, com coro alto e presbitério de planta octogonal. Os arcos formeiros situados sobre as capelas e os suportes são góticos. No interior, destaca o tecto de *madeiramento de "limas"*, que mantém a cor natural da madeira, criando um forte contraste com o branco da cal que inunda os paramentos, os suportes e as capelas. A sobriedade dos elementos e o contraste cromático fazem desta igreja um perfeito local de repouso antes de empreender a descida até ao centro da cidade, onde estavam situados os antigos mercados muçulmanos ao ar livre, e onde hoje se sente o fervilhar de uma capital de província.

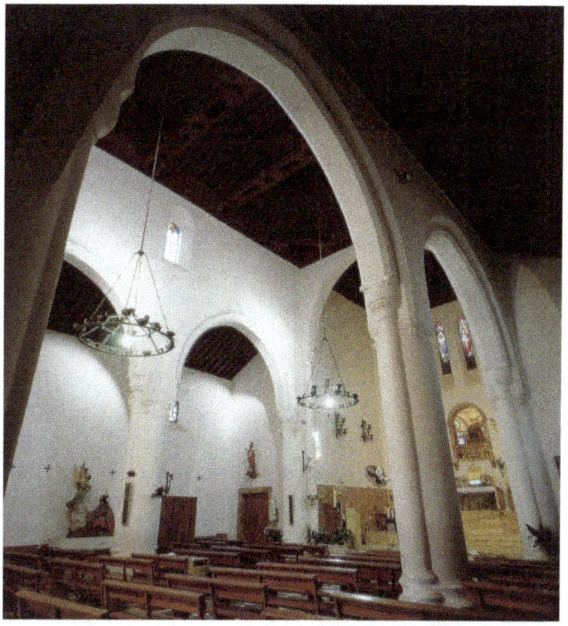

Igreja de Santa Ana, interior, Guadix.

XIII.4.b **Igreja de Santiago**

Situada na Praça de Santiago.
Horário: das 17:30 às 20. Se a igreja estiver fechada, telefone para a Paróquia. Telef.: 958 66 10 97.

Foi edificada junto ao local onde estava situada a "Bab Rambla" ou Porta da Rambla, sobre uma antiga mesquita da qual ainda subsiste parte dos banhos, que foram incorporados no conjunto actual. O plano geral da igreja é comum ao de outras construções de Guadix: três naves e capelas laterais separadas por arcos e suportes góticos de tijolo rebocado. Os tectos das naves laterais apresentam estruturas em pênsil; as vigas estão decoradas com faixas a preto e branco e aparecem encurvadas em direcção à capela-mor, como a própria nave, para assim potenciar visualmente o espaço. As capelas têm coberturas similares às das naves laterais, excepto as duas mais próximas da capela-mor, que apresentam *madeiramentos de limas moamares* de três vertentes em *peinazo* com laçaria de oito.

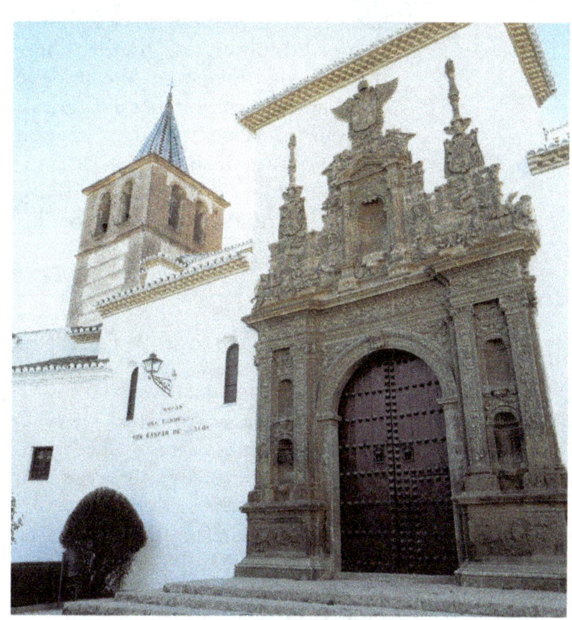

Igreja de Santiago, portada e torre, Guadix.

A cobertura do presbitério —uma abóbada de madeira de volta perfeita com caixotões em forma de estrelas— faz lembrar a da Igreja de Santa Isabel la Real de Granada. Foi fechada com uma estrutura de carpintaria de caixotões decorados com rosetas. O programa decorativo é do mesmo teor na portada principal, no lado do Evangelho. Atribuída a Diego de Siloé —o autor provável do plano—, e executada por Rodrigo de Gibaja, consta de dois corpos. O superior está situado sobre um arco de meio-ponto, entre pares duplos de pilastras coríntias apoiadas sobre pedestais. No centro, por baixo do escudo do Imperador Carlos V, à volta do nicho, desenvolve-se um conjunto decorativo marcadamente renascentista.
O edifício foi custeado pelo bispo Dom Gaspar de Ávalos, para acolher o seu panteão pessoal e familiar. O prelado foi um dos grandes construtores da diocese e a ele se deve o traçado renascentista da catedral. Os seus interesses artísticos ficaram bem patentes nesta igreja de Santiago, onde os elementos italianizantes harmonizam com as possibilidades *mudéjares*.

XIII.4.c **Igreja de San Miguel**

Situada na Rua San Miguel
Horário: às terças e quartas, das 17 às 20:30; às quintas, sextas e sábados, das 16 às 20:30; aos domingos, das 9 às 12. Se a igreja estiver fechada, contactar a Paróquia. Telef.: 958 66 01 51.

O convento e templo de Santo Domingo, embora situado hoje em dia na rua Real de Santo Domingo, erguia-se antigamente nas cercanias da cidade, numa zona povoada por muçulmanos que se pretendiam doutrinar. O emprazamento actual data de 1958, três anos depois do início dos trabalhos de reconstrução levados a cabo pela Direcção Geral das Regiões Devastadas.
Fundada pelos Reis Católicos em finais do século XV, a sua fábrica primitiva é anterior a outras da mesma cidade, como as Igrejas de Santiago ou de Santa Ana. Em 1560 edificou-se o novo templo, ainda em construção em 1589, quando o mestre Juan Huete trabalhava nele.
O templo, ao qual se pode aceder por uma fachada singela com arco de meio-ponto com pilastras dóricas e com um entablamento encimado pelos símbolos da Ordem dos Predicadores (cães e anjos), está organizado em três naves, com arcos quebrados sobre pilares, coro alto e capela-mor com arco quebrado e entablamento, à maneira dos arcos triunfais. As naves laterais estão articuladas em três espaços separados, cobertas com abóbadas de volta inteira perpendiculares ao eixo da igreja. Do conjunto destacam as coberturas oitavadas da nave central, o presbitério e a antiga capela da Virgen del Rosario, localizada no lado do evangelho, ao pé da capela-mor, como acontece nas outras igrejas *mudéjares* da cidade. A cobertura da nave central é um exemplo exímio de *madeiramento* rectangular oitavado de *limas moamares* policromo, *almizate* em *peinazo*, com os extremos decorados com os escudos da ordem de Santo Domingos e quatro pares de tirantes apoiados sobre cachorradas.
O *madeiramento* do presbitério, que ainda conserva a cor natural da madeira é também oitavado de *limas*

moamares sobre planta quadrangular, totalmente em *peinazo* e com pinha de *estalactites* no *almizate*.

O *madeiramento* da antiga capela da Virgen del Rosario, também oitavada, com tendência para formar pequenas cúpulas, em "*peinazo*" com laço de dez, apresentando uma pinha de *estalactites* no centro.

O conjunto interior fecha-se com a capela barroca de Nossa Senhora do Rosário, mandada construir e custeada pelo bispo Frei Clemente Álvarez, no ano 1690. A planta poligonal é inspirada na Capela de San Torcuato da catedral de Guadix. Apresenta dois corpos de altura que foram simulados recorrendo a entablamentos jónicos.

A igreja, decorada sem grandes pretensões, conheceu recentemente vários processos de restauro que afectaram os paramentos interiores e deixaram ver os magníficos exemplos de coberturas que contêm.

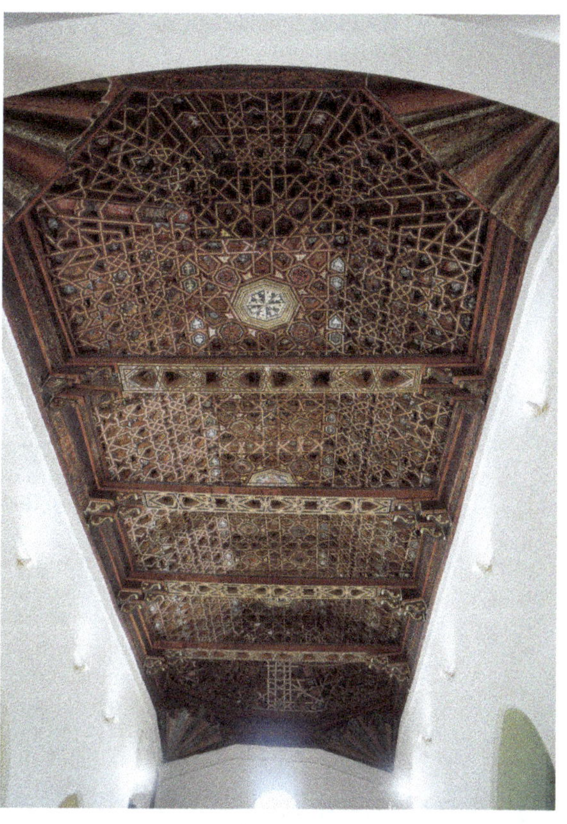

Igreja de San Miguel, tecto, Guadix.

XIII.4.d **Igreja de San Francisco** (opção)

Situada na Praça de San Francisco. Encontra-se em processo de restauro. Horário: aos domingo, das 10 àsl2.

A Igreja de San Francisco, um dos melhores expoentes da arte *mudéjar* de Guadix, obedece a um plano conventual de grande tradição: nave rectangular no centro e, na cabeceira, presbitério oitavado. No extremo oposto encontramos o coro elevado, ao qual se tem acesso a partir do convento. A estrutura completa-se com várias capelas nos lados, cobertas com diferentes sistemas de abobadamento.

O edifício ocupou o centro do bairro mais aristocrático da cidade. As capelas interiores respondiam ao desejo da nobreza de perpetuar a sua memória, não deixando nunca de incluir, dentro do programa decorativo, a heráldica familiar. Quando em fins do século XVIII foram proibidos os enterramentos no interior das igrejas e começaram a ser construídos cemitérios municipais segundo os regimentos relativos à higiene pública, os aristocratas davam sepultura aos seus mortos, de manhã, no cemitério municipal e, à noite, sob a luz das tochas, iam buscar os caixões para os depositar nas capelas dos seus antepassados, na Igreja de San Francisco.

Esta protecção permanente dada à instituição por parte das famílias mais abastadas da cidade explica o facto de nela se conservarem os *madeiramentos* mais ricos em programa decorativo e mais complexos em ensambladura de todo o distrito de Granada, mesmo da capital. Os laços com estrelas de oito e as pinhas com *estalactites* ocupam todo o espaço, imitando um céu estrelado que se poderia contemplar se não estivesse encoberto por este excepcional tecto de colorido vistoso, no qual imperam o azul, o branco, o vermelho e o dourado.

No caminho de Guadix para Granada, passados os bairros das covas de San Miguel e da Magdalena, avançando por uma paisagem quase desértica, encontramos povoações com excelentes igrejas mudéjares, testemunhando a política de ocupação do território levada a cabo pela coroa de Castela. Bons exemplos são as Paróquias de Purullena, Cortes de Guadix, Graena ou La Peza, com esplêndidas coberturas de madeiramentos.

As covas de Guadix

Este singular habitat é extremamente interessante, tanto do ponto de vista sociológico como geográfico. O bairro de covas ocupa uma extensão de cerca de 200 hectares. São terrenos predominantemente argilosos, moles, impermeáveis, endurecidos pela acção do ar. Este material é perfeito para escavar nele covas, nas quais a humidade não penetra. Dentro delas há uma temperatura constante de 18° durante todos os meses do ano. O interior, ocupado por casas, foi caiado para aumentar a luminosidade e actuar como desinfectante. Não se sabe ao certo quando começaram a ser habitadas, mas, nos nossos dias, a população ronda os 2.000 habitantes, o que a converte na maior zona troglodita conhecida.

Rodrigo de Mendoza, Marquês do Zenete: do castelo de La Calahorra até ao Albaicín

Rafael López Guzmán, Miguel Angel Sorroche Cuerva

Segundo dia

XIII.5 GRANADA

XIII.5.a Hospital Real
XIII.5.b Palácio de la Madraza
XIII.5.c Casa de los Tiros
XIII.5.d Igreja de Santa Ana e San Gil
XIII.5.e Igreja de San Pedro e San Pablo
XIII.5.f Casa de Castril - Museu Arqueológico e Etnológico Provincial
XIII.5.g Casa da rua Lavadero de Santa Inés
XIII.5.h Igreja de San José
XIII.5.i Igreja de San Miguel Bajo
XIII.5.j Igreja do Mosteiro de Santa Isabel la Real
XIII.5.k Palácio do Marquês do Zenete

Enseñanza y conocimiento científico

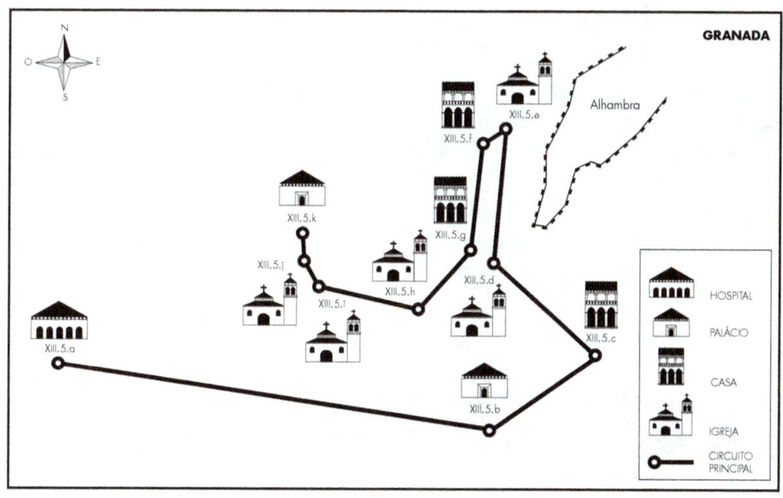

XIII.5 GRANADA

Já na cidade da Alhambra, este circuito completamente urbano leva-nos de extramuros de Granada islâmica até à *medina*. Pelas ruelas labirínticas do Albaicín, iremos até ao palácio mandado erguer pelo Marquês do Zenete no coração da cidade *mourisca*.

XIII.5.a **Hospital Real**

A 54 km, pela A-92. Entrar em Granada pelo caminho de San Antonio, até à rua Real de la Cartuja, sede actual da Reitoria da Universidade de Granada. Situado na Encosta del Hospicio, s/n. Horário: durante a semana, das 9 às 21; aos sábados, das 9 às 12; encerra aos domingos.

Hospital Real, vista geral, Granada.

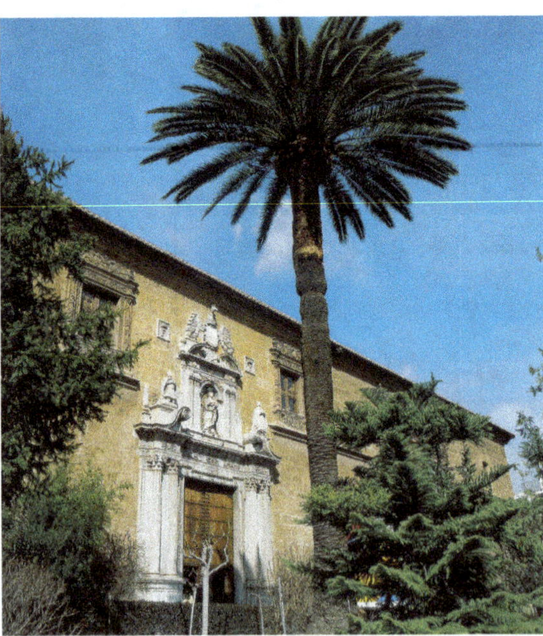

O Hospital Real foi fundado pelos Reis Católicos com o objectivo de deixar entregues ao Estado as questões relacionadas com a higiene e a saúde públicas. O hospital construiu-se fora da cidade islâmica, sobre terrenos que tinham servido de cemitério muçulmano. O modelo arquitectónico seguido foi importado dos hospitais renascentistas de Milão e Florença. A planta é um quadrado dividido por uma cruz central que da lugar a quatro pátios interiores. As aspas assim desenhadas eram reservadas para acolher os doentes, enquanto o quadrado do perímetro era dedicado a outras funções, como consultórios médicos, farmácias, armazéns, cozinhas, etc.

No interior encontram-se elementos da tradição gótica, como o *zimbório* ou a abóbada de nervuras do cruzeiro inferior, e outros claramente renascentistas, nas janelas da fachada principal, no Pátio de los Mármoles e no Pátio de la Capilla. O elemento *mudéjar* fica patente nos *madeiramentos* dos tectos das grandes salas, cobertos com *alfarges* no andar inferior e com vigamento de duas águas no superior. Pela sua decoração, destacam as caixas das escadarias do Pátio de los Mármoles e do Pátio del Archivo. Nelas trabalharam artistas da categoria de Juan de Plasencia e Melchor de Arroyo . O primeiro introduziu soluções estruturais da tradição islâmica, enquanto o segundo aplicou padrões decorativos trazidos da Itália. Esta dualidade repete-se, também, no cruzeiro do andar superior, que acolhe na actualidade a biblioteca central da Universidade de Granada. Aqui, o carpinteiro Melchor de Arroyo optou por trabalhar com caixotões geométricos em perspectiva, desenhando uma meia laranja que solucionava interiormente o grande *zimbório*, elemento que faz sobressair o Hospital Real sobre o conjunto urbano. Em 1552, esta solução dada por Melchor de Arroyo ao tecto foi aprovada por Diego de Siloé, arquitecto da catedral de Granada e artista de prestígio na Espanha e na Itália da altura.

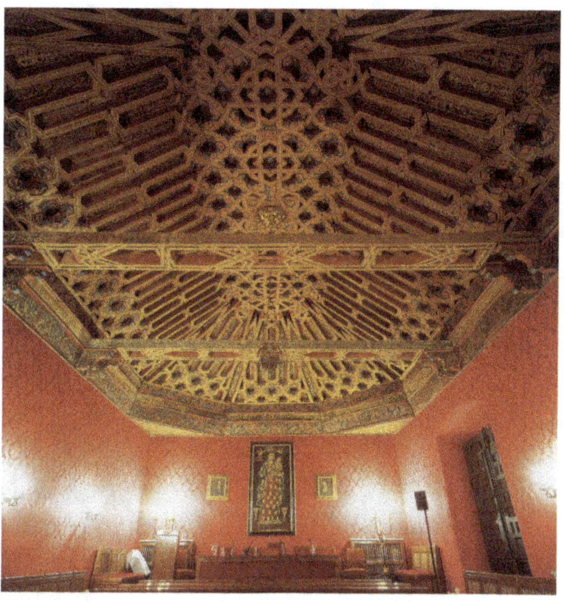

Palácio de la Madraza, cobertura do salão de Caballeros Veinticuatro, Granada.

XIII.5.b **Palácio de la Madraza**

Rua Oficios, s/n. Pela rua Gran Vía de Colón, diante da Sede da Universidade. Horário: durante a semana, das 9 às 22; aos sábados, das 10 às 14:30 e das 17:00 às 20:30; encerra aos domingos.

O circuito leva-nos agora ao Madraçal ou Universidade Árabe. Fundada pelo sultão Yusuf I (1333-1354), trata-se da primeira instituição destas características a funcionar em al-Ândalus, e a única da qual restam ainda vestígios arquitectónicos de interesse. Aqui ensinou-se Medicina, Cálculo, Astronomia, Geometria, Mecânica, Literatura, Filologia e, como não podia deixar de ser, matérias de tipo jurídico-religioso.
O edifício dava para a praça da mesquita-mor ou *aljama*, uma parte da qual pode ser vista na actualidade entre a Lonja e a Capela Real. No interior conserva-se o espaço destinado à oração, com o *mihrab* e esplêndidos trabalhos em gesso. A cobertura de madeira ardeu no século XIX e foi reconstruída pelo arquitecto Mariano Contreras em 1893. Das transformações levadas a cabo no seu interior, com o intuito de adaptá-la às suas novas funções de Câmara Municipal, destaca, no andar superior, a Sala de Caballeros Veinticuatro. O nome deriva do número de vereadores que compunham o Cabido que aqui costumava reunir-se.
A sala possui um dos *madeiramentos mudéjares* mais importantes da cidade. À capacidade técnica do carpinteiro aliou-se a primorosa factura do pintor Francisco Fernández, que a acabou de decorar em 1513. Trata-se de uma cobertura rectangular de *limas moamares* ou duplas, preenchida com laçaria de perfil geométrico e complementada com decoração renascentista (*grutescos* e "candelieri"). Não faltam, em caracteres góticos, as inscrições laudatórias aos Reis Católicos, cujos retratos presidem a sala: "Os mui altos, magníficos e mui poderosos senhores Dom Fernando e Dona Isabel, rei e rainha, nossos senhores, ganharam esta

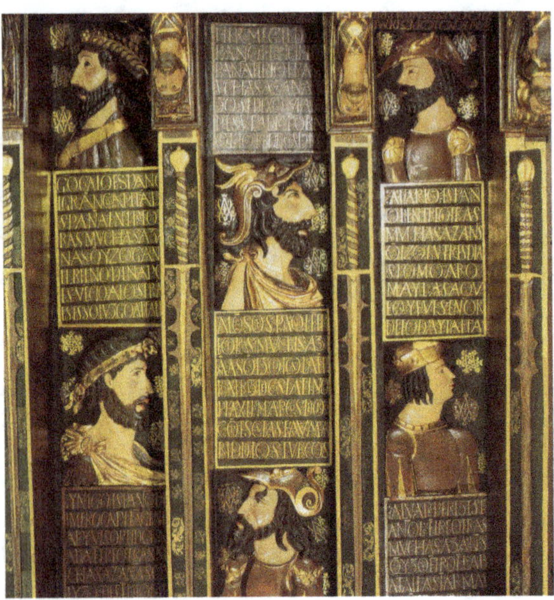

Casa de los Tiros, cobertura da Cuadra Dorada, Granada.

nobilíssima e grande cidade de Granada, e o seu reino, por força de armas, no dia dois do mês de Janeiro, no ano do nascimento de Nosso Senhor Jesus Cristo de mil quatrocentos e noventa e dois".

XIII.5.c **Casa de los Tiros**

Praça Padre Suárez. Seguir pela Praça Isabel la Católica, na rua Pavaneras. Funciona como museu. Acolhe exposições temporárias.
Horário: de segunda à sexta, das 14:30 às 20.

A Casa de los Tiros fica no antigo bairro da judiaria de Granada. Após a expulsão dos judeus, em 1492, a nobreza castelhana repartiu entre si a cidade. Essa nova definição social do espaço urbano deu lugar a numerosos palácios, como é o caso deste que agora analisamos. O edifício é o fruto da união de duas linhagens, uma castelhana e outra muçulmana, um verdadeiro símbolo da simbiose cultural que se produziu em Granada. A filha do comendador Gil Vázquez Rengifo e o neto de Sidi Yahya, unidos em matrimónio, foram a personificação deste processo.

À construção muçulmana, renovada em fases sucessivas até dar lugar à estrutura actual, juntou-se-lhe, no exterior, uma torre. Se bem que, no interior, ainda se entrevêem alguns restos do edifício de época nazari, o interessante programa de figuras mitológicas da fachada (Jasão, Hércules, Teseu, Heitor e Mercúrio) e o emblema que figura na portada da casa —"El corazón manda" ("O coração é que manda")— significam uma recuperação do ideário cavalheiresco medieval.

O átrio apresenta *alfarge* de grandes vigas sustidas sobre cachorros em quilha. Desta cobertura relativamente simplificada, destaca o grupo pictórico onde combatem feras e monstros fantásticos. No rés-do-chão, além de outras coberturas menores, há um esplêndido pátio a partir do qual se sobe ao andar superior, onde encontramos a sala principal do palácio, a chamada "Cuadra Dorada". Aqui podemos apreciar um dos projectos iconográficos sobre *alfarge mudéjar* mais completos da Granada renascentista. As vigas apoiam-se sobre cachorros esculpidos com figurações antropomórficas que, nas linhas inferiores, aparecem lavradas com espadas e o mesmo lema familiar da portada: "El corazón manda".

No cruzamento das bandas do vigamento do *alfarge,* criaram-se formas quadrangulares com baixos-relevos

de bustos, acompanhados de legendas referentes aos personagens representados. Inventando toda uma linha genealógica, o casal fez representar as façanhas dos seus antepassados, recuando ao mundo romano (Trajano) e medieval (os reis visigóticos Ricaredo, Alarico, Hermenegildo, e castelhanos, D. Fernando III, ...), ao mesmo tempo que, ao lado dos seus predecessores mais imediatos (Juan Vázquez Rengifo e Alonso de Granada), colocaram também as figuras mais ilustres da época (Gonzalo Fernández de Córdoba, Íñigo López de Mendoza, os Reis Católicos, o Imperador Carlos V, ...).
O desenvolvimento deste programa histórico e mitológico sobre um *alfarge mudéjar* exprime muito nitidamente os interesses ideológicos que havia por detrás daquele desigual matrimónio misto: ligar o presente cristão e um passado também cristão, ignorando a etapa muçulmana da cidade. Os novos donos de Granada faziam-se representar ao pé de reis e imperadores, silenciando as referências aos príncipes islâmicos que governaram a cidade durante oito séculos. Esta concepção aristocrática e militar original sofreu uma reviravolta no século XVI, quando no palácio começou a funcionar, ao estilo italiano, uma academia. Neste ambiente culto e diletante, os Granada Venegas reuniam as personalidades mais cultas da cidade, celebrando sessões e justas poéticas.

XIII.5.d Igreja de Santa Ana e San Gil

Voltar à Avenida de los Reyes Católicos, em direcção ao bairro do Albaicín.

Situada na Praça Nueva, junto ao começo da Carrera del Darro.
Horário de culto: a partir das 18.

Trata-se de um exemplo magistral da capacidade da arte *mudéjar* para criar espaços grandiosos a partir de uma estrutura simples: uma nave. A igreja de Santa Ana foi construída sobre uma mesquita primitiva. As obras concluíram aproximadamente em 1548. A integração no espaço urbano envolvente realizou-se mais tarde, aplicando uma portada renascentista, obra de Sebastián de Alcántara. Posteriormente, de 1561 a 1563, construir-se-ia a magnífica torre , na qual foi determinante a intervenção do mestre Juan de Castellar. O conjunto arquitectónico é uma lição cabal sobre as possibilidades do tijolo quando combinado com a policromia dos azulejos e as telhas vidradas.

Igreja de Santa Ana e San Gil, fachada e torre, Granada.

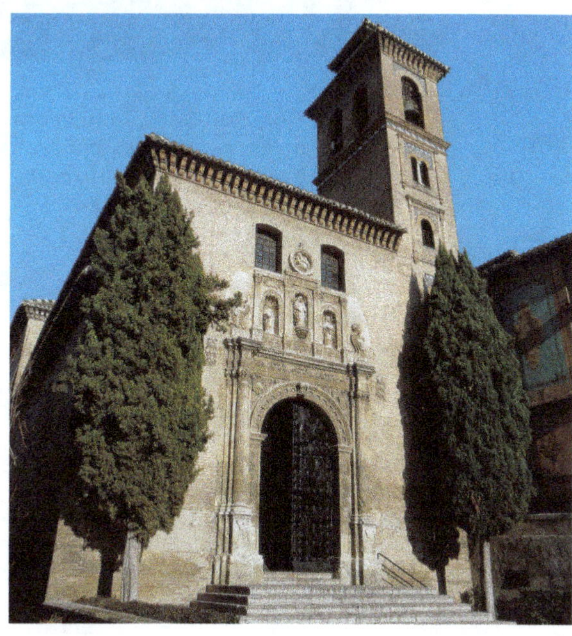

Igreja de San Pedro e San Pablo, vista geral com a Alhambra ao fundo, Granada.

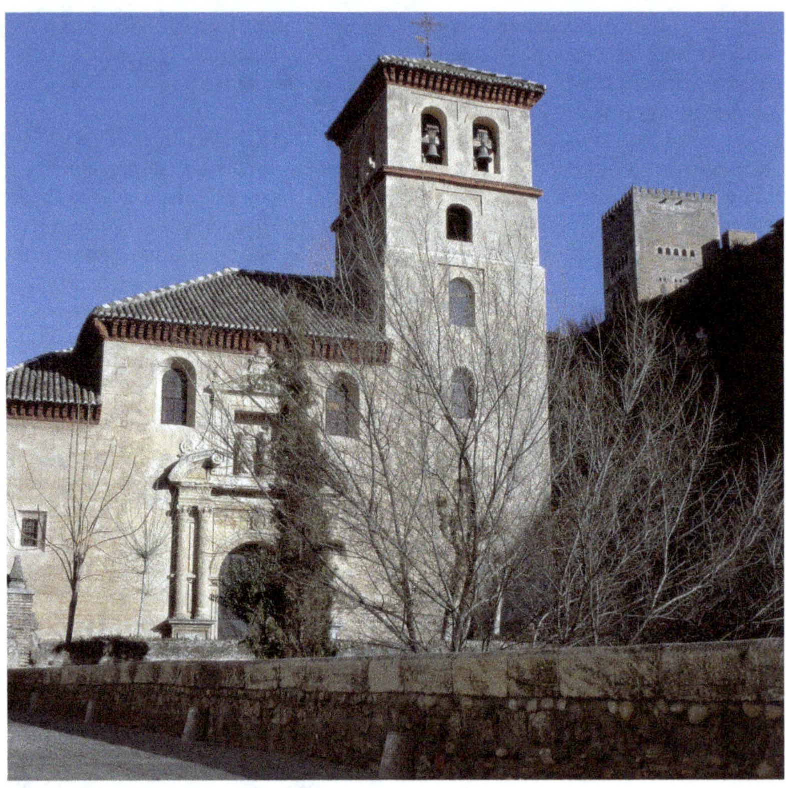

No interior, realizado com o beneplácito de Diego de Siloé, um arco toral separa a capela-mor do resto da igreja. A cobertura foi assinada pelos carpinteiros Benito de Córdoba e Alonso Hernández Barea. A sua forma rectangular foi estruturada com *limas moamares* ou duplas e com um grande *almizate totalmente apeinazado*, com laços de oito e quatro pinhas de *estalactites*. Os tirantes duplos, também eles com laço, estão orientados para o presbitério, que apresenta cobertura oitavada com pendentes prolongadas de forma triangular, e laços de dez. O conjunto completa-se com laços de cinco e dez pontas, produzindo a impressão geral de um grande céu estrelado.

XIII.5.e **Igreja de San Pedro e San Pablo**

Continuando na Carrera del Darro
Horário: durante a semana, das 17:30 às 18:30; aos sábados, das 18 às 19:30; aos domingos, das 10 às 13.

As obras da Igreja de San Pedro e San Pablo, debruçada sobre o rio Darro, começaram na segunda metade do século XVI. O projecto, da responsabilidade de Juan de Maeda, introduz uma alternativa importante na definição dos espaços das igrejas *mudéja-*

res em relação às soluções clássicas. Nela encontramos uma nave com cruzeiro à cabeça e várias capelas laterais abertas sobre o espaço central. Na planta, o resultado é um rectângulo, mas no alçado podem observar-se diferentes níveis, com janelas a assegurar a iluminação do interior.

As coberturas são obra do mestre carpinteiro Juan de Vílchez. Destaca o vigamento da nave principal, um grande rectângulo de *limas moamares* decorado no *almizate* com quatro cachos de estalactites; o do cruzeiro, de dezasseis panos, apoia-se sobre quatro pendentes com caixotões; e o da capela-mor, que também parece formar cúpula, como a anterior, apresenta laçarias de dez pontas na decoração.

Para maior riqueza do património artístico do conjunto, nas capelas laterais desta igreja encontramos túmulos das principais famílias da cidade no século XVI. No exterior, à volta da igreja, há alguns palacetes dessas famílias mais abastadas, como acontece com a Casa de Castril, e que embelezam ainda mais esta parte baixa do Albaicín.

XIII.5.f Casa de Castril - Museu Arqueológico e Etnológico Provincial

Defronte da Igreja de San Pedro e San Pablo, na Carrera del Darro, nº 43. Horário: às terças, das 15 às 20; quartas, quintas, sextas e sábados, das 9 às 20; aos domingos, das 9 às 14. Encerra às segundas-feiras.

Propriedade da família de Hernando de Zafra, secretário dos Reis Católicos, foi construída provavelmente pelo neto daquele a partir de 1539. A fachada, em cantaria, constitui um manifesto acerca das possibilidades da linguagem renascentista importada da Itália. Nela aparecem misturados motivos *grutescos*, "candelieri", heráldicos e formas simbólicas que reflectem a capacidade dos artífices granadinos e a cultura dos mecenas da obra. No interior, um pátio renascentista serve para distribuir os espaços, a maioria deles cobertos com *alfarges* decorados com formas geométricas, em ocasiões muito próximos dos *artesoados* renascentistas.

É de destacar, no interior, o *madeiramento* da escadaria. Nele encontramos um vigamento rectangular de cinco panos com *limas moamares*. O conjunto está totalmente *apeinazado*, com laços de dez e com o *almizate* decorado com três pinhas de *estalactites*. Os perfis estão perfilhados a branco, vermelho e preto, com o centro das estrelas dourado. Completa-se com ornamentos vegetais muito estilizados.

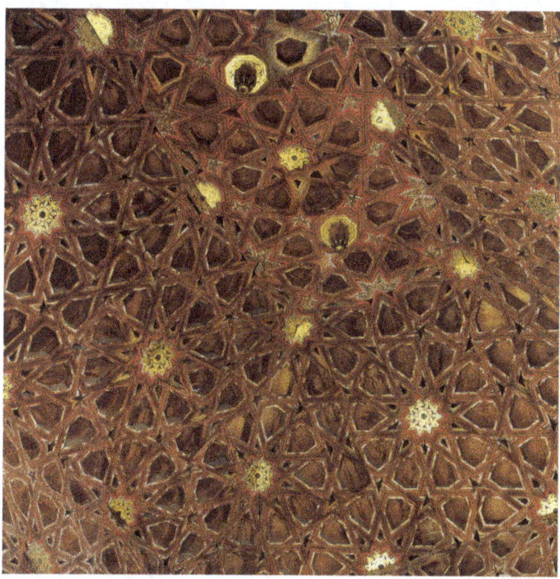

Casa de Castril, cobertura da escada principal, Granada.

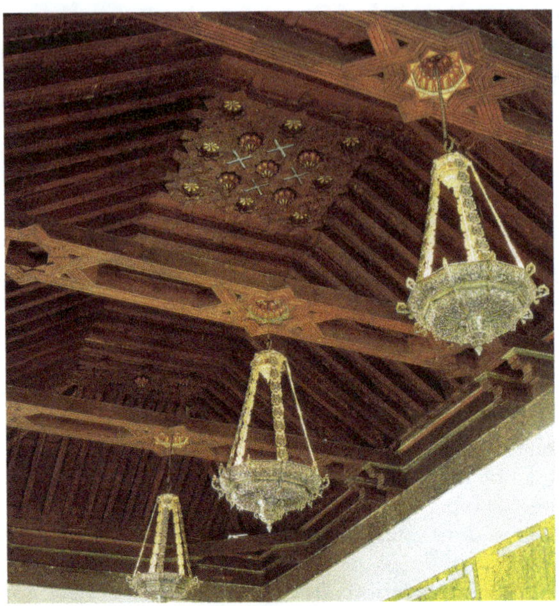

Casa da rua Lavadero de Santa Inés, tecto da sala principal, Granada.

Igreja de San José, torre-minarete, Granada.

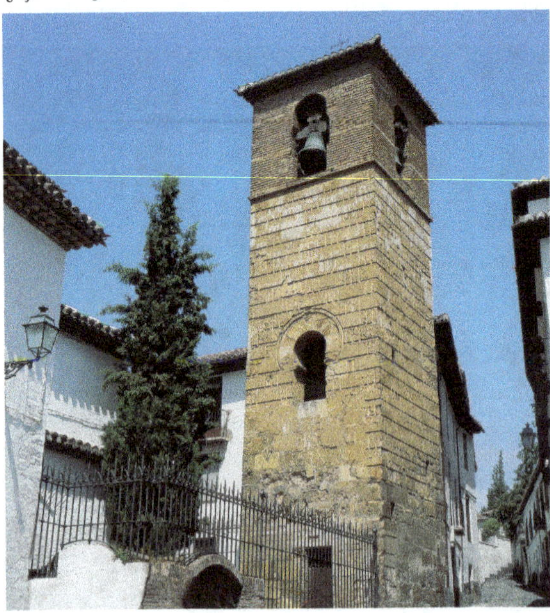

XIII.5.g **Casa da rua Lavadero de Santa Inés**

Subir pela rua Zafra e virar à esquerda, na rua Portería Concepción, até à encosta de Santa Inés. Virar à esquerda até ao número 9 da rua Lavadero. Na actualidade, o edifício acolhe as instalações do Hotel Palacio de Santa Inés.
Horário: todos os dias, das 12 às 19.

O proprietário deste edifício do século XVI deve ter sido uma figura de grande cultura, talvez um médico, como parecem indicar os vestígios pictóricos dos paramentos das galerias do pátio, onde ainda hoje podem ser identificados, embora com alguma dificuldade, as alegorias da Prudência e da Sabedoria, e as de Sansão e Dalila.
Além dos *alfarges* simples das galerias e de algumas das divisões menores da casa, no salão principal do primeiro andar, destaca o vigamento rectangular de *limas moamares* e três pares de tirantes. O *almizate* aparece *apeinazado* nos extremos e com laços de oito pontas e cúpulas de *estalactites* no centro. A decoração geométrica da estrutura une-se à policromia na individualização dos elementos, não faltando o ouro nos pontos mais significativos.
O uso do edifício como hotel e o seu restauro minucioso devolveram-no ao património da cidade, permitindo assim que fosse possível admirar um conjunto esquecido durante muitos anos.

XIII.5.h **Igreja de San José**

Voltar para a encosta de Santa Inés e subir pela rua San Juan de los Reyes até à rua San José Alta.
Horário: durante a semana, das 19 às 21; aos domingos e feriados, a partir das 10:30.

Nesta zona baixa do Albaicín estabeleceram-se os primeiros administradores da cidade recém conquistada, dando nome a ruas como a dos Oidores ("Ouvidores"), na qual se encontravam as casas dos funcionários da chancelaria. Continuando desde aqui pela rua San Juan de los Reyes, e subindo depois pela encosta de San Gregorio, deparamos com a Igreja de San José, construída por volta de 1525 por Rodrigo Hernández, sobre a antiga mesquita dos al-murabitin. Da fábrica islâmica resta ainda a cisterna, que tal vez fornecia a água da fonte das abluções, e o *minarete*, convertido em torre-campanário. No seu interior, a igreja aparece articulada a partir de quatro arcos quebrados que sustêm uma cobertura com as vertentes decoradas com motivos geométricos. A capela-mor, coberta com um magnífico vigamento de laçarias realizado pelo carpinteiro Domingo de Frechilla, foi financiada por Leonor Manrique, viúva de Pedro Carrillo de Sotomayor, para servir de panteão familiar. A capela funerária dos Núñez de Salazar também possui uma cobertura com um notável trabalho de carpintaria e adornada com laçarias.

XIII.5.i **Igreja de San Miguel Bajo**

Seguir pela rua San José até à Praça de San Miguel Bajo.
Horário: aos domingos e feriados, a partir das 12:30.

A construção desta igreja é o resultado de duas fases bem diferenciadas, com modelos arquitectónicos distintos, embora sem perder a unidade espacial, resultando num verdadeiro compêndio de coberturas *mudéjares*.

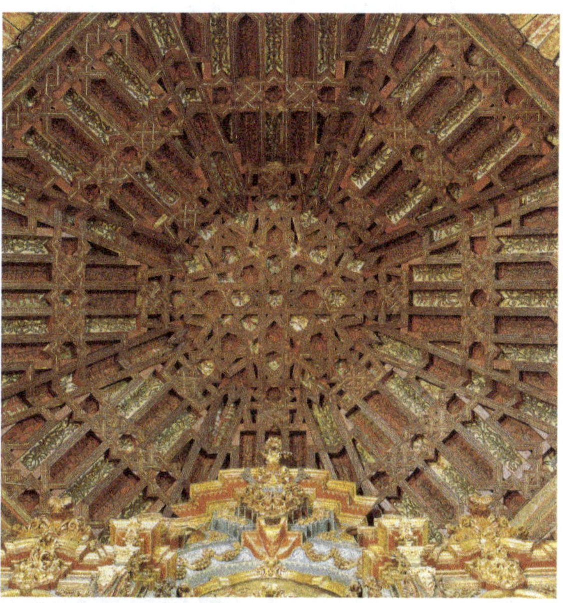

Igreja de San Miguel Bajo, pormenor da cobertura do presbitério, Granada.

À primeira etapa (1528-1539) pertence a capela-mor, situada sobre uns degraus, e dois arcos transversais ao eixo da nave, uma solução semelhante à que aparece na Igreja de San José. Os pés da nave, erguidos entre 1551 e 1557, foram cobertos com vigamento de "*limas*" com laçarias. A ampliação do espaço destinado ao culto talvez estivesse relacionada com o aumento da população do bairro. A conservação da unidade do conjunto deve muito, precisamente, às técnicas construtivas *mudéjares*.
O exterior foi rematado com duas portadas de cantaria realizadas por Juan de Alcántara e Pedro de Asteasu, segundo modelos de Diego de Siloé. Das duas, sobressai a dos pés da nave, de ordem coríntia e estruturada a partir de um arco de meio-ponto sobre o qual aparece um nicho com a imagem de São Miguel. Na

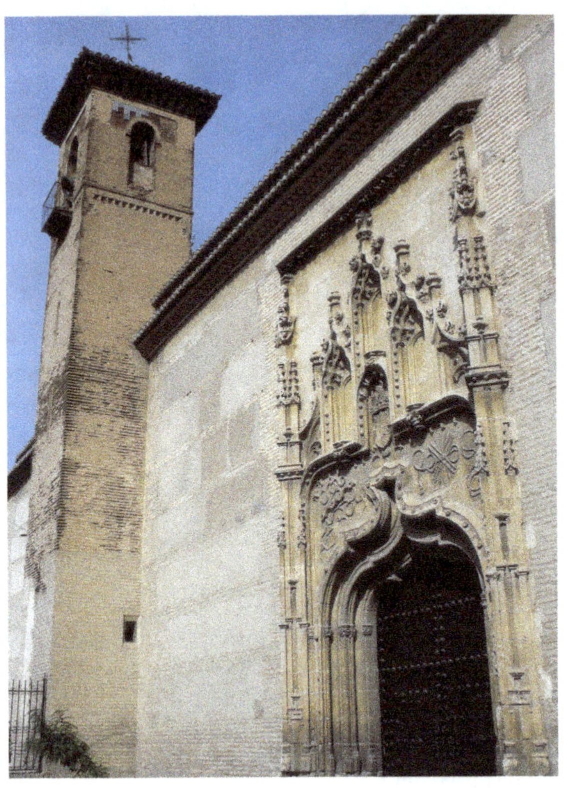

Igreja do Mosteiro de Santa Isabel la Real, fachada e torre, Granada.

decoração da fachada, podem observar-se, entre o arco e o dintel, escudos y *grutescos*, além de uma folha de acanto no fecho. A cisterna da igreja, situada no lado contíguo à praça, data do século XIII. Apresenta um arco ultrapassado emoldurado com *alfiz* e apoiado sobre fustes de colunas romanas, para lembrar que estamos perante uma antiga mesquita.

XIII.5.j **Igreja do Mosteiro de Santa Isabel la Real**

Situada na rua Santa Isabel la Real. Para combinar as visitas, contactar a secretaria do Museu Sem Fronteiras.

O conjunto conventual é um bom exemplo do que foram as ordens monásticas da Granada do século XVI. A sua encomenda obedecia ao intuito da Coroa de completar o programa construtivo marcado pela catedral e as paróquias da cidade. Fundado pelos Reis Católicos, resulta da reconversão e ligação de um conjunto de edifícios anteriores.

No exterior, a igreja apresenta uma portada gótica, atribuída a Enrique Egas, e uma torre *mudéjar* de traçado semelhante à da Igreja de Santa Ana. No interior, a sua única nave foi coberta com vigamento de *limas* duplas, totalmente *apeinazado*, com três pares de tirantes e quadrais nos cantos. Por seu lado, a capela-mor possui um dos exemplos mais interessantes de *madeiramentos* góticos, que deveríamos pôr em relação com os modelos castelhanos ou mesmo centro-europeus.

XIII.5.k **Palácio do Marquês do Zenete**

Diante do Mosteiro, na rua Santa Isabel la Real, no cruzamento com a rua Tiña. Actualmente, é a sede da Fundação Nuestra Señora del Pilar.
Combinar previamente as visitas. Telef..: 958 27 83 07.

O nosso circuito acaba neste edifício, anteriormente propriedade de Rodrigo Díaz de Vivar, Marquês do Zenete. Foi propriedade da família até 1662, ano em que passou a funcionar como hospital para tinhosos. Conserva as característica palatinas do edifício islâmico primitivo, transformado no século XVI. Através de

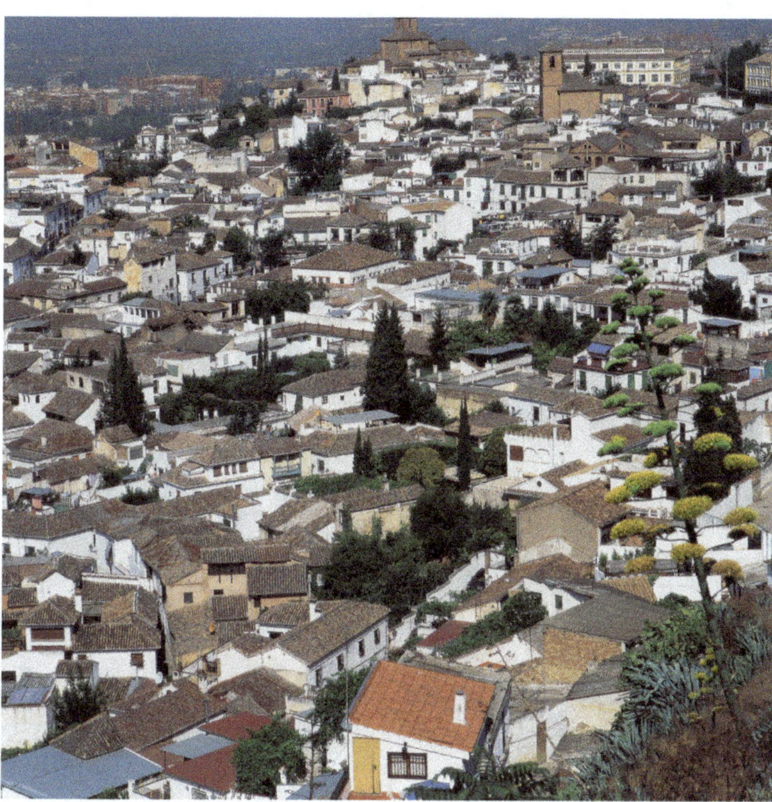

Vista geral do Albaicín desde San Miguel, Granada.

um vestíbulo coberto com um *alfarge* simples, entramos num pátio de grandes dimensões, com belas colunas no nível inferior sobre as quais se apoiam sapatas de sabor maneirista. O andar superior está abalaustrado, podendo-se apreciar pés-direitos torneados à maneira de colunas jónicas, sobre os quais voltam a aparecer sapatas que repetem o modelo das inferiores, embora de menores dimensões.

Os recentes trabalhos arqueológicos levados a cabo no local deram a conhecer as fases históricas do edifício, cujo valor patrimonial esperamos ver prontamente engrandecido.

Durante o período nazari, neste palácio, propriedade da dinastia reinante, foi reconhecido monarca Boabdil pela segunda vez, em 1482, quando se refugiou na Alcáçova. Nas mãos do Marquês do Zenete converteu-se em mais um exemplo da simbiose entre os elementos muçulmanos e os cristãos. O seu novo dono, como muitos outros da sua época, vivia a meio caminho entre as duas culturas, sendo, ao fim e ao cabo, um verdadeiro *mudéjar*.

ENSEÑANZA Y CONOCIMIENTO CIENTÍFICO

Rafael López Guzmán, Miguel Ángel Sorroche Cuerva

La Madraza, oratório, Granada.

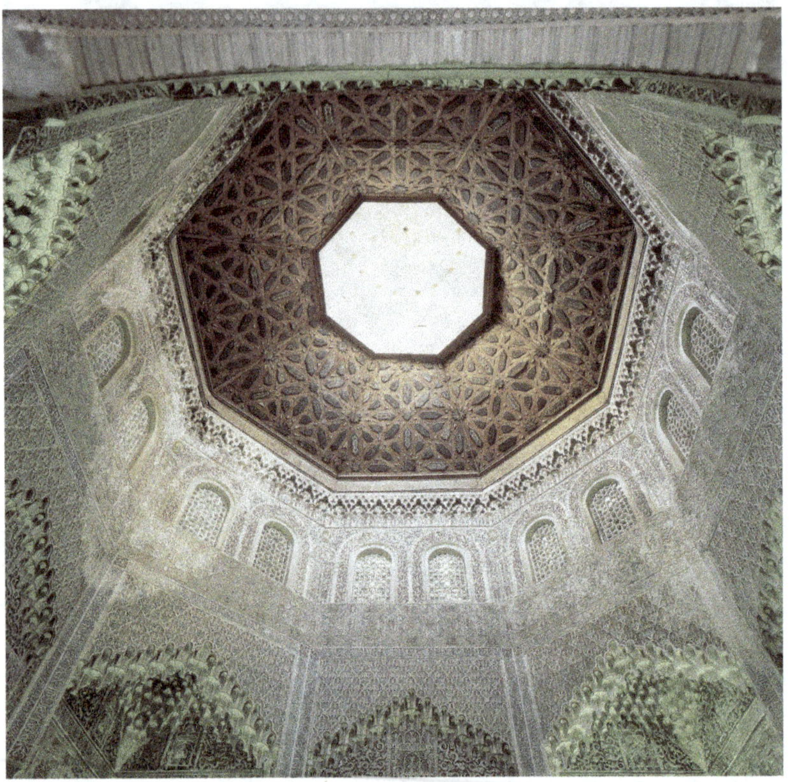

O Madraçal de Granada foi, provavelmente, o único edifício desse tipo construído em al-Ândalus. Arrancou a mediados do século XIV, graças ao apoio do sultão Yusuf I, daí que apareça nos documentos árabes referido como Madraçal Yusufiyya (Yusuf) ou Madraçal Nasriyya (nazari). No entanto, embora o sultão fosse o seu fundador, o autêntico promotor do projecto foi Ridwan, seu primeiro ministro. O seu papel, assim como a importância da instituição, aparecem neste texto de Ibn al-Jatib: “Fundou o Madraçal de Granada onde ainda não existia. Dotou-o de verbas e estabeleceu residências permanentes para os estudantes. Ninguém o avantajou em favores. Chegou a ser único pelo seu esplendor, encanto, elegância e grandeza, e levou a água do *habiz* [legado piedoso], abastecendo-a de forma permanente”.

Os madraçais têm a sua origem no Oriente islâmico. O primeiro Madraçal, institucionalizado foi fundado em 1067 por Nizam al-Mulk, vizir dos sultãos selyukis Alp Arslam e Malik Shah. Este Madraçal serviu de modelo para outras construções do género realizadas pelos turco-selyukis, e acabou por difundir-se, paulatinamente, pela Arábia, Síria, Palestina, Anatólia, Norte de África e, finalmente, pelo Reino de Granada.

Nos madraçais, os estudantes recebiam alojamento —caso viessem de outras cidades—, comida e, por vezes, pequenas quantidades de dinheiro. Formavam parte das instalações, além dos quartos para os estudantes, as aulas e salas de estudo, a biblioteca e uma pequena mesquita.

Boa parte da informação sobre o Madraçal de Granada foi-nos transmitida pelo referido Ibn al-Jatib e outros textos da sua época. Sabemos que a maioria dos professores eram da própria cidade ou de outras urbes do Reino de Granada, embora não faltassem eruditos vindos de outras partes do mundo islâmico, sobretudo do Maghreb.

Relativamente às matérias ensinadas no Madraçal, carecemos de documentos que contenham informações pormenorizadas a este respeito. Temos que recorrer às biografias dos professores que nele trabalharam para poder obter uma visão global. As disciplinas de carácter jurídico-religioso e filológico-literário foram as mais frequentes. Entre as primeiras contam-se, nomeadamente, princípios do Direito Islâmico, Jurisprudência, Direito Sucessório, Leituras Corânicas, Teologia muçulmana, Comentários Corânicos e Sufismo; entre as segundas, Língua, Filologia, Métrica e Literatura árabes.

Também foram ministradas disciplinas de carácter científico, como a Medicina, o Cálculo, a Astronomia, a Geometria, a Lógica e a Mecânica.

Entre os docentes do centro granadino, é de referir o professor Abu Zakariyya, natural de Archidona (Málaga), um dos lentes da sua época, cujos conhecimentos iam da medicina à literatura, passando pela geometria, a astronomia, o cálculo e o direito islâmico.

Outro erudito relacionado com este centro foi Abu Ali Mansur al-Zawawi, natural de Tlemcem (Argélia). Foi contratado pelo Madraçal de Granada no ano de 1332, em troca de elevados honorários. Teve muitos discípulos de Direito e *Tafsir* (Comentários Corânicos).

GLOSSARIO

Ajimez	Actualmente, janela dividida ao meio por um colunelo sobre o qual assenta a represa de dois arcos ultrapassados. Antigamente, o termo designava a saliência ou varanda de uma janela fechada com gelosias para que as mulheres pudessem espreitar por elas sem serem vistas (do árabe "as-sammis", "que está exposto ao sol").
al-Ândalus	Designação que, durante a Idade Média, os muçulmanos deram à parte da Península Ibérica dominada por eles.
Alarife	Pedreiro ou mestre-de-obras.
Albarrã	Torre situada fora do recinto amuralhado, mas unida a este por pontes, arcos ou muros que se podiam eliminar facilmente se a torre caísse em mãos inimigas.
Alfarge	Tecto plano com madeiras lavradas e entrelaçadas artisticamente, preparado ou não para ser pisado por cima.
Alfiz	Enquadramento decorativo em esquadria, normalmente em relevo, que envolve um arco e arranca das impostas ou do chão.
Alizares	Faixa de azulejos que reveste a parte inferior das paredes, não ultrapassando a metade da altura; lambrim ou lambril.
Aljama	Mesquita principal da sexta-feira de uma cidade, normalmente com capacidade para receber toda a comunidade muçulmana dessa urbe.
Almizate	Pano do tecto de *par y nudillo* paralelo ao chão.
Almuadem	Pessoa que chama os muçulmanos para a oração desde o *minarete*. Do árabe *al-Mu'addan*.
Anastilose	Reconstrução de um monumento a partir das partes arruinadas conservadas.
Arabesco	Ornato característico da arte muçulmana, inspirado na arte helénica. Caracteriza-se pela ausência da figura humana e pela profusão de linhas entrelaçadas, rectas, quebradas e em alguns casos acopladas a elementos epigráficos, formando figuras geométricas complexas.
Arco angrelado	Arco com o intradorso ornamentado à base de pequenos lóbulos cortados em forma de bicos.
Arco cairelado	Arco decorado com pequenos arcos no intradorso.
Arco mistilíneo	Arco formado por linhas rectas e curvas.
Arco ultrapassado	O mesmo que arco em ferradura, isto é, formado por um intradorso superior a 180 graus.
Aresta (técnica da)	Saliências na superfície do azulejo, realizadas através de molde, destinadas a separar os vidrados plumbíferos de várias cores usados na decoração.
Artesoado	Tecto apainelado pintado ou ornado.
Atalaia	Torre de vigia erguida quase sempre num lugar elevado para que dela se possa divisar o campo ou o mar.
Caravanserail	Edifício de origem oriental construído ao longo das grandes vias de comunicação destinado a pousada de caravanas.
Corda seca	Ranhuras incisas na superfície dos azulejos, preenchidas com

(técnica da)	manganês misturado com uma gordura, destinadas a separar os vidrados plumbíferos de várias cores utilizados na decoração.
Engobe	Argila líquida de cor clara (pode ser embranquecida com a adição de óxido de estanho) usada, antes do desenvolvimento da faiança, no revestimento de objectos de barro, nomeadamente azulejos, como suporte da decoração pintada. Deve ser revestido por um vidrado incolor.
Enjunta	Espaço de forma triangular entre o arco e o alfiz na arquitectura muçulmana.
Estalactites	Decoração suspensa, por vezes alveolada, utilizada na arquitectura árabe.
Estribo	Barrote que por vezes se coloca horizontalmente sobre os tirantes, onde se apoiam, em barbilha, as pernas de uma armação ou madeiramento.
Frechal	Viga de madeira que corre sobre a última fiada de uma parede e na qual assentam as pontas dos vigamentos, os barrotes de um telhado, tecto ou sobrado. Pode ser decorada com faixas de madeira ou de gesso.
Funduq	No Norte de África, hospedaria para mercadores e animais de carga, armazém para mercadorias e centro comercial equivalente ao *caravanserail* ou ao *jam* do Oriente islâmico.
Grutescos	Motivos decorativos baseados em seres fantásticos, vegetais e animais, assim chamados porque imitam a ornamentação encontrada nas grutas do palácio do Imperador Augusto.
Guadameci	Tapeçaria antiga, de couro com pinturas, relevos ou dourados, originária de Gadamés (Tripolitânia).
Habiz	Doação de imóveis feita sob certas condições às mesquitas ou a outras instituições religiosas muçulmanas.
Hammam	Estabelecimentos de balneários públicos (turcos).
Hégira	Era islâmica que se conta desde a emigração ("hiyra", em árabe) do Profeta Maomé, da Meca até Medina, ocorrida no ano 622 da era cristã. O ano muçulmano consta de meses lunares e compõe-se de 355 dias nos anos bissextos.
Iwan	Sala abobadada com muros em três dos lados.
Jam	Pousada localizada nas grandes vias de comunicação. Armazém e hospedaria (ver também *funduq* e *caravansarail*) em povoados de certa importância.
Janqa	Mosteiro ou pousada para *sufis* ou dervixes.

Lambrilha	Azulejo quadrado, de formato reduzido (cerca de sete centímetros de cada lado), usado em pavimentos, combinado com tijoleira.
Lima	Barrote de madeira colocado no ângulo diedro formado pelas duas águas de uma armação, na qual se apoiam as pernas curtas (v. *madeiramento de limas ou de artesa*).
Madeiramento	Conjunto de toda a armação ou travejamento que sustenta a cobertura de um telhado, tecto ou sobrado. Também se pode chamar vigamento e pode adoptar as seguintes formas básicas: de *parhilera* ou *mojinetes*; de *par y nudillo*, e de *limas* ou de *artesa*.
Madeiramento de limas ou de artesa	Madeiramento de secção ou perfil trapezoidal, em forma de *artesa* invertida, na qual as tacaniças estão unidas por uma ou duas vigas situadas na esquina ou aresta dos panos do tecto.
Madeiramento de par y nudillo	Madeiramento de *parhilera* no qual, para se obter um maior esforço e evitar que as pernas empenem, se coloca uma viga horizontal chamada *nudillo* entre as pernas correspondentes.
Madeiramento de parhilera ou mojinetes	Madeiramento de duas águas de perfil triangular formado por uma série de pares de vigas chamadas pernas, que, na parte superior, se apoiam numa viga chamada cumeeira (*hilera*) e, na parte inferior, no estribo que descansa nos muros.
Madraçal	(Madraçal de Granada) Escola de ciências islâmicas (teologia, direito, Corão, etc.) e residência de estudantes.
Marchetaria	Arte de incrustar, embutir ou aplicar peças recortadas de diversos materiais em obras de marcenaria, formando desenhos e policromia. As cores são sempre naturais, correspondentes às das peças utilizadas.
Medina	Cidade. No Norte de África, zona histórica de uma povoação.
Menado	Motivo ornamental dos tectos.
Mexuar	Salão do concelho de visires.
Mihrab	Nicho situado a meio do muro do fundo das mesquitas (*qibla*), que está orientado em direcção a Meca.
Mimbar	Púlpito da mesquita desde o qual o imã dirige o sermão aos fiéis.
Minarete	Torre elevada junto à mesquita (com um sentido semelhante à torre sineira do templo cristão), onde o *almuadem* ou muezzin chama os crentes para a oração. Também se pode chamar almádena.
Moçárabe	Diz-se do indivíduo das minorias cristãs que, autorizadas pelo direito islâmico como tributárias, viveram em al-Ândalus até finais do século XI, conservando a religião

	cristã e a organização eclesiástica e judicial.
Mosén	Título dos clérigos na antiga Coroa de Aragão (N.trad.).
Mourisco	Designação dada nos reinos cristãos peninsulares aos muçulmanos convertidos ao cristianismo depois da Reconquista.
Mudéjar	Diz-se do muçulmano com autorização para continuar a viver entre os vencedores cristãos sem mudar de religião, em troca de um tributo. O adjectivo *mudéjar* designa, também, as artes que representam tradições artesanais iniciadas sob o domínio islâmico e continuadas para clientes cristãos após a Reconquista.
Muladi	Cristão hispano que, durante a época do domínio árabe na Península, abraçava o islamismo e vivia entre os muçulmanos.
Peinazo	Tábua inserida entre as vigas e dentro dos barrotes de uma armação de madeira, para completar a ornamentação de laços.
Qubba	Cúpula. Por extensão, monumento elevado sobre o túmulo de um marabu.
Quibla	Direcção da Ka'ba (lit. cubo), templo de Meca convertido em centro de culto muçulmano para o qual se orientam os fiéis para a oração.
Ribat	Fortaleza construída nas zonas fronteiriças, de onde os guerreiros muçulmanos que a habitavam partiam para a guerra santa.
Sebka	Motivo ornamental difundido pela arquitectura almóada, que consiste num reticulado de rombos de traços lobulados ou mistilíneos.
Taujel	Tecto apainelado de madeira completamente revestido com ornamentação de laçarias, que ocultam os alfarges. Distingue-se destes porque as vigas não estão à vista.
Tecto apeinazado	Tecto de madeira no qual a laçaria se forma ensamblando os elementos sustentantes, sem os pregar.
Trompa	Triângulo curvilíneo que faz parte de uma abóbada, reforçando-a. A trompa de ângulo é um nicho de alvenaria construído num ângulo de um quadrado que se pretende cobrir. Transforma o quadrado de base em octógono, sobre o qual assenta a cúpula. Permite ainda transformar o quadrado em círculo. Deu origem ao pendente, que é um triângulo esférico.
Turbe	Espaço funerário privado. Prática arquitectónica introduzida pelos turcos na Tunísia.

Zaquizami	Tecto de madeira.
Zawiya	Estabelecimento religioso dedicado ao ensino, sob a autoridade de uma confraria.
Zelish	Pequenas peças de cerâmica esmaltada que combinam formas geométricas e laços, utilizando-se na decoração de monumentos ou nos seus interiores. Algumas possuem nomes próprios, como sino ou estrela, açafate, etc.
Zimbório	Parte mais alta e exterior da cúpula ou torre poligonal, sobre o cruzeiro, rematada em coruchéu e usada no Românico, também chamada lanterna.

PERSONAGENS HISTORICAS

D. Afonso VIII (1155-1214)

Liderou a batalha de Navas de Tolosa (1212), que precipitou a queda do Império Almóada e possibilitou aos cristãos o acesso ao Guadalquivir. Fundou o Mosteiro das Huelgas Reales, em Burgos.

D. Afonso X (1221-1284)

O seu reinado reveste-se de grande significado histórico sob vários aspectos, da política externa à política económica, e das relações entre os diversos estamentos à actividade conquistadora, repovoadora, legislativa e cultural. Em relação a este último aspecto, é de salientar a intensificação da actividade da Escola de Tradutores de Toledo, sem esquecer a produção literária do próprio rei, sobretudo as "Cantigas de Santa Maria".

Benedito XIII (1328-1424)

Dom Pedro Martínez de Luna, entronizado Papa com o nome de Benedito XIII, mais conhecido como o Papa Luna. Mecenas das artes, soergueu absides e refez o *zimbório* da "Parroquieta" da Sé Catedral. As suas obras serviram de modelo para outros mecenatos eclesiásticos. Mandou construir vários edifícios importantes em Daroca (1411), provavelmente sob a supervisão do mestre Mahoma Rami.

Francisco Jiménez de Cisneros (1436-1517)

Cardeal cuja actividade cultural tem como máximo expoente a criação da Universidade de Alcalá, em 1507, de orientação inovadora face à tradicional escolástica e jurisprudência de Salamanca.

Pedro Tenório (?-1399)

Arcebispo de Toledo e partidário dos Trastámara nas lutas entre D. Pedro I e D. Henrique II. Reconstruiu as muralhas da cidade, especialmente a Puerta del Sol, a Ponte de San Martín e o Castelo de San Servando.

María de Padilla (?-1361)

Amante de D. Pedro I de Castela, viveram amancebados no Palácio de Astudillo. Após a ameaça de excomunhão esgrimida pelo Papa contra D. Pedro I, iniciou o processo de conversão do palácio em convento de freiras clarissas.

Mahoma Rami

Mestre de obras ao serviço de Benedito XIII. A transcendência do seu trabalho faz com que seja considerado um dos mestres mudéjares mais importantes de todos os tempos.

D. Henrique II (1333-1379)

Encabeçou a rebelião contra D. Pedro I de Castela, seu irmão, em 1366, apoiado pela França e por Aragão.

D. Fernando II de Aragão (1452-1516)
Desposou Isabel de Castela, em 1474. O casal ficou conhecido com o nome de Reis Católicos, e o seu reinado, iniciado em 1479, durou até 1504. Do século XIV até à posse do reino de Aragão, em 1479, na meseta castelhana e no vale do rio Ebro vivia-se uma situação de grande instabilidade. Remodelaram e ampliaram a Aljafería e o Real Alcázar de Sevilha.

Dona Isabel I de Castela (1451-1504)
(ver D. Fernando II)

Muhammad V (1354-1391)
Rei nazari de Granada. O seu reinado e o do seu pai, Yusuf I, representam o apogeu da dinastia nazari, cujo esplendor ainda se pode constatar na Alhambra, no Patio de los Leones e nas salas adjacentes. Grande amigo de D. Pedro I, que lhe deu apoio político e militar. Em troca, o rei muçulmano enviou-lhe artesãos para trabalhar em Astudillo (1356), Tordesilhas (1363), Sevilha (1364-1366) e Toledo. Diz-se que, após uma visita ao Real Alcázar de Sevilha, mandou construir o Palácio de Comares, em Granada.

Pedro Gumiel
Arquitecto das obras do cardeal Cisneros, controlou e dirigiu todas as construções das primeiras décadas do século XVI.

D. Pedro I de Castela (1334-1369)
Mais conhecido como o "Cruel", manteve uma guerra fronteiriça durante treze anos com D. Pedro IV de Aragão. A sua obra cultural mais significativa foi a construção do palácio mudéjar do Real Alcázar (1364-1366).

D. Pedro IV de Aragão (1319-1387)
Cognominado o "Cerimonioso", foi grande amante das letras e mecenas de artistas. Mandou construir o palácio *mudéjar* da Aljafería e as Capelas de San Martín e de San Jorge.

ORIENTAÇÃO BIBLIOGRÁFICA

ABAD CASTRO, M. C., *Arquitectura mudéjar religiosa en el arzobispado de Toledo,* Toledo, Obra Social Caja Toledo, 1991, 2 vols.

Actas de los Simposios Internacionales de Mudejarismo, que se celebram desde 1975 na cidade de Teruel, com periodicidade trienal desde 1981: I (1975); II (1981);
III (1984); IV (1987); V (1990); VI (1993); VII (1996); VIII (1999). Instituto de Estudos Turolenses.

AGUILAR GARCÍA, M. D., *Málaga mudéjar. Arquitectura religiosa y civil,* Universidade de Málaga, 1979.

ANGULO ÍÑIGUEZ, D., *Arquitectura mudéjar sevillana de los siglos XIII, XIV y XVI,* Sevilha, 1932. Re-edição, Câmara Municipal de Sevilha, 1983.

BORRÁS GUALÍS, G. M., *Arte mudéjar aragonés,* 3 vols., Saragoça, Cazar-coaata, 1985.

BORRÁS GUALÍS, G. M. (coordenador), *El arte mudéjar,* Saragoça, Unesco-Ibercaja, 1996.

DELGADO VALERO, C., y PÉREZ HIGUERA, M. T., "El periodo islámico y mudéjar", en VV. AA., *Arquitecturas de Toledo,* Toledo, Serviço de Publicações da Junta de Comunidades de Castela-La Mancha, 1991, vol. I, pp. 59-405.

"Estudios Mudéjares y Moriscos", *Sharq al-Andalus*, n.º 12, 1995 (monográfico).

FRAGA GONZÁLEZ, C., *Arquitectura mudéjar en la Baja Andalucía,* Santa Cruz de Tenerife, 1977.

HENARES CUELLAR, I., e LÓPEZ GUZMÁN, R., *Arquitectura mudéjar granadina,* Caja General de Ahorros y Monte de Piedad de Granada, Granada,1989.

LAVADO PARADINAS, P., "Tipología y análisis de la arquitectura mudéjar en Tierra de Campos", *Al-Andalus*, XLIII, 1978, pp. 427-454.

LLEÓ CAÑAL, V., *La Casa de Pilatos*, Caja San Fernando de Sevilha e Jerez, Sevilha, 1996.

MARTÍNEZ CAVIRO, B., *Mudéjar toledano. Palacios y conventos,* Madrid, 1980.

MOGOLLÓN CANO-CORTÉS, P., *El mudéjar en Extremadura,* Universidade de Estremadura - Instituição Cultural "El Brocense", 1987.

PALACIOS LOZANO, A. R., *Bibliografía de arquitectura y techumbres mudéjares, 1857-1991*, Série Estudos Mudéjares, Teruel, Instituto de Estudos Turolenses, 1993.

PAVÓN MALDONADO, B., *Arte mudéjar en Castilla la Vieja y León.* Madrid, Associação Espanhola de Orientalistas, 1975.

PAVÓN MALDONADO, B., *Arte toledano islámico y mudéjar,* Madrid, Instituto Hispánico-árabe de Cultura, 1973 (2.ª ed., 1988).

PÉREZ HIGUERA, M. T., *Arquitectura mudéjar en Castilla y León,* Junta de Castela-Leão, Consejería de Cultura y Turismo, 1993.

TORRES BALBAS, L., *Arte almohade. Arte nazarí. Arte mudéjar*, Col. "Ars Hispaniae", vol. IV, Madrid, Plus Ultra, 1949.

VALDÉS FERNÁNDEZ, M., PÉREZ HIGUERA, M. T., e LAVADO PARADINAS, P., *Historia del Arte de Castilla y León,* "Arte mudéjar", volume IV,. Valhadolid, Ámbito Ediciones, S. A., 1994.

VALDÉS FERNÁNDEZ, M., *Arquitectura mudéjar en León y Castilla,* Leão, Colégio Universitario-Instituição "Fray Bernardino de Sahagún", 1981 (2.ª ed., 1984).

AUTORES

Gonzalo M. Borrás Gualís

Catedrático do Departamento de História da Arte da Faculdade de Filosofia e Letras e professor de Arte Mudéjar na licenciatura de História da Arte da Universidade de Saragoça. Investigador na área da Arte Mudéjar. É membro do Comité Científico do Centro de Estudos Mudéjares e dos Simpósios Internacionais de Mudejarismo de Teruel, e Coordenador de programas de Arte Mudéjar para a UNESCO e para o Museu Sem Fronteiras.
Autor de numerosas publicações, nomeadamente: *El Arte Mudéjar*, Teruel, Instituto de Estudios Turolenses, 1990; *El Islam. De Córdoba al Mudéjar*, Madrid, Sílex, 1990; *El Arte Mudéjar*, Saragoça, Ibercaja-Unesco, 1996, e *Arte Mudéjar Aragonés*, 3 vols., Saragoça, Cazar-Coaata, 1985.

Pedro Lavado Paradinas

Doutor em História da Arte pela Faculdade de Geografia e História da Universidade Complutense de Madrid, em 1978, com uma tese sobre Arte Mudéjar em Castela-Leão (Prémio extraordinário). Entre as suas diversas funções, destacam as seguintes: professor de História da Arte Espanhola e Hispano-americana na Universidade de Heidelberg, de1979 a 1980; professor de História da Arte na Escola de Artes Aplicadas e Ofícios Artísticos de Santiago de Compostela, e funcionário do Ministério da Educação e Ciência, desde 1982; chefe de Departamento e da Secção de Educação do Museu Arqueológico Nacional de Madrid, de 1986 a 1992. Presentemente, é professor de História da Arte no Centro Associado da UNED em Madrid, desde 1980, e é chefe do Serviço de Obras de Arte no Instituto de Conservação e Restauração de Bens Culturais de Madrid, desde 1992.
Autor de mais de uma centena de publicações sobre Arte Mudéjar e Hispano-muçulmana, Arqueologia Medieval, Iconografia, Etnografia, Educação em Museus, Didáctica,...

Rafael López Guzmán

Professor doutor de História da Arte na Faculdade de Filosofia e Letras da Universidade de Granada, onde lecciona cadeiras de licenciatura e de doutoramento relacionadas com a Arte Muçulmana e Hispano-americana. Foi Director de Extensão Cultural da Universidade de Granada e Coordenador Geral do Projecto "El Legado Andalusí".
Assinou numerosas publicações, entre as quais *Tradición y Clasicismo en la Granada del siglo XVI: Arquitectura civil y Urbanismo* (Granada, 1987); *Arquitectura Mudéjar Granadina* (Granada, 1990) e *Arquitectura y Carpintería Mudéjar en Nueva España* (México, 1992). Participou em projectos de edição em colaboração com outros autores, como: "La Medina Musulmana" em *Nuevos Paseos por Granada y sus Contornos* (Granada, 1992); "Las primeras construcciones y la definición del Mudéjar en Nueva España" em *El Mudéjar Iberoamericano. Del Islam al nuevo mundo* (Madrid, 1995), etc.

María Pilar Mogollón Cano-Cortés

Licenciada em História da Arte em 1979 pela Universidade da Estremadura. Recebeu o Prémio de Fim de Carreira "Publio Hurtado". Assistente de História da Arte na Faculdade de Filosofia e Letras, obtém o doutoramento, na mesma Universidade, cinco anos depois. É professora doutora do Departamento de História da Arte da Faculdade de Filosofia e Letras da Universidade da Estremadura desde Janeiro de 1988.
Publicou diversos livros, entre os quais: *El Mudéjar en Extremadura* (1987), tema da sua tese de doutoramento; *Cáceres: la búsqueda de una ciudad eterna* (1987); *La sillería de coro de la catedral de Plasencia* (1992); *Por tierras de Cáceres y castillos de Cáceres* (1992); *El Gótico en Extremadura* (1995) e *Monumentos artísticos de Extremadura* (1986).

Alfredo Morales Martínez

Professor do Departamento de História da Arte da Faculdade de Geografia e História da Universidade de Sevilha. Primeiro prémio "Archivo Hispalense" da Deputação Provincial de Sevilha (1975). Assessor técnico do Departamento de Património Histórico-Artístico do Arcebispado de Sevilha. Membro da Comissão Andaluza de Bens Móveis. Membro do Comité Científico e Executivo da exposição "El Mudéjar Iberoamericano. Del Islam al Nuevo Mundo" (Málaga, 1995). Entre 1989 e 1991 foi Sub-director Geral de Bens Móveis do Ministério da Cultura.

María Teresa Pérez Higuera

Catedrática de História da Arte Medieval da Faculdade de Geografia e História da Arte I (Medieval) da Universidade Complutense de Madrid, onde lecciona as cadeiras de Arte Hispano-muçulmana e Arte Mudéjar.
Autora de diversas publicações, destacam as de temática islâmica: *Objetos e Imágenes de al-Andalus* (1994); "Arte en época almorávide y almohade" em *Historia de España de Menéndez Pidal* (1997); *Arte Mudéjar en Castilla y León* (1993) e "Arte Toledano" em *Arquitecturas de Toledo* (1ª ed. 1991, 2ª ed. 1993). Em colaboração com outros autores, publicou: *Casas y palacios en al-Andalus* (1995), *El Mudéjar Iberoamericano* (1995), *Arte Mudéjar* (1996) e o capítulo correspondente ao "Mudéjar en la Corte" em *Historia del Arte en Castilla y León* (1996).

Alfonso Pleguezuelo Hernández

Estudou História da Arte na Universidade de Sevilha (1973-1978), onde se doutorou com uma tese intitulada "Arquitectura Sevillana de principios del siglo XVIII". Professor doutor de História da Arte da Faculdade de Belas Artes. Além de se dedicar à arquitectura proto-barroca, é sobretudo na área da Cerâmica Espanhola que tem desenvolvido o seu trabalho ao longo de quase duas décadas. Abordou este campo de investigação desde diversas perspectivas metodológicas relacionadas com a arqueologia histórica, a expressão arquitectónica ou a linha mais estritamente histórico-artística. Publicou vários livros, artigos, catálogos de exposições, e apresentou conferências em congressos nacionais e internacionais.

Miguel Angel Sorroche Cuerva

Licenciado em História da Arte pela Universidade de Granada, doutorou-se em 1997 com a tese "Urbanismo y Arquitectura popular en las altiplanicies de Granada". Professor no Departamento de História da Arte da Universidade de Granada. Tem desenvolvido uma linha de trabalho centrada no estudo e na valorização do património tradicional, nas suas manifestações urbanas e arquitectónicas. Fruto desta investigação são as suas diversas publicações sobre o tema, a sua passagem por centros internacionais, como o Centro de Documentação de Arquitectura Latino-americana na Argentina e a Universidade C'a Foscari de Veneza, e o trabalho desenvolvido para Câmaras Municipais e organismos oficiais da Andaluzia, Aragão e País Vasco.

A ARTE ISLAMICA NO MEDITERRANEO

Este ciclo internacional de Exposições Museu Sem Fronteiras revela-nos os segredos da arte islâmica, da sua história, das técnicas de construção dos edifícios e da sua inspiração religiosa.

Portugal

200 pages

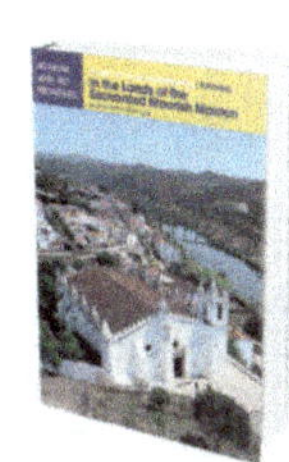

NAS TERRAS DA MOURA ENCANTADA. A arte islâmica em Portugal.
Oito séculos após a Reconquista, os povos do antigo *Garb al-Ândalus* perpetuam a lenda de uma bela princesa mourisca cujo feitiço foi quebrado por um príncipe cristão. A presença muçulmana em Portugal manifesta-se na simbiose subtil entre as técnicas construtivas e os programas decorativos da arquitectura popular regional, testemunho de cinco séculos de civilização islâmica (califal, moçárabe, almóada, mudéjar). De Coimbra aos confins do Algarve, palácios, mesquitas cristianizadas, fortalezas e centros urbanos dão fé do esplendor de um passado glorioso.

Turquia

252 pages

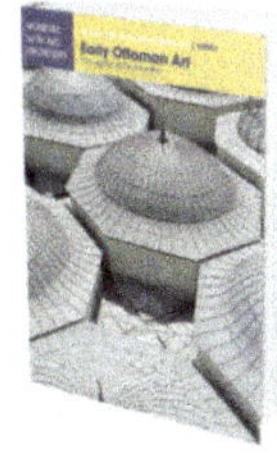

OS INÍCIOS DA ARTE OTOMANA. A herança dos emires.
Esta exposição dá conta das obras e dos monumentos mais representativos de uma época bem-aventurada da Anatólia ocidental, verdadeira ponte cultural e artística entre as civilizações europeia e asiática. Nos séculos XIV e XV, a transição para uma sociedade turco-islâmica levou os artistas dos emirados turcos a elaborar a premissa de uma brilhante síntese que culminará numa arte otomana extraordinariamente produtiva.

Marrocos

264 pages

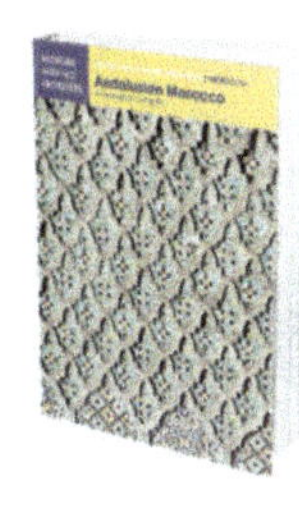

O MARROCOS ANDALUSÍ. A descoberta de uma arte de viver.
A partir de começos do século VIII, o islão marroquino dirige o seu olhar para além das colunas de Hércules, depositando-o na Península Ibérica. As suas regiões inauguram então um período de destino comum. Do contínuo movimento e intercâmbio cultural, comercial e humano que animará este extremo do Magreb durante mais de sete séculos, nascerá um dos mais maravilhosos focos da civilização muçulmana, e uma arte autenticamente hispano-magrebina que marcou de maneira indelével uma arquitectura monumental resplandecente, mas também um urbanismo e umas tradições extremamente refinadas. Esta exposição reflecte a riqueza histórica e social da civilização *andalusí* de Marrocos.

Tunísia

212 pages

IFRIQIYA. Treze séculos de arte e arquitectura na Tunísia.
A partir do século IX, e sem romper com as tradições herdadas dos berberes, cartagineses, romanos e bizantinos, Ifriqiya foi capaz de assimilar e de reinterpretar as influências da Mesopotâmia —através da Síria e do Egipto— e de al-Ândalus: uma forma única de sincretismo, cujos testemunhos abundam na actual Tunísia, desde as majestáticas residências dos *beyes* da capital até ao rigor arquitectónico do ibadismo de Yerba. *Ribats*, mesquitas, *medinas*, *zawiyas*, *ksurs* e *gurfas* salpicam uma terra amassada pela história.

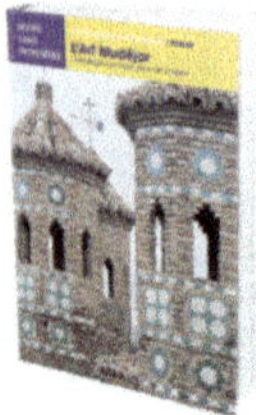

Espanha - Andaluzia, Aragão, Castela-La Mancha, Castela-Leão, Estremadura, Madrid *318 pages*
A ARTE MUDÉJAR. A estética muçulmana na arte cristã.
A arte dos mudéjares (povoação muçulmana que permaneceu em al-Ândalus depois da Reconquista) ocupa um lugar incontestavelmente singular entre todas as expressões da arte islâmica: trata-se da manifestação visível de uma coabitação cultural real, de uma forma de compreensão entre duas civilizações que, para além do seu antagonismo político e religioso, viveram um fértil romance artístico. Aplicando esquemas rigorosamente islâmicos, os mestres-de-obra e artesãos mudéjares, conhecidos pela sua notável erudição na arte da construção, ergueram para os cristãos recém-chegados numerosos palácios, conventos e igrejas. As obras seleccionadas, pela sua variedade e abundância, mostram bem a vitalidade da arte mudéjar.

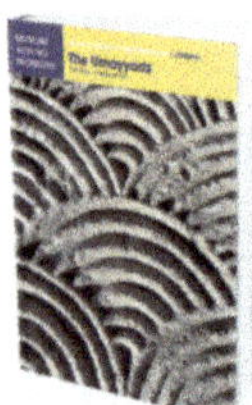

Jordânia *224 pages*
OS OMÍADAS. Os primeiros tempos da arte islâmica.
Depois da conquista árabe-muçulmana do Oriente Médio, a sede da dinastia omíada (661-750) foi transferida para Damasco, onde a nova capital herdou uma tradição cultural e artística que remonta, pelo menos, aos períodos aramaico e helénico. A cultura omíada beneficiou, assim, do deslocamento das fronteiras entre a Pérsia e a Mesopotâmia, e entre os países do mundo mediterrânico: uma situação que propiciou a emergência de uma linguagem artística inovadora, na qual a subtil mestiçagem das influências helénicas, romanas, bizantinas e persas produz uma ordem arquitectónica e decorativa completamente original. Através da diversidade das obras apresentadas, a exposição brinda uma interessante ocasião para reflectir sobre o fenómeno iconoclasta.

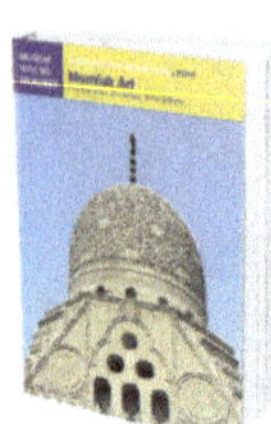

Egipto *236 pages*
A ARTE MAMELUCA. Esplendor e magia do reino dos sultãos.
Durante o domínio mameluco (1249-1517), o Egipto converteu-se num importante centro de passagem e de cruzamento de rotas comerciais. Grandes riquezas chegam ao país. A cidade do Cairo é uma das mais poderosas do Mediterrâneo, e também uma das mais seguras e estáveis. Eruditos de todo o mundo instalam-se nela, trazendo consigo os seus discípulos e alunos. A arquitectura e as artes decorativas mamelucas testemunham a vitalidade do comércio, da energia intelectual e da força militar e religiosa deste período. Caracterizadas por uma elegante e vigorosa simplicidade, cuja pureza de linhas se assemelha aos cânones modernos, as obras seleccionadas entre o Cairo, Rosetta, Alexandria e Fua representam o apogeu da arte mameluca.

Autoridade Nacional Palestiniana *254 pages*

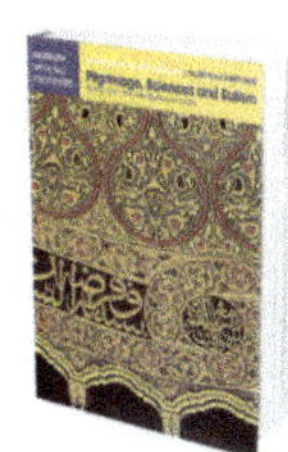

PEREGRINAÇÃO, CIÊNCIAS E SUFISMO. A arte islâmica na Cisjordânia e em Gaza.

Durante o reinado das dinastias ayubita, mameluca e otomana, inúmeros peregrinos vindos de todas as partes do mundo muçulmano chegam à Palestina. Esta forte corrente de religiosidade dá um empurrão definitivo ao desenvolvimento do pensamento sufi, através das *zawiyas* e dos *ribats* que se multiplicaram por todo o país. Diversos centros de estudo acolhem os mais destacados eruditos, alcançando um prestígio considerável e favorecendo a expansão de uma arte refinada que conserva de maneira intacta, até aos dias de hoje, o seu poder de fascinação. Os monumentos e a arquitectura islâmicos propostos pela exposição reflectem claramente as grandes dimensões da peregrinação, da ciência e do sufismo.

Itália - Sicília *328 pages*

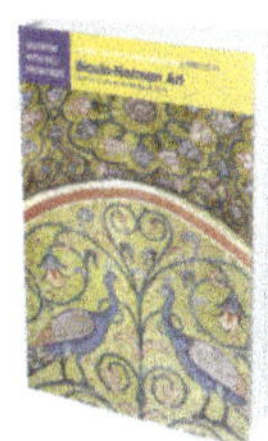

A ARTE ÁRABE-NORMANDA. A cultura islâmica na Sicília medieval.

No centro do Mediterrâneo, a Sicília é um ponto de encontro de diversas culturas que coincidiram e se modificaram mutuamente até atingirem uma nova harmonia. Únicas no panorama europeu, as manifestações arquitectónicas árabe-normandas também são relativamente diferentes das que se podem encontrar no mundo islâmico. A exposição apresenta-as sob o ângulo da sua unicidade, propondo códigos de interpretação que permitem identificá-las. O visitante atento poderá apreciar a admirável fusão dos elementos nascidos das esferas culturais bizantinas, árabes e normandas numa arte original e refinada.

www.ingramcontent.com/pod-product-compliance
Lightning Source LLC
LaVergne TN
LVHW010853110826
845149LV00005B/1399